Les clés des épreuves de français en 100 fiches

NOUVEAUX PROGRAMMES !

Émilie PONS

ellipses

ISBN 9782340-031616
©Ellipses Édition Marketing S.A., 2019
32, rue Bargue 75740 Paris cedex 15

www.editions-ellipses.fr

Avant-propos

Cet ouvrage est destiné aux élèves des classes de Première. Il propose une **méthode progressive et illustrée** des exercices écrits et oraux qui composent l'Épreuve Anticipée de Français à la fin de la classe de Première dans le cadre des nouveaux programmes de lycée publiés au Bulletin officiel spécial du **22 janvier 2019** : le commentaire, la dissertation, l'oral.

Pratique et **théorie** y sont associées pour chaque objet d'étude figurant au programme de Première, et sont régulièrement accompagnées d'astuces, de bilans et de conseils pour vous guider précisément dans vos apprentissages.

Les **textes littéraires** utilisés dans cet ouvrage font partie de notre patrimoine ; vous trouverez parmi eux des œuvres qui figurent au programme renouvelable des épreuves anticipées.

Pour chaque objet d'étude, vous trouverez :

- une **présentation théorique et historique** des grands enjeux littéraires ;
- des **prolongements artistiques et culturels** ;
- des rappels de cours sur les **outils techniques** ;
- des **exercices** d'entraînement à l'écrit et à l'oral corrigés ;
- des traitements de **questions de grammaire** portant sur les textes étudiés ;
- des **sujets entièrement corrigés et rédigés**, assortis de notes pour expliciter la démarche adoptée et les choix effectués dans la rédaction et la méthode.

En plus de vous exercer sur des sujets récents ou inédits, vous pourrez **améliorer** votre **technique**, votre **orthographe** et votre **style**, et bénéficierez de conseils précis sur l'acquisition de l'**autonomie** nécessaire à votre réussite.

L'épreuve écrite de l'EAF est à la portée de tout élève qui s'entraîne avec **régularité** et en **profondeur**.

Puisse cet ouvrage vous accompagner et vous aider tout au long de cet entraînement pour que vous gagniez en maîtrise, en efficacité et en confiance, gages de votre **réussite**, sans jamais oublier la base de l'étude littéraire : **le plaisir de la lecture et de l'écriture.**

CHAPITRE 1

LES ÉPREUVES ÉCRITES : COMMENTAIRE ET DISSERTATION, DÉFINITION ET CONSTRUCTION

Fiche 1

Le commentaire

Qu'est-ce que le commentaire ?

L'épreuve de commentaire est l'une des épreuves que le candidat peut choisir à l'Épreuve Anticipée de Français. Le commentaire porte sur un extrait d'une œuvre relative aux objets d'étude figurant au programme.

Le commentaire consiste à rédiger l'étude personnelle d'un texte de façon structurée et argumentée. À partir de l'analyse personnelle du texte donné à commenter, vous devez composer une explication ordonnée des enjeux du texte, des intentions de son auteur, des effets produits sur le lecteur, en justifiant les interprétations proposées. Il faut donc expliquer ce que l'auteur dit dans son texte, comment il le dit et pourquoi il le dit : donc, n'oubliez jamais les questions clés qui pourront vous guider lors de votre étude : quoi ? comment ? pourquoi ?

C'est un projet personnel de lecture reposant sur des relevés analysés ; autrement dit, vous devez faire un va-et-vient incessant entre ce que vous lisez, le texte, sa formulation, ses procédés, et ce que vous pouvez en dire, l'analyse des effets produits sur le lecteur, l'interprétation des objectifs de l'auteur.

Quels sont les critères d'évaluation du commentaire ?

L'évaluation se fonde sur les **critères** suivants :

- Formuler une **interprétation** valide et ordonnée du texte ;
- Mobiliser sa **connaissance** des objets d'étude et des genres littéraires ;
- **Argumenter** les choix de lecture et les interprétations ;
- Faire des **références** au texte, justifiées, commentées dans le sens de l'interprétation globale du texte ;
- Éviter la **paraphrase** (ne pas redire avec ses propres mots ce que l'auteur écrit dans son texte, sans analyse ni interprétation, donc sans commenter) ;
- Éviter le **collage de citations** non analysées ;
- **Organiser** sa réflexion ;
- S'exprimer dans une **langue écrite correcte** : les erreurs d'orthographe et de syntaxe sont pénalisées.

Comment votre commentaire se compose-t-il à l'écrit ?

Introduction : 4 étapes, en un seul paragraphe

- **Amorce : Présentez** l'auteur, son époque, son mouvement littéraire et culturel, l'œuvre dont est issu le texte à étudier.
- **Présentez le texte, établissez sa carte d'identité** » : à quel genre littéraire appartient-il ? de quel type de texte s'agit-il ? à quel moment de l'œuvre correspond-il ? quel est son thème ? que s'y passe-t-il ? quelle est la particularité de ce texte ? quel est son intérêt ?
- Posez la **question de problématique** qui va permettre de cerner les enjeux du texte et de formuler le fil rouge guidant tout le commentaire.
- Annoncez le **plan** que votre commentaire va suivre.

Développement : 2 ou 3 grandes étapes

- 2 ou 3 grandes **parties** (aussi appelées « axes d'étude ») : chaque partie propose une idée directrice qui est déjà une réponse partielle à la problématique (on y répond peu à peu).
- Ces parties doivent être **progressives**, ordonnées du plus évident au plus complexe ou au plus symbolique.
- Une **phrase de transition** permet de passer d'une partie à l'autre.
- Chaque partie forme une **argumentation complète et cohérente**, montrant en quoi elle se raccroche à la problématique (notamment dans ses phrases de début et de fin).
- Chaque partie contient 2 ou 3 **paragraphes** (aussi appelés « sous-parties ») qui vont chacun développer un pan d'analyse du texte.
- Chaque sous-partie appuie la réflexion sur des **relevés textuels** analysés et mis en relation avec ce que l'on veut démontrer.
- Les **titres** des parties et des sous-parties ne doivent pas figurer dans la rédaction finale de votre devoir.

Conclusion : 2 étapes, en un seul paragraphe

- Faites le **bilan** de ce que chaque grande partie a démontré, de façon à répondre clairement à la question de problématique posée en introduction.

- Proposez une **ouverture** destinée à replacer le texte étudié dans un contexte plus large, par exemple l'œuvre, un parcours littéraire ou artistique, d'autres œuvres du même genre ou de la même époque, ou le projet général de cet auteur ou de ses contemporains, bref tout ce qui montre que cet extrait prend aussi sens dans sa comparaison avec le reste de la littérature et dans sa relation avec le lecteur.

Comment établir la problématique d'un commentaire ?

Votre étude doit proposer une réponse organisée à une **question** que vous formulez face au texte. Cette question est fondamentale car c'est elle qui vous permet de **construire votre étude de façon liée et cohérente, à travers un projet de lecture précis.** Elle doit permettre de déterminer l'enjeu fondamental du passage à étudier, de façon à faire ressortir ses spécificités et son intérêt. Chacune des parties de votre commentaire doit apporter un élément de réponse à cette problématique.

On parvient à formuler une problématique seulement **après avoir déjà lu le texte plusieurs fois, après avoir effectué les premiers repérages** : quel est le genre auquel le texte appartient ? de quel type de texte s'agit-il ? qui parle ? à qui ? que se passe-t-il dans ce passage ? comment le texte progresse-t-il ? quels sont les thèmes qui y dominent ? quel vocabulaire y prédomine-t-il ? quelles tonalités l'auteur utilise-t-il ? dans quel but ? quel effet la lecture de ce passage crée-t-elle chez le lecteur ? quelle est la visée du passage ? quelle est l'intention de l'auteur ?

Après avoir effectué ces premiers repérages lors de multiples lectures, vous devez ensuite relire une fois le texte de façon très attentive en vous demandant : **quel est l'enjeu de ce passage ? pourquoi ce passage est-il là ?** Vous utilisez ensuite les réponses à ces deux questions comme base pour fabriquer votre problématique. Voici un exemple :

> *Vous constatez qu'un passage de roman est un dialogue entre deux personnages et que ce dialogue prend la forme d'une confrontation agitée ; vous constatez aussi que dans ce dialogue, le but de chacun des deux personnages est d'avoir le dessus sur l'autre. Vous pourrez donc poser la question suivante : en quoi ce dialogue est-il le lieu d'une prise de pouvoir des deux personnages ? Vous pouvez même compléter par une deuxième question : quel est l'enjeu de cette prise de pouvoir ?*

Une problématique efficace vous permet d'aborder à la fois **le fond et la forme du texte**, pour vous permettre de souligner sa **singularité**, ce qui fait qu'il mérite en effet d'être étudié. Mais pour répondre à cette problématique, vous devez veiller à ne jamais séparer le fond de la forme et à toujours les relier en montrant comment la forme se met au service du fond et comment le fond met en valeur la forme.

Typologie des problématiques :

- Le **but** du texte.
- La **construction** du texte.
- L'**intention** de l'auteur.
- L'**effet** produit par le texte sur le lecteur.
- La **stratégie** employée par l'auteur.
- La **spécificité** du texte.
- Le **rapport** entre le titre du texte et celui-ci.
- Un **thème** traité dans le texte.
- Un **registre** utilisé par l'auteur.
- Un **choix d'écriture** (une métaphore filée, par exemple).
- Une **notion technique** (le point de vue, la dynamique du dialogue, etc.).
- L'appartenance du texte à un **genre** littéraire ou à un **type** de texte.
- L'appartenance à un **mouvement** littéraire et culturel.
- La **comparaison** entre deux textes d'un groupement ou entre deux extraits d'une œuvre.

ENTRAÎNEZ-VOUS !

Exercice 1

Objet d'étude : Le roman et le récit du Moyen Âge au XXIe siècle.

Objet d'étude : La poésie du XIXe siècle au XXIe siècle.

Pour chaque extrait suivant, formulez une problématique d'étude, après avoir mené les lectures actives explicitées ci-dessus.

Texte 1 Raymond RADIGUET, *Le Diable au corps* (incipit), 1923

Je vais encourir bien des reproches. Mais qu'y puis-je ? Est-ce ma faute si j'eus douze ans quelques mois avant la déclaration de la guerre ? Sans doute, les troubles qui me vinrent de cette période extraordinaire furent d'une sorte qu'on n'éprouve jamais à cet âge ; mais comme il n'existe rien d'assez fort pour nous vieillir malgré les apparences, c'est en enfant que je devais me conduire dans une aventure où déjà un homme eût éprouvé de l'embarras. Je ne suis pas le seul. Et mes camarades garderont de cette époque un souvenir qui n'est pas celui de leurs aînés. Que ceux déjà qui m'en veulent se représentent ce que fut la guerre pour tant de très jeunes garçons : quatre ans de grandes vacances.

Nous habitions à F…, au bord de la Marne.

Mes parents condamnaient plutôt la camaraderie mixte. La sensualité, qui naît avec nous et se manifeste encore aveugle, y gagna au lieu de s'y perdre.

Je n'ai jamais été un rêveur. Ce qui me semble rêve aux autres, plus crédules, me paraissait à moi aussi réel que le fromage au chat, malgré la cloche de verre. Pourtant la cloche existe.

La cloche se cassant, le chat en profite, même si ce sont ses maîtres qui la cassent et s'y coupent les mains.

Texte 2 Honoré de BALZAC, *Le Père Goriot*, 1835

Bientôt la veuve se montre, attifée de son bonnet de tulle sous lequel pend un tour de faux cheveux mal mis ; elle marche en traînassant ses pantoufles grimacées. Sa face vieillotte, grassouillette, du milieu de laquelle sort un nez à bec-de-perroquet ; ses petites mains potelées, sa personne dodue comme un rat d'église, son corsage trop plein et qui flotte, sont en harmonie avec cette salle où suinte le malheur, où s'est blottie la spéculation et dont madame Vauquer respire l'air chaudement fétide sans en être écœurée. Sa figure fraîche comme une première gelée d'automne, ses yeux ridés, dont l'expression passe du sourire prescrit aux danseuses à l'amer renfrognement de l'escompteur, enfin toute sa personne explique la pension, comme la pension implique sa personne. Le bagne ne va pas sans l'argousin, vous n'imagineriez pas l'un sans l'autre. L'embonpoint blafard de cette petite femme est le produit de cette vie, comme le typhus est la conséquence des exhalaisons d'un hôpital. Son jupon de laine tricotée, qui dépasse sa première jupe faite avec une vieille robe, et dont la ouate s'échappe par les fentes de l'étoffe lézardée, résume le salon, la salle à manger, le jardinet, annonce la cuisine et fait pressentir les pensionnaires. Quand elle est là, ce spectacle est complet.

Texte 3 Charles BAUDELAIRE, « Parfum exotique » (deux premières strophes), *Les Fleurs du mal*, 1857

Quand, les deux yeux fermés, en un soir chaud d'automne,
Je respire l'odeur de ton sein chaleureux,
Je vois se dérouler des rivages heureux
Qu'éblouissent les feux d'un soleil monotone ;

Une île paresseuse où la nature donne
Des arbres singuliers et des fruits savoureux ;
Des hommes dont le corps est mince et vigoureux,
Et des femmes dont l'œil par sa franchise étonne.

Exercice 2

Délimitez à l'aide de crochets les quatre étapes de l'introduction de commentaire suivante.

Le Tartuffe est une comédie classique écrite par Molière, où une famille se déchire au sujet du personnage éponyme, qui semble aux uns un parfait dévot, moral et droit, et aux autres un imposteur, immoral et hypocrite. Orgon, le père de famille, a en effet recueilli chez lui ce personnage et lui accorde toute sa confiance. Dans la scène 5 de l'acte I du *Tartuffe*, écrit par Molière en 1664, Cléante et Orgon échangent longuement à propos de Tartuffe et de l'admiration sans bornes qu'Orgon éprouve pour ce dernier. Cléante veut montrer à Orgon qu'il se trompe sur la personnalité et les intentions de Tartuffe. Comment Cléante s'y prend-il pour tenter d'ouvrir les yeux d'Orgon sur les faux dévots, dont Tartuffe ? Pour répondre à cette question, nous verrons d'abord en quoi Cléante met en place un discours habile, puis comment ce discours veut révéler la facticité des faux dévots, ce qui nous amènera à envisager, dans un troisième temps, comment ce discours souligne le danger que les faux dévots, y compris Tartuffe, représentent.

Exercice 3

Délimitez à l'aide de crochets les deux étapes de la conclusion de commentaire suivante.

Ainsi Jean de La Fontaine remet-il au goût du jour l'ancien précepte antique, « plaire et instruire », en écrivant cette fable, « Le Loup et le chien », qui combine le sourire et la réflexion. En effet, à travers la mise en œuvre d'un récit fort divertissant, La Fontaine nous offre le portrait de deux animaux qui représentent l'homme et la confrontation entre la liberté et l'asservissement. Il symbolise donc deux choix de vie possibles, qui sont des choix moraux, sociaux, mais aussi politiques, et valorise la quête de la liberté du loup, qui pourrait bien représenter sa propre quête littéraire et politique face à Louis XIV. D'un point de vue formel, La Fontaine se trouve donc être l'héritier de l'Antiquité ; mais d'un point de vue idéologique, n'est-il pas le précurseur des Lumières et de leurs idées novatrices sur la liberté d'expression et la recherche du recul critique ?

Fiche 2
La dissertation

Qu'est-ce que la dissertation ?

L'épreuve de dissertation est l'une des épreuves que le candidat peut choisir à l'Épreuve anticipée de français. Elle porte sur les œuvres, les parcours et les objets d'étude étudiés pendant l'année et qui figurent au programme national renouvelé régulièrement.

La dissertation consiste à rédiger une **réflexion personnelle**, structurée et argumentée, sur une œuvre et une problématique d'ordre littéraire. À partir de l'**analyse d'un sujet donné**, vous devez proposer une réflexion ordonnée de ses enjeux, fondée sur des **références** précises prises dans votre connaissance de l'œuvre étudiée et dans vos savoirs littéraires.

Le sujet se présente le plus souvent sous la forme d'une question ; il peut aussi être une citation. Il faut donc réfléchir aux questionnements sous-tendus par le sujet, pour proposer un **avis nuancé et nourri de références littéraires**, à travers une démarche rigoureuse et argumentée envisageant **divers angles d'attaque du problème.** Vous devez faire un va-et-vient incessant entre le problème posé et la littérature, en ayant toujours à l'esprit les questions clés qui pourront vous permettre d'approfondir votre réflexion : quoi ? comment ? pourquoi ?

Quels sont les critères d'évaluation de la dissertation ?

L'évaluation se fonde sur les **critères** suivants :

- Mobiliser sa **connaissance** des œuvres, des parcours associés et des objets d'étude ;
- Développer une **réflexion littéraire** personnelle organisée ;
- **Argumenter** de façon structurée et progressive ;
- Exploiter des **exemples** variés et maîtrisés ;
- **Nuancer** le propos, en s'appuyant sur une analyse précise du sujet donné et de ses enjeux explicites comme implicites ;
- Éviter le **collage de références** non analysées ;
- S'exprimer dans une **langue écrite correcte** : les erreurs d'orthographe et de syntaxe sont pénalisées.

Comment votre dissertation se compose-t-elle à l'écrit ?

Introduction : 4 étapes, en un seul paragraphe

- **Présentez** le thème ou le genre abordé, par une entrée en matière générale, fondée sur une réflexion historique ou littéraire, de façon à contextualiser le sujet et à l'amener de façon logique et progressive.
- **Citez** intégralement le sujet que vous venez ainsi d'amener.
- Posez la **question de problématique** qui va permettre de cerner les enjeux du sujet et de formuler le fil rouge guidant toute la dissertation.
- Annoncez le **plan** que votre dissertation va suivre.

Développement : 2 ou 3 grandes étapes

- 2 ou 3 grandes **parties** (aussi appelées « axes d'étude ») : chaque partie propose une idée directrice qui est déjà une réponse partielle à la problématique (on y répond peu à peu).
- Ces parties doivent être **progressives**, ordonnées du plus évident au plus complexe ou au plus symbolique.
- Une **phrase de transition** permet de passer d'une partie à l'autre.
- Chaque partie forme une **argumentation complète et cohérente**, montrant en quoi elle se raccroche à la problématique (notamment dans ses phrases de début et de fin).
- Chaque partie contient 2 ou 3 **paragraphes** (aussi appelés « sous-parties ») qui vont chacun développer un pan d'analyse du sujet.
- Chaque sous-partie appuie la réflexion sur des **références littéraires** analysées et mises en relation avec ce que l'on veut démontrer.
- Les **titres** des parties et des sous-parties ne doivent pas figurer dans la rédaction finale de votre devoir.

Conclusion : 2 étapes, en un seul paragraphe

- Faites le **bilan** de ce que chaque grande partie a démontré, de façon à répondre clairement à la question de problématique posée en introduction.
- Proposez une **ouverture** destinée à replacer le sujet traité dans un contexte plus large, par exemple l'objet d'étude, la littérature, la création littéraire, ou la condition humaine, bref tout ce qui montre que vous êtes capable de mettre en relation le problème posé avec d'autres questions tout aussi fondamentales.

Démarche pour analyser le sujet

- **Recopiez** d'abord le sujet au brouillon, de façon assez espacée, pour pouvoir écrire tout autour de ce sujet, en l'annotant.
- **Examinez** ensuite la forme du sujet :
– Si c'est une question : propose-t-elle une idée à valider, à discuter, à dépasser ? Comporte-t-elle une question totalement ouverte (« Quelles sont les missions de la littérature construites dans cette œuvre ? ») ? avec une restriction à dépasser (« ne...que » : « D'après votre connaissance de l'œuvre, la littérature n'a-t-elle pour mission que de défendre des idées ? ») ? avec un choix à faire (« Cette pièce de théâtre cherche-t-elle à divertir ou à instruire ? ») ?
– Si c'est une citation : qui est l'auteur ? que savez-vous de lui ? pourquoi a-t-il ainsi formulé cette idée ? que veut-il dire et quel est son point de vue sur le problème soulevé ? quelle question accompagne alors la citation ? la citation est-elle un début de réponse à la question ?
– Par exemple : « Un roman est un miroir qui se promène sur une grande route. Tantôt il reflète à vos yeux l'azur des cieux, tantôt la fange des bourbiers de la route », Stendhal, *Le Rouge et le Noir*. Vous discuterez cette définition du roman en vous appuyant sur votre connaissance de l'œuvre au programme.
- **Soulignez** les mots-clés du sujet ; puis, interrogez leur sens explicite et leurs sous-entendus. Peu à peu, vous allez constater que des questions surgissent : elles ne sont pas directement posées, mais elles découlent du sujet posé. Cette phase de questionnement du sujet est fondamentale car elle vous permet de circonscrire le champ d'étude (donc d'éviter le hors-sujet) et de trouver les points fondamentaux à aborder en allant vers la formulation de la problématique.

Exemple

champ thématique du sujet :
l'ensemble de la littérature
(choisir des exemples de genres variés)

interrogation sur les
missions de la littérature : une
possibilité : la défense des idées

Exemple : La littérature n'est-elle qu'une bonne tribune pour défendre des idées ?

négation restrictive :
n'est-elle que cela ?

synonymes :
efficace, utile

terme à définir :
lieu de parole,
lieu d'expression
devant un public

Comment établir la problématique d'une dissertation ?

Votre dissertation a pour point de départ un sujet dont vous devez tirer une problématique. Même si le sujet prend déjà la forme d'une question, vous devez formuler les interrogations explicites et implicites sous-tendues par ce sujet. Cette problématique est fondamentale car c'est elle qui vous permet de **construire votre étude du sujet de façon liée et cohérente, à travers un projet précis.** Elle doit permettre de déterminer l'enjeu fondamental du sujet posé. Chacune des parties de votre dissertation doit apporter un élément de réponse à cette problématique.

On parvient à formuler une **problématique** seulement après avoir analysé le sujet. Pour cela, il faut recopier le sujet au brouillon, de façon assez espacée, pour pouvoir écrire tout autour de ce sujet, en l'annotant.

Vous allez d'abord **souligner les mots-clés du sujet**; puis, vous **interrogez leur sens explicite et leurs sous-entendus.** Peu à peu, vous allez constater que d'autres questions surgissent: elles ne sont pas directement posées, mais elles découlent du sujet posé. Cette phase de questionnement du sujet est fondamentale car elle vous permet de circonscrire le champ d'étude (donc d'éviter le hors-sujet) et de trouver les points fondamentaux à aborder.

Exemple

Objet d'étude: Le théâtre du XVIIe siècle au XXIe siècle.

Dans Le Mariage de Figaro*, de Beaumarchais, le théâtre est-il l'art du mensonge ?*

Vous devez vous interroger sur :

- le mot « théâtre » : cela circonscrit un genre littéraire (auquel vous devez emprunter vos exemples) ;
- l'expression « l'art du mensonge » : quels sont les liens entre théâtre et mensonge ? pourquoi parle-t-on ici de mensonge ? s'agit-il de mentir sur la vérité ? de jouer avec les apparences ? de faire semblant ? de donner l'illusion ?
- l'éclairage que peuvent vous apporter les œuvres et les parcours étudiés pendant l'année.

De cette brève approche, se dégage une série de questionnements articulée autour des rapports entre vérité et mensonge, que vous pouvez formuler de la façon suivante : dans quelle mesure le théâtre est-il le lieu de la tromperie ? Ne fait-il pas surgir une certaine authenticité ? Comment la pièce de Beaumarchais articule-t-elle mensonge et vérité, faux-semblants et authenticité ?

Choisir un plan de dissertation

Votre dissertation est un devoir rédigé qui s'appuie sur un plan réfléchi :

- Le plan **dialectique** : c'est le plan thèse/antithèse/synthèse, qui se formule aussi sous la forme : oui/mais/en fin de compte. Vous validez la thèse exprimée par le sujet ; puis vous voyez en quoi cette thèse a des limites et n'est pas valable de façon universelle ou implacable, donc vous nuancez le propos ; enfin, vous dépassez cette antinomie en proposant d'autres solutions. Vous pouvez parfois vous arrêter aux deux premières parties, ce qui forme alors un plan dit **concessif**.

– Il permet de répondre à la question du type : « Dans quelle mesure... ? » ou « En quoi... ? ». Par exemple : « Dans quelle mesure la réalité qui nous entoure est-elle une source de la création ? ».

- Le plan **analytique** : il correspond au questionnement suivant : quoi ?/pourquoi ?/ quels effets ou quelles conséquences ? Après avoir présenté la situation suggérée par le sujet, vous devez en analyser les causes, puis envisager les éventuelles conséquences de ce qui a été dit avant.

– Il permet de répondre au sujet du type « Montrez que... » ou « Quel est le rôle de... ? ». Par exemple : « Quel est le rôle d'une scène d'exposition dans une pièce de théâtre ? ».

- Le plan **thématique** : il correspond au mouvement suivant : c'est cela/ mais c'est aussi cela/ et c'est encore cela, en allant du plus évident au plus subtil. Permettant un approfondissement progressif, il est particulièrement adapté aux sujets qui demandent d'aborder différents aspects d'une question, mais n'amène pas la discussion.

– Il permet de répondre au sujet du type « Quelles sont les fonctions de... » ? ou « Pourquoi faut-il... ? ». Par exemple : « Pourquoi faut-il lire des œuvres classiques ? ».

ASTUCES

Quand vous écrivez votre plan détaillé au brouillon, choisissez deux couleurs différentes pour les arguments et pour les exemples : cela vous permettra de visualiser facilement leur association et de vérifier que vous n'avez pas oublié d'exemples pour une idée.

ENTRAÎNEZ-VOUS !

Exercice 1

Objets d'étude : Le roman et le récit du Moyen Âge au XXIe siècle. Le théâtre du XVIIe siècle au XXIe siècle.

Voici des sujets de dissertation. Analysez chaque sujet comme expliqué ci-dessus, de façon à faire surgir une problématique. Ces sujets peuvent s'appliquer aux œuvres qui sont à votre programme.

1. *Une comédie ne sert-elle qu'à faire rire ?*
2. *Pourquoi faut-il lire des œuvres classiques ?*
3. *La réalité qui nous entoure est-elle notre seule source de création ?*
4. *« Un roman est un miroir qui se promène sur une grande route. Tantôt il reflète à vos yeux l'azur des cieux, tantôt la fange des bourbiers de la route. » (Stendhal, Le Rouge et le Noir, 1830).*
5. *Quel est le rôle d'une scène d'exposition dans une pièce de théâtre ?*

Exercice 2

Objet d'étude : La littérature d'idées du XVIe siècle au XVIIIe siècle.

Délimitez à l'aide de crochets les quatre étapes de l'introduction de dissertation suivante.

La littérature, au cours des siècles, a toujours fait polémique, du fait qu'elle est à la fois un art et un langage. Ainsi, elle permet à un auteur de pouvoir exprimer ses idées, et parfois défendre une cause qui lui tient à cœur, qu'elle soit politique, sociale ou religieuse. Ainsi, dans une lettre adressée à sa fille Léopoldine, Victor Hugo écrit : « l'encrier brisera les canons ». Cependant, de nombreuses personnes refusent de voir une quelconque utilité dans les œuvres littéraires, comme Théophile Gautier qui disait : « tout ce qui est utile est laid ». Il est donc légitime de se demander si, d'après les *Fables* écrites par Jean de La Fontaine, la littérature n'est qu'une bonne tribune pour défendre des idées. Est-elle un lieu d'expression efficace en toutes situations ? N'a-t-elle pas encore d'autres buts que la défense des idées ? Il conviendra dans un premier temps de voir que La Fontaine exploite son utilité et son efficacité pour transmettre des messages, même si parfois, cela peut sembler inefficace en n'atteignant pas forcément sa cible ; enfin, nous verrons que l'œuvre du fabuliste n'est pas seulement tournée vers la transmission de messages et qu'elle peut chercher d'autres buts.

Exercice 3

Délimitez à l'aide de crochets les deux étapes de la conclusion de dissertation suivante.

C'est ainsi que nous pouvons dire que, si, chez Jean de La Fontaine, la littérature a bien sa place en tant que tribune pour défendre des idées, critiquer le pouvoir, dénoncer les injustices de la société ou transmettre des idéaux, il faut aussi bien concevoir qu'elle n'est pas toujours efficace dans ce rôle en raison de son langage parfois obscur, de la fluctuation des interprétations que l'on peut en faire et de la limite imposée par le contexte historique qu'elle met en scène. Il s'avère également que ce n'est pas le seul objectif de La Fontaine, et qu'il peut chercher à nous divertir ou à rechercher l'esthétique. De nos jours, la littérature est secondée dans ses diverses missions par d'autres supports comme le cinéma et les médias : dévoiler le réel, proposer des chemins à suivre ou à ne pas suivre, divertir… ; c'est bien cela aussi qui permet aux fables de La Fontaine de perdurer à travers les siècles.

Corrigés du chapitre 1

Fiche 1. Le commentaire

Exercice 1

1. Dans quelle mesure cet incipit est-il une tentative d'autojustification de la part de l'auteur ? *Toute problématique tournant autour de la notion de plaidoyer ou de représentation de soi-même conviendrait.*

2. Quelle image le narrateur donne-t-il ici de la veuve Vauquer ? *Toute problématique tournant autour de la notion de description du personnage conviendrait. Vous pouvez aussi interroger les liens entre le personnage et le décor.*

3. Comment le poème permet-il la naissance d'un paysage onirique ? *Toute problématique tournant autour de la notion de qualité de paysage conviendrait.*

Exercice 2

Le Tartuffe est une comédie classique écrite par Molière, où une famille se déchire au sujet du personnage éponyme, qui semble aux uns un parfait dévot, moral et droit, et aux autres un imposteur, immoral et hypocrite. Orgon, le père de famille, a en effet recueilli chez lui ce personnage et lui accorde toute sa confiance. Dans la scène 5 de l'acte I du *Tartuffe*, écrit par Molière en 1664, Cléante et Orgon échangent longuement à propos de Tartuffe et de l'admiration sans bornes qu'Orgon éprouve pour ce dernier. Cléante veut montrer à Orgon qu'il se trompe sur la personnalité et les intentions de Tartuffe. Comment Cléante s'y prend-il pour tenter d'ouvrir les yeux d'Orgon sur les faux dévots, dont Tartuffe ? Pour répondre à cette question, nous verrons d'abord en quoi Cléante met en place un discours habile, puis comment ce discours veut révéler la facticité des faux dévots, ce qui nous amènera à envisager, dans un troisième temps, comment ce discours souligne le danger que les faux dévots, y compris Tartuffe, représentent.

Amorce

Présentation du texte

Problématique

Annonce du plan

Exercice 3 :

Bilan

Ainsi Jean de La Fontaine remet-il au goût du jour l'ancien précepte antique, « plaire et instruire », en écrivant cette fable, « Le Loup et le chien », qui combine le sourire et la réflexion. En effet, à travers la mise en œuvre d'un récit fort divertissant, La Fontaine nous offre le portrait de deux animaux qui représentent l'homme et la confrontation entre la liberté et l'asservissement. Il symbolise donc deux choix de vie possibles, qui sont des choix moraux, sociaux, mais aussi politiques, et valorise la quête de la liberté du loup, qui pourrait bien représenter sa propre quête littéraire et politique face à Louis XIV.

Ouverture

D'un point de vue formel, La Fontaine se trouve donc être l'héritier de l'Antiquité ; mais d'un point de vue idéologique, n'est-il pas le précurseur des Lumières et de leurs idées novatrices sur la liberté d'expression et la recherche du recul critique ?

Fiche 2. La dissertation

Exercice 1

1. Quels sont les objectifs d'une comédie ? La comédie a-t-elle d'autres fonctions que le rire ? Lesquelles ?

2. Quel est l'intérêt de la lecture des œuvres classiques ? Que peuvent-elles nous apporter ?

3. Dans quelle mesure la création s'inspire-t-elle du réel ? Quelles sont ses autres sources d'inspiration ?

4. Le roman a-t-il pour unique objectif de rendre compte de la réalité ?

5. À quoi sert une scène d'exposition ? En quoi est-ce un passage fondamental d'une pièce de théâtre ?

Exercice 2

La littérature, au cours des siècles, a toujours fait polémique, du fait qu'elle est à la fois un art et un langage. Ainsi, elle permet à un auteur de pouvoir exprimer ses idées, et parfois défendre une cause qui lui tient à cœur, qu'elle soit politique, sociale ou religieuse. Ainsi, dans une lettre adressée à sa fille Léopoldine, Victor Hugo écrit : « l'encrier brisera les canons ». Cependant, de nombreuses personnes refusent de voir une quelconque utilité dans les œuvres littéraires, comme Théophile Gautier qui disait : « tout ce qui est utile est laid ». Il est donc légitime de se demander si, d'après les *Fables* écrites par Jean de La Fontaine, la littérature n'est qu'une bonne tribune pour défendre des idées. Est-elle un lieu d'expression efficace en toutes situations ? N'a-t-elle pas encore d'autres buts que la défense des idées ? Il conviendra dans un premier temps de voir que La Fontaine exploite son utilité et son efficacité pour transmettre des messages, même si parfois, cela peut sembler inefficace en n'atteignant pas forcément sa cible ; enfin, nous verrons que l'œuvre du fabuliste n'est pas seulement tournée vers la transmission de messages et qu'elle peut chercher d'autres buts.

Amorce

Citation du sujet

Problématique

Annonce du plan

Exercice 3

C'est ainsi que nous pouvons dire que, si, chez Jean de La Fontaine, la littérature a bien sa place en tant que tribune pour défendre des idées, critiquer le pouvoir, dénoncer les injustices de la société ou transmettre des idéaux, il faut aussi bien concevoir qu'elle n'est pas toujours efficace dans ce rôle en raison de son langage parfois obscur, de la fluctuation des interprétations que l'on peut en faire et de la limite imposée par le contexte historique qu'elle met en scène. Il s'avère également que ce n'est pas le seul objectif de La Fontaine, et qu'il peut chercher à nous divertir ou à rechercher l'esthétique. De nos jours, la littérature est secondée dans ses diverses missions par d'autres supports comme le cinéma et les médias : dévoiler le réel, proposer des chemins à suivre ou à ne pas suivre, divertir... ; c'est bien cela aussi qui permet aux fables de La Fontaine de perdurer à travers les siècles.

Bilan

Ouverture

CHAPITRE 2

LES POINTS CLÉS DE LA MÉTHODOLOGIE DU COMMENTAIRE ET DE LA DISSERTATION : ANALYSE ET RÉDACTION

Fiche 3
Comment mener une lecture analytique ?

Définition

La **lecture analytique** est l'exercice que vous pratiquez en cours lorsque vous étudiez un texte. Elle permet de répondre aux **questions** suivantes :

- Quelles sont les idées du texte ?
- Comment sont-elles mises en valeur ?
- Quelles sont les intentions de l'auteur ?

Elle est orientée par une **problématique** : il ne s'agit donc pas pour vous d'effectuer une lecture analytique complète du texte, mais seulement celle qui vous permet de répondre à la question posée.

La lecture analytique est :

- une étude méthodique du texte,
- une **interprétation du texte** à partir d'une problématique qui en soulève l'enjeu et qui constitue un projet de lecture : on construit du sens,
- une **démarche argumentative** qui met les outils d'analyse au service de l'interprétation.

Le but pour l'élève est d'acquérir de l'autonomie dans sa lecture, dans sa compréhension et dans son interprétation du texte, ainsi que dans sa façon de présenter ses conclusions sur le texte.

Démarche

La lecture analytique ne suit pas un **ordre** particulier : elle doit s'adapter aux particularités du texte et à la problématique choisie. Elle peut suivre le **déroulement du texte** (il s'agit alors d'une étude linéaire appuyée sur les diverses étapes du texte), mais elle peut aussi se construire par divers **mouvements** de va-et-vient à l'intérieur du texte.

La démarche de la lecture analytique s'appuie sur un présupposé incontournable : dans un texte littéraire, **le fond et la forme**, c'est-à-dire les idées et le style, sont au service l'un de l'autre : l'un ne va pas sans l'autre, et chaque remarque sur le fond doit être étayée par des preuves formelles, de même que chaque repérage formel doit aboutir à l'élaboration d'une idée de fond.

La lecture analytique vous amène donc constamment à zoomer et à dézoomer sur le texte.

Les étapes de la lecture analytique

Première lecture : compréhension

- **Observez** le paratexte pour en tirer les éléments de reconnaissance du texte : titre de l'œuvre, auteur, année de publication, éventuelles explications données pour situer l'extrait.
- **Lisez** le texte deux ou trois fois, élucidez le vocabulaire difficile.

Deuxième lecture : analyse générale

- Qui parle ?
- De quoi ?
- Dans quel but ?
- Quelle est la spécificité du texte ?

Troisième lecture : carte d'identité du texte

- Genre littéraire
- Époque
- Thème
- Type de texte
- Registre(s) littéraire(s) dominant(s)
- Auteur connu pour...
- Mouvement littéraire et culturel

Étude technique : recherchez les procédés utilisés par l'auteur :

- Construction du texte
- Technique liée au genre littéraire et au type de texte
- Vocabulaire
- Registre
- Syntaxe
- Figures de style

Bilan : lecture affective et interprétation

- Quelle impression le texte crée-t-il en vous ?
- Quel effet général cherche-t-il à avoir sur le lecteur ?
- À quel projet de l'auteur cela vous semble-t-il correspondre ?

ASTUCES

Une lecture analytique est **réussie** quand elle permet de répondre aux **questions** suivantes :

De quoi parle le texte ? = QUOI ?

Quel est son rôle ? comment le remplit-il ? = COMMENT ?

Quelles sont les intentions de l'auteur ? = POURQUOI ?

ENTRAÎNEZ-VOUS !

Objet d'étude : La littérature d'idées du XVIe siècle au XVIIIe siècle.

Texte support

Deux Coqs vivaient en paix ; une Poule survint,
Et voilà la guerre allumée.
Amour, tu perdis Troie ; et c'est de toi que vint
Cette querelle envenimée,
Où du sang des Dieux même on vit le Xanthe teint.
Longtemps entre nos Coqs le combat se maintint :
Le bruit s'en répandit par tout le voisinage.
La gent qui porte crête au spectacle accourut.
Plus d'une Hélène au beau plumage
Fut le prix du vainqueur ; le vaincu disparut.
Il alla se cacher au fond de sa retraite,
Pleura sa gloire et ses amours,
Ses amours qu'un rival tout fier de sa défaite
Possédait à ses yeux. Il voyait tous les jours
Cet objet rallumer sa haine et son courage.
Il aiguisait son bec, battait l'air et ses flancs,
Et s'exerçant contre les vents
S'armait d'une jalouse rage.
Il n'en eut pas besoin. Son vainqueur sur les toits
S'alla percher, et chanter sa victoire.
Un Vautour entendit sa voix :
Adieu les amours et la gloire.

Tout cet orgueil périt sous l'ongle du Vautour.
Enfin par un fatal retour
Son rival autour de la Poule
S'en revint faire le coquet :
Je laisse à penser quel caquet,
Car il eut des femmes en foule.

La Fortune se plaît à faire de ces coups ;
Tout vainqueur insolent à sa perte travaille.
Défions-nous du sort, et prenons garde à nous
Après le gain d'une bataille.

Jean de LA FONTAINE, « Les deux coqs »,
***Fables*, livre VII, fable 13, 1678**

Sélectionnez un élément du texte de votre choix pour répondre à chaque question suivante :

1. *De quoi parle le texte ? = QUOI ?*
2. *Quel est son rôle ? comment le remplit-il ? = COMMENT ?*
3. *Quelles sont les intentions de l'auteur ? = POURQUOI ?*

Fiche 4

Comment annoter le texte en lecture analytique ?

Voici un exemple de texte annoté lors d'une lecture analytique. Vous remarquerez l'emploi de codes variés.

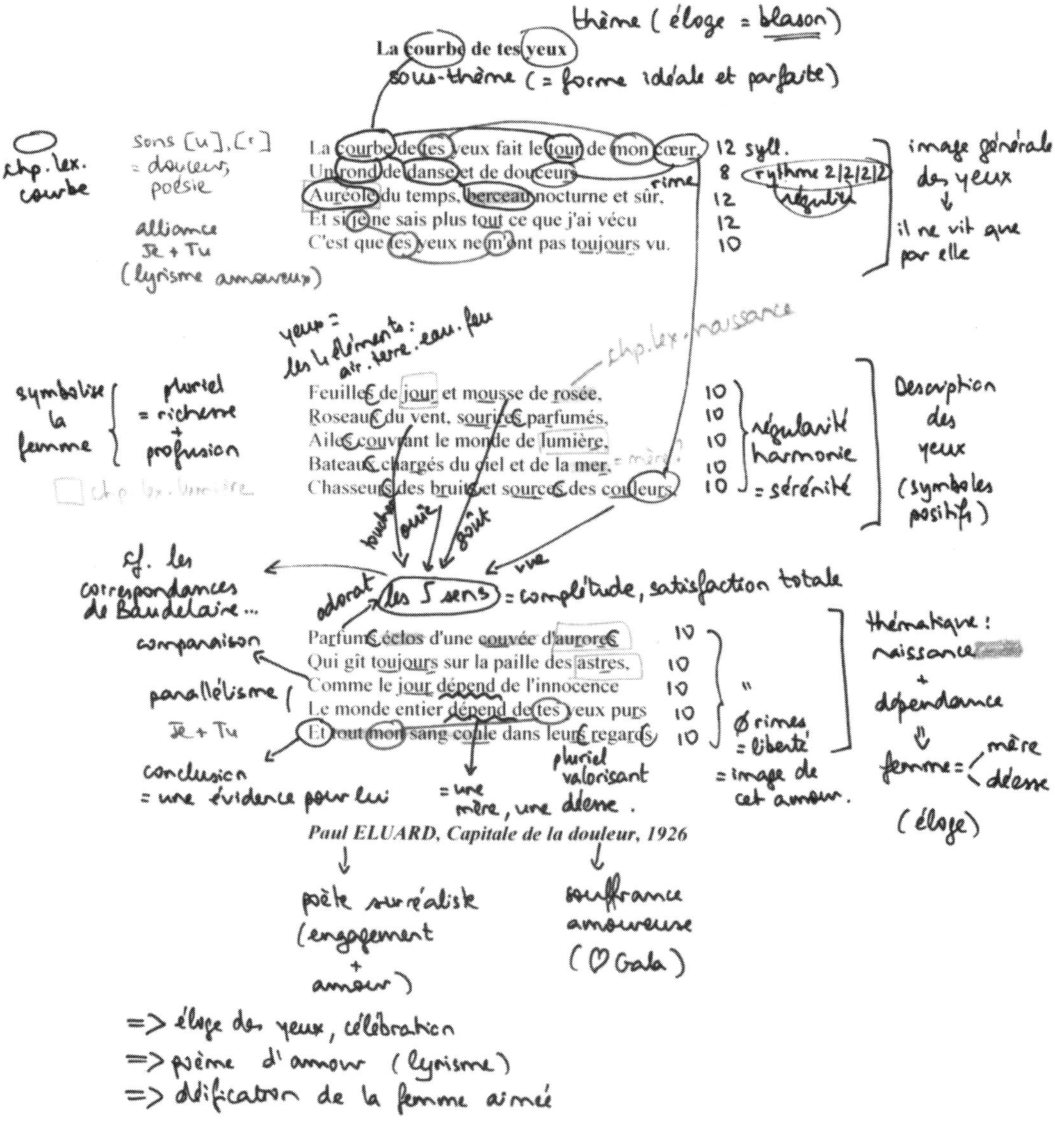

La courbe de tes yeux

La courbe de tes yeux fait le tour de mon cœur,
Un rond de danse et de douceur,
Auréole du temps, berceau nocturne et sûr,
Et si je ne sais plus tout ce que j'ai vécu
C'est que tes yeux ne m'ont pas toujours vu.

Feuilles de jour et mousse de rosée,
Roseaux du vent, sourires parfumés,
Ailes couvrant le monde de lumière,
Bateaux chargés du ciel et de la mer,
Chasseurs des bruits et sources des couleurs.

Parfums éclos d'une couvée d'aurores
Qui gît toujours sur la paille des astres,
Comme le jour dépend de l'innocence
Le monde entier dépend de tes yeux purs
Et tout mon sang coule dans leurs regards.

Paul ELUARD, Capitale de la douleur, 1926

Fiche 5
Comment construire une sous-partie ?

Que ce soit pour le commentaire ou pour la dissertation, votre devoir s'appuie sur des **paragraphes** qui forment les **sous-parties des axes d'étude.**

Chaque paragraphe, ou sous-partie, doit se construire rigoureusement pour proposer une **démonstration claire et efficace** à votre correcteur. Votre commentaire ou votre dissertation est en effet un véritable **travail d'argumentation**, qui doit **convaincre** votre correcteur de la **pertinence de vos interprétations.**

Voici une **méthode** qui peut vous guider, dont vous pourrez facilement mémoriser les initiales : **A-D-I-C** :

1. **Annoncez** l'idée, l'argument, que vous allez traiter dans le paragraphe : c'est le **A** de A-D-I-C ;
2. **Développez** cette idée pour l'expliquer de manière approfondie : c'est le **D** de A-D-I-C ;
3. **Illustrez** et prouvez cette idée, à l'aide de références et d'exemples commentés : c'est le **I** de A-D-I-C ;
4. **Concluez** votre paragraphe, en proposant une interprétation qui, tout en confirmant l'idée que vous avez annoncée en début de paragraphe, va plus loin car elle fait le lien avec l'axe d'étude que vous êtes en train de développer. Cette conclusion permet aussi de faire le lien avec le paragraphe suivant : c'est le **C** de A-D-I-C.

Cette méthode vous permet de donner un **mouvement** clair à votre sous-partie : pour emprunter le vocabulaire de la photographie, on peut dire que vous partez d'un **plan large**, pour faire ensuite un **zoom** sur des références et des exemples, qui vous amène enfin à un nouveau **plan large.**

Vous pouvez **autoévaluer** la validité de votre sous-partie en la résumant de la façon suivante :

« *Je veux démontrer que..., et je m'appuie sur les indices suivants..., qui mettent en valeur..., ce qui fait que j'ai bien montré que... et que cela a un rapport avec ma problématique* ».

ENTRAÎNEZ-VOUS !

Objet d'étude: Le roman et le récit du Moyen Âge au XXIe siècle.

Grammaire pour expliquer un texte: Le lexique (les relations lexicales).

Maintenant, les arbres s'étaient peuplés d'oiseaux. La terre soupirait lentement avant d'entrer dans l'ombre. Tout à l'heure, avec la première étoile, la nuit tombera sur la scène du monde. [...]

À présent au moins, l'incessante éclosion des vagues sur le sable me parvenait à travers tout un espace où dansait un pollen doré. Mer, campagne, silence, parfums de cette terre, je m'emplissais d'une vie odorante et je mordais dans le fruit déjà doré du monde, bouleversé de sentir son jus sucré et fort couler le long de mes lèvres. Non, ce n'était pas moi qui comptais, ni le monde, mais seulement l'accord et le silence qui de lui à moi faisait naître l'amour.

Albert CAMUS, *Noces à Tipasa*, 1938

1. *Relevez dans ce passage le champ lexical de la nature.*

2. *Comment l'auteur montre-t-il la profusion de ces éléments naturels ?*

3. *Quelle vision de la nature l'auteur transmet-il à son lecteur ?*

4. *Comment l'auteur entre-t-il en contact avec ces éléments de la nature ?*

5. *Ordonnez vos réponses en rédigeant un paragraphe de commentaire suivant la méthode A-D-I-C exposée dans cette fiche, pour étudier la perception de la nature dans ce texte.*

Fiche 6

Comment introduire et conclure une partie de commentaire ou de dissertation ?

Sous-parties et parties d'un devoir

Chaque sous-partie, qui constitue en fait un paragraphe d'environ 25 à 30 lignes, s'insère dans une partie qui constitue un axe d'étude.

Mais vous devez aussi montrer qu'elle entre dans la réflexion menée dans l'ensemble de la partie : une sous-partie ne vaut pas qu'en elle-même, mais surtout dans son articulation avec les autres sous-parties et dans la façon dont vous la reliez à l'axe d'étude mené dans la partie et à la problématique générale du devoir.

Annonces et clôtures de parties

Ainsi, pour bien montrer à votre correcteur que vous envisagez chacune des parties de votre devoir comme un ensemble argumenté et cohérent, il faut réaliser une **annonce** et une **clôture** de partie.

L'annonce d'une partie

L'annonce de partie a pour objectif de faire comprendre en une ou deux phrases **l'idée directrice** qui va être démontrée dans la partie. Cette idée directrice doit être mise en relation avec la problématique du devoir.

Ensuite, vous annoncez rapidement le **thème de chaque sous-partie** constituant cette partie. Puis, vous allez à la ligne et démarrez directement la rédaction de la première sous-partie.

La clôture d'une partie

Dans une partie, à la fin de votre dernière sous-partie, vous allez à la ligne et vous faites un rapide **bilan** de ce que vous avez montré dans chaque sous-partie constituant cette partie. Ce rapide bilan doit aussi faire le lien avec la problématique générale du devoir : cela vous permet de montrer que chaque partie du devoir répond peu à peu à la problématique.

Puis, vous **annoncez** la partie qui va suivre, de façon à faire une **transition** entre vos parties (sauf pour votre dernière partie du devoir, où vous ne faites pas d'annonce de la suite, puisque vous rédigez ensuite la conclusion générale de votre devoir).

ENTRAÎNEZ-VOUS !

Objet d'étude : Le roman et le récit du Moyen Âge au XXIe siècle.

Voici un sujet de dissertation : « Un bon récit doit-il proposer au lecteur un dénouement surprenant ? ». Vous vous appuierez sur votre connaissance du roman que vous avez étudié pour répondre à cette question.

Voici maintenant un début de **plan**, incomplet, pour traiter ce sujet :

I. Le lecteur apprécie effectivement un bon récit grâce à sa chute.

1. La chute dénoue la tension dramatique

2. La chute déjoue les attentes du lecteur

II. Mais la qualité d'un récit tient aussi aux rouages de l'histoire.

Rédigez l'annonce et la clôture de la première partie de ce plan.

Fiche 7

Comment articuler les arguments dans un paragraphe et dans un devoir?

Pour que votre devoir soit clair et efficace, vous devez **lier** de façon cohérente vos idées, que cela soit dans une sous-partie ou dans une partie. Cela vous permet aussi de **guider** votre correcteur en lui facilitant la compréhension de votre raisonnement.

Pour cela, vous disposez de **deux moyens complémentaires.**

- **Ordonnez logiquement vos arguments**, du plus évident au plus complexe et au plus subtil. Ainsi, il est illogique de commencer le développement d'un commentaire par l'analyse du message implicite délivré par l'auteur : il faut garder cela pour la deuxième ou la troisième partie. De même, le développement d'une dissertation commence par valider la thèse véhiculée par le sujet proposé, et non pas par la réfuter.
- **Employez très régulièrement des connecteurs logiques** qui soulignent la progression de votre raisonnement. Ces connecteurs logiques doivent impérativement figurer au début de chaque partie et de chaque sous-partie de commentaire ou de dissertation.

Généralement, vous utiliserez **quatre types de relations logiques** pour relier vos idées :

Relations logiques	Mots de liaison	Expressions verbales
Addition	de plus ; en outre ; de surcroît ; aussi ; également ; par ailleurs ; de même ; encore ; d'une part... d'autre part.	à cela s'ajoute ; cela se double de ; ceci s'accompagne de
Opposition	mais ; par contre ; en revanche ; à l'inverse ; contrairement ; alors que ; en contrepartie.	ceci contredit ; cela s'oppose à ; cela va à l'encontre de
Cause	car ; à cause de ; parce que ; grâce à ; en raison de ; vu que ; étant donné que ; sous l'effet de.	ceci explique ; cela vient de ; cela résulte de
Conséquence (conclusion)	par conséquent ; ainsi ; de ce fait ; dès lors ; donc ; de sorte que.	ceci entraîne ; cela amène ; il s'ensuit que ; cela donne lieu à.

ENTRAÎNEZ-VOUS !

Objet d'étude : Le roman et le récit du Moyen Âge au XXIe siècle.

Grammaire pour écrire : Les relations logiques (organiser le développement logique d'un propos).

Voici des arguments destinés à traiter certains aspects du sujet de dissertation cité dans la fiche 6 : « Un bon récit doit-il proposer au lecteur un dénouement surprenant ? » :

1. La création d'un cadre narratif particulier peut plaire au lecteur ;
2. Dans un bon récit, le lecteur peut s'identifier aux personnages, prendre de l'intérêt à suivre leur destin ;
3. Une fin surprenante a plus de chances de faire réagir le lecteur ;
4. Une fin inattendue plaît souvent au lecteur, heureux d'avoir été surpris ;
5. Les personnages jouent un rôle important dans la qualité d'un récit ;
6. Un bon récit peut être celui qui déjoue finalement les attentes du lecteur, qui le manipule et trompe ses hypothèses, en le surprenant ;
7. Si la fin est inattendue, cela veut dire que le reste du récit a mis en place du mystère, du suspense, ce qui augmente le plaisir de la lecture.

1. *Sélectionnez les arguments qui s'additionnent et qui sont pertinents pour valider la thèse donnée dans le sujet. Ordonnez-les avec cohérence et reliez-les par des mots de liaison ou des expressions verbales logiques.*

2. *Pour nuancer, indiquez à quels autres arguments ils s'opposent.*

Fiche 8

Comment insérer des exemples et des références dans une sous-partie?

Dans quel but devez-vous utiliser des références?

Chaque sous-partie appuie le développement de la réflexion sur des références au texte en commentaire ou à la littérature en dissertation.

En employant des références, vous signalez à votre correcteur votre **méthode**, votre **rigueur** et votre **efficacité de démonstration.**

Comment citer ces références?

Voici quelques possibilités pour insérer correctement vos références dans une sous-partie de commentaire ou de dissertation :

Quels types de références?	Comment?	Particularités
Citation exacte et intégrale	Phrase entre guillemets (avec mention de la ligne si vous êtes en commentaire ; avec mention de son auteur et de l'œuvre si vous êtes en dissertation).	Utilisez des crochets pour signaler une coupure ou une modification.
Éléments éparpillés dans le texte à commenter	Relevé de mots formant un champ lexical.	Mettez des guillemets pour chaque mot ; séparez les mots par des virgules ; organisez le relevé (par exemple, regroupez les mots positifs ou négatifs, ou par thèmes).
Référence générale	Renvoi général à un paragraphe, à un personnage, à un procédé textuel, à un genre littéraire.	Faites comprendre la référence avec des informations suffisamment précises.
Résumé	Reformulation d'un passage pour éviter une citation trop longue.	Visez la concision, évitez la paraphrase.

Comment rédiger l'insertion de ces références ?

Qu'est-ce qu'une référence ?

On entend par « référence » tout exemple pris dans le texte, toute citation connue par cœur, toute allusion à une œuvre littéraire, à un auteur, à un genre.

Comment devez-vous insérer vos références dans vos phrases ?

Voici des **techniques** et des **formules** que vous pouvez employer pour insérer vos références dans vos phrases. Vous avez ici des reformulations différentes de la même référence, empruntée à l'étude du texte d'Albert Camus proposée dans la fiche 3. Vous pouvez ainsi mesurer les variations entraînées par les divers choix d'insertion.

- Écrivez la référence **après deux points** qui suivent l'idée démontrée.

  Exemple : le texte offre une image riche et variée de la nature : « arbres », « oiseaux », « terre », « étoile », « vagues », « sable ».

- Écrivez la référence **entre parenthèses**, après avoir exprimé l'idée.

  Exemple : le texte offre une image riche et variée de la nature (« arbres », « oiseaux », « terre », « étoile », « vagues », « sable »).

- Intégrez la référence **directement** dans votre phrase, entre guillemets, en veillant à la correction de votre syntaxe.

  Exemple : les « arbres », les « oiseaux », la « terre », l'« étoile », les « vagues » et le « sable » forment une image riche et variée de la nature dans ce texte.

- Intégrez la référence **par l'intermédiaire d'un mot d'articulation** (« comme », « avec », « par le biais de », etc.).

  Exemple : le texte offre une image riche et variée de la nature par le biais des termes « arbres », « oiseaux », « terre », « étoile », « vagues », « sable ».

- Intégrez la référence dans votre phrase **par l'intermédiaire d'un mot technique** signalant la nature de la référence (verbe, adjectif qualificatif, champ lexical, métaphore, type de personnage, etc.). Privilégiez cette méthode.

  Exemple : le texte offre une image riche et variée de la nature par le biais du champ lexical formé des noms communs « arbres », « oiseaux », « terre », « étoile », « vagues », « sable ».

Quelques conseils pour l'insertion des références dans votre commentaire

En commentaire, **n'utilisez pas de citations trop longues** : vous devez sélectionner dans le texte les termes ou les expressions qui vous intéressent particulièrement, et ce n'est pas à votre correcteur de chercher quel est le mot intéressant dans une citation de cinq lignes.

Si vous voulez utiliser une phrase longue, **coupez les éléments inutiles à votre démonstration** ; dans ce cas, remplacez ce que vous coupez par le signe [...], en veillant à ce que votre phrase ainsi tronquée reste correcte. Si vous devez alors modifier un verbe ou une fin de mot, faites-le entre crochets aussi.

N'oubliez pas d'indiquer le **numéro de la ligne du texte** à laquelle figure la référence : soit entre parenthèses après la citation, soit avec une formule rédigée du type « comme l'auteur l'écrit à la ligne... » ou « comme on peut le voir à la ligne... » ou « comme cela est montré à la ligne... ».

Quelques conseils pour l'insertion des références dans votre dissertation

Indiquez **le titre et le nom de l'auteur de l'œuvre** que vous utilisez. Dans une copie, on souligne les titres d'œuvres, mais on met les titres de poèmes, de fables ou de chapitres entre guillemets.

> *Exemple : « Le Corbeau et le Renard » fait partie des Fables de Jean de La Fontaine.*

Si vous voulez appuyer votre démonstration sur un **épisode célèbre d'une œuvre**, résumez-le brièvement pour que votre correcteur voie immédiatement de quel passage il s'agit. Votre démonstration en sera plus convaincante.

> *Exemple : dans L'École des femmes, comédie de Molière créée en 1672, le passage où Arnolphe lit à Agnès, d'un ton implacable et sévère, les dix commandements du mariage, révèle à quel point cela est ridicule d'appuyer une déclaration d'amour sur des codes froids et immuables.*

Si vous souhaitez donner la **date** de votre référence, il doit s'agir de la date de première publication pour une œuvre écrite ou de la date de première représentation pour une pièce de théâtre.

ENTRAÎNEZ-VOUS !

Objet d'étude : Le roman et le récit du Moyen Âge au XXIe siècle.

[Le héros, Georges Duroy, qui sera par la suite surnommé Bel-Ami, se rend pour la première fois dans un dîner mondain ; il sonne à la porte.]

La porte s'ouvrit presque aussitôt, et il se trouva en présence d'un valet en habit noir, grave, rasé, si parfait de tenue que Duroy se troubla de nouveau sans comprendre d'où lui venait cette vague émotion : d'une inconsciente comparaison peut-être, entre la coupe de leurs vêtements. Ce laquais, qui avait des souliers vernis, demanda, en prenant le pardessus que Duroy tenait sur son bras par peur de montrer les taches : « Qui dois-je annoncer ? ».

Guy de MAUPASSANT, *Bel-Ami*, 1885

1. *Relevez les expressions qui montrent la gêne éprouvée par Duroy. À quoi cette gêne est-elle due ?*

2. *Intégrez ces références dans une phrase qui analyse cette gêne. Vous devez pouvoir réécrire votre phrase pour utiliser chacune des cinq manières d'intégrer une référence telles qu'elles ont été vues dans cette fiche.*

Fiche 9
Comment exploiter, commenter ou analyser vos références ?

Quel est le rôle des références dans votre démonstration ?

Les références, que ce soient des exemples, des procédés stylistiques, des citations, des allusions à des œuvres, permettent d'**illustrer** votre réflexion ; il faut impérativement les commenter pour qu'elles prennent valeur de **preuves**.

Une citation ne vaut en effet rien en elle-même : elle vaut par votre façon de l'analyser et de l'utiliser dans votre raisonnement.

Comment exploiter une référence ?

Cette exploitation d'exemple ou de citation donne lieu à une **micro-analyse** : comme si vous aviez une loupe, vous faites un **zoom momentané sur la référence** que vous venez d'insérer dans votre sous-partie et vous l'étudiez, puis vous en déduisez une analyse en rapport avec l'idée directrice de votre sous-partie. C'est à ce moment-là que, en commentaire, vous utilisez les procédés techniques et les figures de style.

De même, dans une dissertation sur l'effet de réel dans les romans, ce n'est pas le titre d'un roman réaliste qui sera une preuve, mais plutôt votre **analyse**, par exemple, du cadre spatio-temporel, des portraits des personnages ou encore de leurs façons de parler.

ENTRAÎNEZ-VOUS !

Objet d'étude : Le roman et le récit du Moyen Âge au XXIe siècle.

Écrit de synthèse : Démontrer une interprétation fondée sur l'analyse du lexique.

Voici la suite de l'extrait de Bel-Ami, *de Guy de MAUPASSANT, cité dans l'exercice de la fiche 8.*

> *[Duroy est entré dans l'appartement et est reçu par son hôte, Madame Forestier, l'épouse de l'ami qui l'a invité à ce dîner mondain.]*
>
> Il s'arrêta net, tout à fait déconcerté. Quelle était cette dame qui lui souriait ? Puis il se souvint que Forestier était marié ; et la pensée que cette jolie blonde élégante devait être la femme de son ami acheva de l'effarer.
>
> Il balbutia : « Madame, je suis… ». Elle lui tendit la main :
>
> « Je le sais, monsieur. Charles m'a raconté votre rencontre d'hier soir, et je suis très heureuse qu'il ait eu la bonne inspiration de vous prier de dîner avec nous aujourd'hui ».
>
> Il rougit jusqu'aux oreilles, ne sachant plus que dire ; et il se sentait examiné, inspecté des pieds à la tête, pesé, jugé.
>
> Il avait envie de s'excuser, d'inventer une raison pour expliquer les négligences de sa toilette ; mais il ne trouva rien, et n'osa pas toucher à ce sujet difficile.

1. *Relevez les expressions signalant la gêne éprouvée par Duroy.*

2. *À quoi, selon vous, cette gêne est-elle due ici ?*

3. *En quoi cette gêne symbolise-t-elle le décalage entre deux mondes, celui auquel Duroy appartient, et celui des Forestier ?*

4. *Rédigez un paragraphe suivant la méthode A-D-I-C, visant à montrer que cette gêne de Duroy (présentée par le biais des références que vous venez de relever dans le texte) est le signe d'un profond décalage entre Duroy et le monde dans lequel il vient de pénétrer. Veillez à insérer dans votre paragraphe les micro-analyses des références que vous relevez.*

Fiche 10
Comment varier vos formulations pour insérer vos arguments et vos références dans une démonstration ?

Pourquoi varier vos formulations ?

En évitant les répétitions, vous ferez preuve d'**élégance** stylistique, et votre démonstration gagnera aussi en **précision.**

Quelques mots de liaison pour introduire une référence

Pour relier un argument à une référence qui suit, vous pouvez employer :

Mots de liaison	Expressions verbales
Par exemple	Nous pouvons faire l'analogie avec...
Comme	Nous prenons comme exemple...
Avec	Pour illustrer cela, nous pouvons faire référence à...
Ainsi	Tel passage atteste que...
Notamment	C'est le cas avec...
En particulier	Comme le montre/l'indique/le suggère le mot...
Entre autres	L'utilisation/l'emploi/la présence de l'expression... le prouve/le révèle/en est un exemple typique.
Soit	
En effet	
Aussi	
À l'instar de	

Quelques expressions pour exprimer le rôle d'une idée ou d'un procédé littéraire dans une analyse

Expressions	Reformulations variées
L'idée apparaît	L'idée arrive, surgit, affleure, naît, émerge, perce, survient, advient, se présente, domine, se développe...
Le procédé montre	Le procédé met en valeur, met en lumière, indique, suggère, rend sensible, révèle, exprime, indique, expose, signifie, signale, annonce, manifeste, marque...
Le procédé insiste sur	Le procédé accentue, souligne, appuie sur, met en valeur, met en évidence, montre, dénote, connote, traduit, rend sensible, caractérise, est caractéristique de, témoigne de la volonté de l'auteur de...

Quelques expressions pour exprimer l'intention de l'auteur

Expressions	Reformulations variées
L'auteur écrit	L'auteur rédige, produit, compose, élabore, crée, forme, expose, met en œuvre...
L'auteur emploie un mot	L'auteur utilise, use de, a recours à, se sert de, exploite, prend, met, insère, dispose de...
L'auteur montre une idée	L'auteur indique, représente, insiste sur, fonde sa pensée sur, prouve, signale, dépeint, décrit, dévoile, expose, explicite, signifie, manifeste, témoigne, met en évidence...
L'auteur prouve une idée	L'auteur montre, démontre, indique, confirme, explique, affiche, affirme/valorise, loue, apprécie, soutient, renforce, corrobore/attaque, dévalorise, critique, dénigre, rejette, blâme, condamne, stigmatise...
L'auteur suggère une idée	L'auteur évoque, trace, esquisse, élabore, fait comprendre, fait entendre, propose, insinue, sous-entend, exprime de façon implicite...
L'auteur crée une émotion	L'auteur inspire, suscite, engendre, transmet, communique, fait passer, éveille, anime, insuffle, provoque, trouble, touche, étonne, frappe, saisit, bouleverse, émeut, repousse...

Quelques expressions pour exprimer le ressenti du lecteur

Expressions	Reformulations variées
Le lecteur ressent	Le lecteur sent, ressent, éprouve, réagit, goûte, perçoit, découvre, expérimente, est sensible à, est touché par, est interpellé par...
Le lecteur comprend	Le lecteur discerne, découvre, perçoit, devine, prend conscience de, saisit, conçoit, appréhende, entend...
Le lecteur imagine	Le lecteur se représente, concrétise, se figure, entrevoit, invente, construit, se fait une idée de, envisage, visualise, forge...
Le lecteur étudie	Le lecteur observe, comprend, analyse, réfléchit à, interroge, questionne, regarde, vérifie, raisonne, se penche sur, envisage, explore...

Corrigés du chapitre 2

Fiche 3. Comment mener une lecture analytique ?

1. De quoi parle le texte ? = QUOI ?

Le texte met en scène un combat entre deux coqs rivaux. Le vainqueur crie victoire de façon abusive et voit son orgueil châtié par la mort ; le vaincu connaît alors à son tour le succès qui lui avait été refusé par le sort. Le texte évoque donc les thèmes de l'amour, de l'orgueil et de l'humilité, du sort réservé à chacun, de la prudence.

2. Quel est son rôle ? comment le remplit-il ? = COMMENT ?

Ce texte est une fable, organisée en deux grands moments : un récit vif et amusant, mettant en scène de façon satirique des animaux personnifiés, puis une leçon de morale détachée du récit, au ton sentencieux, dans laquelle le fabuliste s'adresse à la communauté des lecteurs. On remarque également la forte présence du jeu : l'auteur joue avec les références parodiques à l'histoire de la guerre de Troie et au registre épique.

3. Quelles sont les intentions de l'auteur ? = POURQUOI ?

La Fontaine souhaite premièrement divertir son lecteur par le biais d'une histoire à rebondissements utilisant des personnages animaux caricaturant les défauts humains. Deuxièmement, il a pour objectif d'amener son lecteur à réfléchir au comportement ainsi représenté, à en tirer une leçon : il s'agit d'un message de prudence et d'humilité, qui est diffusé à la fois dans le récit et dans la morale. La Fontaine combine donc les deux préceptes antiques remis au goût du jour par les auteurs classiques : *docere* (instruire) et *placere* (plaire).

Fiche 5. Comment construire une sous-partie ?

1. Le champ lexical de la nature contient les termes suivants : « arbres », « oiseaux », « terre », « étoile », « vagues », « sable », « espace », « pollen », « mer », « campagne », « parfums de cette terre », « fruit ».

2. La profusion des éléments naturels est montrée à travers des expressions soulignant l'abondance (« peuplés », « incessante éclosion », « je m'emplissais d'une vie odorante »), l'emploi d'expressions généralisantes (« la terre », « la scène du monde », « tout un espace », « une vie odorante », « le monde »), l'utilisation du pluriel (« arbres », « oiseaux », « vagues ») et de l'accumulation (« mer, campagne, parfums de cette terre »).

3. L'auteur transmet à son lecteur une vision méliorative de la nature au moment du coucher de soleil. Les mots utilisés sont connotés positivement, comme « doré », souligné par sa répétition, « accord » ou « amour ». L'impression dominante est celle d'une union quasi mystique entre l'auteur et la nature, soulignée par un accord et une harmonie fusionnels.

4. L'auteur entre en contact avec la nature par l'intermédiaire des divers sens corporels : l'ouïe (« oiseaux »), la vue (« pollen doré »), le goût (« son jus sucré »), le toucher (« couler le long de mes lèvres »), l'odorat (« parfums de cette terre »), ce qui l'amène à une appréhension totale de la nature, symbole du monde dans sa globalité.

5. **Paragraphe rédigé** (cela peut constituer une sous-partie de commentaire) :

[Albert Camus chante la beauté du monde dont la nature l'émerveille]. [**En effet**, la nature est montrée sous l'angle de l'abondance et de la richesse, pour souligner la profusion que le monde offre à l'homme]. [**Ainsi**, le champ lexical des éléments naturels se présente ici sous la forme d'une accumulation d'indices descriptifs. **Par exemple**, le monde végétal occupe l'espace avec « les arbres » et « un pollen doré » qui prend vie grâce à la personnification véhiculée par le verbe « danser ». Le « fruit », s'offrant avec générosité à la bouche du personnage, constitue une passerelle entre le monde et ce dernier. **Puis**, la nature s'ouvre de « la terre », à l'« espace » dans lequel brille « la première étoile », le coucher de soleil devenant symbole de naissance et de renouveau, à la fois pour la terre et pour l'auteur. Ce tableau prend totalement vie : par la vue, avec le mouvement « des vagues sur le sable », par l'ouïe, grâce au chant des « oiseaux », par le toucher, avec le « jus » coulant du fruit, par l'odorat, avec les « parfums de cette terre », et par le goût, avec le « jus sucré » du fruit]. [L'abondante présence de la nature confère **donc** au texte une richesse picturale nourrie de références aux divers sens corporels. Cela permet au lecteur de se créer sa propre image du paysage, en communion avec la nature ainsi représentée, mais aussi en harmonie avec l'auteur].

1re étape du paragraphe ; on annonce son idée directrice. C'est le A de A-D-I-C.

2e étape du paragraphe ; on explicite et développe l'idée directrice. C'est le D de A-D-I-C.

3e étape du paragraphe ; on cite et analyse des exemples relevés dans le texte, pour étayer l'idée directrice. C'est le I de A-D-I-C.

4e étape du paragraphe ; on conclut l'analyse en proposant une interprétation plus large, et les derniers mots font le lien avec la sous-partie suivante. C'est le C de A-D-I-C.

Fiche 6. Comment introduire et conclure une partie de commentaire ou de dissertation ?

Voici l'introduction de la première partie de cette dissertation :

[La qualité d'un récit s'apprécie en premier lieu à sa chute, et notamment à l'aspect surprenant et inattendu de celle-ci]. [En effet, cette chute dénoue la tension dramatique progressant au fil du récit ; mais elle déjoue aussi les attentes du lecteur qui éprouve du plaisir à comprendre comment il a été piégé par l'auteur].

Cette 1re phrase annonce le thème traité dans la 1re partie. Elle met en valeur le critère subjectif de l'appréciation personnelle d'un récit, élément clé de la problématique de ce sujet.

Cette phrase annonce les 2 sous-parties à venir.

Voici la conclusion de cette même première partie de la dissertation :

[Ainsi, c'est par la dimension surprenante de son dénouement que le lecteur apprécie un récit]. [Mais la chute, si inattendue soit-elle, ne constitue pas le seul ressort de plaisir ni le seul critère d'appréciation d'un récit, pour le lecteur, qui porte aussi beaucoup d'intérêt aux rouages de l'histoire racontée].

La 1re phrase de la clôture réaffirme clairement l'idée directrice de la partie.

On élargit la réflexion par le connecteur logique « mais » et on annonce l'idée directrice de la partie suivante.

Fiche 7. Comment articuler les arguments dans un paragraphe et dans un devoir ?

1. Les arguments s'additionnant sont les 3, 4, 6, 7 : ils formulent tous l'idée qu'un bon récit doit proposer au lecteur un dénouement surprenant.

Une fin inattendue plaît souvent au lecteur, heureux d'avoir été surpris.

De plus, une fin surprenante a plus de chances de faire réagir le lecteur.

En outre, si la fin est inattendue, cela veut dire que le reste du récit a mis en place du mystère, du suspense, ce qui augmente le plaisir de la lecture.

À cela s'ajoute le fait qu'un bon récit peut être celui qui déjoue finalement les attentes du lecteur, qui le manipule et trompe ses hypothèses, en le surprenant.

On ordonne les arguments du plus évident ou du plus simple au plus subtil.

2. Ils s'opposent aux arguments 1, 2, 5, qui montrent que la qualité d'un récit ne se réduit pas au plaisir d'une fin surprenante et inattendue, mais peut être liée à l'intrigue, à son cadre, aux personnages mis en scène.

Fiche 8. Comment insérer des exemples et des références dans une sous-partie?

1. Les expressions qui montrent la gêne de Duroy sont: « Duroy se troubla », « sans comprendre d'où lui venait cette vague émotion », « par peur de montrer les taches ».

2. Voici cinq phrases permettant d'intégrer différemment ces références:

- À son arrivée, Duroy est très gêné par la comparaison qu'il fait intérieurement entre sa tenue, peu élégante et sale, et celle du serviteur, très soignée: **« Duroy se troubla », « sans comprendre d'où lui venait cette vague émotion », « par peur de montrer les taches ».**
- À son arrivée, Duroy est très gêné par la comparaison qu'il fait intérieurement entre sa tenue, peu élégante et sale, et celle du serviteur, très soignée **(« Duroy se troubla », « sans comprendre d'où lui venait cette vague émotion », « par peur de montrer les taches ».**
- **La « vague émotion » qui « troubl[e][1] » Duroy, associée à la « peur de montrer les taches » de son pardessus montre que** Duroy est très gêné par la comparaison qu'il fait intérieurement entre sa tenue, peu élégante et sale, et celle du serviteur, très soigné.
- À son arrivée, Duroy est très gêné par la comparaison qu'il fait intérieurement entre sa tenue, peu élégante et sale, et celle du serviteur, très soignée, **comme le montrent les expressions « Duroy se troubla », « sans comprendre d'où lui venait cette vague émotion », et « par peur de montrer les taches ».**
- À son arrivée, Duroy est très gêné par la comparaison qu'il fait intérieurement entre sa tenue, peu élégante et sale, et celle du serviteur, très soignée, **comme le souligne le champ lexical de la gêne formé des groupes nominaux « vague émotion » et « peur de montrer les taches », annoncé dès le début du passage par le verbe « se troubla ».**

Fiche 9. Comment exploiter, commenter ou analyser vos références?

Corrigé du paragraphe (question 4)

[La première entrée de Duroy chez les Forestier est une épreuve, au sens propre comme au sens figuré]. [**En effet,** Duroy est gêné, non seulement parce qu'il ne connaît pas ce

Annonce de l'idée clé du paragraphe.

1. Le verbe « se troubla » est conjugué au passé simple; pour l'insérer correctement dans la phrase, il faut changer son temps; les crochets signalent la modification.

milieu, mais aussi parce qu'il sent qu'il va devoir y faire ses preuves et que son avenir dépend en partie des rencontres qu'il pourra réaliser lors de ce dîner]. [Le narrateur souligne **ainsi** l'absence d'assurance de Georges Duroy par l'emploi du champ lexical de la gêne, composé des mots « rougit », « ne sachant plus que dire », « envie de s'excuser », « n'osa pas toucher à ce sujet difficile ». Cela insiste sur le trouble de Duroy, très déstabilisé par son entrée chez les Forestier, dans un monde différent du sien où il n'a pas encore de repères. **De plus**, on voit bien, avec l'énumération des adjectifs qualificatifs en gradation (« il se sentait examiné, inspecté des pieds à la tête, pesé, jugé »), qu'il ne maîtrise pas le regard d'autrui sur lui-même et que les apparences risquent de le desservir, en le livrant au jugement impitoyable et sans compassion du premier venu dans ce salon bourgeois]. [Georges Duroy se trouve **donc** en complet décalage avec ce nouveau monde, et sa gêne ainsi que sa sensation d'être jugé montrent qu'il en est pleinement conscient].

Développement de cette idée.

Illustration de l'idée à l'aide de références citées et analysées (« micro-analyses »).

Conclusion du paragraphe ; l'interprétation globale clôture l'idée et le paragraphe.

CHAPITRE 3

LES ÉPREUVES ORALES

Fiche 11

L'épreuve orale

Les objectifs de l'épreuve

L'épreuve orale permet d'évaluer la capacité du candidat à mobiliser ses connaissances et ses compétences.

Le candidat mobilise :

- Ses compétences de lecture et d'interprétation
- Ses savoirs grammaticaux et lexicaux
- Sa culture littéraire
- Sa maîtrise de l'expression orale
- Son aptitude à dialoguer.

Il s'agit donc d'allier connaissances théoriques et culturelles, compétences de lecture, d'analyse et de communication.

L'épreuve permet aussi d'évaluer de quelle manière et à quel point le candidat s'est réellement **approprié** la **démarche littéraire,** les **textes** et les **questions** abordés pendant l'année.

L'épreuve s'appuie aussi sur **le descriptif** du candidat qui contient :

- Des **textes** étudiés en lecture analytique (extraits des œuvres mises au programme)
- Des **textes complémentaires** abordés en classe dans le cadre des parcours associés : prolongements littéraires, artistiques et culturels, lectures cursives
- Des écrits d'appropriation réalisés par le candidat qui pourront être inclus dans le dossier support de l'entretien.

Les modalités de déroulement

L'épreuve orale est divisée en trois **moments** :

- **Préparation** de l'exposé par le candidat : 30 minutes.
- **Exposé** du candidat : 10 minutes, 12 points
- – Lecture expressive après avoir situé le texte dans l'œuvre ou dans le parcours (2 points)
- – Explication linéaire du texte (8 points)

– Question de grammaire (2 points)

- **Entretien** sur une œuvre abordée par l'élève durant l'année (8 points) : 10 minutes.

Dans **l'exposé**, le candidat rend compte de sa lecture et de son analyse du texte.

La **question de grammaire** porte sur une phrase ou un élément de phrase et amène l'élève à mettre en œuvre les connaissances acquises notamment en syntaxe.[1]

L'entretien amène le candidat à :

- Présenter l'œuvre qu'il a choisie dans ses études intégrales ou cursives de l'année de première.
- Argumenter sur l'œuvre.
- Justifier ses analyses.
- Donner son avis sur l'œuvre.
- Mettre en lien l'œuvre, les textes et les prolongements étudiés.
- Expliquer éventuellement l'intérêt des écrits d'appropriation qu'il a rédigés en lien avec les parcours étudiés.

L'entretien évalue donc la **capacité** à argumenter et la **connaissance des objets d'étude.**

Le descriptif

Votre professeur compose pour vous **le descriptif des lectures, études et activités menées** durant l'année de première.

Il contient au moins **24 textes** : pour chacun des quatre objets d'étude, il y a **trois textes par œuvre intégrale** et **3 textes par parcours associé.**

Il indique aussi les **textes complémentaires** abordés ou lus de façon cursive, notamment dans les prolongements culturels.

Le descriptif précise aussi pour l'examinateur **l'œuvre** que vous choisissez de présenter lors de la **deuxième partie de l'épreuve orale.**

1. Voir le chapitre 5 sur la grammaire.

Fiche 12
S'entraîner à l'oral

Seul

Vous pouvez vous entraîner à conduire oralement un exposé sur un texte, en reprenant la problématique abordée en classe :

- Faites le brouillon de votre exposé, en 30 minutes
- Dites à haute voix votre exposé.

Enregistrez votre exposé, puis écoutez-le **en l'évaluant** à partir de la grille de critères ci-dessous :

	CRITÈRES	Oui	Moyen	Non
LA FORME	Élocution claire			
	Lecture correcte et expressive			
	Qualité de l'expression, niveau de langue			
	Qualités de communication et de conviction			
LE FOND	Prise en compte de la question			
	Réponse construite, argumentée et pertinente, au service d'une interprétation			
	Références précises au texte			

À plusieurs

Il est très intéressant de **s'entraîner à plusieurs** : le regard de l'autre est constructif : on vous signale vos points forts et vos faiblesses, éventuellement à l'aide de la grille ci-dessus.

Il est aussi très profitable de **jouer soi-même le rôle de l'examinateur** face à un camarade. En effet, cela permet de comprendre comment les réponses données par le candidat entraînent certaines demandes de clarification, de complément ou de justification. Cela vous fait aussi réviser car vous établissez des parallèles entre les réponses du candidat et le texte.

Pour aller plus loin, vous pouvez procéder à un **tirage au sort** du texte à étudier ou de la problématique à utiliser.

Fiche 13
La lecture à haute voix

Un moment essentiel

La lecture du texte a lieu au début de l'exposé. Vous y donnez la première **impression** de vous-même à l'examinateur.

Vous y montrez votre bonne **connaissance** du texte : un élève qui bute ou qui semble découvrir le texte en le lisant le connaît forcément mal.

Vous y faites passer du **sens** : l'intonation, le rythme et la diction soulignent les passages importants du texte.

Vous y montrez votre **goût** pour le texte.

Pour toutes ces raisons, il faut vous entraîner à lire chaque texte plusieurs fois, jusqu'à le **maîtriser** complètement, pour proposer une **lecture correcte et expressive.**

ASTUCES

Enregistrez-vous pour entendre votre lecture de textes et la corriger si besoin.

Que faut-il lire ?

Sauf indication contraire transmise par votre examinateur, vous lirez le texte à partir de son début.

Il arrive que l'examinateur demande de ne pas lire tout le texte, notamment quand il est long : vous arrêtez votre lecture quand il vous fait signe ou au point qu'il vous a préalablement indiqué. S'il vous coupe, ne vous inquiétez pas, c'est simplement qu'il en a entendu assez pour évaluer votre lecture et que vous pouvez continuer votre introduction.

ASTUCES

Une bonne lecture est une lecture expressive : faites vivre et résonner le texte, mettez-le bien en valeur.

Quelles sont les difficultés prévisibles ?

- La **ponctuation** : respectez par une pause sensible (au moins 2 secondes) les **points** et les **points de suspension** ; mettez l'intonation qui convient lorsque la phrase se termine par un **point d'exclamation ou d'interrogation** (selon le sens de la phrase et le contexte). Pensez aussi à faire une brève pause avant et après les **parenthèses**.
- Les **noms propres** : écoutez bien votre professeur les prononcer ; si vous avez oublié, cherchez sur internet la version audio libre de droits de l'ouvrage et écoutez-en un passage pour en entendre la prononciation.
- Les **mots étrangers** : procédez de même.
- Les **mots difficiles** : vous pouvez en écouter la prononciation sur des sites de dictionnaires en ligne ; vous pouvez aussi en avoir la transcription phonétique dans un dictionnaire papier.
- Les **mots dont vous ignorez le sens** : cherchez bien sûr le sens, puis procédez comme ci-dessus.
- Les **mots importants** : ce sont des mots-clés, qui portent le sens du texte ou qui marquent l'intention de l'auteur.
- Les **liaisons** : vous pouvez les noter au crayon sur votre exemplaire de travail du texte étudié, à l'aide d'un trait joignant les deux lettres à lier oralement. Les règles de liaison sont les suivantes :

– **Faire la liaison entre une consonne et une voyelle :**

« C'est Vénus <u>tout entière</u> à sa proie attachée. » (Jean Racine)

– **Ne pas faire de liaison avec le *h* aspiré :**

« Un courage indompté dans le cœur des mortels fait ou les <u>grands héros</u> ou les grands criminels. » (Voltaire)

– **Ne pas oublier la liaison après *Quand, C'est* et *Comment* :**

« L'homme aime tant l'homme que, <u>quand il</u> fuit la ville, <u>c'est encore</u> pour chercher la foule, <u>c'est-à-dire</u> pour refaire la ville à la campagne. » (Charles Baudelaire)

« Vous allez voir <u>comment on</u> meurt pour 25 francs. » (Alphonse Baudin)

– **Ne pas oublier la liaison après *Premier* ou *Dernier* :**

« L'homme veut être le <u>premier amour</u> de la femme, alors que la femme veut être le <u>dernier amour</u> de l'homme. » (Oscar Wilde)

– **Ne pas oublier la liaison après les verbes** être **ou *avoir* :**

« Les larmes <u>sont un</u> don. » (Victor Hugo)

« La peinture permet de regarder les choses en tant qu'elles <u>ont</u> <u>été</u> une fois contemplées avec amour. » (Paul Valéry)

- Les **phrases longues ou à la syntaxe complexe** : entraînez-vous à respirer aux points-virgules et aux virgules, pour avoir assez de souffle pour finir chaque phrase longue. Détachez clairement les ensembles constitués par les groupes de mots, notamment par les propositions subordonnées, en faisant une pause que vous marquez au crayon d'une double barre oblique pour les pauses longues, d'une simple barre oblique pour les pauses courtes.
- Les **mots de liaison** : détachez nettement les **connecteurs logiques**, notamment en début de phrase ou de paragraphe, de façon à souligner la structure et les articulations du texte.
- Les **figures de style** : mettez-les en valeur en haussant légèrement le ton de votre voix. Si le texte s'y prête, insistez bien sur les procédés oratoires. Soyez bien vigilant face aux **anaphores** et aux **parallélismes** (soulignez les mots en haussant un peu la voix), aux **énumérations**, aux **hyperboles** et aux **gradations** (ralentissez le rythme de la lecture et haussez la voix). Montrez aussi, par un certain détachement du ton, que vous avez perçu les **antiphrases ironiques.**
- Les **dialogues dans le récit** : soulignez les **interrogations** et les **exclamations**, ainsi que les **marques du langage oral** (par exemple, les interjections). Rendez le dialogue vivant. Laissez un léger silence entre deux répliques. Si le narrateur intervient, adoptez un ton différent, plus neutre.
- Le **texte théâtral** : ne lisez pas le **nom** des personnages qui précède la réplique, cela coupe le naturel de la scène. Rendez compte de l'état d'esprit des personnages, sans exagérer (vous n'êtes pas un acteur sur scène). N'oubliez pas de lire les **didascalies**, sur un ton neutre. Attention à la lecture des **vers** dans le cas du théâtre versifié.
- Le **poème** : le **poème en prose** se lit comme un texte non poétique ; dans le **poème en vers libres**, il faut marquer une légère pause en fin de vers ; le **poème versifié** suit les règles suivantes :

– Le ***e* en fin de vers** ne se prononce pas : « Le violon frémit comme un cœur qu'on afflig[e] » (Charles Baudelaire)

– Le ***e* en fin de mot précédant une voyelle** ne se prononce pas (il est élidé par la liaison) : « Le violon frémit comm[e] un cœur qu'on afflige »

– Le ***e* en fin de mot devant une consonne** se prononce : « Un éclair puis la nuit... ! — Fugitiv<u>e</u> beauté » (Charles Baudelaire)

– Une **voyelle** peut être détachée par le procédé de la **diérèse** qui souligne le mot dans le vers : « Le v<u>i</u>-olon frémit comme un cœur qu'on afflige » (Charles Baudelaire)

– Une **voyelle** peut être prononcée avec celle qui l'accompagne, en une seule syllabe : c'est la **synérèse** : « Et vous devr<u>ie</u>z mourir d'une telle infamie » (Molière) : « devriez » se prononce en deux syllabes, et non pas trois, ce qui permet à l'auteur de supprimer une syllabe dans le décompte des syllabes de son alexandrin.

ENTRAÎNEZ-VOUS !

Exercice 1

Objet d'étude : Le roman et le récit du Moyen Âge au XXIe siècle.

« Et, une demi-heure après, la pensée qu'il était temps de chercher le sommeil m'éveillait ; je voulais poser le volume que je croyais avoir dans les mains et souffler ma lumière ; je n'avais pas cessé en dormant de faire des réflexions sur ce que je venais de lire, mais ces réflexions avaient pris un tour un peu particulier ; il me semblait que j'étais moi-même ce dont parlait l'ouvrage : une église, un quatuor, la rivalité de François Ier et de Charles-Quint. »

Marcel Proust

- *Marquez d'une barre oblique simple les courtes pauses.*
- *Marquez d'une barre oblique double les pauses longues.*
- *Cherchez comment prononcer les mots « quatuor » et « Charles-Quint ».*
- *Soulignez d'un trait les mots que vous souhaitez détacher et indiquez pourquoi par une brève explication.*

Exercice 2

Objet d'étude : La littérature d'idées du XVIe siècle au XVIIIe siècle.

« Rien n'était si beau, si leste, si brillant, si bien ordonné que les deux armées. Les trompettes, les fifres, les hautbois, les tambours, les canons, formaient une harmonie telle qu'il n'y en eut jamais en enfer. Les canons renversèrent d'abord à peu près six mille hommes de chaque côté ; ensuite la mousqueterie ôta du meilleur des mondes environ neuf à dix mille coquins qui en infectaient la surface. »

Voltaire

- *Marquez d'une barre oblique simple les courtes pauses.*
- *Marquez d'une barre oblique double les pauses longues.*
- *Indiquez les liaisons par un trait reliant les mots.*
- *Soulignez d'un trait les mots sur lesquels la voix doit insister et indiquez pourquoi par une brève explication.*

Exercice 3

Objet d'étude : La poésie du XIXe siècle au XXIe siècle.

« Envole-toi bien loin de ces miasmes morbides ;
Va te purifier dans l'air supérieur,
Et bois, comme une pure et divine liqueur,
Le feu clair qui remplit les espaces limpides »

Charles Baudelaire

- *Soulignez les e qui se prononcent.*
- *Mettez entre crochets les e qui ne se prononcent pas.*
- *Encadrez deux diérèses.*

Fiche 14

L'exposé et l'explication linéaire

L'**explication de texte** attendue à l'oral suit l'ordre du texte : elle est **linéaire**.

Le gage de la réussite est le lien constant que vous établirez entre le fond (les idées, le sens) et la forme (les moyens, l'écriture), entre la synthèse et l'analyse.

La méthode

L'exposé va suivre le mouvement du texte, étape par étape (et non pas ligne par ligne) : par exemple, si votre texte narratif contient une introduction, puis un développement constitué d'une description puis d'un dialogue, puis une conclusion, vous présenterez vos remarques successives en vous appuyant sur cette structure du texte. Vous ferez un bref bilan à la fin de chaque étape du texte avant de passer à la suivante.

Il faut donc d'abord dégager le plan du texte (ses étapes, ses mouvements), pour ensuite organiser votre explication en suivant ces étapes.

À l'intérieur de ces étapes, suivez le fil du texte, en **intégrant les citations** au sein de vos **analyses**.

Avantages

- La méthode linéaire est **intéressante** car elle permet au lecteur de rester proche du texte en s'intéressant finement aux mots.
- Elle est **efficace** quand le texte étudié offre une grande évolution de son début à sa fin.
- C'est donc le texte lui-même qui vous guide vers cette démarche.

Difficultés

- Cette stratégie est difficile car elle amène parfois à de la **paraphrase** (redire ce que le texte dit, sans ajouter de commentaire analytique).
- Elle peut amener l'élève à proposer des commentaires **techniques** non reliés au sens du texte.

ASTUCES

Pour éviter de tomber dans la paraphrase, vous devez absolument vous rattacher sans cesse à la notion d'**intention** de l'auteur.

Il faut éviter l'explication « myope » qui consisterait à lire une phrase, puis l'expliquer, puis faire de même pour toutes les phrases suivantes. Il vaut mieux intégrer le commentaire de la phrase à l'intérieur de l'analyse.

Chaque fin d'étape du texte doit donner lieu à un bref **bilan** se rattachant à la problématique posée et faisant le lien entre l'étape précédente et l'étape suivante.

ENTRAÎNEZ-VOUS !

Exercice 1

Objet d'étude : Le roman et le récit du Moyen Âge au XXIe siècle.

Dans la plaine rase, sous la nuit sans étoiles, d'une obscurité et d'une épaisseur d'encre, un homme suivait seul la grande route de Marchiennes à Montsou, dix kilomètres de pavé coupant tout droit, à travers les champs de betteraves. Devant lui, il ne voyait même pas le sol noir, et il n'avait la sensation de l'immense horizon plat que par les souffles du vent de mars, des rafales larges comme sur une mer, glacées d'avoir balayé des lieues de marais et de terres nues. Aucune ombre d'arbre ne tachait le ciel, le pavé se déroulait avec la rectitude d'une jetée, au milieu de l'embrun aveuglant des ténèbres.

L'homme était parti de Marchiennes vers deux heures. Il marchait d'un pas allongé, grelottant sous le coton aminci de sa veste et de son pantalon de velours. Un petit paquet, noué dans un mouchoir à carreaux, le gênait beaucoup ; et il le serrait contre ses flancs, tantôt d'un coude, tantôt de l'autre, pour glisser au fond de ses poches les deux mains à la fois, des mains gourdes que les lanières du vent d'est faisaient saigner. Une seule idée occupait sa tête vide d'ouvrier sans travail et sans gîte, l'espoir que le froid serait moins vif après le lever du jour. Depuis une heure, il avançait ainsi, lorsque sur la gauche à deux kilomètres de Montsou, il aperçut des feux rouges, trois brasiers brûlant au plein air, et comme suspendus. D'abord, il hésita, pris de crainte ; puis, il ne put résister au besoin douloureux de se chauffer un instant les mains.

Un chemin creux s'enfonçait. Tout disparut. L'homme avait à droite une palissade, quelque mur de grosses planches fermant une voie ferrée ; tandis qu'un talus d'herbe s'élevait à gauche, surmonté de pignons confus, d'une vision de village aux toitures basses et uniformes. Il fit environ deux cents pas. Brusquement, à un coude du chemin, les feux reparurent près de lui, sans qu'il comprît davantage comment ils brûlaient si haut dans le ciel mort, pareils à des lunes fumeuses. Mais, au ras du sol, un autre spectacle venait de l'arrêter. C'était une masse lourde, un tas écrasé de constructions, d'où se dressait la silhouette d'une cheminée d'usine ; de rares lueurs sortaient des fenêtres encrassées, cinq ou six lanternes tristes étaient pendues dehors, à des charpentes dont les bois noircis alignaient vaguement des profils de tréteaux gigantesques ; et, de cette apparition fantastique, noyée de nuit et de fumée, une seule voix montait, la respiration grosse et longue d'un échappement de vapeur, qu'on ne voyait point.

Alors, l'homme reconnut une fosse.

Émile ZOLA, *Germinal*, 1885, incipit

- *Pour étudier ce texte à partir de la problématique suivante, pourquoi une démarche linéaire est-elle bien appropriée au mouvement du texte ? Justifiez.*
- *Problématique : Comment l'atmosphère évolue-t-elle parallèlement à l'entrée du personnage dans l'action ?*

Exercice 2

Objet d'étude : La poésie du XIXe au XXIe siècle.

Reprenez les notes sur le texte de Paul Éluard figurant dans la fiche 4. Rédigez l'explication linéaire du premier vers en veillant à analyser précisément les procédés d'écriture mis en œuvre par le poète.

Fiche 15
Comment relier la forme et le fond ?

Forme et fond : définitions

Tout texte articule une **forme** à un **fond**, une **technique** à un **sens.** L'explication de texte est un exercice visant à décrypter l'enjeu et l'intérêt du texte, ce qui fait sa singularité et sa beauté, en reliant des remarques concernant la forme (**le style, les procédés, les figures de style, l'organisation du texte**) à la recherche du sens, à la construction d'une interprétation (quel **sens donner au texte ? quelle est sa portée ? quelle réflexion déclenche-t-il ? quel effet produit-il ?**).

Relier forme et fond lors de l'étude du texte

N'oubliez pas le principe suivant : **tout procédé crée ou souligne du sens, et tout sens s'appuie sur un procédé.**

Pour vous aider à toujours penser à relier la forme et le fond, voici un tableau que vous pouvez utiliser lorsque vous travaillez sur vos textes :

Citation	Identification	Analyse
…….	Nom du procédé	Quelle interprétation donner au relevé ?

Relier forme et fond dans l'exposé

Chaque partie de votre exposé, qui constitue un axe d'approche du texte, s'appuie sur plusieurs arguments.

Chaque mouvement se développe comme suit :

- **Annoncer** le mouvement, son idée clé.
- Le **développer**, l'**expliquer.**
- **L'illustrer par des relevés** faits au fil du texte.
- **En fin de mouvement, conclure** en faisant le lien avec ce que la partie démontre ou en établissant une réponse partielle à la problématique.

ENTRAÎNEZ-VOUS !

Objet d'étude: Le roman et le récit du Moyen Âge au XXIe siècle.

Écrit de synthèse: Développer une piste de lecture.

Exercice 1

Émile ZOLA, *Germinal*, 1885, incipit (voir le texte fiche 14, exercice 1)

- *Remplissez le tableau suivant pour dégager le sens du procédé mis en œuvre dans les mots cités.*

Citation	Identification	Analyse
« silhouette », « profils », « voix », « respiration »		

Exercice 2

Quand la caissière lui eut rendu la monnaie de sa pièce de cent sous, Georges Duroy sortit du restaurant.

Comme il portait beau par nature et par pose d'ancien sous-officier, il cambra sa taille, frisa sa moustache d'un geste militaire et familier, et jeta sur les dîneurs attardés un regard rapide et circulaire, un de ces regards de joli garçon, qui s'étendent comme des coups d'épervier.

Les femmes avaient levé la tête vers lui, trois petites ouvrières, une maîtresse de musique entre deux âges, mal peignée, négligée, coiffée d'un chapeau toujours poussiéreux et vêtue toujours d'une robe de travers, et deux bourgeoises avec leurs maris, habituées de cette gargote à prix fixe.

Lorsqu'il fut sur le trottoir, il demeura un instant immobile, se demandant ce qu'il allait faire. On était au 28 juin, et il lui restait juste en poche trois francs quarante pour finir le mois. Cela représentait deux dîners sans déjeuners, ou deux déjeuners sans dîners, au choix. Il réfléchit que les repas du matin étant de vingt-deux sous, au lieu de trente que coûtaient ceux du soir, il lui resterait, en se contentant des déjeuners, un franc vingt centimes de boni, ce qui représentait encore deux collations au pain et au saucisson, plus deux bocks sur le boulevard. C'était là sa grande dépense et son grand plaisir des nuits ; et il se mit à descendre la rue Notre-Dame-de-Lorette.

Il marchait ainsi qu'au temps où il portait l'uniforme des hussards, la poitrine bombée, les jambes un peu entrouvertes comme s'il venait de descendre de cheval ; et il avançait brutalement dans la rue pleine de monde, heurtant les épaules, poussant les gens pour ne point se déranger de sa route. Il inclinait légèrement sur l'oreille son chapeau à haute forme assez défraîchi, et battait le pavé de son talon. Il avait l'air de toujours défier quelqu'un, les passants, les maisons, la ville entière, par chic de beau soldat tombé dans le civil.

Quoique habillé d'un complet de soixante francs, il gardait une certaine élégance tapageuse, un peu commune, réelle cependant. Grand, bien fait, blond, d'un blond châtain vaguement roussi, avec une moustache retroussée, qui semblait mousser sur sa lèvre, des yeux bleus, clairs, troués d'une pupille toute petite, des cheveux frisés naturellement, séparés par une raie au milieu du crâne, il ressemblait bien au mauvais sujet des romans populaires.

C'était une de ces soirées d'été où l'air manque dans Paris. La ville, chaude comme une étuve, paraissait suer dans la nuit étouffante. Les égouts soufflaient par leurs bouches de granit leurs haleines empestées, et les cuisines souterraines jetaient à la rue, par leurs fenêtres basses, les miasmes infâmes des eaux de vaisselle et des vieilles sauces.

Les concierges, en manches de chemise, à cheval sur des chaises en paille, fumaient la pipe sous des portes cochères, et les passants allaient d'un pas accablé, le front nu, le chapeau à la main.

Quand Georges Duroy parvint au boulevard, il s'arrêta encore, indécis sur ce qu'il allait faire. Il avait envie maintenant de gagner les Champs-Élysées et l'avenue du bois de Boulogne pour trouver un peu d'air frais sous les arbres ; mais un désir aussi le travaillait, celui d'une rencontre amoureuse.

Comment se présenterait-elle ? Il n'en savait rien, mais il l'attendait depuis trois mois, tous les jours, tous les soirs. Quelquefois cependant, grâce à sa belle mine et à sa tournure galante, il volait, par-ci, par-là, un peu d'amour, mais il espérait toujours plus et mieux.

Guy de MAUPASSANT, *Bel-Ami*, 1885, incipit

- ***Étudiez ce texte en y cherchant les éléments réalistes, dans le but de montrer que ce texte met en place un enjeu fondamental du roman à venir : l'illusion du réel.***
- ***Puis, en vous attachant à relier le sens et la forme, rédigez l'explication linéaire que vous diriez à l'oral pour montrer que le paragraphe 4 du texte met en place un cadre réaliste pour le lecteur.***

Fiche 16
L'entretien

- **Pour présenter votre lecture de l'œuvre que vous avez choisie** : organisez votre propos, appuyez-vous sur des exemples précis, argumentez et justifiez vos interprétations et vos analyses, appuyez-vous sur vos savoirs littéraires et culturels pour étoffer votre argumentation.
- **Pour présenter vos écrits** éventuellement inclus dans votre dossier : précisez clairement les objectifs des travaux que vous avez réalisés, expliquez les stratégies que vous y avez mises en œuvre ; mobilisez vos connaissances littéraires et techniques pour évoquer vos travaux et vos lectures.
- **Si l'on vous demande de préciser une définition** : soyez précis dans le choix de vos mots et complétez éventuellement votre définition par un exemple. Vous pouvez soit donner la définition traditionnelle du mot, soit la reformuler avec vos propres mots.
- **Si l'on vous demande de compléter une analyse** : reformulez votre propos en explicitant ce qui est resté dans l'ombre, ce que vous avez sous-entendu ; appuyez-vous sur vos connaissances pour apporter un éclairage complémentaire.
- **Si l'on vous demande de justifier une remarque ou un parti pris** : la justification appelle un argument ; n'hésitez pas à entrer dans le dialogue et à bien préciser votre pensée ; employez des liens logiques (« si j'ai dit cela, c'est parce que... » ; « diverses preuves me permettent de justifier cette remarque ; en effet... »). Si vous devez soutenir votre avis sur un texte, n'hésitez à vous engager et à dialoguer avec votre examinateur ; sachez apporter plusieurs preuves. Souvenez-vous que l'autonomie et la responsabilité face au texte sont des critères importants dans l'évaluation de l'épreuve.
- **Si l'on vous demande de corriger une erreur** : acceptez d'admettre que vous vous êtes trompé sans camper sur vos positions, à l'aide, par exemple, de la phrase suivante : « En effet, je me rends compte que ce que j'ai dit est erroné ; grâce à votre remarque, je préférerais maintenant dire que... ».

Fiche 17
Les questions sur la lecture cursive

Définition

Durant l'année, vous avez effectué une lecture cursive pour chaque objet d'étude, en complément des études d'œuvres intégrales.

L'adjectif « cursive » vient du nom « course » : lecture effectuée de façon courante et rapide.

Le but

Votre examinateur veut savoir si vous **connaissez** bien l'œuvre lue en lecture cursive, si vous avez saisi son **sens**, si vous parvenez à la mettre en **rapport** avec le texte étudié dans l'exposé et avec les autres textes abordés dans la séquence.

Là encore, vous devez faire preuve d'**analyse** et de **synthèse**. Les attentes ne sont pas aussi précises et exhaustives que face à la lecture d'une œuvre intégralement étudiée, mais au moins deux lectures vous sont nécessaires pour maîtriser l'œuvre.

On va évaluer votre capacité à **confronter** les œuvres et les textes dans le cadre de l'objet d'étude et à **formuler votre avis de manière rationnelle et argumentée.**

Exemples de questions

- Pour quelles raisons, selon vous, vous a-t-on fait lire cette œuvre en lecture cursive ?
- Qu'avez-vous appris sur l'objet d'étude à travers cette lecture cursive ?
- En quoi cette lecture cursive élargit-elle et approfondit-elle votre connaissance de l'objet d'étude ?
- Cette lecture cursive vous permet-elle de mieux appréhender ou de mieux apprécier le mouvement littéraire et culturel abordé dans la séquence ?
- Quels éléments techniques abordés lors des explications de textes cette œuvre illustre-t-elle ?
- De quel texte étudié dans l'œuvre intégrale cette lecture cursive se rapproche-t-elle le plus ? Pourquoi ?
- Quels liens pouvez-vous faire entre les personnages des différentes œuvres ?
- Avez-vous apprécié cette lecture ? Justifiez votre réponse.

Comment vous préparer à ces questions ?

Comme pour l'étude d'une œuvre intégrale, vous devez préparer des fiches sur :

- La **composition** de l'œuvre.
- Ses **personnages.**
- Ses **thèmes.**
- Sa **tonalité.**
- Ses **problématiques.**
- Son **auteur.**
- Son **lien** avec les autres textes abordés.
- Son inscription dans un **objet d'étude.**
- Son appartenance à un mouvement littéraire et culturel.
- Votre **avis argumenté**, appuyé sur quelques références précises et quelques citations apprises par cœur.

Exemple de réponse rédigée

Objet d'étude : Le théâtre du XVIIe siècle au XXIe siècle.

Écrit de synthèse : Répondre à une question transversale sur une œuvre.

- *Question de l'examinateur : Vous avez lu en lecture cursive* Bérénice*, de Jean Racine. En quoi cette pièce soulève-t-elle la problématique de la vérité ? Et de quel autre texte de la séquence la rapprocheriez-vous le plus à ce sujet ?*

Resituer rapidement l'intrigue.

Cette pièce *Bérénice* met en scène trois personnages principaux : Bérénice, reine de Palestine, amante de Titus, nouvel empereur de Rome, et Antiochus, roi de Commagène, secrètement amoureux de Bérénice. Titus doit épouser Bérénice, mais quand il devient empereur à la mort de son père, Vespasien, la loi de Rome lui interdit d'épouser une reine étrangère. Il va donc devoir choisir entre son statut d'empereur et son amour.

Reprise méthodique de la question.

Dans cette pièce, tout est une question de vérité, en effet. Titus doit s'avouer la vérité (son impossibilité à épouser celle qu'il aime), Bérénice doit comprendre cette vérité ; et Antiochus, qui vivait son amour pour la reine en cachette depuis cinq ans, décide de le lui révéler quand il apprend l'impossibilité de ce mariage programmé. Racine place ses personnages face à la vérité imposée par autrui, mais aussi face à leur propre vérité : ils sont rois et reine, et sont donc contraints par leur fonction de suivre la loi de la raison, et non pas les désirs de leur passion. Je voudrais rapprocher cette pièce de l'extrait des *Caprices de Marianne*, d'Alfred de Musset. [En effet, le personnage d'Octave me semble lui aussi se voiler la face, temporairement, car il joue au clown que rien n'atteint alors qu'il est profondément malheureux. Les personnages de Racine jouent aussi des rôles que l'intrigue va finalement mettre au jour. De plus, dans ces deux pièces, la vérité va faire souffrir les personnages : Octave, Coelio et Marianne seront malheureux, Bérénice, Titus et Antiochus aussi.] [On voit bien, dans ces deux textes, que la question de la vérité est centrale au théâtre, qui est un genre qui relève fondamentalement de l'illusion, de l'hypocrisie puisque l'hypocrite désigne, dans l'Antiquité, un acteur.]

Ne pas oublier de répondre à la deuxième partie de la question posée.

Comparaison des deux pièces à partir des personnages et des sentiments.

Élargissement culturel à l'objet d'étude pour enrichir la réponse.

ENTRAÎNEZ-VOUS !

Objet d'étude : La littérature d'idées du XVIe siècle au XXIe siècle.

Écrit de synthèse : Répondre à une question transversale sur une œuvre.

- *Question de l'examinateur : Vous avez lu en lecture cursive* Le Vicomte pourfendu, *d'Italo Calvino. Retrouvez-vous des points communs entre Italo Calvino et l'un des auteurs abordés dans la séquence ?*

Fiche 18

Savoir argumenter, savoir justifier ses réponses à l'oral

Questions fermées et questions ouvertes

Pour justifier une réponse, il faut tout d'abord la **développer.**

Souvent, les questions posées par votre examinateur seront suffisamment ouvertes pour qu'il soit nécessaire de fournir une réponse longue.

En cas de questions fermées (« aimez-vous ce livre ? »), vous n'aurez jamais à répondre simplement par « oui », ou par « non » ; mais plutôt par « oui, car... », « non, car... ».

Pour justifier une réponse, il faut d'autre part l'étayer par des arguments, des raisons qui la prouvent. Il faut donc vous appuyer sur vos connaissances théoriques et culturelles, votre maîtrise des groupements de textes, de l'œuvre intégrale et des documents complémentaires, votre avis personnel.

ASTUCES

Ayez toujours à l'esprit que votre réponse ne doit pas frustrer votre examinateur ni le laisser sur sa faim.

Les compétences attendues

Dans vos réponses, vous devez être capable de :

- **Comprendre** la question
- **Répondre** de façon adéquate
- **Développer** vos réponses de façon constructive, sans délayage, avec un apport d'informations
- Apporter des arguments **cohérents**
- **Réagir** spontanément
- Vous **investir** dans le dialogue

- Faire appel à vos **connaissances**
- Faire part de votre **avis personnel** de façon argumentée
- Faire preuve d'esprit de **synthèse.**

Exemple

Objet d'étude: Le théâtre du XVIIe siècle au XXIe siècle.

Écrit de synthèse: Donner son avis sur un texte en s'appuyant sur ses connaissances littéraires et techniques.

DOM JUAN, SGANARELLE

DOM JUAN. - Il n'y a plus de honte maintenant à cela, l'hypocrisie est un vice à la mode, et tous les vices à la mode passent pour vertus. Le personnage d'homme de bien est le meilleur de tous les personnages qu'on puisse jouer aujourd'hui, et la profession d'hypocrite a de merveilleux avantages. C'est un art de qui l'imposture est toujours respectée, et quoiqu'on la découvre, on n'ose rien dire contre elle. Tous les autres vices des hommes sont exposés à la censure, et chacun a la liberté de les attaquer hautement, mais l'hypocrisie est un vice privilégié, qui de sa main ferme la bouche à tout le monde, et jouit en repos d'une impunité souveraine. On lie à force de grimaces une société étroite avec tous les gens du parti; qui en choque un, se les jette tous sur les bras, et ceux que l'on sait même agir de bonne foi là-dessus, et que chacun connaît pour être véritablement touchés: ceux-là, dis-je, sont toujours les dupes des autres, ils donnent hautement dans le panneau des grimaciers, et appuient aveuglément les singes de leurs actions. Combien crois-tu que j'en connaisse, qui par ce stratagème ont rhabillé adroitement les désordres de leur jeunesse, qui se sont fait un bouclier du manteau de la religion, et, sous cet habit respecté, ont la permission d'être les plus méchants hommes du monde? On a beau savoir leurs intrigues, et les connaître pour ce qu'ils sont, ils ne laissent pas pour cela d'être en crédit parmi les gens, et quelque baissement de tête, un soupir mortifié, et deux roulements d'yeux rajustent dans le monde tout ce qu'ils peuvent faire. C'est sous cet abri favorable que je veux me sauver, et mettre en sûreté mes affaires. Je ne quitterai point mes douces habitudes, mais j'aurai soin de me cacher, et me divertirai à petit bruit. Que si je viens à être découvert, je verrai sans me remuer prendre mes intérêts à toute la cabale, et je serai défendu par elle envers, et contre tous. Enfin, c'est là le vrai moyen de faire impunément tout ce que je voudrai. Je m'érigerai en censeur des actions d'autrui, jugerai mal de tout le monde, et n'aurai bonne opinion que de moi. Dès qu'une fois on m'aura choqué tant soit peu, je ne pardonnerai jamais, et garderai tout doucement une haine irréconciliable. Je ferai le vengeur des intérêts du Ciel, et sous ce prétexte commode, je pousserai mes ennemis, je les accuserai d'impiété, et saurai déchaîner contre eux des zélés indiscrets, qui sans connaissance de cause crieront en public contre eux, qui les accableront d'injures, et les damneront hautement de leur autorité privée. C'est ainsi qu'il faut profiter des faiblesses des hommes, et qu'un sage esprit s'accommode aux vices de son siècle.

MOLIÈRE, *Dom Juan*, 1665, acte V, scène 2

- ***Question de l'examinateur : Pensez-vous que Molière soit un auteur franchement comique ?***

  Pour répondre à cette question, appuyez-vous sur :

  - Une définition de comique.
  - La réalisation effective du registre comique chez Molière (diverses formes de comiques, personnages comme Sganarelle).
  - Une prise en compte de la nuance suggérée par l'adverbe « franchement » : le théâtre de Molière comporte également une part sombre ou inquiétante (monomanie d'Argan le malade imaginaire, manipulation scélérate de Tartuffe, outrance de Dom Juan…).
  - Une réponse en deux étapes : oui…, mais…
  - Deux exemples différents pour valider les deux aspects de la réponse : le comique, puis sa nuance.
  - Votre réaction : riez-vous en lisant ou en regardant Molière ? pourquoi ?

ENTRAÎNEZ-VOUS !

Objet d'étude : La littérature d'idées du XVIe siècle au XXIe siècle.

Écrit de synthèse : Évaluer l'efficacité d'une stratégie logique.

La guerre est un fruit de la dépravation des hommes ; c'est une maladie convulsive et violente du corps politique ; il n'est en santé, c'est-à-dire dans son état naturel, que lorsqu'il jouit de la paix ; c'est elle qui donne de la vigueur aux empires ; elle maintient l'ordre parmi les citoyens ; elle laisse aux lois la force qui leur est nécessaire ; elle favorise la population, l'agriculture et le commerce ; en un mot, elle procure au peuple le bonheur qui est le but de toute société. La guerre, au contraire, dépeuple les États ; elle y fait régner le désordre ; les lois sont forcées de se taire à la vue de la licence qu'elle introduit ; elle rend incertaines la liberté et la propriété des citoyens ; elle trouble et fait négliger le commerce ; les terres deviennent incultes et abandonnées. Jamais les triomphes les plus éclatants ne peuvent dédommager une nation de la perte d'une multitude de ses membres que la guerre sacrifie ; ses victoires même lui font des plaies profondes que la paix seule peut guérir.

Si la raison gouvernait les hommes, [...] on ne les verrait point se livrer inconsidérément aux fureurs de la guerre ; ils ne marqueraient point cet acharnement qui caractérise les bêtes féroces. Attentifs à conserver une tranquillité de qui dépend leur bonheur, ils ne saisiraient point toutes les occasions de troubler celle des autres [...] ; les souverains sentiraient que des conquêtes payées du sang de leurs sujets ne valent jamais le prix qu'elles ont coûté. Mais, par une fatalité déplorable, les nations vivent entre elles dans une défiance réciproque [...], les prétextes les plus frivoles leur mettent les armes à la main [...]. Les passions aveugles des princes les portent à étendre les bornes de leurs États ; peu occupés du bien de leurs sujets, ils ne cherchent qu'à grossir le nombre des hommes qu'ils rendent malheureux. Ces passions, allumées ou entretenues par des ministres ambitieux ou par des guerriers dont la profession est incompatible avec le repos, ont eu, dans tous les âges, les effets les plus funestes pour l'humanité. L'histoire ne nous fournit que des exemples de paix violées, de guerres injustes et cruelles, de champs dévastés, de villes réduites en cendres. L'épuisement seul semble forcer les princes à la paix ; ils s'aperçoivent toujours trop tard que le sang du citoyen s'est mêlé à celui de l'ennemi ; ce carnage inutile n'a servi qu'à cimenter l'édifice chimérique de la gloire du conquérant et de ses guerriers turbulents ; le bonheur de ses peuples est la première victime qui est immolée [...].

Étienne DAMILAVILLE,
article « Paix » de *L'Encyclopédie*, 1751-1772

- ***Selon vous, Étienne Damilaville a-t-il raison d'utiliser une forme d'argumentation directe pour transmettre son message ? Faites la liste des éléments sur lesquels vous devez vous appuyer pour répondre à cette question, comme dans l'exemple présenté ci-dessus.***

Fiche 19

Comment intéresser votre correcteur durant l'exposé ?

Voici des **astuces** qui vous permettront de renforcer l'intérêt de votre examinateur durant votre exposé.

La structure de l'exposé

- Soulignez **l'organisation** de votre exposé.
- Balisez le chemin par l'emploi régulier de **liens logiques**.
- **Annoncez** les étapes que vous suivez : n'oubliez pas qu'à l'oral, on ne revient pas en arrière sur ce que l'on a entendu (à l'écrit, on peut relire).
- Indiquez clairement les **numéros de lignes** avant de citer le texte, laissez le temps à l'examinateur de se reporter au texte en même temps que vous.

L'analyse

- Insistez bien sur **ce que vous voulez montrer**, pour chaque argument.
- Employez les **termes** adaptés à l'analyse, ne vulgarisez pas à outrance, n'ayez pas peur d'intellectualiser votre propos.
- Reliez régulièrement votre exposé à la **problématique**.
- Bannissez la **paraphrase**.
- Évitez les remarques floues.
- Utilisez le temps **imparti**.

L'élocution et l'expression

- Quand vous citez des passages du texte, **prenez le temps de bien les dire**, mettez le **ton** (comme lors de votre première lecture du texte dans l'introduction).
- **Articulez**, **parlez** suffisamment fort.

- Ne lisez pas votre exposé, **expliquez directement** votre pensée.
- Parlez élégamment.

La communication non-verbale

- **Regardez** régulièrement votre examinateur.
- Montrez-vous **motivé** et **intéressé** par le texte.
- **Dynamisez** votre exposé, donnez-lui une allure vivante, en jouant sur le ton de la voix et en utilisant à bon escient vos mains pour accompagner votre propos.
- Montrez-vous **constructif**, ne soyez ni blasé ni nonchalant.
- Tenez-vous **droit**, assis bien en face de l'examinateur.

Fiche 20
Comment intéresser votre correcteur durant l'entretien ?

Voici des astuces qui vous permettront de **renforcer l'intérêt** de votre examinateur durant l'entretien.

L'exposé

- Vous aurez préparé votre exposé à l'avance : veillez à ne pas le **réciter**.
- **Balisez** clairement votre propos : connecteurs logiques, annonces vous permettent de guide votre auditeur.
- **Accompagnez** votre propos de gestes, regardez votre examinateur.
- **Appuyez** votre propos sur l'œuvre lue (preuves et exemples précis).

La structure de vos réponses

- Répondez **directement** par une première phrase, que vous développez ensuite.
- Employez des **liens logiques** pour guider votre examinateur.
- Faites une phrase de **conclusion** pour bien rattacher votre réponse à la question posée.
- Quand vous faites des **références** à des textes : donnez précisément les titres, noms des auteurs, places dans le descriptif.

L'analyse

- Prenez si besoin le **temps** de la réflexion.
- Utilisez vos **connaissances** culturelles pour enrichir vos réponses.
- **Justifiez** toutes vos réponses de vous-même, sans attendre que l'examinateur vous demande de le faire.
- Faites des **comparaisons** par vous-même, osez rapprocher les textes.

L'élocution et l'expression

- Répondez aux questions par des **phrases complètes.**
- Évitez les « euh », les « ben », les « fin » et autres **tics** du langage oral.
- **Articulez**, parlez suffisamment fort.
- Évitez les sous-entendus, soyez **précis.**
- **Soignez** votre langage, recherchez une certaine élégance.
- Mettez **en valeur** les éléments importants de votre réponse au moyen de la tournure emphatique (« ce que j'apprécie, c'est... » ; « ce..., voilà une caractéristique du héros qui me semble intéressante »).

L'attitude

- Montrez-vous **intéressé** par les questions.
- Parlez avec **conviction.**
- Si la question posée ouvre un **débat**, n'hésitez pas à développer votre réponse de façon argumentée.
- Osez dire votre **goût** pour tel texte ou tel auteur.

La communication non-verbale

- **Regardez** votre examinateur dans les yeux.
- Faites ressortir votre **motivation** et votre intérêt dans le ton de votre voix et par des gestes accompagnant votre propos.
- Tenez-vous **droit**, bien en face de votre examinateur, un peu penché vers lui, pour montrer que vous êtes volontaire et disponible pour le dialogue.

ASTUCES

L'oral se gagne, non seulement par la force de vos connaissances, mais aussi par la force de votre présence et de votre conviction.

Corrigés du chapitre 3

Fiche 13. La lecture à haute voix

Exercice 1

« Et[1], / une demi-heure après, / la pensée qu'il était temps de chercher le sommeil / m'éveillait ; // je voulais poser le volume / que je croyais avoir dans les mains / et souffler ma lumière ; // je n'avais pas cessé / en dormant[2] / de faire des réflexions sur ce que je venais de lire, // mais[3] ces réflexions avaient pris un tour un peu particulier[4] ; // il me semblait que j'étais moi-même[5] ce dont parlait l'ouvrage : // une église, / un quatuor, / la rivalité de François Ier et de Charles-Quint[6]. » (Marcel Proust)

« Quatuor » se prononce [kwatuor] ; on prononce le *t* final de « Quint ».

1. Mot de liaison.
2. Mot-clé portant le sens du texte qui oppose la veille au sommeil.
3. Mot de liaison marquant une opposition entre les deux idées évoquées.
4. Mot-clé indiquant le jugement du narrateur sur ce qu'il raconte.
5. Mot-clé portant le sens.
6. Gradation comportant de plus des images fortes pour l'esprit du narrateur.

Exercice 2

« Rien n'était si beau, / si leste, / si brillant, / si bien ordonné[1] / que les deux armées. // Les trompettes, / les fifres, / les hautbois, / les tambours, / les canons, / formaient une harmonie[2] telle[3] qu'il n'y en eut jamais[4] en enfer[5]. // Les canons renversèrent d'abord[6] à peu près six mille hommes[7] de chaque côté ; // ensuite[8] / la mousqueterie ôta du meilleur des mondes[9] environ[10] neuf à dix mille[11] coquins / qui en infectaient[12] la surface //. » (Voltaire)

Exercice 3

« Envole-toi bien loin de ces miasmes morbid[e]s ;
Va te purifier dans l'air supérieur,
Et bois, comm[e] une pur[e] et divine liqueur,
Le feu clair qui remplit les espaces limpid[e]s » (Charles Baudelaire)

Fiche 14. L'exposé et l'explication linéaire

Exercice 1

Une lecture analytique de ce texte peut en effet se fonder sur une démarche linéaire. En effet, le passage se construit en trois grandes étapes chronologiques, une par grand paragraphe, qui aboutissent à la rencontre finale du personnage avec la fosse minière évoquée dans la dernière phrase du texte : tout tend vers cette ultime découverte, qui va lancer le roman. Le premier paragraphe plante le décor et noie le personnage dans un univers hostile et sombre. Le deuxième paragraphe effectue un zoom physique et psychologique sur le personnage, ses vêtements, sa posture, ses sensations, ses doutes.

1. Gradation hyperbolique.
2. Mot porteur du registre ironique.
3. Hyperbole.
4. Hyperbole.
5. Hyperbole.
6. Mot de liaison.
7. Hyperbole ironique.
8. Mot de liaison.
9. Hyperbole ironique.
10. Ironie.
11. Hyperbole ironique.
12. Ironie.

Le troisième paragraphe place soudainement le personnage face au village minier qui lui offre une vision fantasmagorique.

On passe donc d'un plan large à un plan rapproché, d'un point de vue omniscient à un point de vue interne, tout en avançant progressivement dans le temps en suivant la marche du personnage. Une étude linéaire, paragraphe par paragraphe, offre donc l'intérêt de souligner précisément cette progression.

Exercice 2

La première strophe du poème de Paul Éluard souligne l'amour que le poète exprime pour la destinataire du poème. Le premier vers propose une phrase introductive, générale, comme l'emploi du présent le suggère ici, avec une valeur de vérité générale, comme si la relation amoureuse était vouée à l'éternité. Le motif de la circularité est d'emblée annoncé à travers les noms « courbe » et « tour » qui sont mis en valeur par leur assonance en [ou]. Cette circularité permet au poète d'englober également le poète et la femme, le « je » et le « tu », en mettant en parallèle les groupes nominaux « tes yeux » et « mon cœur ». Le rythme de l'alexandrin se développe avec régularité et solennité autour de la césure régulière qui sépare le vers en deux hémistiches égaux de part et d'autre du nom « yeux ». Le second hémistiche est d'ailleurs rythmé par la répétition d'un rythme ternaire, avec deux fois trois syllabes : « fait le tour », « de mon cœur », ce qui amplifie encore l'impression de régularité et de paisibilité transmis par ce premier vers.

Fiche 15. Comment relier la forme et le fond ?

Exercice 1

Citation	Identification	Analyse
« silhouette », « profils », « voix », « respiration »	Figure de style de la personnification pour décrire la cheminée de l'usine.	Par le biais de la personnification, la cheminée de l'usine est assimilée à un être vivant, ce qui renforce son côté monstrueux ; le narrateur fait d'elle un personnage puissant qui se dresse face à l'homme qui marche, laissant penser que le personnage va devoir affronter le décor qui l'entoure.

Exercice 2

[Le paragraphe 4 de cet extrait de *Bel-Ami* met en place un cadre réaliste pour le lecteur]. [En effet, il crée des effets de réel de façon à rendre la scène vraisemblable]. [Ainsi, la première phrase mentionne un « trottoir », immédiatement suivie de la mention du cadre temporel, avec une précision de date : le « 28 juin ». La suite met l'accent, par le biais du discours indirect libre, sur le quotidien financier du protagoniste, avec la répétition des repas et des sommes d'argent engagées : « deux dîners », « deux déjeuners », vingt-deux sous », « trente », « un franc vingt centimes ». Ce calcul porte sur des détails prosaïques qui constituent également le réalisme de la scène, à travers le champ lexical de la nourriture (« pain », « saucisson », « bock »). Le paragraphe se clôt sur le nom de la rue parisienne, « Notre-Dame-de-Lorette », qui inscrit le personnage dans le décor urbain réaliste de la ville de Paris, donnant l'illusion au lecteur que la scène prend place dans la vie réelle.

Annoncer l'idée.

Développer.

Fiche 17. Les questions sur les lectures cursives

Dans *Le Vicomte pourfendu*, Italo Calvino me semble se rapprocher de Voltaire. En effet, les deux auteurs évoquent le thème de la guerre en s'appuyant sur l'ironie. Celle-ci consiste à traiter un thème de façon décalée, en faisant entendre l'inverse de ce que l'on dit, en jouant donc avec le sens des mots. Voltaire est particulièrement connu pour son ironie mordante qui lui permet de dénoncer les travers humains au XVIIIe siècle. On en voit un exemple dans le premier paragraphe de l'article « Guerre » du *Dictionnaire philosophique portatif* : « Le merveilleux de cette entreprise infernale, c'est que chaque chef des meurtriers fait bénir ses drapeaux et invoque Dieu solennellement avant d'aller exterminer son prochain. Si un chef n'a eu que le bonheur de faire égorger deux ou trois mille hommes, il n'en remercie point Dieu ». Italo Calvino traite aussi ce sujet grâce avec une distance moqueuse, par exemple en caricaturant les actions faites par le vicomte qui demeure extrêmement naïf, par exemple lors de la demande en mariage que la bonne moitié du vicomte coupé en deux

Réponse directe à la question, qui est ensuite développée et justifiée.

On intègre la définition de la notion technique que l'on utilise, par souci de rigueur.

Citation précise pour étayer le propos.

fait à Paméla, alors que la méchante moitié du vicomte passe son temps à commettre des exactions, si nombreuses qu'elles en deviennent ridicules par leurs excès. J'ai l'impression que Calvino s'inspire de Voltaire, dans sa façon d'allier la critique et le sourire, pour dénoncer les excès des hommes et les appeler à une sagesse mesurée.

Références à certaines scènes présentées dans la lecture cursive.

Mise en relation des deux auteurs : forme et fond, fonctionnement des textes et intentions.

Fiche 18. Savoir argumenter, savoir justifier ses réponses

Liste des éléments sur lesquels votre réponse doit s'appuyer :

- Une définition de l'argumentation directe, confrontée à l'argumentation indirecte.
- Les atouts de l'argumentation directe : clarté, rationalité, rigueur, sérieux, limitation du risque d'erreur dans l'interprétation du lecteur, efficacité, investissement marqué de l'auteur, communication dialogique entre l'auteur et le lecteur.
- La réussite induite par cette forme d'argumentation dans ce texte-ci de Damilaville : des exemples de passages du texte particulièrement efficaces, clairs ou marquants pour illustrer les atouts de l'argumentation directe.
- L'intérêt de l'argumentation directe dans le cadre de *L'Encyclopédie* et du siècle des Lumières.

CHAPITRE 4

LES EXERCICES D'ÉCRITURE EN LITTÉRATURE

Fiche 21
Le carnet de lecture

Son rôle

Le carnet de lecture est **personnel**. Il permet au lecteur de noter ses **impressions** de lecture :

- Au fil de sa lecture
- À la fin de sa lecture.

Il peut aussi contenir :

- Des résumés
- Des réflexions, analyses, commentaires, attentes
- Des questionnements personnels
- Des jeux d'écriture : réécritures, prolongements, critiques, portraits de personnages, dialogues avec un personnage…
- Des illustrations
- Des comparaisons (« ce texte me fait à penser à… »)
- Des citations du texte lu.

Il permet à l'élève de :

- Accompagner sa lecture par de l'écriture
- Formaliser ses impressions pour mieux les comprendre
- Forger son jugement et son esprit critique
- S'entraîner à donner son avis, à argumenter à l'écrit
- Enrichir sa perception de l'œuvre lue
- Donner libre cours à son imagination
- Garder trace de ses lectures et de ses impressions pour constituer sa mémoire de lecteur
- Analyser *a posteriori* son processus de lecture : quel lecteur est-il ? comment évoque-t-il ses lectures ?
- Gagner en autonomie
- Être actif en dialoguant avec le texte et avec ses propres impressions.

- Préparer la deuxième partie de l'épreuve orale : l'entretien sur une œuvre.

Tenir un carnet de lecteur, c'est devenir un autre lecteur, plus actif et conscient de sa façon de lire.

Sa nature

Il est **librement** constitué, mais l'élève peut s'aider de **consignes**. En voici des exemples.

Objet d'étude : Le théâtre du XVIIe siècle au XXIe siècle - lecture d'une tragédie, *Bérénice*, Jean Racine.

1. *Réalisez un carnet de lecture (soit avec un vrai carnet que vous achetez, soit avec un carnet fabriqué par vos soins ; il peut aussi être fabriqué et écrit sur ordinateur, puis imprimé) ; ce carnet peut être décoré. Il vous servira toute l'année, pour les diverses lectures.*
2. *Dans ce carnet, vous noterez au moins quatre impressions au fil de votre avancée dans la lecture de la pièce* Bérénice *de Racine. Chaque impression sera accompagnée de sa date et de la mention de l'endroit de la pièce où vous en êtes (acte, scène).*
3. *Ces impressions peuvent être, par exemple, des questions sur l'intrigue, des remarques sur l'avancée de l'intrigue, sur les personnages, sur le style, des commentaires sur ce qui vous plaît ou ne vous plaît pas dans la pièce, sur les choix de l'auteur, etc. Plus vous développerez vos impressions, plus vous inscrirez cette pièce dans votre mémoire, dont vous pourrez ainsi reparler longtemps après l'avoir lue.*
4. *À la place d'une impression, vous pouvez faire une illustration ou composer un texte (un poème, un paragraphe rédigé, une réécriture d'une scène, un article de journal, une lettre à un personnage, etc.) en rapport avec la pièce.*
5. *Il ne s'agit pas forcément d'écrire beaucoup, mais de témoigner régulièrement de votre lecture et de vos impressions de lecture.*

Objet d'étude : La littérature d'idées du XVIe siècle au XVIIIe siècle - lecture d'un apologue contemporain, *Le Vicomte pourfendu*, Italo Calvino.

1. *Avant la lecture : lire un conte philosophique vous attire-t-il ? Pourquoi ? Justifiez précisément, notamment en vous appuyant sur votre connaissance de ce genre à travers les contes philosophiques de Voltaire.*
2. *Pendant la lecture résumez rapidement l'histoire racontée. Attention, elle comporte de nombreux rebondissements à synthétiser.*

3. *Après la lecture intégrale : aimez-vous la dynamique des actions et la succession de rebondissements racontés dans ce récit ? Pourquoi ?*

4. *Après la lecture intégrale : en quoi ce récit vous fait-il réfléchir sur la nature de l'homme ? Développez et justifiez.*

Objet d'étude : Le roman et le récit du Moyen Âge au XXIe siècle - lecture d'un roman contemporain, *Eldorado*, Laurent Gaudé.

Vous prévoirez quatre arrêts de lecture ; chaque arrêt sera accompagné de sa date et de la mention de l'endroit du roman où vous en êtes.

1. *Le premier arrêt sera obligatoirement fait à l'issue de la lecture de la première partie du roman (« L'ombre de Catane ») : notez vos impressions sur l'action, les personnages présentés, le cadre (décor, lieu).*

2. *Le quatrième arrêt sera obligatoirement fait à l'issue de la lecture intégrale : notez votre avis argumenté sur le roman, ce que vous avez aimé ou non, ce que l'auteur veut nous transmettre comme vision de la vie, du monde ou de l'être humain, comme message.*

3. *Les deux autres arrêts sont laissés à votre libre choix, pour donner vos impressions.*
   - Vous pouvez commenter l'histoire, les choix des personnages, ce qui leur arrive, le décor de l'action, le style de Laurent Gaudé, etc.
   - Vous pouvez faire un lien avec l'actualité récente ou passée, avec des événements historiques, avec un film ou un autre livre, quel que soit son genre (roman, théâtre, poésie, BD, manga...).
   - À la place d'une impression, vous pouvez faire une illustration ou composer un texte (un poème, un paragraphe rédigé, une réécriture d'une scène, un article de journal, une lettre à un personnage, etc.) en rapport avec le roman.

4. *Il ne s'agit pas forcément d'écrire beaucoup, mais de témoigner régulièrement de votre lecture et de vos impressions de lecture.*

Objet d'étude : La poésie du XIXe siècle au XXIe siècle – lecture d'une anthologie de poèmes.

1. *Feuilletez votre anthologie et commencez par le poème qui vous attire le plus à partir des titres, dans le sommaire. Quelles sont vos impressions après cette lecture ? Le titre a-t-il tenu ses promesses ?*

2. *Lisez d'autres poèmes, au choix (une anthologie se feuillette). Recopiez des vers ou des lignes qui vous plaisent, en les disposant de manière artistique sur une page de votre carnet de lecture, utilisez des couleurs, des calligraphies différentes.*

3. *Après lecture intégrale : recopiez entièrement le poème que vous préférez, puis écrivez en quelques mots à quoi ce poème vous fait penser. Trouvez-lui une illustration (dessinée, collée). Faites une brève biographie de son auteur.*

4. *Comment cette anthologie est-elle bâtie ? Quel est son fil directeur ? Quel est son rôle ?*

5. *Proposez vous-même de nouveaux poèmes pour compléter cette anthologie (à trouver dans un manuel, sur internet ou dans votre mémoire), puis justifiez le choix de l'un de ces poèmes dans un paragraphe argumenté.*

Fiche 22
Les fiches de révision

Pourquoi ?

Faire des fiches de révision, idéalement au fur et à mesure des cours, vous permettra de :

- **Synthétiser** vos notes, en triant et en hiérarchisant les idées.
- **Garder en mémoire** les éléments importants des textes étudiés et des lectures cursives.
- Apprendre et réviser plus facilement, donc **faciliter vos révisions.**

Que choisir comme support ?

Vous devez choisir :

- Un **format** : par exemple le format A4.
- Un **matériau** : papier cartonné ou non, tout dépend de vos préférences.
- Une **forme** : manuscrites ou tapuscrite : est fonction de vos goûts.
- Des **couleurs** : choisissez des codes de couleur qui formeront des repères fixes pour vous (par exemple, une couleur pour les mots-clés, une autre pour les procédés utilisés, encore une autre pour les citations, etc.)

Comment organiser la fiche ?

À l'issue d'une explication de texte, réalisez votre fiche de révision en **sélectionnant** les idées les plus importantes. Si vous souhaitez garder des détails, faites-les figurer comme tels sur la fiche, c'est-à-dire dans un encart, ou en plus petit, ou dans une couleur particulière, ou encore au dos de la fiche.

N'hésitez pas à utiliser des **schémas** et des **cartes mentales.**

Voici des **exemples d'organisation de fiches**, que vous pouvez aussi adapter à vos besoins ou à vos textes :

Comment mettre en fiche une explication de texte ?

<table>
<tr><td colspan="2">Titre de la séquence</td><td colspan="2">Titre de l'œuvre</td><td colspan="2">Nom de l'auteur, ses dates, 2 œuvres majeures</td><td rowspan="2">Genre littéraire</td><td rowspan="2">Nature du texte</td></tr>
<tr><td colspan="2">Objet d'étude</td><td colspan="2">Date de publication</td><td colspan="2">Son mouvement littéraire</td></tr>
<tr><td colspan="8">Contextualisation :
– De l'auteur et de l'œuvre dans la période historique :
....
– De l'extrait dans l'œuvre :
..........</td></tr>
<tr><td colspan="8">Problématique adoptée : ....
..........</td></tr>
<tr><td colspan="8">Notes de lecture analytique : ....</td></tr>
<tr><td>Interprétation</td><td colspan="2">Arguments</td><td colspan="5">Procédés</td></tr>
<tr><td>..........
....
..........</td><td colspan="2">..........
....
..........</td><td colspan="5">..........
..........</td></tr>
<tr><td colspan="8">Réponse à la problématique + éléments de conclusion :
..........</td></tr>
<tr><td colspan="8">Autres problématiques envisageables :
–
–
–...</td></tr>
<tr><td colspan="3">Rôle de l'extrait dans la séquence :
....
....
..........</td><td colspan="5">Liens avec les documents complémentaires :
....
....
..........</td></tr>
<tr><td colspan="8">Une citation à retenir :
..........</td></tr>
</table>

Comment mettre en fiche les lectures intégrales ou cursives ?

Titre de la séquence	Titre de l'œuvre	Nom de l'auteur, ses dates, 2 œuvres majeures	Genre littéraire
Objet d'étude	Date de publication	Son mouvement littéraire	

Contextualisation :

– De l'auteur et de l'œuvre dans la période historique :

....

– De l'œuvre dans la création de l'auteur :

....

Problématique adoptée : ....

....

Structure de l'œuvre :

....

Thèmes principaux :	**Caractéristiques et rôles des personnages :**
- -...	- -...

Traits caractéristiques de l'écriture :

-

-...

Réponse à la problématique :

....

Rôle de l'œuvre dans l'objet d'étude :	Liens avec les documents complémentaires et avec les autres lectures :
....	....

Trois citations à retenir :

– ....

– ....

– ....

Comment faire une fiche sur un mouvement littéraire et culturel ?

Dates	
Texte manifeste	
Auteurs importants	
Genres littéraires privilégiés	
Objectifs	
Thèmes essentiels	

Comment faire une fiche sur un auteur ?

Dates	
Mouvement littéraire	
Contexte historique	
Œuvres importantes	
Thèmes essentiels	
Genres littéraires privilégiés	
Intentions et théorie	
Un personnage clé : portrait et symbolique	
Trois citations célèbres	

Fiche 23
Les travaux de synthèse

Faire la synthèse d'une explication de texte

Faire la synthèse des explications de textes réalisées en classe vous permettra de :

1. Comprendre votre cours
2. Sélectionner les informations importantes
3. Mémoriser le texte en l'ayant mieux compris et en le relisant
4. Apprendre les mots-clés, les notions techniques (vocabulaire, procédés...)
5. Faire des recherches complémentaires sur des notions culturelles (définitions, autres exemples, mouvements littéraires ou artistiques...)
6. Asseoir vos compétences en rédigeant des phrases d'analyse.

À la suite de cette fiche bilan, rédigez un bref paragraphe de synthèse pour répondre aux questions suivantes :

1. Quel est le thème de ce texte ?
2. Comment est-il organisé ?
3. Quelles sont ses caractéristiques stylistiques ?
4. Quel est son enjeu littéraire ou culturel ?
5. Quel est son intérêt dans la littérature ?
6. Quel est son effet sur le lecteur ?
7. Quelle phrase dois-je en retenir par cœur ?

Vous pouvez aussi vous entraîner à construire un **plan de commentaire** à partir des éléments dégagés par l'explication de texte.

Faire la synthèse d'une lecture cursive

Faire la synthèse d'une lecture cursive vous permettra de

1. Mémoriser l'intrigue et sa structure
2. Comprendre le caractère et le rôle des personnages
3. Analyser l'enjeu du livre : problématiques, intentions de l'auteur, effets sur le lecteur, place dans la littérature
4. Comparer ce livre à d'autres livres lus en lectures cursives ou abordés en œuvres intégrales, à d'autres extraits littéraires, à d'autres œuvres artistiques
5. Exprimer votre jugement sur cette lecture
6. Mémoriser par cœur une citation clé.

À la suite de cette fiche bilan, rédigez un bref paragraphe de synthèse pour répondre aux questions suivantes :

1. Quel est le lien entre cette lecture cursive et l'œuvre étudiée ?
2. Quel est mon avis argumenté sur ce livre ? Proposez au moins trois arguments en illustrant chacun à l'aide de deux exemples.

Faire la synthèse de l'étude d'une œuvre intégrale

Faire la synthèse de l'étude d'une œuvre intégrale réalisée en classe vous permettra de :

1. Comprendre et mémoriser l'inscription de l'œuvre dans une époque, dans un genre littéraire
2. Inscrire cette œuvre dans un parcours chronologique
3. Comprendre comment cette œuvre est influencée par d'autres œuvres et influence elle-même des œuvres suivantes
4. Comparer cette œuvre avec d'autres œuvres, des extraits, des documents artistiques complémentaires
5. Mémoriser les relations entre les personnages, les entrelacements de thèmes, les répétitions de scènes
6. Synthétiser les enjeux de l'œuvre : grandes questions abordées, intentions de l'auteur, effets sur le lecteur
7. Comprendre les traits caractéristiques du style de l'auteur : lexique, figures de style, syntaxe, rythme, sonorités…
8. Analyser le travail littéraire de l'auteur : figures récurrentes, images, symboles, mise en forme des personnages, des lieux, de l'histoire…

À la suite de cette fiche bilan, rédigez un bref paragraphe de synthèse pour répondre aux questions suivantes :

1. Si l'on me fait étudier cette œuvre, c'est parce que… (proposez au moins trois arguments)
2. J'apprécie (ou non) la lecture de cette œuvre parce que… (proposez trois arguments, chacun illustré de trois exemples précis tirés de l'œuvre).

ASTUCES

Une synthèse peut également se faire efficacement sous la forme d'une **carte mentale.**

Fiche 24
La contraction de texte

Définition

Faire une contraction de texte, c'est le **résumer** pour :

- **Synthétiser** le propos de l'auteur en suivant l'ordre du texte support
- **Reformuler** le propos de l'auteur
- **Rendre** son raisonnement logique et sa démarche argumentative

C'est donc un exercice de :

- **Lecture** : il faut bien lire le texte
- **Compréhension** : il faut comprendre le texte, la thèse de l'auteur, ses arguments
- **Logique** : il faut sélectionner les idées importantes et laisser de côté les idées accessoires
- **Expression** : il faut reformuler avec ses propres mots, dans une langue claire, correcte et élégante.

Démarche

- **Lire** le texte pour comprendre son but et la thèse de l'auteur.
- Établir le **plan** du texte à partir de son schéma argumentatif
- **Résumer** partie par partie, en veillant à respecter l'équilibre des parties du texte
- Vérifier son **brouillon**, puis recopier au propre.

Exemple

Objet d'étude : La littérature d'idées du XVIe siècle au XVIIIe siècle.

Grammaire pour expliquer un texte : Les relations logiques.

Lisez ce texte argumentatif.

Prenons le plus facile : les faits divers, qui ont toujours été la pâture préférée de la presse à sensations ; le sang et le sexe, le drame et le crime ont toujours fait vendre [...]. Mais les faits divers, ce sont aussi des faits qui font diversion. [...] Une part de l'action symbolique à la télévision, au niveau des informations par exemple, consiste à attirer l'attention sur des faits qui sont de nature à intéresser tout le monde, dont on peut dire qu'ils sont *omnibus* – c'est-à-dire pour tout le monde. [...] Le fait divers, c'est cette sorte de denrée élémentaire, rudimentaire, de l'information qui est très importante parce qu'elle intéresse tout le monde sans tirer à conséquence et qu'elle prend du temps, du temps qui pourrait être employé pour dire autre chose [...]. Et si l'on emploie des minutes si précieuses pour dire des choses si futiles, c'est que ces choses si futiles sont en fait très importantes dans la mesure où elles cachent des choses précieuses. Si j'insiste sur ce point, c'est qu'on sait par ailleurs qu'il y a une proportion très importante de gens qui ne lisent aucun quotidien [...]. La télévision a une sorte de monopole de fait sur la formation des cerveaux d'une partie très importante de la population. Or, en mettant l'accent sur les faits divers, en remplissant ce temps rare avec du vide, du rien ou du presque rien, on écarte les informations pertinentes que devrait posséder le citoyen pour exercer ses droits démocratiques. Par ce biais, on s'oriente vers une division, en matière d'information, entre ceux qui peuvent lire les quotidiens dits sérieux [...], et, de l'autre côté, ceux qui ont pour tout bagage politique l'information fournie par la télévision, c'est-à-dire à peu près rien.

Pierre BOURDIEU, *Sur la télévision*, 1996

Exercice 1

Répondez aux questions suivantes.

- *Quel est le thème du texte ?*
- *Quelle est la thèse de son auteur ?*

Exercice 2

Remplissez le tableau suivant pour comprendre le texte partie par partie.

Étapes du raisonnement	Passages	Idées importantes
	de « Prenons à « vendre »	
	de « Mais les faits divers » à « font diversion »	
	de « Une part » à « autre chose »	
	de « Et si l'on emploie » à « précieuses »	
	de « Si j'insiste » à « démocratiques »	
	de « Par ce biais » à la fin	

Exercice 3

Résumez le texte en suivant son raisonnement logique, en 65 mots.

Fiche 25
Les écrits d'appropriation

Pourquoi ?

L'écrit permet de **s'approprier** par soi-même un texte ou une notion. Cela développe votre **autonomie** tout en vous aidant à **mémoriser** des thèmes, des notions, des procédés... Vous devenez un **lecteur-auteur actif.** Ils vous permettent de vous approprier vos lectures et de renforcer vos capacités d'analyse et de réflexion. Ils vous conduisent aussi sur la voie du plaisir d'écrire, et vous aident à structurer votre pensée et à argumenter votre jugement.

Ces écrits d'appropriation doivent être conservés, pour chaque objet d'étude ; ils sont aussi la **trace** de votre cheminement dans la réflexion comme dans la production.

Quels types d'écrits ?

Voici des exemples d'écrits d'appropriation, classés par objets d'étude. Ils sont transposables d'un objet d'étude à l'autre.

Objet d'étude : Le théâtre du XVIIe siècle au XXIe siècle.

- donner ses impressions de lecture
- résumer un acte
- comparer deux scènes
- comparer l'exposition et le dénouement de la pièce
- rédiger une note d'intention de mise en scène
- écrire un compte rendu de spectacle
- transposer une scène en narration
- ajouter une tirade, un dialogue
- ajouter des didascalies dans une scène
- réécrire le dénouement d'une pièce
- transposer une pièce dans une autre époque ou dans un autre registre

Objet d'étude : La littérature d'idées du XVIe siècle au XVIIIe siècle.

- donner ses impressions de lecture

- faire la contraction d'un texte d'idées
- rédiger le compte rendu de l'analyse d'un texte d'idées
- rédiger un article de presse
- utiliser diverses formes d'argumentation sur un même thème : discuter, réfuter, soutenir…
- argumenter son avis sur une question donnée, dans un débat
- rédiger un dialogue argumentatif
- rédiger un pamphlet
- réécrire un texte d'idées en modifiant sa thèse, ou en ajoutant des arguments ou des exemples
- inventer un apologue

Objet d'étude : Le roman et le récit du Moyen Âge au XXIe siècle.

- donner ses impressions de lecture
- résumer un chapitre
- établir le schéma narratif d'une nouvelle
- changer le dénouement d'un récit
- ajouter un personnage et le décrire, le faire dialoguer ou le faire intervenir dans l'histoire
- choisir le personnage que l'on préfère dans un roman et argumenter son choix
- rédiger un portrait
- insérer une description, dans un récit
- pasticher un récit
- associer un récit à une image et justifier son choix
- rédiger une lettre à l'auteur ou à un personnage
- inventer la préface du roman, dans laquelle l'auteur ou l'éditeur présentent l'œuvre
- transposer un chapitre en synopsis de cinéma

Objet d'étude : La poésie du XIXe siècle au XXIe siècle.

- donner ses impressions de lecture
- associer une image à un poème, justifier cette association
- écrire soi-même un poème à la manière d'un auteur
- réécrire un poème donné en changeant son époque, son vocabulaire…
- choisir un poème dans un ensemble et justifier son choix et son jugement
- rédiger un commentaire sur un poème
- constituer une anthologie poétique (sur un thème, une période, un registre donnés)
- proposer une édition numérique d'un recueil poétique

Fiche 26

Comment questionner le libellé de l'écrit d'appropriation ?

Analyser le sujet

Pour comprendre les attentes du sujet, vous devez réfléchir précisément à chaque **mot-clé** qui le compose.

Un mot-clé est un mot employé par le sujet qui soulève des **pistes** et des **interrogations**, qui donne des indications fondamentales.

Ce travail s'effectue au **brouillon** pendant une quinzaine de minutes. Il est l'étape préalable à la recherche d'idées. Il est essentiel car il permet de **circonscrire** les champs d'application du sujet et, surtout, de ne pas en sortir.

Interroger le sujet

Voici les questions à formuler :

- Quels sont les mots-clés ? Quelles pistes techniques, thématiques et lexicales révèlent-ils ?
- Quel est l'objectif du travail d'écriture ?
- Quel en est le point de départ ?
- Dans quel objet d'étude s'inscrit-il ? Quels savoirs mobilise-t-il ?
- Quelles indications le sujet donne-t-il sur la façon de réaliser le travail attendu ?
- Quelles qualités ce sujet fait-il espérer dans le travail final ?
- Si ces questions ne vous ont pas déjà amené à y répondre, il faut aussi envisager la question suivante : Quelle situation d'énonciation met-il en place ? (qui parle ? à qui ? de quoi ? comment ? dans quel contexte ? dans quel but ?)

ENTRAÎNEZ-VOUS !

Objet d'étude : Le roman et le récit du Moyen Âge au XXIe siècle.

Écrit d'appropriation : Rédiger une lettre.

Voici un sujet d'appropriation.

Entraînez-vous à analyser le libellé du sujet selon le questionnement mis en place dans cette fiche.

Sujet : Georges Du Roy rédige une lettre destinée à l'un des personnages du récit. Dans cette lettre, il justifie ses actes et ses choix, et commente sa vision de la vie et des autres. Vous rédigerez cette lettre.

[La scène raconte la cérémonie de mariage de Georges Du Roy, surnommé Bel-Ami, avec Suzanne, la fille de son patron. La fin de ce roman signe la consécration du Georges Duroy, fils de paysans normands, en baron Georges Du Roy parisien, triomphant à la suite d'une ascension sociale fulgurante accomplie au mépris des autres.]

L'encens répandait une odeur fine de benjoin, et sur l'autel le sacrifice divin s'accomplissait ; l'Homme-Dieu, à l'appel de son prêtre, descendait sur la terre pour consacrer le triomphe du baron Georges Du Roy.

Bel-Ami, à genoux à côté de Suzanne, avait baissé le front. Il se sentait en ce moment presque croyant, presque religieux, plein de reconnaissance pour la divinité qui l'avait ainsi favorisé, qui le traitait avec ces égards. Et sans savoir au juste à qui il s'adressait, il la remerciait de son succès.

Lorsque l'office fut terminé, il se redressa, et donnant le bras à sa femme, il passa dans la sacristie. Alors commença l'interminable défilé des assistants. Georges, affolé de joie, se croyait un roi qu'un peuple venait acclamer. Il serrait des mains, balbutiait des mots qui ne signifiaient rien, saluait, répondait aux compliments : « Vous êtes bien aimable. »

Soudain il aperçut Mme de Marelle ; et le souvenir de tous les baisers qu'il lui avait donnés, qu'elle lui avait rendus, le souvenir de toutes leurs caresses, de ses gentillesses, du son de sa voix, du goût de ses lèvres, lui fit passer dans le sang le désir brusque de la reprendre.

Elle était jolie, élégante, avec son air gamin et ses yeux vifs. Georges pensait : « Quelle charmante maîtresse, tout de même. »

Elle s'approcha un peu timide, un peu inquiète, et lui tendit la main. Il la reçut dans la sienne et la garda. Alors il sentit l'appel discret de ses doigts de femme, la douce pression qui pardonne et reprend. Et lui-même il la serrait, cette petite main, comme pour dire : « Je t'aime toujours, je suis à toi ! »

Leurs yeux se rencontrèrent, souriants, brillants, pleins d'amour. Elle murmura de sa voix gracieuse :

— À bientôt, monsieur.

Il répondit gaiement :

— À bientôt, madame.

Et elle s'éloigna.

D'autres personnes se poussaient. La foule coulait devant lui comme un fleuve. Enfin elle s'éclaircit. Les derniers assistants partirent. Georges reprit le bras de Suzanne pour retraverser l'église.

Elle était pleine de monde, car chacun avait regagné sa place, afin de les voir passer ensemble. Il allait lentement, d'un pas calme, la tête haute, les yeux fixés sur la grande baie ensoleillée de la porte. Il sentait sur sa peau courir de longs frissons, ces frissons froids que donnent les immenses bonheurs. Il ne voyait personne. Il ne pensait qu'à lui.

Lorsqu'il parvint sur le seuil, il aperçut la foule amassée, une foule noire, bruissante, venue là pour lui, pour lui Georges Du Roy. Le peuple de Paris le contemplait et l'enviait.

Puis, relevant les yeux, il découvrit là-bas, derrière la place de la Concorde, la Chambre des députés.

Et il lui sembla qu'il allait faire un bond du portique de la Madeleine au portique du Palais-Bourbon.

Il descendit avec lenteur les marches du haut perron entre deux haies de spectateurs. Mais il ne les voyait point ; sa pensée maintenant revenait en arrière, et devant ses yeux éblouis par l'éclatant soleil flottait l'image de Mme de Marelle rajustant en face de la glace les petits cheveux frisés de ses tempes, toujours défaits au sortir du lit.

Guy de MAUPASSANT, *Bel-Ami*, 1885

Fiche 27
Comment s'appuyer sur le texte support en écrit d'appropriation ?

Le sujet *vs* le texte support

Le sujet d'appropriation est formulé **en rapport avec un texte** ou un groupement de textes.

Le devoir que vous devez rédiger s'écrit **en « réaction » à ce texte** : on peut par exemple vous demander de le prolonger, de le transformer, de le contredire, d'utiliser l'un des personnages dans un autre contexte, de reprendre un thème mis en œuvre, de produire le même genre de texte ou le même type de discours, etc.

Une fois que vous avez lu plusieurs fois le **libellé** du sujet, il est nécessaire de lire attentivement le **texte support** et d'en faire une brève **analyse**, de façon à en faire ressortir **les éléments qui vous serviront** lors de votre rédaction.

Il faut donc accepter de passer une quinzaine de minutes à analyser le texte support, sans penser que vous perdez du temps : au contraire, vous tirez du texte support des **pistes** à exploiter dans votre propre texte, ce qui renforcera la **cohérence** de votre texte en plus de vous donner des idées en suscitant votre **imagination**.

Votre texte doit donc être **cohérent** par rapport au texte support et reprendre divers éléments **génériques, dramatiques, thématiques, psychologiques et lexicaux**.

La lecture des **autres textes du groupement** vous permet de mieux saisir les **particularités** du texte support sur lequel votre devoir se fonde ; mais elle vous livre aussi de nombreuses **pistes** à exploiter, pour peu que vous soyez un peu attentif. Vous pouvez donc, après avoir analysé le libellé du sujet d'appropriation, voir comment les autres textes mettent en œuvre le thème, la situation ou le but demandés, de façon à faire surgir des idées dans votre esprit ou à enrichir votre analyse des attentes du sujet.

Exemple

Si le libellé du sujet demande de faire agir le personnage principal du texte support, il faudra étudier son caractère, son comportement, sa façon de s'exprimer, bref la personnalité que l'auteur lui a créée dans son texte, pour bâtir votre écrit d'appropriation autour de cette figure romanesque que vous aurez ainsi **décryptée.**

ENTRAÎNEZ-VOUS !

Exercice 1

Voici un sujet d'appropriation : après l'avoir lu plusieurs fois, procédez à une analyse rapide du texte support de façon à relever les éléments qui vous seront nécessaires pour créer votre texte : genre littéraire, type de texte, éléments importants de l'action, présentation des personnages, lexique dominant, registres.

Objet d'étude : Le théâtre du XVIIe siècle au XXIe siècle.

Grammaire pour écrire : Le lexique (les relations lexicales).

Sujet : Imaginez la scène 6 de l'acte II de L'École des Femmes *de Molière, dans laquelle Agnès, surprise de l'autorité et de la puissance d'Arnolphe, décide de lui désobéir.*

[Arnolphe est un vieillard bourgeois qui a recueilli Agnès dès son plus jeune âge. Alors qu'elle s'est éprise d'Horace, qu'elle compte épouser, Arnolphe s'est mis en tête d'épouser la jeune fille.]

ARNOLPHE

[...] À choisir un mari vous êtes un peu prompte.
C'est un autre, en un mot, que je vous tiens tout prêt,
Et quant au Monsieur, là, je prétends, s'il vous plaît,
Dût le mettre au tombeau le mal dont il vous berce,
Qu'avec lui désormais vous rompiez tout commerce ;
Que, venant au logis, pour votre compliment
Vous lui fermiez au nez la porte honnêtement,
Et lui jetant, s'il heurte, un grès par la fenêtre,
L'obligiez tout de bon à ne plus y paroître.
M'entendez-vous, Agnès ? Moi, caché dans un coin,
De votre procédé je serai le témoin.

AGNÈS
Las ! il est si bien fait ! C'est…

ARNOLPHE
Ah ! que de langage !

AGNÈS
Je n'aurai pas le cœur…

ARNOLPHE
Point de bruit davantage.
Montez là-haut.

AGNÈS
Mais quoi ? voulez-vous… ?

ARNOLPHE
C'est assez.
Je suis maître, je parle : allez, obéissez.

MOLIÈRE, *L'École des femmes*, acte II, scène 5, 1662

Exercice 2

Voici un sujet d'appropriation : après l'avoir lu plusieurs fois, mettez ses mots-clés en relation avec les autres textes du groupement, de façon à relever les éléments qui pourraient vous éclairer et vous guider dans la création de votre texte.

Objet d'étude : La littérature d'idées du XVIe siècle au XVIIIe siècle.

Écrit d'appropriation : Préparer la rédaction d'une fable.

Sujet : Comme Jean de La Fontaine, rédigez une fable qui montrera que le plus fort n'est pas toujours celui qui a moralement raison. Votre texte pourra être en vers, mais pas obligatoirement.

Groupement de textes support

Texte 1 « Le Loup et l'agneau »

La raison du plus fort est toujours la meilleure :
Nous l'allons montrer tout à l'heure.

Un agneau se désaltérait
Dans le courant d'une onde pure.

Un loup survient à jeun, qui cherchait aventure,
Et que la faim en ces lieux attirait.
« Qui te rend si hardi de troubler mon breuvage ?
Dit cet animal plein de rage :
Tu seras châtié de ta témérité.
— Sire, répond l'agneau, que Votre Majesté
Ne se mette pas en colère ;
Mais plutôt qu'elle considère
Que je me vas désaltérant
Dans le courant,
Plus de vingt pas au-dessous d'Elle ;
Et que par conséquent, en aucune façon,
Je ne puis troubler sa boisson.
— Tu la troubles, reprit cette bête cruelle,
Et je sais que de moi tu médis l'an passé.
— Comment l'aurais-je fait si je n'étais pas né ?
Reprit l'agneau ; je tête encor ma mère
— Si ce n'est toi, c'est donc ton frère.
— Je n'en ai point. — C'est donc quelqu'un des tiens :
Car vous ne m'épargnez guère,
Vous, vos bergers et vos chiens.
On me l'a dit : il faut que je me venge. »
Là-dessus, au fond des forêts
Le loup l'emporte et puis le mange,
Sans autre forme de procès.

Jean de LA FONTAINE, *Fables*, I, 10, 1668

Texte 2 « Fable ou histoire »

Un jour, maigre et sentant un royal appétit,
Un singe d'une peau de tigre se vêtit.
Le tigre avait été méchant ; lui, fut atroce.
Il avait endossé le droit d'être féroce.
Il se mit à grincer des dents, criant : Je suis
Le vainqueur des halliers[1], le roi sombre des nuits !
Il s'embusqua, brigand des bois, dans les épines
Il entassa l'horreur, le meurtre, les rapines[2],
Égorgea les passants, dévasta la forêt,

1. Buissons.

2. Vols.

Fit tout ce qu'avait fait la peau qui le couvrait.
Il vivait dans un antre, entouré de carnage.
Chacun, voyant la peau, croyait au personnage.
Il s'écriait, poussant d'affreux rugissements :
Regardez, ma caverne est pleine d'ossements ;
Devant moi tout recule et frémit, tout émigre,
Tout tremble ; admirez-moi, voyez, je suis un tigre !
Les bêtes l'admiraient, et fuyaient à grands pas.
Un belluaire[1] vint, le saisit dans ses bras,
Déchira cette peau comme on déchire un linge,
Mit à nu ce vainqueur, et dit : tu n'es qu'un singe !

Victor HUGO, *Les Châtiments*, 1853

Texte 3

[Un vieux Tahitien interpelle le chef des colons arrivés d'Europe.]

S'adressant à Bougainville, il ajouta : « Et toi, chef des brigands qui t'obéissent, écarte promptement ton vaisseau de notre rive : nous sommes innocents, nous sommes heureux ; et tu ne peux que nuire à notre bonheur. Nous suivons le pur instinct de la nature ; et tu as tenté d'effacer de nos âmes son caractère. Ici tout est à tous ; et tu nous as prêché je ne sais quelle distinction du tien et du mien. Nos filles et nos femmes nous sont communes ; tu as partagé ce privilège avec nous ; et tu es venu allumer en elles des fureurs inconnues. Elles sont devenues folles dans tes bras ; tu es devenu féroce entre les leurs. Elles ont commencé à se haïr ; vous vous êtes égorgés pour elles ; et elles nous sont revenues teintes de votre sang. Nous sommes libres ; et voilà que tu as enfoui dans notre terre le titre de notre futur esclavage. Tu n'es ni un dieu, ni un démon : qui es-tu donc, pour faire des esclaves ? […] Tu crois donc que le Tahitien ne sait pas défendre sa liberté et mourir ? Celui dont tu veux t'emparer comme de la brute, le Tahitien, est ton frère. Vous êtes deux enfants de la nature ; quel droit as-tu sur lui qu'il n'ait pas sur toi ? Tu es venu ; nous sommes-nous jetés sur ta personne ? avons-nous pillé ton vaisseau ? t'avons-nous saisi et exposé aux flèches de nos ennemis ? t'avons-nous associé dans nos champs au travail de nos animaux ? Nous avons respecté notre image en toi.

Laisse-nous nos mœurs ; elles sont plus sages et honnêtes que les tiennes ; nous ne voulons plus troquer ce que tu appelles notre ignorance contre tes inutiles lumières. Tout ce qui nous est nécessaire et bon, nous

1. Gladiateur.

le possédons. Sommes-nous dignes de mépris, parce que nous n'avons pas su nous faire des besoins superflus ? Lorsque nous avons faim, nous avons de quoi manger ; lorsque nous avons froid, nous avons de quoi nous vêtir. Tu es entré dans nos cabanes, qu'y manque-t-il, à ton avis ? Poursuis jusqu'où tu voudras ce que tu appelles les commodités de la vie ; mais permets à des êtres sensés de s'arrêter, lorsqu'ils n'auraient à obtenir, de la continuité de leurs pénibles efforts, que des biens imaginaires. Va dans ta contrée t'agiter, te tourmenter tant que tu voudras ; laisse-nous reposer : ne nous entête ni de tes besoins factices, ni de tes vertus chimériques ».

Denis DIDEROT, *Supplément au voyage de Bougainville*, 1772

Fiche 28

Comment chercher des idées en écrit d'appropriation ?

Le travail au brouillon

Le travail au **brouillon** est une étape essentielle. En effet, l'analyse du sujet s'effectue au brouillon, mais les étapes qui en découlent également.

Seule exception éventuelle : si vous avez un plan extrêmement détaillé au brouillon, accompagné de phrases déjà quasiment rédigées, de formules déjà trouvées : dans ce cas, vous pouvez envisager de rédiger lentement au propre en vous appuyant sur ce brouillon semi-rédigé. Mais le plus sûr est tout de même de tout rédiger au brouillon, notamment pour favoriser le travail de l'expression.

Après avoir **recopié** votre sujet de manière très lisible et espacée sur une feuille de brouillon, vous procédez à **l'analyse** du sujet à l'aide de flèches, de mots notés, de signes attention. Ensuite, chaque **idée** qui vous vient à l'esprit doit être notée (vous trierez par la suite). Votre brouillon est un véritable **outil de travail**.

ASTUCES

Vous pouvez vous fabriquer un code de couleurs : une couleur pour les idées d'actions, une couleur pour les idées techniques (genre littéraire, procédés à utiliser), une couleur pour les idées concernant les personnages.

La foire aux idées spontanées

Quand vous procédez à l'analyse du sujet, de nombreuses **idées** vous viennent spontanément à l'esprit. Il faut **toutes** les **noter**, et être attentif aux idées qui surgissent, par ricochets, d'autres idées. C'est ainsi que l'on va vers des idées plus intéressantes, plus fines, plus riches ou plus originales.

La recherche réfléchie d'idées

Une fois effectuée cette foire aux idées spontanée, vous devez consacrer un temps de réflexion à une **recherche réfléchie d'idées.** Pour cela, appuyez-vous sur les **objets d'étude** figurant à vos programmes, sur les **œuvres** et les **extraits** que vous avez **étudiés** ou que vous avez **lus** par vous-même. En comparant cela avec le sujet analysé, vous trouverez encore d'autres idées.

ENTRAÎNEZ-VOUS !

Reprenons le sujet de la fiche 26.

Objet d'étude : Le roman et le récit du Moyen Âge au XXIe siècle.

Sujet : Georges Du Roy rédige une lettre destinée à l'un des personnages du récit. Dans cette lettre, il justifie ses actes et ses choix et commente sa vision de la vie et des autres. Vous rédigerez cette lettre.

Exercice 1

Travaillez sur l'expression « sa vision de la vie et des autres » pour essayer d'en tirer des idées à exploiter en rédigeant. Interrogez ces mots et notez toutes les questions qui vous viennent à l'esprit pour aller plus loin. En répondant à ces questions que vous aurez trouvées, vous aurez des idées supplémentaires.

Exercice 2

Toujours pour le sujet demandant d'inventer la lettre écrite par Georges Du Roy : Quels textes connaissez-vous qui pourraient vous donner des indices sur le genre littéraire, le type de texte à produire, la situation d'énonciation mise en place par le sujet, le caractère du personnage, la tentative d'autojustification, la façon de voir la vie et les autres ? Quelles notions théoriques et culturelles pouvez-vous utiliser ?

Fiche 29
Comment organiser son écrit d'appropriation ?

Le plan d'ensemble de votre écrit

Quel que soit le libellé du sujet, votre devoir doit s'organiser de façon **cohérente.**

En effet, une fois que vous avez cherché vos idées au brouillon, vous devez réfléchir à la meilleure manière de les combiner, c'est-à-dire la manière qui montrera que vous avez pris en compte les attentes explicites et implicites du sujet, que vous avez compris les enjeux du texte à produire, que vous organisez vos idées pour qu'elles soient reliées entre elles le plus efficacement possible.

Partez du principe que votre écrit se réalise en **trois grandes étapes** :

- Une **introduction** qui présente la situation, le contexte, l'objectif du texte
- Un **développement** en plusieurs paragraphes ordonnés avec cohérence (il s'agit d'une cohérence chronologique ou logique)
- Une **conclusion** qui propose un point final au texte inventé et qui rappelle éventuellement son objectif.

Ce plan de devoir devra s'adapter aux attentes du sujet donné.

Exemple

Reprenons le sujet de la fiche 27, exercice 2.

Objet d'étude : La littérature d'idées du XVIe siècle au XVIIIe siècle.

Grammaire pour écrire : Organiser le développement logique d'un propos.

Sujet : Comme Jean de La Fontaine, rédigez une fable qui montrera que le plus fort n'est pas toujours celui qui a moralement raison. Votre texte pourra être en vers, mais pas obligatoirement.

Pour organiser vos idées, vous devez **prévoir l'organisation d'ensemble de votre projet** et faire des **choix** : placerez-vous la morale au début ou à la fin de la fable ? Comment organiserez-vous le récit qui constitue le corps de la fable ? selon l'ordre chronologique du schéma narratif ? avec une analepse ou une prolepse (bouleversement de l'ordre narratif) ? Insérerez-vous des paroles de personnages ? où ? Intégrerez-vous des interventions du fabuliste ? où ? dans quel but ?

Il vous faut donc un **plan détaillé très précis**, une fois les idées trouvées, pour **guider votre rédaction.** Les étapes qui le composent forment des **unités** dans leur thème, leur but, leur sens ou leur registre.

ENTRAÎNEZ-VOUS !

Objet d'étude : Le roman et le récit du Moyen Âge au XXIe siècle.

Reprenons le premier sujet d'appropriation de la fiche 26.

Sujet : Georges Du Roy rédige une lettre destinée à l'un des personnages du récit. Dans cette lettre, il justifie ses actes et ses choix et commente sa vision de la vie et des autres. Vous rédigerez cette lettre.

Exercice

Après avoir relu les réponses répondant à l'analyse du sujet, bâtissez un plan détaillé pour cette lettre.

Fiche 30

Comment adapter son lexique et son style au sujet d'appropriation ?

Objectif

Une fois le libellé du sujet analysé, vous devez consacrer un temps de votre travail au brouillon pour **choisir et élaborer un stock de mots** liés au thème à aborder, au genre littéraire, au type de texte et à la situation d'énonciation.

Cela vous permettra de disposer de **synonymes variés** et de répondre avec cohérence aux **enjeux** du sujet, ce que votre correcteur voit aussi dans votre utilisation du lexique.

Exemple

Les exemples de cette fiche s'appuient sur le sujet de la fiche 27.

Objet d'étude : Le théâtre du XVIIe siècle au XXIe siècle

Sujet : Imaginez la scène 6 de l'acte II de L'École des femmes *de Molière, dans laquelle Agnès, surprise de l'autorité et de la puissance d'Arnolphe, décide de lui désobéir.*

L'analyse du thème

L'analyse du libellé du sujet fait ressortir le thème majeur que votre texte abordera. À partir de la définition de ce thème, cherchez le plus de mots possible permettant d'écrire sur ce thème.

Le thème du sujet cité en exemple est la **désobéissance** face au **pouvoir**. Vous devez explorer ces deux pistes, chercher des synonymes, des antonymes, des expressions toutes faites.

ASTUCES

À la maison, aidez-vous d'un dictionnaire des synonymes ; cela vous permettra d'apprendre de nouveaux mots que vous pourrez réutiliser à l'épreuve.

	Désobéissance	Pouvoir
synonymes	désobéir, contredire, une contradiction, refuser, un refus, transgresser, une transgression, enfreindre, contrevenir, s'opposer, une opposition, se rebeller, une rébellion, se révolter, une révolte, résister, une résistance, passer outre, être insoumis, une insoumission, se mutiner, une mutinerie, s'insurger, une insurrection, se soulever, un soulèvement, contester, une contestation, se dresser, protester, une protestation, déroger...	autorité, puissance, force, domination, empire, impérial, impérialisme, influence, despotisme, tyrannie, maîtrise, hégémonie, ascendant, asservissement, assujettissement, emprise, importance, prestige, pression...
antonymes	obéir, l'obéissance, écouter, l'écoute, se plier, respecter, le respect, se soumettre, la soumission, suivre les consignes, se conformer à, céder, acquiescer, obtempérer, s'incliner, se résigner, la résignation, se rendre, consentir, prêter allégeance...	impuissance, faiblesse, impossibilité, incapacité, insuffisance, infirmité, débilité, inaptitude, incompétence, anarchie, discrédit...

L'analyse de l'objectif du texte

Agnès doit affronter Arnolphe et exprimer un **discours d'opposition** et de **désobéissance**, mais elle est au premier abord **surprise**. Elle **évolue** donc de l'étonnement à l'opposition et à la décision du refus du mariage imposé par Arnolphe. L'objectif de son propos étant de s'opposer à la décision d'Arnolphe, vous devez employer le **lexique de la réflexion** et de la **prise de décision**. Vous devez aussi la faire **argumenter**, l'amener à se justifier. Vous mêlerez donc un lexique **affectif**, lié à l'émotion et à la surprise, un lexique **rationnel**, lié à la prise de décision logique, et le lexique de l'**argumentation**, lié à la justification et au discours persuasif et convaincant. Notez que les divers objets d'étude se croisent et que vous pouvez utiliser les ressources du théâtre et de l'argumentation.

On poursuit donc **deux objectifs : exprimer** et **s'opposer**, qui seront atteints par l'emploi d'un lexique affectif[1] et axiologique[2] et par l'utilisation d'un style adapté.

1. Qui relève de l'affect, du sentiment, de la subjectivité émotionnelle.
2. Qui s'appuie sur les valeurs morales, le bien, le mal, le beau, le laid.

expression de la surprise	expression de l'opposition et de la justification
Lexique de la surprise. Exclamations (Que je suis surprise !). Interjections (Comment ? Quoi ? Oh !). Ponctuation (Quelle surprise...). Répétitions de mots ou de syllabes. Modalisateurs insistant sur le point de vue subjectif.`	Lexique du refus. Arguments (logiques, d'expérience, *ad hominem*, de valeur, par analogie, d'autorité). Comparaisons (Ce mariage est pour moi comme une prison). Anaphores (Moi... Moi... Moi...). Gradation (Je refuse, je m'oppose, je m'insurge). Répétitions à valeur d'insistance. Questions rhétoriques (Comment pouvez-vous penser que je veuille vous épouser ?).

L'analyse de la situation d'énonciation

Le libellé du sujet propose une **situation d'énonciation** explicite et un **contexte** implicite. Agnès, jeune fille naïve, s'oppose à Arnolphe, son tuteur, vieux bourgeois célibataire amoureux. Agnès a donc moins d'expérience et de recul critique que son interlocuteur, elle est aussi moins sûre d'elle.

Votre lexique et votre style doivent donc marquer cette **opposition d'âge et de statut social**. Il faut aussi prendre en compte le **genre littéraire** dans lequel votre devoir s'inscrit : écrire un **dialogue de théâtre** suppose que vous construisiez un enchaînement de répliques qui rebondissent les unes sur les autres (notamment avec des liens logiques et des reprises de mots), que vous insériez dans votre texte des didascalies, des apartés. Enfin, le **contexte historique et social** doit aussi intervenir dans vos choix d'écriture : le rapport homme-femme, le langage de la bourgeoisie du XVIIe siècle, le registre comique typiquement moliéresque (les injures, par exemple) doivent être pris en compte.

ASTUCES

Il faut éviter tout anachronisme et tout décalage avec le contexte textuel et historique qui créeraient des incohérences que votre correcteur pénaliserait.

Fiche 31

Comment relire sa copie en écrit d'appropriation ?

Avant de passer à la copie de votre texte au propre, vous devez prendre un temps de **relecture** et de **travail de votre brouillon.** Organisez cette relecture de façon méthodique, en plusieurs étapes.

Vérification de la cohérence

- **Relisez le libellé du sujet :** Vérifiez que votre texte répond aux attentes explicites et implicites (vous devez d'abord relire votre phase d'analyse du sujet) : situation d'énonciation, but du texte, contexte historique, culturel ou social, registre, éléments de l'action ?
- **Vérifiez la cohérence avec le texte support :** Avez-vous utilisé celui-ci en fonction de ce que le sujet vous demandait ? Avez-vous respecté la situation de départ qu'il vous expose ? Avez-vous respecté, à moins que le sujet demande un changement, le contexte, le caractère des personnages, le registre ?
- **Vérifiez la cohérence d'ensemble de votre texte :** Progression des paragraphes, articulation des idées entre et dans les paragraphes. Avez-vous correctement regroupé vos idées et évité les répétitions ? Avez-vous employé suffisamment de liens logiques ?

ASTUCES

Essayez de relire votre copie avec l'œil de votre correcteur : comprendra-t-il tout ? Lui avez-vous donné assez d'informations ? Partez du principe que rien n'est évident et que ce n'est pas à lui de terminer votre raisonnement ou de comprendre ce que vous laissez dans l'implicite.

Vérification du style

- **Vérifiez votre utilisation du lexique** : champs lexicaux dominants cohérents avec la situation proposée en sujet, absence de répétitions de mots ou d'expressions, lexique courant ou soutenu.
- **Vérifiez l'élaboration de votre style** : clarté du propos, phrases riches, souvent complexes, présence de figures de style aux effets calculés.

Vérification de l'orthographe

Relisez chaque phrase de votre copie pour trouver les fautes d'orthographe, sans vous soucier du sens : c'est une phase purement technique, qui vous permet de vous concentrer sur cette vérification.

ASTUCES

Dans l'année, faites une fiche sur laquelle vous relevez régulièrement les fautes d'orthographe que vous faites à l'écrit. En ayant ce relevé en tête, vous serez plus vigilant face aux types de fautes que vous savez récurrents dans vos copies, lors de votre vérification. Vous devrez alors appliquer les règles que vous avez apprises, comme si vous corrigiez une dictée fautive.

Corrigés du chapitre 4

Fiche 24. La contraction de texte

Exercice 1

Thème : Le traitement du fait divers dans les médias, ou, plus large, l'information dans les médias.

Thèse : Le fait divers est utilisé par la télévision pour éviter d'aborder des sujets cruciaux : il est un vecteur lucide et voulu de désinformation du spectateur.

Exercice 2

Étapes du raisonnement	Lignes	Idées importantes
1er constat	de « Prenons à « vendre »	Survalorisation d'événements aguicheurs (pour l'Audimat).
Complément d'information : 2d constat, pour réorienter la réflexion (« mais »)	de « Mais les faits divers » à « font diversion »	Redéfinition du fait divers : il fait diversion, il détourne.
Explication	de « Une part » à « autre chose »	Les faits divers sont des événements futiles, vains, consensuels, anecdotiques, qui sont chronophages (ils occupent inutilement).
Opposition pour approfondir l'analyse (« or »)	de « Et si l'on emploie » à « précieuses »	Le temps est un élément essentiel, donc gaspillé par des futilités (manipulation de l'auditeur, à qui l'on cache alors l'essentiel).
Justification de la démarche et ajout d'informations (« si j'insiste…, c'est que… »)	de « Si j'insiste » à « démocratiques »	Endoctrinement de nombreux individus par la télévision (elle devient un outil d'éducation) ; or (problème), le fait divers ne véhicule que du vide et manipule le citoyen.
Conclusion, thèse (« par ce biais »)	de « Par ce biais » à la fin	Clivage inquiétant entre les lecteurs cultivés, habitués au recul critique (informations fiables et variées) et les spectateurs consommateurs (télévision = néant intellectuel)

Exercice 3

Corrigé rédigé :

Facteur d'audience, le fait divers psychodramatique détourne l'intérêt [10] des téléspectateurs vers des faits superficiels : ces vaines anecdotes comblent [20] un temps précieux et masquent les réels enjeux de l'[30] information. La télévision constitue un outil d'éducation dévoyé par [40] la suprématie du fait divers : elle devient une source d'[50] inégalité entre ceux qui accèdent aux véritables informations, et ceux [60] qui subissent ce néant intellectuel. **65 mots**

Fiche 26. Comment questionner le libellé de l'écrit d'appropriation ?

- **Quels sont les mots-clés ? Quelles pistes techniques, thématiques et lexicales révèlent-ils ? Nous les relevons dans l'ordre du sujet et nous les analysons rapidement :**

– **Georges Duroy** : émetteur de la lettre ; arriviste orgueilleux en pleine réussite sociale et personnelle. Ici, c'est la lecture du texte support qui vous donne des pistes pour analyser le caractère du personnage. Il faut donc étudier ce texte pour en extraire de précieuses informations.

– **Une lettre** : indication sur le type de texte à produire ; en mobilisant vos connaissances théoriques, vous savez qu'une lettre respecte certains codes, qu'elle peut être de dimension narrative, descriptive, explicative et/ou argumentative.

– **À l'un des personnages du récit** : destinataire ; le personnage peut être l'un de ceux qui figurent dans la scène racontée par le texte support, ou l'un de ceux que le paratexte vous a présentés ou, pourquoi pas, que vous connaissez par votre propre lecture du roman. Cela suppose que cette lettre prenne la forme d'une adresse personnelle à ce destinataire, nouant un dialogue à travers des interpellations et la mise en œuvre d'une véritable relation entre l'émetteur et le destinataire.

– **Il justifie ses actes et ses choix, et commente sa vision de la vie et des autres** : mention de l'enjeu du texte à produire ; le sujet vous propose deux pistes à visée argumentative : autojustification et expression d'opinions personnelles : la lettre sera fortement subjective, cela vous donne une piste pour élaborer votre lexique.

ASTUCES

Notez au brouillon toutes les suggestions qui surgissent dans votre esprit et qui sont des pistes pour trouver des idées et enrichir votre texte.

- **Quel est l'objectif du travail d'écriture ?** Il s'agit de rédiger une **lettre à visée argumentative** ; mais cela n'est pas limitatif : vous pourriez y insérer un bref **résumé** du parcours du locuteur ou une **projection** de ce dernier dans l'avenir : ces deux ajouts pourraient ainsi **enrichir** la lettre sans pour autant vous amener à être hors sujet à condition de ne pas les développer outre mesure.
- **Quel en est le point de départ ?** Le texte support vous montre le locuteur en plein triomphe. Cela vous donne des indications sur son état d'esprit, qui doit transparaître dans la lettre : enthousiaste, fier, déterminé.
- **Dans quel objet d'étude s'inscrit-il ? Quels savoirs mobilise-t-il ?** Il s'agit de l'objet d'étude du **roman**, pour lequel vous savez que la psychologie des personnages est un élément fondateur. La lettre peut s'appuyer sur cet objet d'étude : elle peut être en partie composée d'un **résumé** ou d'un **retour en arrière** sur la vie du héros ; elle peut aussi véhiculer le **point de vue** de son locuteur. L'**action** est importante, puisqu'elle compose le roman, mais le **regard sur le monde et les personnages** l'est aussi. Les savoirs mobilisés sont **théoriques** et **pratiques** (comment rédiger une lettre ?).
- **Quelles indications le sujet donne-t-il sur la façon de réaliser le travail attendu ?** Le sujet donne deux **pistes** à suivre, qui peuvent éventuellement composer l'organisation du texte. Mais cela ne suffit pas : en mentionnant le genre de la lettre, le sujet vous demande de présenter et de composer la lettre selon des **règles** attendues, car il s'agit d'un genre très codifié. Il faut une **entrée en matière** qui spécifie la situation, ainsi qu'une **conclusion** qui propose un bilan de la lettre, voire une ouverture vers l'avenir.
- **Quelles qualités ce sujet fait-il espérer dans le travail final ?** On attend une **lettre argumentative**, où le locuteur s'engage totalement et établit un « dialogue » dynamique avec son interlocuteur. On attend aussi une lettre-**bilan** et **projection** vers l'avenir, à la croisée du roman et d'une suite que vous pourriez imaginer dans votre esprit. On attend enfin une lettre **témoignage** sur une personnalité qui s'est construite d'une façon particulière, donc une lettre à teneur psychologique. Bref, cette lettre peut mêler **argumentation, expression des sentiments, narration et description.**

Fiche 27. Comment s'appuyer sur le texte support en écrit d'appropriation ?

Exercice 1

- **Genre littéraire** : texte de théâtre, comédie.

- **Type de texte** : dialogue entre deux personnages ; Arnolphe domine le temps de parole.
- **Éléments importants de l'action** : Arnolphe annonce à Agnès son intention de l'épouser alors qu'elle-même a prévu de s'unir avec celui qu'elle aime. L'action repose majoritairement sur un quiproquo au sujet de l'identité du futur marié : Agnès croit qu'Arnolphe lui propose d'épouser Horace, alors qu'il est lui-même le futur marié ; à l'issue de ce quiproquo, elle décide de lui désobéir. L'époque est celle du XVIIe siècle ; l'action a lieu dans la maison bourgeoise d'Arnolphe.
- **Caractère des personnages** : Arnolphe est un personnage qui souffre de ne pas être aimé par Agnès dont il est lui-même amoureux ; il exprime maladroitement sa souffrance ; il se montre très autoritaire et exigeant, ainsi que moralisateur ; représentant la loi, il est puissant face à elle. Agnès est une jeune fille naïve, innocente, prête à écouter son plaisir ; elle se montre surprise de la décision d'Arnolphe qu'elle ne comprend pas et à laquelle elle ne s'attendait pas, ce qui explique le quiproquo momentané.
- **Lexique dominant** : chez Agnès, on perçoit le lexique de la surprise, de la découverte, de la naïveté, de l'amour innocent, du plaisir, de la désobéissance. Chez Arnolphe, le lexique dominant est celui de l'autorité, du pouvoir, de la morale, de la volonté. Le lexique du mariage est très présent chez les deux personnages. Le niveau de langage est courant.
- **Registres** : le texte est à dominante comique, mais cela ne masque pas les vives tensions dans les relations entre les personnages et leurs projets.

Exercice 2

- **Une fable** : le texte 3 n'est pas une fable, alors que le texte 2 en est une. En comparant les textes 1 et 2, vous pouvez déduire des règles d'écriture d'une fable : le groupement de textes vous propose en quelque sorte des « modèles » techniques et vous rappelle que les personnages des fables sont très souvent des animaux personnifiés, au centre d'un récit aux multiples péripéties dynamiques. Comparer les textes 1 et 2 vous montre aussi que la morale peut éventuellement se situer au début de la fable, mais que sa présence explicite n'est pas obligatoire.
- **Le plus fort** : le texte 2 met en situation un singe qui se pense le plus fort après avoir revêtu l'habit de souverain ; sa force s'exprime par une toute puissance physique et morale violente et illégitime. Le texte 3 montre également une force liée au pouvoir physique, exprimée à travers le champ lexical de la violence : cette puissance s'oppose aux valeurs universelles de l'innocence, la liberté, la tolérance ou l'égalité ; l'auteur souligne comment on peut opposer la loi du plus fort et la raison morale. Les textes 2 et 3 donnent une image politique du plus fort ; le texte 1 montre que le dominant est celui qui est le plus fort par nature.

- **N'est pas toujours celui qui a moralement raison** : les textes du groupement mettent en scène des personnages puissants qui contredisent la bonne morale et qui défient les règles de la société et du bon sens. Ce sont trois exemples de mise en scène de cette antinomie entre force et morale.
- **En vers, mais pas obligatoirement** : le texte 3 offre un exemple de texte en prose ; il donne l'idée d'attribuer directement la parole à celui qui est opprimé par le plus fort. Les textes 1 et 2 sont des textes en vers ; cela vous rappelle la présence des retours à la ligne avec majuscule en début de vers ainsi que des rimes en fin de vers.

Fiche 28. Comment chercher des idées en écrit d'appropriation ?

Exercice 1

Que signifient « vision de la vie », « visions des autres » ? Quel regard le personnage peut-il porter sur son parcours, sur ce que lui offre la vie, sur les autres ? par conséquent : est-il content de ce que lui ont apporté la vie et les autres ? en est-il fier ? est-il reconnaissant ou méprisant ? Comment se situe-t-il dans le milieu social et professionnel dans lequel il évolue ? Quel caractère peut-on attribuer au personnage dans le devoir ? Quel champ lexical désignant ce caractère pouvez-vous déjà former ?

Exercice 2

Vous aurez pensé à :

- des titres de **romans** réalistes ou naturalistes.
- des **lettres** que vous avez étudiées ou lues (insérées dans des romans ou non).
- des **personnages** orgueilleux ou arrivistes ou au contraire très humbles et naïfs (qui en seraient alors le miroir inversé).
- des **textes argumentatifs** dans lesquels le locuteur cherche à se justifier, à expliquer ses choix ou son point de vue, à convaincre un destinataire du bien-fondé de sa vision.
- des **stratégies argumentatives** (convaincre, persuader, emploi de divers types d'arguments et d'exemples).
- l'utilisation du **point de vue interne** du narrateur.
- des **registres** (ironique, pathétique, comique, tragique, polémique, satirique).
- des **figures de style** (par exemple : métaphore, hyperbole, gradation, question rhétorique, apostrophe) que vous aurez abordées lors de vos études de textes, par exemple dans le cadre de votre liste de textes pour l'oral de l'EAF.

Fiche 29. Comment organiser son écrit d'appropriation ?

La lettre devra s'organiser, dans son plan d'ensemble, en trois étapes :

- **Introduction :** interpellation du destinataire, justification de la rédaction de la lettre, objectifs de cette lettre, annonce du plan que suivra le développement de la lettre.
- **Développement :** le corps de la lettre peut s'organiser de diverses manières, l'essentiel étant qu'il soit logique et progressif, sans répétitions d'idées, par étapes enchaînées ; **voici une proposition : résumé** du parcours de Georges Du Roy, puis **autojustification** et **commentaire** des actes et des choix réalisés au fur et à mesure (ordre chronologique, regard personnel, jugements sur les actions effectuées), puis expression de la **vision** sur les autres en particulier et sur la vie en général, enfin **projection** vers le futur (projets, espoirs). Ce développement combine donc la logique et la chronologie.
- **Conclusion :** bilan de la lettre et de ses objectifs, reformulation du point de vue du locuteur sur son parcours, interpellation du destinataire (cela boucle le texte en reprenant le point de départ).

CHAPITRE 5

LA GRAMMAIRE

Fiche 32
Le programme de grammaire

Objectif

L'étude de la grammaire permet d'avoir une **expression** plus sûre et enrichit l'explication des textes.

Elle n'est pas une fin en soi, mais se met au service de la **compréhension** et de l'expression de l'élève.

Elle permet à l'élève de comprendre le **langage** et le fonctionnement du **discours littéraire.** Grâce à la grammaire, l'élève enrichit son **vocabulaire**, apprend à utiliser le **lexique** et la **syntaxe** de manière juste et réfléchie, dans le cadre de la **communication** écrite et orale.

Programme

Voici les notions de grammaire qui sont au programme de Première :

- Les subordonnées conjonctives compléments circonstanciels : cause, conséquence, but, condition, concession
- L'interrogation : syntaxe, sémantique et pragmatique.
- L'expression de la négation.
- Lexique : modes de néologie, relations lexicales

Elles viennent compléter les notions qui sont au programme de Seconde :

- Les accords dans le groupe nominal et entre le sujet et le verbe.
- Le verbe : valeurs temporelles, aspectuelles, modales ; concordance des temps.
- Les relations au sein de la phrase complexe.
- La syntaxe des propositions subordonnées relatives.
- Lexique : modes de néologie, relations lexicales

Ces notions s'appuient sur les diverses formes mises en œuvre par la grammaire :

- **Classe de mots.**
- **Fonction syntaxique.**
- **Structure de phrase.**
- **Relation lexicale.**
- **Relation logique.**

Fiche 33
Expliquer un texte avec la grammaire

Méthode

Une notion de grammaire peut vous aider à comprendre et à expliquer un texte :

- L'organisation du texte

  Exemples : les relations logiques peuvent souligner la structure d'un texte argumentatif ; les connecteurs spatio-temporels montrent l'organisation ou la dynamique du récit.

- Les relations entre les personnages et leur psychologie

  Exemples : la négation ou l'interrogation peuvent souligner les rapports de pouvoir ou les conflits entre des personnages ; les propositions circonstancielles de but peuvent révéler le projet d'un personnage ; celles de concession son raisonnement.

- L'esthétique du texte

  Exemples : les répétitions ou les jeux de mots peuvent renforcer la dimension poétique d'un texte ou révéler le jeu de l'auteur avec le langage.

- L'intention de l'auteur

  Exemples : les dénotations et les connotations des mots peuvent aider à comprendre le projet symbolique d'un poète ou la nature d'un portrait de personnage de roman ; la confrontation de synonymes et d'antonymes peut aider à comprendre la thèse d'un auteur.

- L'effet sur le lecteur

  Exemples : le jeu lexical sur la composition des mots peut vous aider à expliquer la dimension ludique ou comique d'un texte.

Exemple

Objet d'étude : La littérature d'idées du XVIe siècle au XVIIIe siècle.

Grammaire : L'interrogation.

Question : Analysez l'emploi de la forme interrogative dans le passage suivant.

« Le loup et le chien » (extrait)

[Un loup en liberté rencontre un chien qui lui vante les bienfaits d'être nourri et soigné par un maître.]

Chemin faisant, il vit le col du Chien pelé.
« Qu'est-ce là ? lui dit-il. - Rien. - Quoi ? rien ? - Peu de chose.
- Mais encor ? - Le collier dont je suis attaché
De ce que vous voyez est peut-être la cause.
- Attaché ? dit le Loup : vous ne courez donc pas
Où vous voulez ? - Pas toujours ; mais qu'importe ?
- Il importe si bien, que de tous vos repas
Je ne veux en aucune sorte,
Et ne voudrais pas même à ce prix un trésor ».

Jean de LA FONTAINE, *Fables*, Livre I

Réponse rédigée :

Ce passage présente sept occurrences de la forme interrogative directe, dans un dialogue entre le loup et le chien.

Nous relevons des phrases interrogatives verbales (« Qu'est-ce là ? », « vous ne courez donc pas où vous voulez ? », « mais qu'importe ? ») qui développent les questions dans le dialogue, et des phrases interrogatives non verbales (« Quoi ? » « Rien ? », « Mais encor ? », « Attaché ? ») qui donnent un rythme plus rapide au dialogue.

Le passage comporte des interrogations totales, qui attendent une réponse par oui ou par non et qui portent sur la valeur de vérité de la phrase : « Rien ? », « Attaché ? », « vous ne courez donc pas où vous voulez ? », et des interrogations partielles qui portent sur un élément de la phrase : « Qu'est-ce là ? », « Quoi ? », « Mais encor ? », « mais qu'importe ? ».

La succession rapide des interrogations donne de la dynamique et de la vivacité au dialogue. Le loup est l'émetteur des six premières questions : en recherche d'informations sur le mode de vie du chien, il mène le dialogue, ce qui révèle son pouvoir dans la relation entre personnages. Les questions qu'il formule sont courtes et font souvent l'ellipse du verbe conjugué (« Quoi ? », « Rien ? », « Mais encor ? », « Attaché ? »), ce qui souligne la pression qu'il exerce sur le chien pour obtenir des réponses précises et immédiates ; cela montre aussi que l'enjeu du dialogue (savoir si le chien est libre ou non) est essentiel pour le loup et constitue l'enjeu de la fable entière.

La dernière question est posée par le chien ; il s'agit d'une question rhétorique, qui n'attend ordinairement pas de réponse. Elle a la valeur d'une phrase affirmative qui serait « peu m'importe » et est destinée à clore le dialogue puisque que l'interlocuteur n'est pas censé y répondre ; mais le loup y répond, ce qui a pour effet de relancer le dialogue et de lui redonner la parole, marquant sa victoire sur le chien.

Nous voyons donc que l'emploi de la forme interrogative, en plus de renforcer la dynamique du texte, brosse le portrait psychologique des deux personnages et souligne les relations de pouvoir qui les opposent.

Fiche 34
Écrire avec la grammaire

Méthode

S'entraîner à rédiger en utilisant telle notion grammaticale permet d'**enrichir l'expression**. C'est en écrivant vous-même que vous **fixerez** les notions et que vous les manipulerez avec facilité. Employer vous-même les notions grammaticales vous permettra aussi de mieux **comprendre** comment les auteurs eux-mêmes les utilisent.

Pour cela, il faut :

- **Comprendre** le fonctionnement d'une notion grammaticale
- **Observer** sa mise en œuvre dans un texte
- L'**utiliser** soi-même de façon progressive dans une phrase, puis dans un groupe de phrases, puis dans un paragraphe entier.

Des exercices peuvent vous aider :

- **Exercices de repérage et d'analyse**

  Exemples : repérez dans ce texte les propositions subordonnées circonstancielles de conséquence puis montrez comment elles soulignent le raisonnement de l'auteur.

- **Exercices d'emploi**

  Exemples : inventez trois phrases interrogatives directes, puis transformez-les en phrases interrogatives indirectes.

- **Exercices d'écriture**

  Exemple : rédigez un paragraphe d'une quinzaine de lignes dans lequel vous emploierez au moins quatre propositions subordonnées circonstancielles : une de cause, une de but, une de conséquence, une de condition.

Exercices

Voici des **exemples d'exercices** qui peuvent être pratiqués pour mettre la grammaire au service de l'écriture.

Ils s'appuient sur les diverses formes mise en œuvre par la grammaire : classe de mots, fonction syntaxique, structure de phrase, relation lexicale, relation logique.

- Repérer une forme dans un texte.

- Identifier une forme.
- Compléter des énoncés à trous à l'aide d'une forme grammaticale.
- Employer une forme dans une phrase inventée.
- Employer une forme dans un paragraphe rédigé.
- Supprimer ou ajouter une forme dans la phrase.
- Déplacer une forme dans la phrase.
- Transformer une forme en une autre dans une phrase ou un texte.
- Changer le genre d'un texte.

Exemples

Questions :

1. Identification :

a. Encadrez les groupes nominaux et soulignez le noyau de chaque groupe nominal.

b. Comment chaque noyau de groupe nominal est-il complété ?

2. Écriture :

Poursuivez ce portrait de personnage en employant à votre tour des groupes nominaux étendus que vous soulignerez.

Maigre, la gorge plate, les épaules pointues, le visage en museau de fouine, singulièrement fouillé et accentué, elle n'avait pas d'âge ; on lui eût donné quinze ans ou trente ans, bien qu'elle en eût en réalité dix-neuf, quatre de moins que son mari. Son front bas et bombé ; son nez légèrement déprimé à la racine, et dont les narines s'évasaient ensuite, fines et frémissantes, comme pour mieux goûter les odeurs ; toute cette physionomie de naine futée était comme le masque vivant de l'intrigue, de l'ambition active et envieuse.

Émile ZOLA, *La Fortune des Rougon*, 1871.

ENTRAÎNEZ-VOUS !

Objet d'étude : Le théâtre du XVIIe siècle au XXIe siècle.
Grammaire : Les relations logiques dans la phrase.

Exercice 1

Identifiez la relation logique exprimée par les propositions subordonnées circonstancielles des phrases suivantes : comparaison, temps, cause, but, concession, conséquence, condition.

Relation logique	Conjonction de subordination	Phrase
	Quand, lorsque, dès que, avant que, pendant que…	Phèdre arrive sur scène quand le rideau se lève.
	Parce que, puisque, vu que, du fait que…	Phèdre crie parce qu'elle est déterminée.
	Si bien que, tellement…que, à un tel point…que…	Phèdre crie si bien que Thésée s'attendrit.
	Pour que, afin, que, de sorte que, de peur que…	Oenone argumente afin que Phèdre change d'avis.
	Bien que, quoique, même si…	Thésée parle bien qu'il sache que c'est inutile.
	Si, à condition que, au cas où…	Phèdre se taira à condition qu'Hippolyte l'écoute.
	Comme, autant que…	Phèdre aime Hippolyte comme elle n'a jamais aimé personne.

Exercice 2

Complétez les phrases suivantes de manière à exprimer la relation logique proposée à la suite de la classe grammaticale indiquée.

Phrase	Classe grammaticale	Relation logique
Phèdre cache son amour pour Hyppolite…	Conjonction de coordination	Cause
Oenone gardera le silence…	Conjonction de subordination	Condition
Phèdre avoue son amour pour son beau-fils…	Signe de ponctuation	Conséquence
Phèdre convoque Hippolyte…	Groupe infinitif prépositionnel	But
Oenone garde le silence…	Groupe nominal	Cause
Oenone se sent coupable…	Conjonction de subordination	Comparaison
Thésée écoute Phèdre…	Conjonction de subordination	Concession
Aricie pleure…	Gérondif	Temps

Corrigés du chapitre 5

Fiche 34. Écrire avec la grammaire

Exercice 1

Relation logique	Conjonction de subordination	Exemple
Temps	Quand, lorsque, dès que, avant que, pendant que…	Phèdre arrive sur scène quand le rideau se lève.
Cause	Parce que, puisque, vu que, du fait que…	Phèdre crie parce qu'elle est déterminée.
Conséquence	Si bien que, tellement…que, à un tel point…que…	Phèdre crie si bien que Thésée s'attendrit.
But	Pour que, afin, que, de sorte que, de peur que…	Oenone argumente afin que Phèdre change d'avis.
Concession	Bien que, quoique, même si…	Thésée parle bien qu'il sache que c'est inutile.
Condition	Si, à condition que, au cas où…	Phèdre se taira à condition qu'Hippolyte l'écoute.
Comparaison	Comme, autant que…	Phèdre aime Hippolyte comme il n'a jamais aimé personne.

Exercice 2

Phrase	Classe grammaticale	Relation logique
Phèdre cache son amour pour Hyppolite car elle se sent coupable de cet amour incestueux.	Conjonction de coordination	Cause
Oenone gardera le silence si Phèdre cesse d'aimer Hippolyte.	Conjonction de subordination	Condition
Phèdre avoue son amour pour son beau-fils : elle engendre sa propre déchéance.	Signe de ponctuation	Conséquence
Phèdre convoque Hippolyte afin de lui avouer son amour coupable.	Groupe infinitif prépositionnel	But
Oenone garde le silence par dévouement envers la reine.	Groupe nominal	Cause
Oenone se sent coupable autant que l'est Phèdre.	Conjonction de subordination	Comparaison
Thésée écoute Phèdre bien qu'il connaisse sa culpabilité.	Conjonction de subordination	Concession
Aricie pleure en entendant la déclaration d'amour d'Hippolyte.	Gérondif	Temps

OBJET D'ÉTUDE

LE ROMAN ET LE RÉCIT DU MOYEN ÂGE AU XXIe SIÈCLE

Fiche 35
Rappel de cours : le genre du roman, le personnage romanesque

L'évolution du genre romanesque et du statut du personnage romanesque

Les origines médiévales

Le mot « **roman** » est issu d'un adjectif qualificatif médiéval qui désigne la langue parlée par le peuple (la *lingua romana rustica*, c'est-à-dire l'ancien français), en opposition à la langue savante, le latin, parlée par les clercs. Très vite, la langue du « roman » a servi à rédiger des récits fictifs et divertissants, par exemple des romans de chevalerie comme *Yvain ou le Chevalier au lion*, de Chrétien de Troyes, écrit en 1176. La plupart des textes écrits en « roman » racontent des aventures fictives, si bien que le terme « roman » se transfère ensuite assez vite de la langue utilisée pour écrire au récit écrit dans cette langue.

Le personnage y est un **héros**, cumulant des qualités morales et physiques, directement issu des héros de l'Antiquité à l'image d'Ulysse ou d'Achille. L'exemple typique est le chevalier, par exemple Yvain ou Lancelot.

Perceval ou le conte du Graal date de 1180. Ce roman de **Chrétien de Troyes** raconte l'histoire de Perceval, jeune homme naïf engagé dans la chevalerie, qui se donne pour mission d'aller chercher le Graal. L'œuvre est inachevée et fragmentaire. Perceval est élevé par sa mère loin de la civilisation et dans l'ignorance la plus totale du monde de la chevalerie. Mais il rencontre un groupe de chevaliers qui l'éblouissent au sens propre comme au sens figuré avec leurs armures : il les suit et va faire son apprentissage à la cour du roi Arthur. Il y découvre les mœurs courtoises et les vertus chevaleresques ; puis, autonome, il part en quête d'aventures jusqu'à arriver au palais du roi pêcheur, chez lequel une coupe en or éclatante est servie au châtelain qui semble malade, mais dont Perceval n'arrive pas à savoir l'identité exacte. Il apprend par la suite que s'il avait osé poser la question, la malédiction pesant sur ces terres aurait été levée. Ce roman est un roman d'apprentissage. Perceval est jeune et sans expérience, mais les épreuves auxquelles il est confronté lui font acquérir maturité et personnalité. L'accès au monde chevaleresque correspond à son entrée dans la civilisation, du point de vue moral, religieux et social ; il va ainsi bénéficier d'une éducation beaucoup moins superficielle, découvrir le monde de la courtoisie, notamment dans le domaine de l'amour. Pour progresser, il rencontre des personnages adjuvants : l'ermite, qui achève son éducation morale et sociale en lui rappelant ses devoirs de chrétien, et Gorneman, qui lui apprend à manier les armes en homme preux. Le roman fait également progresser Perceval en lui faisant vivre des expériences négatives et positives qui lui font acquérir savoir et maturité. L'histoire est donc celle d'un jeune homme en quête de lui-même, à la découverte de son propre rapport au monde et de sa propre autonomie : il ne peut le faire seul, et a donc besoin des personnages secondaires pour accomplir sa mission.

Ce roman révèle l'empreinte d'un narrateur conteur, attaché à l'art de bien dire : il intervient souvent dans son récit, insiste sur sa véracité, commente les actions des personnages. Le récit, fait de surprises et de rebondissements, attire le lecteur par son dynamisme et plait par le recours fréquent au registre burlesque qui le fait sourire et au registre pathétique qui l'attendrit.

Au final, la quête de Perceval est celle de tout lecteur, qui, à travers la lecture du roman, s'interroge sur lui-même et sur le sens profond de sa vie. Il permet donc d'interroger la **réception** de l'œuvre et ses effets sur le lecteur, dans la mesure où il déclenche des **interrogations** sur le monde et sur l'être humain.

Aux XVIe et XVIIe siècles : un genre qui se cherche

Pendant longtemps, le roman a souffert de cette image initiale de littérature de seconde classe, non savante, populaire. Il reste en effet un genre discrédité jusqu'au XVIIIe siècle. **À l'âge classique**, on reproche au roman d'être invraisemblable, irréaliste et immoral : vu comme une œuvre de mauvaise foi fondée sur le mensonge, il peint les futilités de l'amour et corrompt les mœurs. Cependant, peu à peu, des œuvres vont émerger, restées célèbres dans notre histoire littéraire pour leur peinture psychologique et analytique de l'amour, comme *La Princesse de Clèves*, de Madame de Lafayette (1678), qui ne signe d'ailleurs pas son œuvre. Malgré ce discrédit, le roman plaît aux élites, qui se passionnent par exemple pour les bonheurs et les souffrances liés à l'amour et racontés sous forme épistolaire dans les *Lettres portugaises* (Guilleragues, 1669).

Au début du XVIIe siècle, on se passionne notamment pour de longs romans aux multiples péripéties du type de *L'Astrée*, d'Honoré d'Urfé (1607-1627).

Le personnage y est un **être aux qualités louables** qui permet aux lecteurs nobles de s'identifier à lui. Peu à peu, son **envergure psychologique** s'étoffe et s'affine, le personnage se complexifiant.

Au XVIIIe siècle : des jeux avec la forme romanesque

Dès le **siècle des Lumières**, le roman se déguise sous diverses formes pour masquer un tant soit peu cette origine fictive perçue comme irrationnelle ; on trouve ainsi des récits rédigés à la première personne (*Manon Lescaut*, de l'abbé Prévost, 1731, *La Vie de Marianne*, de Marivaux, 1731), des contes (*Candide*, de Voltaire, 1759), des romans épistolaires (*Les Liaisons dangereuses*, Choderlos de Laclos, 1782), des romans pastoraux (*Paul et Virginie*, de Bernardin de Saint-Pierre, 1787). Denis Diderot s'illustre avec son roman *Jacques le Fataliste*, écrit entre 1765 et 1784, dans lequel se croisent plusieurs trames narratives, alternant un récit principal, celui du voyage du valet Jacques et de son maître, et de multiples anecdotes ou dialogues ; Diderot y joue avec son lecteur en s'adressant à lui, en se moquant de ses attentes, en brisant donc l'illusion romanesque.

Le personnage y incarne l'idée même que les Lumières se font de la notion d'**individu** : sa psychologie se complexifie encore, combinant cœur et esprit. Le roman témoigne donc d'une **vision du monde** propre aux écrivains des Lumières.

Au XIXe siècle : l'apogée du roman

C'est au XIXe siècle que le roman prend ses lettres de noblesse.

Le début du siècle voit fleurir des **romans d'analyse psychologique** (*Adolphe*, de Benjamin Constant, 1816) ainsi que des **romans historiques** (*Notre-Dame de Paris*, Victor Hugo, 1831, ou *Les Trois Mousquetaires* d'Alexandre Dumas, en 1844). Le personnage y représente le **héros romantique** en proie à l'angoisse mais aussi en quête d'idéaux.

Dès les années 1850, de nombreux auteurs professent leur foi dans le **roman réaliste**, destiné à peindre le réel. Le triomphe du roman, dans cette première moitié du XIXe siècle, s'appuie sur l'ambition de rivaliser avec le monde réel, en racontant et en décrivant ce qui se passe partout. Cette quête de fidélité au réel se retrouve par exemple dans *Le Père Goriot* d'Honoré de Balzac (1834), dans *Les Mystères de Paris*, d'Eugène Sue (1842-1843). Le personnage **reflète son milieu social** : le principe même de l'écriture balzacienne est de mettre en place des « **types** », c'est-à-dire des personnages typiques définis par un trait de caractère très marqué, comme l'avare ou la vieille fille : ces types permettent à Balzac de dévoiler les mécanismes comportementaux et sociaux, révélant l'ambition de faire du roman un équivalent de l'environnement social. Le roman révèle donc la **conception** que son auteur a de la société dans laquelle lui-même évolue.

Le **naturalisme** prolonge les ambitions du réalisme, à la fin du XIXe siècle. Le romancier accentue la précision de ses observations, fait de ses récits une véritable collection de faits et de témoignages réels : il mêle en lui-même l'historien dressant le portrait de la société française et le chirurgien observant à la loupe le quotidien des gens. Émile Zola (1840-1902) publie ainsi *L'Assommoir* (1877) ou *Germinal* (1885). Le personnage est perçu ici comme un **objet d'expérimentation**, de façon à permettre l'observation de l'influence du milieu social sur l'individu. Le romancier incarne donc les

enjeux propres à son siècle, en interrogeant ou en utilisant les **valeurs** et les **progrès** qui se dégagent de son époque. *Le Roman expérimental* est un ouvrage théorique d'Émile Zola qui expose sa doctrine naturaliste. L'adjectif « expérimental » renvoie explicitement à la méthode scientifique du médecin et physiologiste Claude Bernard, qui induit sa théorie à partir des expériences. Dans les articles réunis dans cet essai, Zola expose sa mission du roman naturaliste en tant que conséquences de l'évolution scientifique du XIXe siècle. Le milieu social joue un rôle essentiel : de même que le milieu naturel pour le biologiste, il détermine le comportement de l'individu. Observer ce dernier permet au romancier, comme savant, d'émettre des lois sur la nature humaine. Cette observation n'est pas gratuite : elle constitue la base de la compréhension de l'être humain et est la condition théorique nécessaire à l'action de chacun pour améliorer les conditions dans lesquelles l'individu évolue, la société, la misère, l'éducation. La méthode scientifique de Zola se met donc au service d'un engagement social profond en vue du progrès humain et moral

Aux XXe et XXIe siècles : vers une diversité du roman

Le début du XXe siècle voit la défaite de cette ambition réaliste : beaucoup d'auteurs se tournent vers l'imaginaire ou le merveilleux, en récusant la valeur des petites anecdotes futiles de la vie quotidienne, comme André Breton avec *Nadja*, en 1928. Mais d'autres romanciers privilégient le récit psychologique, axé sur l'intériorité, comme Alain-Fournier dans *Le Grand Meaulnes* (1913) ou François Mauriac dans *Thérèse Desqueyroux* (1927). Le personnage est surtout montré dans sa dimension **psychologique**, avec les méandres de sa mémoire, l'instabilité de ses sentiments, sa complexité indéchiffrable.

Dans l'entre-deux-guerres, le roman historique vit un renouveau, plaçant l'individu au sein des conflits historiques ou politiques, comme dans *Voyage au bout de la nuit*, de Louis-Ferdinand Céline (1932) ou *La Condition humaine*, d'André Malraux (1933). Le personnage incarne les **faiblesses**, les **noirceurs** et les **espoirs** de l'homme **engagé** dans le monde, à travers les épreuves qu'il traverse.

Après la Seconde Guerre mondiale, le roman expérimente de nouvelles techniques, jouant avec les codes romanesques, explorant de nouvelles méthodes narratives. Ainsi, dans *La Modification*, Michel Butor (1957) assimile le lecteur personnage qui effectue un voyage de Paris à Rome, par l'intermédiaire de l'utilisation constante du pronom personnel « vous ». Le personnage est alors une **figure opaque**, ne livrant pas son intériorité au lecteur : il tend même à s'effacer.

Depuis le dernier tiers du XXe siècle, le roman ne cesse d'explorer de nouvelles voies, de jouer avec les codes génériques, se mêlant au récit autobiographique pour former une autofiction (*Fils*, de Serge Doubrovsky, 1977), explorant les expériences individuelles ou encore jouant avec l'écriture elle-même (Georges Perec, dans *La Disparition*, publié en 1969, tient le pari de rédiger son roman sans utiliser la lettre « e »). Les romanciers utilisent aussi souvent une polyphonie narrative, mêlant divers fils d'intrigue ou intercalant plusieurs narrateurs : c'est par le cas de Michel Houellebecq dans *Les Particules élémentaires*, publié en 1998, ou de Laurent Gaudé, dans *Eldorado*, publié en 2006. Le personnage incarne **diverses possibilités d'être**, de la médiocrité à l'héroïsme, témoignant de l'interrogation contemporaine sur la **nature de l'être humain** : qui sont nos héros, peut-on encore être héroïque de nos jours ? Il véhicule une **représentation du monde**.

Le genre de l'illusion : représentation du monde et réception de l'œuvre par le lecteur

Le roman est un genre aux formes diverses ; on peut ainsi parler de roman historique, de roman fantastique, de roman poétique, par exemple. Le point commun de tous ces types de romans est le suivant : c'est une **fiction fondée sur l'illusion référentielle**, illusion que le lecteur pense que ce qu'il lit renvoie à du réel. Le romancier s'attache donc à mettre en place des **effets de réel**, par l'intermédiaire de références temporelles ou spatiales.

Le personnage est aussi le **support de pacte romanesque**. Le narrateur lui crée une identité, des traits de caractère, des particularités physiques, un langage, un passé, un itinéraire. Cela lui donne de la chair, lui évite de n'être qu'un être de pure technique. Face à ce personnage, le lecteur peut éprouver de l'**empathie**, de la **répulsion** ou de la **complicité**. Le procédé de l'identification s'appuie sur les émotions ressenties par le lecteur qui en arrive à s'identifier au personnage, à vivre l'intrigue comme s'il s'agissait de lui-même. Ce **procédé d'identification** permet à la fois de saisir émotionnellement le lecteur et de l'amener à effectuer un retour sur lui-même en interrogeant ses propres actes et ses propres choix dans sa vie réelle. Il permet d'analyser la **réception** de l'œuvre par le lecteur.

Le personnage **porte du sens** : en plus d'être un **actant** (c'est-à-dire de jouer un rôle dans la fiction, en agissant, en faisant évoluer l'action, en participant à un système de personnages), il peut **refléter** une époque, se faire le **témoin** d'un événement historique, traduire les **pensées** de l'auteur, symboliser un système de **valeurs**, être vecteur d'**interrogations fondamentales** qui dépassent le simple cadre du récit. Il véhicule donc une certaine **conception de l'homme dans le monde**, porteur des **valeurs** de l'auteur dans un certain contexte historique, social, culturel ou idéologique.

Roman et nouvelle

Le **roman** est un genre littéraire fictif, écrit en prose, où la situation, l'action et les personnages sont inventés, même si le romancier s'inspire de la réalité. Le roman a des origines antiques, puisqu'on l'associe souvent à l'épopée, alors que la **nouvelle**, issue du mot italien « novella », apparaît au XIVe siècle en tant que récit imaginaire et qui connaît son apogée au XIXe siècle.

Le premier recueil de nouvelles en Europe est écrit par l'italien **Boccace** : il s'agit du *Décameron* (1350), recueil d'histoires racontées par dix jeunes gens exilés de Florence pendant l'épisode de la peste de 1348, pendant dix jours ; ce recueil est constitué d'une centaine de courts récits qui donnent à voir les diverses strates de la société italienne de la Renaissance. Dès son apparition en France au début du XVe siècle, ce recueil est très apprécié, notamment pour sa brièveté.

La différence entre le roman et la nouvelle se situe essentiellement au niveau de la **longueur** du récit et de la **richesse** des détails : une nouvelle ne peut faire que quelques pages, voire une seule, ce qui oblige à une concision et à une densité que le roman n'exige pas forcément puisqu'il s'inscrit dans un temps de lecture et un développement de l'action plus longs.

Roman et nouvelle mettent tous deux l'accent sur le **déroulement d'une action** organisée autour d'une intrigue, généralement racontée en cinq étapes du schéma narratif : la situation initiale contextualise l'action ; l'événement perturbateur remet en cause l'équilibre initial ; les péripéties font se succéder diverses actions ; l'élément de résolution fait cesser ces péripéties ; la situation finale dénoue l'intrigue et propose un nouvel équilibre.

La nouvelle étant plus brève que le roman, elle privilégie la **densité de l'action, le faible nombre de personnages et de détails descriptifs.** La nouvelle gravite donc généralement autour d'un seul événement, au rythme dense, vécu par des personnages à la psychologie moins développée, dont la résolution s'effectue souvent sous la forme d'une **chute** imprévisible et surprenante.

Fiche 36

Le roman et le récit du Moyen Âge au XXIe siècle : prolongement artistique et culturel

Le XIXe siècle réaliste et naturaliste concerne aussi bien le roman et la nouvelle que la **représentation picturale et photographique** du réel. En effet, les peintres révolutionnent leur discipline en s'attachant à des sujets quotidiens et banals, et en s'éloignant des scènes historiques jusqu'ici prisées. L'éclosion de la technique photographique, puis cinématographique, soutient également cette recherche de représentation réaliste du monde et des hommes.

Les **peintres modernes** renouvellent la peinture en choisissant des sujets non plus d'inspiration mythologique ou historique, mais banals, quotidiens, ainsi que des scènes extérieures, ce qui scandalise le public qui n'y est pas habitué. Le peintre Gustave Courbet assume le premier le qualificatif de « réaliste » ; comme les écrivains réalistes et naturalistes, il représente le milieu populaire, les travailleurs, les ouvriers agricoles, les scènes de la vie quotidienne, et cherche à peindre le monde tel qu'il est, dans sa présence corporelle et matérielle, ce qui lui vaut des critiques car cela est considéré comme « laid ». Certains tableaux réalistes, comme ceux de Gustave Caillebotte, s'approchent beaucoup de la technique photographique, grâce à la précision et la netteté du trait du dessin, à l'insertion de détails précis créant un univers quotidien, à une perspective donnant l'illusion de la profondeur réelle, comme dans le tableau « Homme à la fenêtre », en 1875.

Le peintre impressionniste Édouard Manet choisit également des sujets triviaux comme des prostituées ou des scènes extérieures, en refusant d'idéaliser les personnages. Se détachant des conventions de la peinture traditionnelle, il privilégie la représentation du corps, mais avec une technique qui cherche à rendre l'impression qui se dégage du sujet lorsqu'on le regarde : lumière, mouvement, couleurs s'associent pour donner à voir la chose de façon dynamique et non pas statique.

Le XIXe siècle est également celui de la **naissance de la photographie** : Nadar fait des portraits des grands écrivains de son époque, il emporte son appareil photographique en extérieur et est le premier à prendre des photos aériennes en se déplaçant en ballon. Grâce à son travail sur la lumière artificielle, ancêtre du flash, il révèle au grand public la face souterraine de Paris (égouts et catacombes), dans les années 1860. D'autres reporters, comme Eugène Atget, arpentent le Paris méconnu des petites gens et des petites rues, en parallèle des enquêtes menées sur le terrain par le romancier Émile Zola.

À la fin du siècle, les **premiers films** des frères Lumière offrent aussi une approche réaliste de scènes quotidiennes, comme *L'Arrivée d'un train en gare de La Ciotat*, en 1895 : ce court-métrage de cinquante secondes a semblé tellement réaliste que les spectateurs ont fui devant la toile et ont quitté la salle de projection, pensant être écrasés par le train qui arrivait vers eux.

Ainsi, écrivains et artistes du XIXe siècle mettent des techniques réalistes proches au service d'un objectif commun, la représentation vraisemblable du réel, et d'une esthétique commune : le réalisme.

Fiche 37

Rappel de cours : les outils techniques pour étudier le genre romanesque

Le statut du narrateur: qui raconte?

Le romancier, qui est l'auteur, choisit un narrateur. L'**auteur** est une personne **réelle**; le **narrateur** est un personnage **inventé**.

- **Le narrateur externe**: il raconte en utilisant la troisième personne du singulier, donnant l'impression de s'effacer devant le récit.
- **Le narrateur interne**: il raconte en utilisant la première personne du singulier, comme témoin ou comme participant de l'intrigue.

Le narrateur a pour missions de **raconter l'histoire** et d'**informer le lecteur** en lui apportant certaines précisions sur le passé ou les intentions des personnages, par exemple; il peut aussi donner son avis ou juger les faits en s'impliquant moralement; il peut aussi tenter de créer une complicité avec le lecteur en s'adressant directement à lui ou en créant des effets de connivence, par exemple des jeux de mots ou de l'ironie.

Le point de vue: qui voit?

Dans une page de roman, le narrateur choisit de raconter les événements ou de décrire les lieux **selon un certain point de vue, c'est-à-dire un certain cadrage ou angle de vision.** On peut repérer trois sortes de points de vue, qui peuvent d'ailleurs alterner dans une même page ou un même roman.

Le point de vue omniscient

Le narrateur peut tout montrer car il est censé tout savoir; il communique donc des informations riches et variées, par exemple concernant le passé ou les motivations des personnages; il peut aussi évoquer ce qui se passe au même moment dans des lieux différents.

Le point de vue interne

Le narrateur montre les choses telles qu'elles sont perçues par personnage. Les informations apportées se limitent donc à ce que connaît, à ce que voit, à ce que ressent ou à ce que suppose le personnage choisi. Ce point de vue met l'accent sur la vision subjective qu'a le personnage des événements.

Le point de vue externe

Le narrateur montre les choses telles qu'elles pourraient être froidement enregistrées par une caméra posée dans un coin du décor. Il ne montre que l'extérieur des faits et ne donne donc pas accès à l'intériorité des personnages.

La construction du récit

L'ordre du récit

Le récit **linéaire** ou **chronologique** suit l'ordre chronologique des faits.

Le récit **complexe** ne suit pas l'ordre chronologique des faits. Il peut comprendre :

- Des **ellipses** : des événements sont passés sous silence, par exemple pour éviter des détails insignifiants ou pour accélérer le rythme du récit ;
- Des **anticipations** (ou **prolepses**) : un événement ultérieur est raconté à l'avance, par exemple pour créer un effet d'attente chez le lecteur ;
- Des **retours en arrière** (ou **analepses**) : un événement antérieur est raconté après coup, par exemple pour raconter le passé d'un personnage de façon à éclairer ses choix ou son attitude.

Le rythme du récit : effets d'accélérations ou de ralentissements

Le narrateur choisit de donner un certain tempo, un certain rythme à son récit.

- Il peut **accélérer** la narration : pour cela, il insère des **ellipses** ou des **sommaires** (passages qui résument de façon condensée un moment d'histoire).
- Il peut **ralentir** la narration : pour cela, il insère des **pauses** (des passages de description, des commentaires développés sur l'action, ou des monologues intérieurs) : l'histoire ne progresse alors pas.
- Il peut donner l'impression au lecteur l'histoire est racontée en prenant le même temps que quand elle se déroule dans la fiction : c'est une **scène** (par exemple, les dialogues).

Les paroles des personnages (ou discours rapportés)

Le personnage peut se parler à lui-même : il fait un **monologue** ; s'il le fait en pensée, sans parler, c'est un **monologue intérieur**. L'intérêt est de communiquer au lecteur les réflexions, les interrogations, les doutes du personnage. Cela favorise la compréhension que le lecteur peut avoir du personnage, et même l'identification. Le personnage quitte alors son statut d'être de papier pour prendre de l'épaisseur.

Le personnage peut communiquer avec d'autres personnages, selon les modalités suivantes.

- Le **discours direct** : les paroles sont rapportées telles qu'elles sont censées être prononcées par les personnages ; le narrateur emploie des guillemets, des tirets, des verbes de parole. Cela crée un effet de réel et d'authenticité tout en dynamisant le récit.

  Exemple : « Je vais fuir au bout du monde ! »

- Le **discours indirect** : le narrateur rapporte les paroles en les intégrant au récit au moyen de verbes de parole. Cela permet de communiquer la teneur des propos de façon plus concise et plus rapide que le discours direct. Cela met en lumière le rôle de rapporteur du narrateur, qui voit alors son importance accrue.

  Exemple : Il s'exclama qu'il allait fuir au bout du monde.

- Le **discours indirect libre** : les paroles des personnages sont intégrées à la narration comme si le narrateur les prononçait lui-même, sans utiliser de verbe de parole. Cela permet de faire entendre la voix du personnage, donc d'accentuer sa présence, tout en évitant de couper la fluidité de la narration.

  Exemple : Il allait fuir au bout du monde !

- Le **discours narrativisé** : le narrateur raconte de façon résumée la teneur des propos tenus par le personnage. Cela accélère le rythme du récit et met l'accent sur l'essentiel des propos censés être échangés par les personnages.

Exemple : Il hurla son désir de fuir.

La description

La description constitue une **pause** dans le récit. Elle permet au lecteur de se représenter le cadre de l'action ou le personnage. En cela, elle est un pivot fondamental de **l'illusion référentielle**. Le narrateur emploie généralement des **indications spatiales**, donne des **informations d'ordre visuel**, par exemple sur les couleurs, les formes ou les matières des objets. La description est aussi un **lieu de bravoure**, dans la mesure où elle peut faire la preuve de la **maîtrise technique du style** : on y trouve donc souvent de nombreuses **figures de style**, notamment des comparaisons et des métaphores qui peuvent créer un effet de précision ou de poéticité au décor décrit. Le **choix du point de vue** influence la facture de la description : un point de vue interne communiquera la vision subjective d'un personnage, alors qu'un point de vue externe témoignera froidement de la réalité ; un point de vue omniscient pourra préciser et enrichir la description à l'aide de détails cachés.

Dans un passage romanesque, une description peut remplir **plusieurs fonctions**, qui peuvent se combiner entre elles :

- **Fonction référentielle** : la description donne un effet de réel, en faisant référence à la réalité, ce qui lui confère un rôle informatif et didactique ;
- **Fonction explicative** : la description apporte des informations destinées à expliquer certains aspects de l'histoire au lecteur ;
- **Fonction symbolique** : la description représente de façon métaphorique les sentiments ou les valeurs d'un personnage ou une interprétation subjective d'un lieu ;
- **Fonction esthétique** : la description est un passage qui orne le récit, au style particulièrement travaillé, qui recherche des effets poétiques ;
- **Fonction narrative** : la description joue un rôle dans le déroulement du récit : elle peut le ralentir, en ralentir le dénouement, faire pressentir l'évolution des événements à venir en fournissant des indices.

Fiche 38

Savoir utiliser des arguments et sélectionner des exemples pour la dissertation

ENTRAÎNEZ-VOUS !

Objet d'étude : Le roman et le récit du Moyen Âge au XXIe siècle.

Lisez les extraits suivants, composant un parcours sur le personnage de roman, puis répondez aux questions en veillant à fonder vos arguments sur des repérages textuels.

Texte 1 — Honoré de BALZAC, *Le Cabinet des Antiques* (préface), 1839

La plupart des livres dont le sujet est entièrement fictif, qui ne se rattachent de près ou de loin à aucune réalité, sont mort-nés ; tandis que ceux qui reposent sur des faits observés, étendus, pris à la vie réelle, obtiennent les honneurs de la longévité. C'est le secret des succès obtenus par *Manon Lescaut*, par *Corinne*, par *Adolphe*, par *René*, par *Paul et Virginie*. Ces touchantes histoires sont des études autobiographiques, ou des récits d'événements enfouis dans l'océan du monde et ramenés au grand jour par le harpon du génie. [...] De tels personnages sont en quelque sorte les fantômes de nos vœux, la réalisation de nos espérances, ils font admirablement ressortir la vérité des caractères réels copiés par un auteur, ils en relèvent la vulgarité.

Texte 2 — Émile ZOLA, *La Fortune des Rougon* (préface), 1871

Je veux expliquer comment une famille, un petit groupe d'êtres, se comporte dans une société, en s'épanouissant pour donner naissance à dix, vingt individus qui paraissent, au premier coup d'œil, profondément dissemblables, mais que l'analyse montre intimement liés les uns aux autres. L'hérédité a ses lois, comme la pesanteur. [...] Et quand je tiendrai tous les fils, quand j'aurai entre les mains tout un groupe social, je ferai voir ce groupe à l'œuvre comme acteur d'une époque historique, je le créerai agissant dans la complexité de ses efforts, j'analyserai à la fois la somme de volonté de chacun de ses membres et la poussée générale de l'ensemble.

Texte 3 **Danièle SALLENAVE, *Le Don des morts*, 1991**

Il faut le dire et le redire sans compter : il y a un lien indestructible entre le roman et le personnage ; qui attente au second ne peut que porter atteinte au premier. La catharsis ne peut se passer du personnage. C'est une énigme, et c'est un fait : nous avons besoin de projection, de transfert, d'identification. Pour que la fiction opère, nous avons besoin de croire à l'existence d'un personnage en qui se résument et se concentrent les actions qu'organise la fable. […] En lisant, je me livre, je m'oublie ; je me compare ; je m'absorbe, je m'absous. Sur le modèle et à l'image du personnage, je deviens autre. […] Autre par la méditation du personnage, autre, afin de devenir moi-même et, passant par ma propre absence, ayant fait le deuil de moi-même, capable de comprendre ce qu'il en est de ma vie. […] Grâce à la fiction, chacun porte une tête multiple sur ses épaules ; il se fait une âme ouverte ; un cœur régénéré.

1. ***En quoi Honoré de Balzac et Émile Zola font-ils du personnage romanesque un miroir du réel ? Quelles expressions pouvez-vous relever dans ces textes pour le prouver ?***

2. ***Quels arguments Danièle Sallenave utilise-t-elle pour montrer la nécessité du personnage dans un roman pour le lecteur ?***

Fiche 39

Rédiger des micro-analyses pour le commentaire en s'appuyant sur la grammaire

ENTRAÎNEZ-VOUS !

Objet d'étude : Le roman et le récit du Moyen Âge au XXIe siècle.

Grammaire : Les paroles rapportées.

Appuyez-vous sur les rappels de cours du chapitre et sur l'analyse des paroles rapportées dans l'extrait pour réaliser l'exercice suivant qui combine grammaire et commentaire.

[Les deux personnages éponymes viennent de se rencontrer].

Leurs paroles coulaient intarissablement, les remarques succédant aux anecdotes, les aperçus philosophiques aux considérations individuelles. Ils dénigrèrent le corps des ponts et chaussées, la régie des tabacs, le commerce, les théâtres, notre marine et tout le genre humain, comme des gens qui ont subi de grands déboires. Chacun en écoutant l'autre retrouvait des parties de lui-même oubliées. Et bien qu'ils eussent passé l'âge des émotions naïves, ils éprouvaient un plaisir nouveau, une sorte d'épanouissement, le charme des tendresses à leur début.

Vingt fois ils s'étaient levés, s'étaient rassis et avaient fait la longueur du boulevard, depuis l'écluse d'amont jusqu'à l'écluse d'aval, chaque fois voulant s'en aller, n'en ayant pas la force, retenus par une fascination.

Ils se quittaient pourtant, et leurs mains étaient jointes, quand Bouvard dit tout à coup :

— Ma foi ! si nous dînions ensemble ?

— J'en avais l'idée ! reprit Pécuchet, mais je n'osais pas vous le proposer !

Et il se laissa conduire en face de l'Hôtel de Ville, dans un petit restaurant où l'on serait bien.

Bouvard commanda le menu.

Pécuchet avait peur des épices comme pouvant lui incendier le corps. Ce fut l'objet d'une discussion médicale. Ensuite, ils glorifièrent les avantages des sciences : que de choses à connaître ! que de recherches – si on avait le temps ! Hélas, le gagne-pain l'absorbait ; et ils levèrent les bras d'étonnement, ils faillirent s'embrasser par-dessus la table en découvrant qu'ils étaient tous les deux copistes, Bouvard dans une maison de commerce, Pécuchet au ministère de la Marine.

Gustave Flaubert, *Bouvard et Pécuchet*, 1881

1. ***Relevez toutes les formes de paroles de personnages présentes dans cet extrait.***

2. ***En quoi les paroles des personnages permettent-elles ici de donner un aperçu de leur psychologie et de leur personnalité ? Rédigez un paragraphe d'une vingtaine de lignes.***

Conseils pour vous guider pour la deuxième question

- Interprétez l'utilisation que le narrateur fait des diverses formes de paroles rapportées dans cet extrait : quel effet l'emploi de telle forme de paroles crée-t-il ? Que soulignent ici les points d'exclamation ? Quelle image cela donne-t-il des personnages ?
- Pensez à employer la méthode A-D-I-C.

Fiche 40
Moment de grammaire

Objet d'étude : Le roman et le récit du Moyen Âge au XXIe siècle.

Grammaire : Le lexique.

Exercice

Relevez les termes à connotations péjoratives utilisés dans la description du décor dans l'incipit de Germinal *d'Émile ZOLA, 1885.*

Rappels : la « connotation » est le sens imagé ou métaphorique d'un mot ; « péjoratif » signifie « négatif ».

> Un chemin creux s'enfonçait. Tout disparut. L'homme [Lantier, un ouvrier] avait à droite une palissade, quelque mur de grosses planches fermant une voie ferrée ; tandis qu'un talus d'herbe s'élevait à gauche, surmonté de pignons confus, d'une vision de village aux toitures basses et uniformes. Il fit environ deux cents pas. Brusquement, à un coude du chemin, les feux reparurent près de lui, sans qu'il comprît davantage comment ils brûlaient si haut dans le ciel mort, pareils à des lunes fumeuses. Mais, au ras du sol, un autre spectacle venait de l'arrêter. C'était une masse lourde, un tas écrasé de constructions, d'où se dressait la silhouette d'une cheminée d'usine ; de rares lueurs sortaient des fenêtres encrassées, cinq ou six lanternes tristes étaient pendues dehors, à des charpentes dont les bois noircis alignaient vaguement des profils de tréteaux gigantesques ; et, de cette apparition fantastique, noyée de nuit et de fumée, une seule voix montait, la respiration grosse et longue d'un échappement de vapeur, qu'on ne voyait point.
>
> Alors, l'homme reconnut une fosse.

Fiche 41
Bâtir et organiser un plan de devoir

ENTRAÎNEZ-VOUS !

Objet d'étude : Le roman et le récit du Moyen Âge au XXIe siècle.

Grammaire : Les propositions subordonnées.

Exercice 1

Voici un extrait de Manon Lescaut, *de l'Abbé PRÉVOST (1731). Lisez-le attentivement.*

Avant de répondre aux questions posées, vous pouvez essayer de formuler par vous-même l'enjeu de ce passage (ce qui pourrait constituer une problématique de commentaire) et/ou les axes de lecture que vous voudriez développer en commentaire.

[Le Chevalier Des Grieux a noué une liaison passionnée et illégitime avec une prostituée, Manon. Pour vivre au grand jour leur amour, ils ont fui la France pour l'Amérique. Mais on y découvre bien vite qu'ils ne sont pas mariés. Les deux amants décident alors de fuir à travers le désert. Mais Manon, affaiblie par la marche et le froid, meurt. Des Grieux effectue le récit de cette scène a posteriori, en s'adressant au marquis de Renoncour, homme rencontré à Calais deux ans après sa première rencontre avec Manon. Renoncour retranscrit toute l'histoire de Des Grieux pour le lecteur.]

Mon âme ne suivit pas la sienne. Le Ciel ne me trouva point, sans doute, assez rigoureusement puni. Il a voulu que j'aie traîné, depuis, une vie languissante et misérable. Je renonce volontairement à la mener jamais plus heureuse.

Je demeurai, plus de vingt-quatre heures, la bouche attachée sur le visage et sur les mains de ma chère Manon. Mon dessein était d'y mourir ; mais je fis réflexion, au commencement du second jour, que son corps serait exposé, après mon trépas, à devenir la pâture des bêtes sauvages. Je formai la résolution de l'enterrer et d'attendre la mort sur sa fosse. J'étais déjà si proche de ma fin, par l'affaiblissement que le jeûne et la douleur m'avaient causé, que j'eus besoin de quantité d'efforts pour me tenir debout. Je fus obligé de recourir aux liqueurs que j'avais apportées. Elles me rendirent autant de force qu'il en fallait pour le triste office que j'allais exécuter. Il ne m'était pas difficile d'ouvrir la terre, dans le lieu où je me trouvais. C'était une campagne couverte de sable. Je rompis mon épée, pour m'en servir à creuser, mais j'en tirai moins de secours que de mes mains. J'ouvris une large fosse. J'y plaçai l'idole de mon cœur, après avoir pris soin de l'envelopper de tous mes habits, pour empêcher le sable de la toucher. Je ne la mis dans cet état qu'après l'avoir embrassée mille fois, avec toute l'ardeur du plus parfait amour. Je m'assis encore près d'elle. Je la considérai longtemps. Je ne pouvais me résoudre à fermer la fosse. Enfin, mes forces recommençant à s'affaiblir, et craignant d'en manquer tout à fait avant la fin de mon entreprise, j'ensevelis pour toujours dans le sein de la terre ce qu'elle avait porté de plus parfait et de plus aimable. Je me couchai ensuite sur la fosse, le visage tourné vers le sable ; et fermant les yeux avec le dessein de ne les ouvrir jamais, j'invoquai le secours du Ciel et j'attendis la mort avec impatience. Ce qui vous paraîtra difficile à croire, c'est que, pendant tout l'exercice de ce lugubre ministère, il ne sortit point une larme de mes yeux ni un soupir de ma bouche.

1. *Voici l'intitulé d'un axe de lecture pour étudier ce passage : « Un souvenir douloureux ». Étudiez le texte en fonction de cet axe, de façon à formuler trois arguments différents, illustrés par des références textuelles. Classez ensuite ces trois arguments du plus évident au plus subtil.*

2. *Voici des arguments permettant de construire un autre axe de lecture :*

- *Le sacrifice d'un martyr ;*
- *Un homme raisonné malgré sa souffrance ;*
- *Un chevalier courtois et respectueux.*

Formulez le titre de l'axe de lecture qui pourrait regrouper ces trois arguments. Relevez dans le texte un exemple destiné à illustrer ces trois arguments.

3. *Voici des éléments relevés dans le texte : formulez l'axe de lecture qui pourrait s'articuler autour de ces éléments :*

- *Champ lexical de l'amour : « la bouche attachée sur le visage et sur les mains de ma chère Manon », « après l'avoir embrassée mille fois », « avec toute l'ardeur du plus parfait amour ».*
- *Description hyperbolique de Manon : « l'idole de mon cœur », « ce qu'elle avait porté de plus parfait et de plus aimable ».*

- *Mise en place d'un rituel mystique : « Elles me rendirent autant de force qu'il en fallait pour le triste office que j'allais exécuter », « J'y plaçai l'idole de mon cœur, après avoir pris soin de l'envelopper de tous mes habits, pour empêcher le sable de la toucher », « Je la considérai longtemps. Je ne pouvais me résoudre à fermer la fosse », « Je me couchai ensuite sur la fosse, le visage tourné vers le sable ».*

4. *Formulez une problématique d'étude de ce texte.*

5. *Question de grammaire : Repérez et identifiez les propositions de la phrase complexe suivante, tirée du texte (nature et fonction) : « Elles me rendirent autant de force qu'il en fallait pour le triste office que j'allais exécuter ».*

Exercice 2

Voici un sujet de dissertation : D'après le roman que vous avez étudié, le personnage principal d'un roman doit-il être un héros ?

1. *Formulez une problématique permettant de traiter ce sujet de dissertation.*

2. *Voici trois arguments destinés à construire un premier axe d'étude. Formulez le titre de ce premier axe de la dissertation*[1].

Le personnage principal incarne des qualités physiques et intellectuelles hors du commun.

- *Il véhicule des valeurs morales fondamentales.*
- *Il accomplit un destin singulier.*

3. *Quel deuxième axe, plus contradictoire, pouvez-vous proposer ? Quels arguments avancez-vous pour le soutenir*[2] *?*

4. *On peut considérer que tout personnage accède au statut de héros par le biais de la création littéraire. Prouvez-le à l'aide de trois arguments différents*[3].

Conseils pour vous guider sur l'ensemble de cet exercice

- Cherchez dans un dictionnaire l'étymologie du mot « héros ».
- Faites la liste des romans que vous connaissez et interrogez-vous sur la nature des personnages principaux qui s'y trouvent.

---

1. Ce 1er axe valide la thèse véhiculée par le sujet : il fonde votre devoir sur un socle clair.
2. Ce 2e axe nuance et de complète votre approche. Il permet de considérer le problème sous un autre angle ou de voir les limites des idées démontrées par votre premier axe.
3. Ce 3e axe dépasse les démonstrations de vos deux premiers axes en apportant un éclairage nouveau au sujet et en dépassant la question binaire : héros/pas héros ? Vous élargissez votre vision du sujet, sans en sortir, bien sûr !

Fiche 42
S'entraîner sur un sujet de commentaire

Objet d'étude : Le roman et le récit du Moyen Âge au XXIe siècle.

Grammaire pour expliquer le texte : Les paroles rapportées.

Faites le commentaire de l'extrait suivant.

[La fin du roman développe la longue errance de Gervaise, une femme du peuple ayant connu de nombreux revirements de situation, à travers Paris, dernière étape de sa déchéance avant la mort. Dans cet extrait, Gervaise vague dans les rues à la recherche d'un client qui passerait outre son pauvre corps miséreux. Elle va rencontrer Goujet, son ancien voisin, qui l'avait auparavant aidée à monter sa blanchisserie, mais qu'elle n'avait plus revu depuis longtemps.]

C'était une vraie tempête. Sur ces hauteurs, au milieu de ces espaces largement ouverts, la neige fine tournoyait, semblait soufflée à la fois des quatre points du ciel. On ne voyait pas à dix pas, tout se noyait dans cette poussière volante. Le quartier avait disparu, le boulevard paraissait mort, comme si la rafale venait de jeter le silence de son drap blanc sur les hoquets des derniers ivrognes. Gervaise, péniblement, allait toujours, aveuglée, perdue. Elle touchait les arbres pour se retrouver. À mesure qu'elle avançait, les becs de gaz sortaient de la pâleur de l'air, pareils à des torches éteintes. Puis, tout d'un coup, lorsqu'elle traversait un carrefour, ces lueurs elles-mêmes manquaient ; elle était prise et roulée dans un tourbillon blafard, sans distinguer rien qui pût la guider. Sous elle, le sol fuyait, d'une blancheur vague. Des murs gris l'enfermaient. Et, quand elle s'arrêtait, hésitante, tournant la tête, elle devinait, derrière ce voile de glace, l'immensité des avenues, les files interminables des becs de gaz, tout cet infini noir et désert de Paris endormi.

Elle était là, à la rencontre du boulevard extérieur et des boulevards de Magenta et d'Ornano, rêvant de se coucher par terre, lorsqu'elle entendit un bruit de pas. Elle courut, mais la neige lui bouchait les yeux, et les pas s'éloignaient, sans qu'elle pût saisir s'ils allaient à droite ou à gauche. Enfin elle aperçut les larges épaules d'un homme, une tache sombre et dansante, s'enfonçant dans un brouillard. Oh ! celui-là, elle le voulait, elle ne le lâcherait pas ! Et elle courut plus fort, elle l'atteignit, le prit par la blouse.

— Monsieur, monsieur, écoutez donc…

L'homme se tourna. C'était Goujet.

Voilà qu'elle raccrochait la Gueule-d'Or[1], maintenant ! Mais qu'avait-elle donc fait au bon Dieu, pour être ainsi torturée jusqu'à la fin ? C'était le dernier coup, se jeter dans les jambes du forgeron, être vue par lui au rang des roulures de barrière[2], blême et suppliante. Et ça se passait sous un bec de gaz, elle apercevait son ombre difforme qui avait l'air de rigoler sur la neige, comme une vraie caricature. On aurait dit une femme saoule. Mon Dieu ! ne pas avoir une fichette[3] de pain, ni une goutte de vin dans le corps, et être prise pour une femme saoule ! C'était sa faute, pourquoi se saoulait-elle ? Bien sûr, Goujet croyait qu'elle avait bu et qu'elle faisait une sale noce.

Goujet, cependant, la regardait, tandis que la neige effeuillait des pâquerettes dans sa belle barbe jaune. Puis, comme elle baissait la tête en reculant, il la retint.

— Venez, dit-il.

Et il marcha le premier. Elle le suivit. Tous deux traversèrent le quartier muet, filant sans bruit le long des murs. La pauvre madame Goujet[4] était morte au mois d'octobre, d'un rhumatisme aigu. Goujet habitait toujours la petite maison de la rue Neuve, sombre et seul. Ce jour-là, il s'était attardé à veiller un camarade blessé. Quand il eut ouvert la porte et allumé une lampe, il se tourna vers Gervaise, restée humblement sur le palier. Il dit très bas, comme si sa mère avait encore pu l'entendre :

— Entrez.

Émile ZOLA, *L'Assommoir*, chapitre 11, 1877

1. Surnom de Goujet.
2. Femmes de mauvaise vie.
3. Petit morceau.
4. Il s'agit de la mère de Goujet.

Fiche 43
S'entraîner sur un sujet de dissertation

Objet d'étude : Le roman et le récit du Moyen Âge au XXIe siècle.

Faites la dissertation suivante.

Jean GIONO écrit dans Noé *(1961) :*

> « Les héros de ce roman appartiennent à la fiction romanesque, et toute ressemblance avec des contemporains vivants ou morts est entièrement fortuite ; également toute similitude de noms propres. Rien n'est vrai. Même pas moi ; ni les miens ; ni mes amis. Tout est faux ».

Cette approche du personnage romanesque correspond-elle à votre lecture du roman **Gargantua** ***de François Rabelais publié en 1534 ? Vous veillerez à appuyer votre réflexion sur votre connaissance de l'œuvre[1].***

1. La dissertation ici proposée porte sur un ouvrage patrimonial de la littérature française. Le corrigé vous présente un exemple de dissertation sur œuvre entièrement rédigée.

Fiche 44

S'entraîner sur un écrit d'appropriation

Objets d'étude: Le roman et le récit du Moyen Âge au XXIe siècle. La littérature d'idées du XVIe siècle au XVIIIe siècle.

Grammaire pour écrire: L'interrogation.

Sujet: Un descendant des Maheu, devenu médecin, a été sollicité par un journaliste dans le cadre d'une enquête sur les évolutions de la société. Dans la lettre qu'il lui adresse en réponse, il explique comment, en quelques générations, sa famille s'est libérée de la mine grâce à l'instruction.

Texte support:

[Étienne Lantier, mineur logé chez les Maheu, discute avec eux chaque soir des conditions de vie des mineurs.]

Un silence se faisait, tous soufflaient un instant, dans le malaise vague de cet horizon fermé. Seul, le père Bonnemort[1], s'il était là, ouvrait des yeux surpris, car de son temps on ne se tracassait pas de la sorte : on naissait dans le charbon, on tapait à la veine[2], sans en demander davantage ; tandis que, maintenant, il passait un air qui donnait de l'ambition aux charbonniers.
– Faut cracher sur rien, murmurait-il. Une bonne chope est une bonne chope Les chefs, c'est souvent de la canaille ; mais il y aura toujours des chefs, pas vrai ? inutile de se casser la tête à réfléchir là-dessus. Du coup, Étienne s'animait. Comment ! la réflexion serait défendue à l'ouvrier ! Eh ! justement, les choses changeraient bientôt, parce que l'ouvrier réfléchissait à cette heure. Du temps du vieux, le mineur vivait dans la mine comme une brute, comme une machine à extraire la houille[3], toujours sous la terre, les oreilles et les yeux bouchés aux événements du dehors. Aussi les riches qui gouvernent avaient-ils beau jeu de s'entendre, de le vendre et de l'acheter, pour lui manger la chair : il ne s'en doutait même pas. Mais, à présent, le mineur s'éveillait au fond, germait dans la terre ainsi qu'une

1. Bonnemort; surnom d'un vieux mineur, Vincent Maheu, grand-père d'une famille nombreuse employée à la mine.
2. Désigne la couche de charbon, le filon de houille.
3. Charbon.

vraie graine ; et l'on verrait un matin ce qu'il pousserait au beau milieu des champs : oui, il pousserait des hommes, une armée d'hommes qui rétabliraient la justice. Est-ce que tous les citoyens n'étaient pas égaux depuis la Révolution ? puisqu'on votait ensemble, est-ce que l'ouvrier devait rester l'esclave du patron qui le payait ? Les grandes Compagnies, avec leurs machines, écrasaient tout, et l'on n'avait même plus contre elles les garanties de l'ancien temps, lorsque les gens du même métier, réunis en corps, savaient se défendre. C'était pour ça, nom de Dieu ! et pour d'autres choses, que tout péterait un jour, grâce à l'instruction. On n'avait qu'à voir dans le coron[1] même : les grands-pères n'auraient pu signer leur nom, les pères le signaient déjà, et quant aux fils, ils lisaient et écrivaient comme des professeurs. Ah ! ça poussait, ça poussait petit à petit, une rude moisson d'hommes, qui mûrissait au soleil ! Du moment qu'on n'était plus collé chacun à sa place pour l'existence entière, et qu'on pouvait avoir l'ambition de prendre la place du voisin, pourquoi donc n'aurait-on pas joué des poings, en tâchant d'être le plus fort ?

Émile ZOLA, *Germinal*, 1885

ENTRAÎNEZ-VOUS !

Objet d'étude : Le roman et le récit du Moyen Âge au XXIe siècle.

1. *Étude du texte support : Quels sont les éléments qui peuvent servir à la rédaction du texte attendu ?*
   - *Genre littéraire :*
   - *Type de texte :*
   - *Éléments importants de l'action :*
   - *Présentation des personnages :*
   - *Lexique dominant :*
   - *Registre :*
2. *Analyse du sujet :*
   - *Quels sont les mots-clés ? Quelles pistes techniques, thématiques et lexicales révèlent-ils ?*
   - *Quel est l'objectif du travail d'écriture ?*

1. Logement des familles des mineurs.

- *Quel en est le point de départ ?*
- *Dans quel objet d'étude s'inscrit-il ? Quels savoirs mobilise-t-il ?*
- *Quelles indications le sujet donne-t-il sur la façon de réaliser le travail attendu ?*
- *Quelles qualités ce sujet fait-il espérer dans le travail final ?*
- *Ne pas oublier que le locuteur est un descendant de la famille Maheu, après plusieurs générations (il écrit donc de nos jours).*

3. *Recherches d'idées, organisation du texte :*

- *Foire aux idées spontanées : répondez aux questions suivantes*
- *La lettre : Quel ton le locuteur emploie-t-il pour s'adresser au journaliste ? Quel regard porte-t-il sur l'évolution sociale et intellectuelle de sa famille dont il est l'héritier ? Voulez-vous distinguer ou combiner explication et argumentation ? Quelles ont été les étapes de cette évolution sur plusieurs générations : facile ou non ? rapide ? étapes clés vécues par certains membres de la famille ?*
- *La thèse du locuteur : Comment le locuteur montre-t-il que l'instruction a libéré sa famille de la mine ? Quel jugement porte-t-il sur le travail ouvrier dans la mine ? Quelle stratégie argumentative le locuteur met-il en œuvre ? Quels types d'arguments emploie-t-il pour valoriser l'instruction ? Quels exemples insère-t-il pour définir l'instruction ? Quelle influence Lantier a-t-il eue sur Maheu dans le passé ?*
- *Recherche réfléchie d'idées*
- *Quelles lettres avez-vous lues ? Dans quel contexte littéraire ?*
- *Quels textes connaissez-vous qui dénoncent un phénomène d'asservissement de l'homme ?*
- *Quels extraits romanesques du XIXe siècle avez-vous lus ? Comment parlent-ils de la mine ou du monde ouvrier ?*
- *Quels textes connaissez-vous qui valorisent ce qui libère ou enrichit l'homme ?*
- *Quels textes engagés connaissez-vous qui expriment une critique sociale ?*
- *Quels textes valorisant le thème de l'honneur familial connaissez-vous ?*
- *Quelles notions théoriques pensez-vous devoir utiliser ?*
- *Dans quels textes les avez-vous déjà rencontrées (par exemple l'expression d'une thèse, de la subjectivité) ?*
- *Organisation des idées :*
- *Introduction :*
- *Développement : plusieurs étapes, donc plusieurs paragraphes :*
- *Conclusion :*
- *Le lien entre les idées*

4. *Rédigez votre texte.*

– *Grammaire pour écrire : Utilisez des phrases interrogatives dans votre texte.*

Aide pour écrire : Rédiger une lettre

Définition

La **lettre** s'appuie soit sur un texte support, soit sur une situation d'énonciation que le libellé du sujet définit. C'est un texte adressé par un locuteur à un **destinataire** dans le cadre d'une **communication à distance.** Elle peut être **privée** (communication personnelle, par exemple entre amis ou membres d'une famille) ou **officielle** (relation non privée, professionnelle, ou lettre « ouverte », destinée à être publiée dans un journal).

Elle s'appuie fondamentalement sur la relation directe établie entre le locuteur et son récepteur, par le biais d'un **discours direct** ; mais elle peut contenir, au sein de ce discours direct, de la **narration** et de la **description** (pour raconter un événement), de l'**explication** ou de la **justification** (sur une idée ou sur un choix effectué par le locuteur), de l'**argumentation** (sur un message à transmettre, sur une opinion). Il faut donc analyser les **buts** de la lettre fixés par le sujet : raconter, témoigner, critiquer, faire un bilan rétrospectif, plaider pour une cause, défendre un point de vue, dialoguer..., buts qui peuvent se combiner.

La lettre peut être à **dominante** argumentative, explicative, émotionnelle ou psychologique. Elle est le plus souvent une **réaction** ou l'expression d'une **prise de position** à un fait exposé par le libellé du sujet. La lettre est aussi souvent l'occasion d'une **réflexion** sur la littérature, ses genres, sa réception, ses enjeux : en cela, elle permet de développer des idées que l'on pourrait retrouver dans le développement d'une dissertation

Outils

La rédaction d'une lettre suppose d'utiliser les outils suivants :

Les codes de présentation

– **Présence d'un en-tête** : si la lettre est **officielle** : identité et adresse de l'émetteur en haut à gauche de la page ; identité et adresse du destinataire en haut à droite, puis date et lieu en dessous. Si la lettre est **privée** : date et lieu en haut à droite de la page.
– La lettre doit comporter plusieurs **paragraphes** distincts.
– **Signature** : en bas de la lettre (ns signez pas de votre propre nom).

L'organisation de la lettre

– Elle commence par une **formule d'appel** (*Monsieur, Cher ami,...*).

- Le 1er paragraphe **contextualise** la lettre et précise ses motivations, à partir des indications données par le libellé du sujet (dans quel cadre écrit-on ? dans quel but ?).
- Les paragraphes suivants proposent le **développement** de la lettre.
- Le dernier paragraphe contient la **formule finale** de la lettre (formule de politesse ou d'adieu : *Veuillez recevoir, Monsieur, mes plus cordiales salutations ; amicalement*).

L'écriture de la lettre

- Vous devez respecter la **situation d'énonciation** indiquée par le sujet : qui parle ? à qui ? à quel moment ? pour quelle raison ? dans quel but ? La **cohérence** des faits et des dates est essentielle (votre lexique doit aussi être adapté à l'époque choisie).
- Vous devez adapter le **niveau de langue** à la situation d'énonciation fixée : langage **soutenu** dans une lettre officielle, **courant** dans une lettre privée.
- Vous devez créer l'illusion d'un **dialogue** entre le locuteur et le destinataire, en vous impliquant dans la lettre et en interpellant votre lecteur :
- **Pronoms personnels** des 1re et 2e personnes : *je, tu, nous, vous.*
- **Adverbes déictiques désignant le moment où l'on parle :** *maintenant, hier, demain.*
- **Interjections** : *hé !*
- **Apostrophes** : *vous qui êtes..., Monsieur*
- **Injonctions** : *croyez-moi !*
- **Questions rhétoriques** : *ne pensez-vous pas que...*
- Vous devez donner une **empreinte subjective** à votre lettre : n'adoptez pas un style neutre ; privilégiez l'expression de la **subjectivité**, de l'opinion personnelle, du jugement. Le locuteur porte un **regard personnel** sur le sujet qu'il évoque, notamment par l'emploi d'un lexique **évaluatif**, soit **mélioratif** (positif), soit **péjoratif** (négatif), et de **modalisateurs** (mots véhiculant le degré d'adhésion du locuteur à son propos : *certainement, sans doute, absolument).*

Fiche 45

S'entraîner sur un parcours associé à l'objet d'étude

Objet d'étude : Le roman et le récit du Moyen Âge au XXIe siècle.

Parcours associé : Le personnage de roman, esthétiques et valeurs.

Écrit de synthèse : Confronter des textes à partir une question transversale.

Exercice

Dans quelle mesure le regard que les personnages de ces textes portent sur le monde révèle-t-il leur état d'âme ?

Vous chercherez trois points de confrontation pour synthétiser les éléments de réponse à cette question. Pour vous aider, utilisez la fiche sur les outils du récit dans ce chapitre. Relevez des citations pour étayer votre analyse.

TEXTE 1 STENDHAL, *La Chartreuse de Parme*, partie II, chapitre 18, 1839

[La Chartreuse de Parme *raconte l'itinéraire d'un jeune aristocrate italien, Fabrice Del Dongo. Victime d'une vengeance, le personnage est emprisonné dans la citadelle de Parme. Le gouverneur de cette forteresse est le général Fabio Conti, que Fabrice avait croisé avec sa fille Clélia sept années plus tôt. Fabrice vient de revoir la jeune fille.]*

Il courut aux fenêtres ; la vue qu'on avait de ces fenêtres grillées était sublime : un seul petit coin de l'horizon était caché, vers le nord-ouest, par le toit en galerie du joli palais du gouverneur, qui n'avait que deux étages ; le rez-de-chaussée était occupé par les bureaux de l'état-major ; et d'abord les yeux de Fabrice furent attirés vers une des fenêtres du second étage, où se trouvaient, dans de jolies cages, une grande quantité d'oiseaux de toute sorte. Fabrice s'amusait à les entendre chanter, et à les voir saluer les derniers rayons du crépuscule du soir, tandis que les geôliers s'agitaient autour de lui. Cette fenêtre de la volière n'était pas à plus de vingt-cinq pieds de l'une des siennes, et se trouvait à cinq ou six pieds en contrebas, de façon qu'il plongeait sur les oiseaux.

Il y avait lune ce jour-là, et au moment où Fabrice entrait dans sa prison, elle se levait majestueusement à l'horizon à droite, au-dessus de la chaîne des Alpes, vers Trévise. Il n'était que huit heures et demie du soir, et à l'autre extrémité de l'horizon, au couchant, un brillant crépuscule rouge orangé dessinait parfaitement les contours du mont Viso et des autres pics des Alpes qui remontent de Nice vers le Mont-Cenis et Turin ; sans songer autrement à son malheur, Fabrice fut ému et ravi par ce spectacle sublime. « C'est donc dans ce monde ravissant que vit Clélia Conti ! avec son âme pensive et sérieuse, elle doit jouir de cette vue plus qu'un autre ; on est ici comme dans des montagnes solitaires à cent lieues de Parme. » Ce ne fut qu'après avoir passé plus de deux heures à la fenêtre, admirant cet horizon qui parlait à son âme, et souvent aussi arrêtant sa vue sur le joli palais du gouverneur que Fabrice s'écria tout à coup : « Mais ceci est-il une prison ? est-ce là ce que j'ai tant redouté ? » Au lieu d'apercevoir à chaque pas des désagréments et des motifs d'aigreur, notre héros se laissait charmer par les douceurs de la prison.

TEXTE 2 Gustave FLAUBERT, *Madame Bovary*, partie II, chapitre 6, 1857

[Emma a épousé Charles Bovary, un officier de santé. Elle mène une vie plate et médiocre, bien différente du bonheur que lui faisaient imaginer ses lectures romanesques au couvent où elle a fait ses études. Elle sombre peu à peu dans l'ennui et la mélancolie.]

Un soir que la fenêtre était ouverte, et que, assise au bord, elle venait de regarder Lestiboudois, le bedeau, qui taillait le buis, elle entendit tout à coup sonner l'Angelus.

On était au commencement d'avril, quand les primevères sont écloses ; un vent tiède se roule sur les plates-bandes labourées, et les jardins, comme des femmes, semblent faire leur toilette pour les fêtes de l'été. Par les barreaux de la tonnelle et au-delà tout alentour, on voyait la rivière dans la prairie, où elle dessinait sur l'herbe des sinuosités vagabondes. La vapeur du soir passait entre les peupliers sans feuilles, estompant leurs contours d'une teinte violette, plus pâle et plus transparente qu'une gaze subtile arrêtée sur leurs branchages. Au loin, des bestiaux marchaient ; on n'entendait ni leurs pas, ni leurs mugissements ; et la cloche, sonnant toujours, continuait dans les airs sa lamentation pacifique.

À ce tintement répété, la pensée de la jeune femme s'égarait dans ses vieux souvenirs de jeunesse et de pension. Elle se rappela les grands chandeliers, qui dépassaient sur l'autel, les vases pleins de fleurs et le tabernacle à colonnettes. Elle aurait voulu, comme autrefois, être encore confondue dans la longue ligne des voiles blancs, que marquaient de noir çà et là les capuchons raides des bonnes sœurs inclinées sur leur prie-Dieu ; le dimanche, à la messe, quand elle relevait sa tête, elle apercevait le doux visage de la Vierge parmi les tourbillons bleuâtres de l'encens qui montait. Alors un attendrissement la saisit ; elle se sentit molle et tout abandonnée, comme un duvet d'oiseau qui tournoie dans la tempête ; et ce fut sans en avoir conscience qu'elle s'achemina vers l'église, disposée à n'importe quelle dévotion, pourvu qu'elle y absorbât son âme et que l'existence entière y disparut.

TEXTE 3 Émile ZOLA, *L'Assommoir*, chapitre 1, 1877

[Gervaise Macquart, une jeune provinciale, a suivi Lantier, son amant, à Paris. Vers cinq heures du matin, tandis que ses deux enfants dorment paisiblement, Gervaise, accoudée à la fenêtre de sa chambre d'hôtel, s'inquiète de l'absence de Lantier qui n'est pas rentré de la nuit.]

L'hôtel se trouvait sur le boulevard de la Chapelle, à gauche de la barrière Poissonnière. C'était une masure de deux étages, peinte en rouge lie de vin jusqu'au second, avec des persiennes pourries par la pluie. Au-dessus d'une lanterne aux vitres étoilées, on parvenait à lire, entre les deux fenêtres : Hôtel Boncœur, tenu par Marsoullier, en grandes lettres jaunes, dont la moisissure du plâtre avait emporté des morceaux. Gervaise, que la lanterne gênait, se haussait, son mouchoir sur les lèvres. Elle regardait à droite, du côté du boulevard de Rochechouart, où des groupes de bouchers, devant les abattoirs, stationnaient en tabliers sanglants ; et le vent frais apportait une puanteur par moments, une odeur fauve de bêtes massacrées. Elle regardait à gauche, enfilant un long ruban d'avenue, s'arrêtant, presque en face d'elle, à la masse blanche de l'hôpital de Lariboisière, alors en construction. Lentement, d'un bout à l'autre de l'horizon, elle suivait le mur de l'octroi, derrière lequel, la nuit, elle entendait parfois des cris d'assassinés ; et elle fouillait les angles écartés, les coins sombres, noirs d'humidité et d'ordure, avec la peur d'y découvrir le corps de Lantier, le ventre troué de coups de couteau. Quand elle levait les yeux, au-delà de cette muraille grise et interminable qui entourait la ville d'une bande de désert, elle apercevait une grande lueur, une poussière de soleil, pleine déjà du grondement matinal de Paris. Mais c'était toujours à la barrière

Poissonnière qu'elle revenait, le cou tendu, s'étourdissant à voir couler, entre les deux pavillons trapus de l'octroi, le flot ininterrompu d'hommes, de bêtes, de charrettes, qui descendait des hauteurs de Montmartre et de la Chapelle. Il y avait là un piétinement de troupeau, une foule que de brusques arrêts étalaient en mares sur la chaussée, un défilé sans fin d'ouvriers allant au travail, leurs outils sur le dos, leur pain sous le bras ; et la cohue s'engouffrait dans Paris où elle se noyait, continuellement. Lorsque Gervaise, parmi tout ce monde, croyait reconnaître Lantier, elle se penchait davantage, au risque de tomber ; puis, elle appuyait plus fortement son mouchoir sur la bouche, comme pour renfoncer sa douleur.

Corrigés du chapitre 6

Fiche 38. Savoir utiliser des arguments et sélectionner des exemples pour la dissertation

1. Pour Honoré de Balzac, le personnage reflète le réel, sans revêtir de dimension chimérique. Il est la réalisation explicite de notre propre réalité implicite. Il est le reflet de la dimension psychologique du lecteur. Vous pouvez prélever les expressions : « La plupart des livres [...] de la longévité » ; « De tels personnages sont en quelque sorte [...] la réalisation de nos espérances ».

Pour Émile Zola, le personnage romanesque, inclus dans une famille, est le reflet de la société. Il révèle les tensions à l'œuvre dans une époque historique fidèlement représentée par le romancier. Vous pouvez prélever les expressions : « comment une famille, un petit groupe d'êtres, se comporte dans une société », « je ferai voir ce groupe à l'œuvre comme acteur d'une époque historique ».

2. Selon Danièle Sallenave, le personnage est absolument nécessaire pour le lecteur. En effet, il est l'élément incontournable de l'identification du lecteur qui permet à la fiction de se réaliser pleinement (par exemple, « La catharsis ne peut se passer du personnage [...]. Nous avons besoin de projection, de transfert, d'identification »). De plus, il est indispensable par les enseignements qu'il apporte au lecteur sur lui-même (par exemple, « Autre par la méditation du personnage, autre, afin de devenir moi-même »). Enfin, il favorise l'enrichissement et l'ouverture du lecteur qui découvre, à travers le personnage, de multiples possibilités d'être (par exemple, « Grâce à la fiction, chacun porte une tête multiple sur ses épaules ; il se fait une âme ouverte ; un cœur régénéré »).

Fiche 39. Rédiger des microanalyses pour le commentaire en s'appuyant sur la grammaire

1. Nous retrouvons dans cet extrait les formes de paroles suivantes :

- **Discours narrativisé** : de « Leurs paroles coulaient » à « tout le genre humain » à et « Bouvard commanda le menu. Pécuchet avait peur des épices comme pouvant lui incendier le corps ».

- **Discours direct** : « — Ma foi ! si nous dînions ensemble ? — J'en avais l'idée ! reprit Pécuchet, mais je n'osais pas vous le proposer ! »
- **Discours indirect libre** : « Ensuite, ils glorifièrent les avantages des sciences : que de choses à connaître ! que de recherches — si on avait le temps ! Hélas, le gagne-pain l'absorbait ».

2. [Dans ce passage, les **paroles rapportées** permettent au narrateur de transmettre au lecteur sa vision de ses personnages]. [**En effet**, l'emploi du **discours narrativisé** lui permet d'évoquer les paroles sans entrer dans les détails tout en donnant de la vivacité au récit. Il lui permet surtout de transmettre un aperçu de la psychologie de ses deux personnages. La liste résumée des sujets abordés lors de leur conversation montre qu'ils ont des centres d'intérêt éclectiques et qu'ils sont déçus par la société qui les entoure, « comme des gens qui ont subi de grands déboires ». Cette conversation devient le moteur de leur association : un lien fondamental se noue entre ces deux personnages qui vont s'associer. **Ensuite**, le passage soudain du **discours narrativisé** au **discours direct** fait ressentir au lecteur la vivacité de cette rencontre et la force des espoirs des deux hommes qui viennent chacun de trouver un formidable associé ; la présence des points d'exclamation souligne de façon ironique l'excès d'enthousiasme naïf des deux personnages, bien illustré par la spontanéité automatique de l'expression « ma foi ! » prononcée par Bouvard. **Enfin**, le **discours indirect libre** reflète les paroles de Bouvard et de Pécuchet sans interrompre le récit, en gardant le dynamisme des propos échangés : la répétition des points de ponctuation (« que de choses à connaître ! que de recherches – si on avait le temps ! ») souligne l'enthousiasme débordant des deux personnages, dont l'excès est discrètement mais efficacement pointé du doigt par un narrateur moqueur]. [**Ainsi**, la façon dont le narrateur fait parler ses personnages révèle le regard qu'il porte sur eux, regard ironique qu'il transmet de façon implicite à son lecteur sachant décoder le texte].

Annonce de l'idée clé du paragraphe.

Chaque argument est directement suivi de son illustration relevée dans le texte et commentée.

Conclusion du paragraphe ; l'interprétation globale clôture le paragraphe destiné à interpréter la coloration psychologique des paroles rapportées dans ce passage.

Fiche 40. Moment de grammaire

Relevé : « Pignons confus, toitures basses et uniformes, pareils à des lunes fumeuses, se lourde, un tas écrasé de constructions, rares lueurs, fenêtres encrassées, lanternes tristes, bois noircis, tréteaux gigantesques, apparition fantastique, noyée de nuit et de fumée, respiration grosse et longue ».

Le lexique et les connotations participent donc à la création d'une atmosphère sombre et fantastique.

Fiche 41. Bâtir et organiser un plan de devoir

Exercice 1

1. Un souvenir douloureux

Argument n° 1: Une scène pathétique.

Exemples : *champs lexicaux de la tristesse (« une vie languissante et misérable »), de la mort (« mourir », « trépas », « attendre la mort », « fin »), de l'enterrement et du deuil (« enterrer », « triste office que j'allais exécuter », « une large fosse », « je ne pouvais me résoudre à fermer la fosse », « j'ensevelis pour toujours », « lugubre ministère »), adresse au destinataire et, par son intermédiaire, au lecteur, pour susciter sa pitié (« ce qui vous paraîtra difficile à croire »).*

Argument n° 2: Une douleur indicible.

Exemples : *euphémismes (« mon âme ne suivit pas la sienne », « je ne la mis dans cet état »), absence d'expression de la plainte, absence de ponctuation forte, parataxe et dépouillement de la syntaxe qui présente peu de liens entre les phrases (la douleur est trop forte pour être exprimée).*

Argument n° 3: Une issue tragique.

Exemples : *un lieu symbolique (le désert, sans végétation symbolisant la vie, sans horizon ni ailleurs), inéluctabilité du destin choisi par le Ciel qui condamne Des Grieux (« le Ciel ne me trouva point, sans doute, assez rigoureusement puni. Il a voulu que j'aie traîné, depuis, une vie languissante et misérable »), renoncement au monde et attente de la mort (« fermant les yeux avec le dessein de ne les ouvrir jamais, j'invoquai le secours du Ciel et j'attendis la mort avec impatience »), mort qui lui est refusée, ce qui est perçu comme l'ultime châtiment de cette illégitime liaison.*

2. **L'axe de lecture regroupant ces trois arguments pourrait s'intituler : La sublimation héroïque de Des Grieux.** Tout titre mettant en avant la notion d'héroïsme, de maîtrise et de dépassement de soi chez Des Grieux convient ici.

- **Le sacrifice d'un martyr :** « Il a voulu que j'aie traîné, depuis, une vie languissante et misérable. Je renonce volontairement à la mener jamais plus heureuse », « Je demeurai, plus de vingt-quatre heures », « Mon dessein était d'y mourir », « J'étais déjà si proche de ma fin, par l'affaiblissement que le jeûne et la douleur m'avaient causé, que j'eus besoin de quantité d'efforts pour me tenir debout », « Je me couchai ensuite sur la fosse, le visage tourné vers le sable ; et fermant les yeux avec le dessein de ne les ouvrir jamais, j'invoquai le secours du Ciel et j'attendis la mort avec impatience ».
- **Un homme raisonné malgré sa souffrance :** « mais je fis réflexion, au commencement du second jour, que son corps serait exposé, après mon trépas, à devenir la pâture des bêtes sauvages », « mes forces recommençant à s'affaiblir, et craignant d'en manquer tout à fait avant la fin de mon entreprise », « il ne sortit point une larme de mes yeux ni un soupir de ma bouche ».
- **Un chevalier courtois et respectueux :** « Je rompis mon épée, pour m'en servir à creuser », « après avoir pris soin de l'envelopper de tous mes habits, pour empêcher le sable de la toucher », « Je m'assis encore près d'elle ».

3. **L'axe de lecture regroupant ces trois arguments est :** Une religion de la passion.

4. **Voici une proposition de problématique :** En quoi cette scène permet-elle à Des Grieux d'exalter son amour par-delà la mort ?

5. **Question de grammaire :** « Elles me rendirent autant de force qu'il en fallait pour le triste office que j'allais exécuter » :

- « **elles me rendirent autant de force** » : proposition principale
- « **qu'il en fallait pour le triste office** » : proposition subordonnée conjonctive circonstancielle introduite par la locution conjonctive « autant...que » (« autant » est enchâssé dans la proposition principale), complément circonstanciel de comparaison qui indique l'équivalence (la comparaison porte ici sur le mot « force »)
- « **que j'allais exécuter** » : proposition subordonnée relative introduite par le pronom relatif « que », complément du nom « office ».

Exercice 2

1. Problématique : Dans quelle mesure le personnage principal d'un roman doit-il sortir de l'ordinaire et faire figure d'être exceptionnel ?[1] Un personnage ordinaire ou secondaire peut-il aussi être qualifié de « héros » ?[2]. On s'appuiera sur le roman étudié et sur les différents personnages qu'il met en scène pour illustrer les arguments.

2. Proposition de plan

I. Dans un roman, le personnage principal est souvent un héros :

1. Quand il incarne des qualités physiques et intellectuelles hors du commun.
2. Quand il véhicule des valeurs morales fondamentales.
3. Quand il accomplit un destin singulier ou extraordinaire.

II. Mais il peut aussi être ne pas être un héros :

1. Quand il est proche du quotidien du lecteur et lui semble familier.
2. Quand il ne présente aucune qualité particulière et qu'il semble transparent.
3. Quand il développe au contraire des défauts qui font de lui un anti-héros.

III. Alors, ne peut-on considérer que tout personnage romanesque est un héros ?

1. Le personnage romanesque se mue en héros par le biais de la transfiguration littéraire, y compris les personnages secondaires.

2. Le personnage devient le héros personnel du lecteur à travers le prisme de l'identification.

3. Le personnage devient un véritable mythe à travers le temps, dépassant et transcendant les notions de qualités et de défauts ainsi que l'adhésion individuelle de chaque lecteur.

Fiche 42. S'entraîner sur un sujet de commentaire

Commentaire rédigé

Introduction

[« J'ai voulu peindre la déchéance fatale d'une famille ouvrière, dans le milieu empesté de nos faubourgs » : c'est ainsi que le romancier naturaliste Émile Zola définit son

> 1re étape de l'introduction ; présentation du contexte et de l'auteur. Vos connaissances culturelles et littéraires vous permettent de commencer par une citation.

1. Souvenez-vous de l'étymologie du mot « héros » ; « demi-dieu », dont la notion de qualité extraordinaire est issue. Le mot a ensuite perdu de sa force pour désigner le personnage qui joue le rôle principal dans une intrigue.
2. Une problématique peut s'articuler autour de plusieurs questions ; cela vous permet d'affiner et de nuancer votre questionnement.

projet dans la préface de *L'Assommoir*, en 1877. Et, en effet, il attribue à son personnage Gervaise, pauvre femme issue du peuple réussissant momentanément à connaître le succès de sa propre blanchisserie, un destin catastrophique puisqu'elle finit dans une totale déchéance]. [Au chapitre 11, qui amène vers le dénouement du roman, Gervaise erre dans les rues de Paris, telle une prostituée, à la recherche d'une rencontre qui pourra lui apporter quelques sous. Elle croise Goujet, l'ancien voisin qui l'avait aidée à créer sa blanchisserie, et qui s'avère être encore une fois son sauveur]. [Nous nous demanderons **dès lors** comment Émile Zola insiste sur la dimension tragique du destin de Gervaise]. [**Pour cela**, nous étudierons la mise en scène d'une rencontre particulière, dans laquelle la déchéance de Gervaise symbolise son échec programmé].

2e étape de l'introduction ; présentation du passage à commenter, grâce aux indications fournies par le paratexte.

3e étape de l'introduction ; problématique.

4e étape de l'introduction ; annonce du plan.

I. Une rencontre particulière

Les titres des parties et des sous-parties ne doivent pas figurer au propre.

[**Dans** ce passage, le narrateur veut signaler à son lecteur que la rencontre entre Gervaise et Goujet est particulière. **En effet**, il souligne la mise en scène de ce face à face de Gervaise, dans des conditions extrêmes, avec un Goujet aux allures de sauveur][1].

L'introduction de partie annonce l'enjeu de la 1re partie du commentaire, puis les sous-parties à venir.

1. Une rencontre mise en scène

L'introduction de partie annonce l'enjeu de la 1re partie du commentaire, puis les sous-parties à venir.

[La rencontre entre Gervaise et Goujet est le point d'orgue de ce passage ; le narrateur est particulièrement attaché à la mettre en scène progressivement]. [**En effet**, il met d'abord en place le cadre spatio-temporel de la rencontre, dès le premier paragraphe, avec l'expression « c'était une vraie tempête ». Suit la description du quartier, avec quelques points de détail abordés dans un souci de représentation naturaliste, comme les « becs de gaz », le « boulevard » et les « avenues », la mention de « Paris » pour clore la description proposée par ce premier paragraphe. La « rencontre » des boulevards met en abyme la rencontre entre les deux personnages, comme si elle était inscrite dans le paysage. Enfin, le personnage de Goujet est perçu par Gervaise d'abord par le sens de l'ouïe (« elle entendit un bruit de pas »), puis par la vue de la silhouette (« elle aperçut les larges épaules ») ; elle l'apostrophe avant même de le voir de face. Le narrateur prépare **donc** progressivement cette

1. L'introduction de partie annonce l'enjeu de la 1re partie du commentaire, puis les sous-parties à venir.

rencontre, en plaçant des indices qui s'accumulent peu à peu pour faire comprendre que cette rencontre arrive finalement comme une évidence pour Gervaise : elle était annoncée par le décor]. [**D'autre part**, l'emploi du discours indirect libre, dans « Oh ! celui-là, elle le voulait, elle ne le lâcherait pas ! » ou « voilà qu'elle raccrochait la Gueule d'Or, maintenant ! » permet au narrateur de plonger le lecteur dans l'esprit de Gervaise en train de vivre cette rencontre et donc d'en souligner la mise en scène]. [**Enfin**, la perception de cette rencontre évolue au fil du texte : d'abord vue comme porteuse d'espoir avec l'interpellation de Goujet par Gervaise, elle est ensuite déceptive dès que Gervaise éprouve de la honte d'être reconnue par Goujet (« Mon Dieu ! ne pas avoir une fichette de pain, ni une goutte de vin dans le corps, et être prise pour une femme saoule ! »), pour finalement redevenir ouverte sur l'avenir puisque le dernier paragraphe accumule les signes d'espoir explicites et implicites, comme « Et il marcha le premier. Elle le suivit », « tous deux », « Goujet habitait toujours la petite maison de la rue Neuve », « Quand il eut ouvert la porte et allumé une lampe », « Entrez »]. [Comme le soulignent ces signes d'ouverture et l'organisation de la narration de la scène, cette rencontre débouche **donc** apparemment sur un nouveau départ pour Gervaise].

Cette sous-partie propose un 1er argument, qui est annoncé, puis illustré et commenté à travers des micro-analyses.

Grammaire pour expliquer le texte : les paroles rapportées.

Cette sous-partie comporte un 2e argument, qui s'appuie sur un procédé technique analysé.

Cette sous-partie s'appuie sur un 3e argument, qui fait lui aussi le va-et-vient entre l'interprétation et le relevé textuel.

2. Dans des conditions extrêmes

[**D'autre part**, cette rencontre est mise en exergue par les conditions extrêmes dans lesquelles elle prend place]. [**En effet**, le champ lexical de la tempête est très présent, avec les éléments « c'était une vraie tempête », « la neige fine tournoyait », « la neige », « un brouillard », à un tel point que le quartier n'a plus de nom, et qu'il semble « mort ». Dans de telles conditions météorologiques, on attend forcément une rencontre particulière et peu banale. **De plus**, le décor semble « endormi », car le quartier est « muet » et sans bruit : dans cette immobilité urbaine, seule la rencontre entre Gervaise et Goujet constitue une action, ce qui la fait évidemment ressortir. **D'autre part**, ce décor devient oppressant pour Gervaise car des « murs gris l'enferm[ent] » : le narrateur renforce l'idée d'enfermement de Gervaise dans cet univers urbain sans horizon à peine éclairé par les « becs de gaz », ce qui lui permet de suggérer l'oppression due la fatalité qui

Grammaire pour expliquer le texte : étude du lexique dans le texte.

aveugle le personnage soumis au destin. Tout est fait, de la part du narrateur, pour brouiller les pistes, pour aveugler à la fois Gervaise et le lecteur, pour les faire aller à l'aveuglette, de façon à renforcer l'attente de l'événement de la rencontre tout en montrant qu'ils sont le jouet des événements. Les expressions « On ne voyait pas à dix pas, tout se noyait dans cette poussière volante », « Gervaise, péniblement, allait toujours, aveuglée, perdue. Elle touchait les arbres pour se retrouver », « sans distinguer rien qui pût la guider », mentionnent l'absence de visibilité de Gervaise, accentuée par l'emploi du point de vue interne qui attribue au lecteur le même champ de vision, très limité, que le personnage de Gervaise. C'est bien cette absence de visibilité qui entraîne l'impossibilité de prévoir la suite, qui pousse Gervaise à accoster Goujet sans l'avoir reconnu]. [Cette rencontre particulière semble **donc** bien le fruit de ces conditions extrêmes, orchestrées par un narrateur soucieux de créer un effet d'attente chez le lecteur en dramatisant la scène].

Phrase bilan de la sous-partie pour suivre le schéma A-D-I-C. On ne termine pas par un exemple.

3. Avec un sauveur nommé Goujet

[**Enfin**, cette rencontre met en scène Goujet, qui bénéficie d'une image méliorative, renforcée par l'antithèse créée avec le décor sombre et morbide de ces rues parisiennes où a lieu la rencontre avec Gervaise]. [**En effet**, ce personnage se singularise tout d'abord dans l'obscurité nocturne par sa présence physique : ses « larges épaules » font de lui un homme potentiellement protecteur, ce qu'il sera effectivement dans la suite de cette rencontre. **D'ailleurs**, Goujet va proposer une aide totalement désintéressée à Gervaise, et va remplir son rôle d'homme bon et bienfaisant, ce qui correspond bien à son caractère puisque l'auteur indique dans le dernier paragraphe qu'il vient de « veiller un camarade blessé » et qu'il s'est occupé de sa mère malade jusqu'à ce qu'elle meure. Ces qualités physiques et morales, tout à fait positives, se réunissent dans le procédé de la déification : cette bonté franche et gratuite est extériorisée par la « belle barbe jaune » dans laquelle « le vent effeuill[e] des pâquerettes » : Zola utilise ici le symbole de la couleur jaune liée à la lumière (laquelle revêt ici une importance particulière puisque la scène se déroule dans la nuit), et place son personnage sous le signe de la légèreté et de la féerie avec l'envol des pâquerettes. On peut **même** voir en Goujet, à travers

L'idée de la 3e sous-partie est annoncée dès la 1re phrase. Elle va ensuite être démontrée à l'aide de 3 arguments illustrés.

cette description physique et morale, une image christique destinée à être le sauveur de Gervaise. C'est **effectivement** un homme désintéressé, attentif à autrui, offrant un accueil et une bonté hors du commun (il lui dit d'ailleurs « venez », puis « entrez », de façon simple et sans justification, sur le modèle des paroles du Christ dans le texte biblique). Surgissant de nulle part, puisque Gervaise le rencontre de façon inattendue et brutale, il fait figure de « deus ex machina », envoyé providentiel du destin. [Ce personnage semble **donc** être placé par Zola comme un homme absolument bienfaisant, chargé de la sauver par l'intermédiaire d'une rencontre exceptionnelle].

[**Ainsi**, à travers la mise en scène dramatisée de cette rencontre particulière entre une femme perdue, Gervaise, et son sauveur, Goujet, le narrateur semble promettre au lecteur une pause dans l'acharnement du destin qui pèse sur Gervaise]. [**Mais**, en décryptant davantage les signes laissés par le narrateur au fil du texte, le lecteur comprend que ces lueurs d'espoir ne sont pas assez fortes face au poids du destin tragique de Gervaise ; ils ne sont qu'une dernière tentative, désespérée et momentanée, de proposer une halte dans la déchéance programmée de Gervaise].

Bref bilan de la 1re partie du commentaire.

Phrase de transition vers la 2e partie.

II. La déchéance de Gervaise

[Dans cette rencontre particulière, le personnage de Gervaise est mis en avant par un narrateur soucieux de nous révéler ses difficultés, comme si sa déchéance était programmée et inéluctable. Cette déchéance est rendue visible à travers l'errance labyrinthique de Gervaise, associée aux humiliations qu'elle subit, renforcées par l'emploi du langage populaire].

1. L'errance de Gervaise

[**Le** passage est tout entier structuré par l'errance de Gervaise, qui semble prisonnière du lieu]. [**En effet**, elle n'a plus aucun point de repère, car « tout se noi[e] dans cette poussière volante », si bien qu'elle se sent « perdue » ; « prise et roulée dans un tourbillon blafard », elle n'a aucun point d'appui puisque le « sol fui[t] et que l'espace est « infini ». Cette errance physique et spatiale se double, symboliquement, d'une errance psychologique ; **en effet**, Gervaise a perdu la maîtrise de son propre corps, qu'elle est prête à louer au premier venu. **De même**, l'image qu'elle renvoie d'elle-même ne coïncide pas avec le réel : elle semble saoule, mais ne l'est pas et elle est consciente de ce décalage entre son apparence et sa réalité, comme le reflète l'emploi du discours indirect libre dans la phrase suivante : « Bien sûr, Goujet croyait qu'elle avait bu et qu'elle faisait une sale noce ». C'est **aussi** pour cela qu'elle suit immédiatement Goujet, au dernier paragraphe, car il lui offre enfin un point de repère stable, devenant son guide pour sortir du labyrinthe formé par les rues enneigées de Paris. **Enfin**, cette errance est rendue encore plus pathétique par l'atmosphère sombre et morbide qui se dégage des lieux parcourus qui n'offrent comme points de repère que des lignes verticales inanimées, les arbres et les becs de gaz, auxquelles elle se heurte « sans distinguer rien qui pût la guider ». Et quand, à l'occasion, elle trouve une source de lumière, celle-ci lui renvoie une image déformée d'elle-même, « son ombre » « difforme » et moqueuse]. [**Ainsi**, le parcours de Gervaise tient plus de l'errance et du vagabondage que de la quête contrôlée ; il est à l'image du personnage en fin de parcours romanesque, sans but et hasardeux, soumis aux volontés de la vie].

L'idée est démontrée et illustrée par la combinaison de 4 arguments, chacun étant illustré par des références au texte.

Phrase bilan de la sous-partie ; c'est le C du schéma A-D-I-C.

2. Des humiliations à la perte de soi

[**D'autre part**, au cours de cette errance, Gervaise subit de multiples humiliations, physiques comme morales]. [**Effectivement**, elle perd toute dignité dans cette course à l'homme, qui pourrait bien symboliser une course à l'humanité pure et dure, comme le montre l'expression « rêvant de se coucher par terre » qui l'animalise complètement. Physiquement, **aussi**, elle est réduite à l'état d'objet sexuel, puisqu'elle se voit « au rang des roulures de barrière, blême et suppliante », mendiant la moindre relation humaine. **De même**, moralement, elle se méprise elle-même et pense que Goujet la méprise aussi : elle perd toute dignité, comme le montre avec insistance le quatrième paragraphe, à travers la répétition de l'expression « femme saoule », renforcée par l'expression « sale noce », dont l'antéposition de l'adjectif qualificatif « sale » renforce la dimension péjorative. **Aussi**, la comparaison « comme une vraie caricature » montre bien que Gervaise n'est plus qu'une exagération d'elle-même et qu'elle perd ici une grande part de son humanité. Le narrateur va **même** jusqu'à souligner l'ironie du sort qui l'accable : elle semble saoule alors qu'elle n'a absolument rien pour boire, comme le souligne l'emploi

Grammaire pour expliquer le texte : l'ordre des mots dans la phrase.

Insérez régulièrement des microanalyses interprétées, pour relier le fond et la forme du texte.

de la ponctuation forte dans la phrase « Mon Dieu ! ne pas avoir une fichette de pain, ni une goutte de vin dans le corps, et être prise pour une femme saoule ! ». Cette phrase montre bien que la difficulté tragique de Gervaise est d'être autre que celle qu'elle paraît, et de subir un revers à chaque pas qu'elle fait. **Enfin**, à la clôture du passage, quand Goujet la prend en charge, elle n'ose pas passer d'elle-même la porte ouverte par Goujet : « restée humblement sur le palier », elle n'a pas retrouvé toute sa dimension humaine et continue de rester en retrait], [dépassée par les événements et contrôlée par sa propre errance, signe de sa déchéance à la fois physique et morale].

Cette idée clé est démontrée par la succession de 5 arguments illustrés.

La dernière phrase revient brièvement sur l'idée clé de la sous-partie.

3. La précision de l'évocation

[**Enfin**, le narrateur se montre attentif à souligner la force de la déchéance de Gervaise par l'emploi d'un vocabulaire précis]. [**En effet**, on remarque l'emploi de l'argot, la langue du peuple que Zola veut intégrer dans ses romans pour qu'ils aient « l'odeur du peuple » et qu'ils correspondent à son projet de roman-miroir. On retrouve **ainsi** des termes comme « roulures de barrière », « une fichette de pain », « raccro[er] la Gueule d'Or », le « bon Dieu ». Le fréquent recours au discours indirect libre permet **aussi** au narrateur de refléter de façon vraisemblable le parler de Gervaise, comme dans « C'était sa faute, pourquoi se saoulait-elle ? ». **D'autre part**, l'ambition naturaliste se lit à travers certains détails techniques insérés dans le récit, comme le « rhumatisme aigu » qui a emporté madame Goujet comme l'époque le voit souvent, ou encore la précision de la localisation spatiale de la scène, « à la rencontre du boulevard extérieur et des boulevards de Magenta et d'Ornano ». Le milieu urbain, notamment parisien, correspond **aussi** tout à fait au projet zolien de peindre la misère ouvrière et la chute inexorable de Gervaise qui croit trouver dans les ressources de la ville de quoi échapper à sa condition, ce qui n'est qu'un leurre. [Il s'agit **en effet** pour le narrateur de refléter avec précision le destin de Gervaise, et les quelques touches de poésie disséminées ici et là dans le passage, notamment portées par le personnage de Goujet, ne font que souligner le fait que cette poésie ne peut dominer et que la réalité revient toujours à la charge].

Annonce de l'idée de la 3ᵉ sous-partie, que 4 arguments illustrés vont étayer.

Conclusion

[**En conclusion**, Émile Zola, dans ce passage relatant une rencontre particulière, insiste sur la dimension tragique du destin de Gervaise qui ne semble pouvoir échapper véritablement à sa condition, tant le lieu et l'atmosphère l'emportent sur l'espoir personnifié par le personnage de Goujet. Gervaise ne peut échapper à son destin, et son entrée dans l'univers de Goujet ressemble plutôt au dernier sursaut avant la mort, à la dernière attaque portée par la fatalité refusant de libérer Gervaise]. [La magie romanesque ne pourra en effet plus rien pour Gervaise, face à la fatalité sociale, et c'est seulement à ce prix que Zola peut accomplir le projet de dénonciation qui lui tient à cœur à travers le cycle des Rougon-Macquart. L'un des romans suivants, dans ce cycle, le confirmera, puisque dans *Germinal*, publié en 1885, le fils de Gervaise, Étienne Lantier, sera encore l'objet du poids du destin ouvrier].

La 1re étape de la conclusion fait le bilan en repartant de la problématique posée en introduction.

La 2e étape de la conclusion propose une ouverture ; vos connaissances culturelles et littéraires permettent de faire le lien avec une autre œuvre du même auteur.

Fiche 43. S'entraîner sur un sujet de dissertation

Dissertation rédigée

voici un corrigé rédigé portant sur le roman *Gargantua* de François Rabelais. Selon le roman que vous avez étudié en classe, le plan, les arguments les exemples seront différents. Mais cet exemple vous montre comment articuler la problématique, les arguments et les exemples.

Introduction

[L'étymologie du mot « personnage » nous le confirme : celui-ci est un être fictif, qui porte un masque, destiné à tromper autrui]. [Le personnage ne serait donc qu'une fiction, comme le souligne Jean Giono dans *Noé*, en 1961 : « Les héros de ce roman appartiennent à la fiction romanesque, et toute ressemblance avec des contemporains vivants ou morts est entièrement fortuite ; également toute similitude de noms propres. Rien n'est vrai. Même pas moi ; ni les miens ; ni mes amis. Tout est faux ». Jean Giono récuse en effet tout rapport direct ou lointain du personnage avec des personnes réelles et souligne son essentielle facticité]. [**Dès lors**, en quoi cette réflexion de Jean Giono s'applique-t-elle

La 1re phrase de l'introduction constitue une amorce permettant d'amener la notion de personnage et son ambiguïté fondamentale.

La 2e étape de l'introduction amène la citation proposée par le sujet, la cite, puis l'analyse.

au roman *Gargantua* de François Rabelais ? Les personnages romanesques de ce roman sont-ils une invention de toutes pièces ou un miroir de la réalité ?] [**Certes**, ils sont en effet des êtres de papier, fictifs puisque issus de l'imagination d'un créateur ; **mais** ils ne semblent pas absolument détachés de toute réalité car ils en sont bien souvent le reflet].

La 3e étape de l'introduction formule la problématique du devoir.

La 4e étape de l'introduction annonce le plan que suivra le devoir. Ici, il s'agit d'un plan concessif.

I. En effet, le personnage est un être fictif.

[**Le** personnage rabelaisien est un être fictif, car il est inventé de toutes pièces, mais aussi car il est un être extraordinaire et qu'il ne peut finalement qu'être une fonction littéraire].

Une brève introduction de partie annonce les 3 sous-parties à venir.

1. Le personnage est inventé de toutes pièces.

[Au point de départ du roman, se situe un créateur qui laisse souvent libre cours à son imagination. Le personnage en est **alors** directement issu, de façon à matérialiser pour le lecteur ce qui n'était que chimère dans l'esprit du romancier]. [C'est **ainsi** que ce fantôme artificiel prend les traits, **par exemple**, de Gargantua : François Rabelais invente ce géant et sa généalogie, au XVIe siècle : ce personnage, issu de l'imaginaire médiéval, prend une dimension chimérique par sa taille hors normes et ses mœurs excessives qui l'excluent du monde humain réel. Par exemple, le champ lexical de la nourriture et les hyperboles omniprésentes ne cessent de rappeler au lecteur, notamment dans les premiers chapitres, le gigantisme de Gargantua et de sa famille : les nombres indiquant les quantités sont démesurés et le genre du pluriel abonde dans les descriptions car tout est démultiplié. Cela se voit notamment dans l'épisode du séjour de Gargantua à Paris, où le héros éponyme inonde la capitale de son urine, ce qui noie « deux cent soixante mille quatre cent dix-huit » personnes et où il vole les cloches de Notre-Dame pour en orner le cou de sa jument. L'excès et la disproportion révèlent bien la fiction et engendrent un comique outrancier proche de celui de la farce, pour le plaisir du lecteur.

La 1re phrase de la sous-partie annonce l'argument à développer.

Effectivement, **alors**, aucune ressemblance avec des personnes réelles n'est possible, comme l'affirme Jean Giono. Le roman est un chemin vers l'évasion et l'imaginaire du merveilleux, comme le souligne son sous-titre : « la vie très horrifique du grand Gargantua ». [**Ainsi**, le personnage est effectivement porteur de l'imaginaire et peut totalement relever de la fiction romanesque, comme le suggère Jean Giono].

2. Le personnage est un être extraordinaire.

[**D'autre part**, le personnage romanesque est bien souvent un être doté de qualités extraordinaires, au sens propre du terme, qualités qui n'existent pas dans la réalité et qui sont donc forcément fictives]. [Gargantua est capable de parcourir de longues distances en peu de temps, comme s'il était muni de bottes de sept lieues. Le chapitre racontant le retour de Gargantua dans son pays suite à la lettre de son père Grandgousier menacé par la guerre picrocholine, commence en mentionnant la rapidité avec laquelle le héros rejoint son pays, alors que « le reste de son équipage venait à un rythme de journées normales ». De plus, à la manière d'un ogre, il engloutit, mais par mégarde, des êtres humains. L'épisode qui raconte « Comment Gargantua mangea en salade six pèlerins » raconte comment Gargantua, en mangeant de la salade, engloutit en même temps des pèlerins qui s'y étaient cachés pour se protéger d'ennemis : ils manquent même de se noyer dans sa bouche énorme, avant d'en ressortir finalement sains et saufs, à la manière de Jonas qui, dans l'Ancien Testament, est avalé puis recraché par un grand poisson ressemblant à une baleine. **En outre**, Grandgousier, Gargantua ou encore Ponocrates bénéficient de qualités intellectuelles et morales hors du commun. **En effet**, après avoir baigné dans l'ignorance, Grandgousier et Gargantua s'élèvent moralement et spirituellement, surtout grâce à l'aide du précepteur humaniste Ponocrates. Ils font preuve de sagesse, de mesure et de tolérance envers autrui, prenant même parfois des allures christiques. La lettre que Grandgousier envoie à son fils pour le prier de revenir aider les siens après les premières attaques du roi Picrochole le souligne : Grandgousier devient un roi empli de sagesse et de bienveillance, protecteur de son peuple, soucieux de ne pas transformer sa défense en une machine de guerre, recherchant la conciliation avec son ennemi barbare. [Les personnages de Rabelais ont **donc** derrière eux une longue tradition fictive mettant en valeur leurs liens avec l'exception. Ils suscitent **alors** chez le lecteur le rêve et le plaisir de l'évasion, en proposant un modèle chimérique].

> Annonce de l'argument clé de la 2e sous-partie, précédée par un connecteur logique marquant le changement d'idée.

> Marquer l'ajout d'un autre argument.

> Conclusion de la sous-partie, qui maintient le lien avec le sujet ; ne pas s'écarter des attendus du devoir ni de la citation de Giono.

3. Le personnage est une fonction littéraire.

[**Enfin**, dans *Gargantua*, le personnage romanesque est **aussi** souvent perçu comme un actant. Il est alors purement factice car, effectivement il constitue une pure illusion produite par le romancier pour disposer d'une marionnette utile à l'action et au déroulement de l'intrigue]. [Le géant est un outil pour incarner le passage d'une éducation scolastique néfaste à une éducation humaniste bénéfique, comme le soulignent les chapitres du début du roman sur l'adolescence et l'éducation de Gargantua. On le voit passer d'un apprentissage par cœur sans réflexion ni recul critique, par exemple quand il récite des textes à l'envers, à une véritable appropriation personnelle des leçons tirées de la lecture des textes religieux, notamment dans le chapitre racontant la formation de Gargantua par Ponocrates, où l'on demande à Gargantua d'appliquer ce qu'il a compris, de découvrir par lui-même, et de comprendre ce qu'il apprend. [**Ainsi,** le personnage est un outil d'écriture pour le romancier pour mettre la fiction au service de la réflexion, et pour remplir ici la fonction d'emblème littéraire : le personnage devient un symbole notamment grâce à sa dimension fictive]. [**Ainsi**, sous certains aspects, le personnage romanesque, produit par l'imagination de Rabelais, semble bien faire la preuve de sa facticité et ne pas proposer d'écho à la réalité]. [**Mais** cette approche semble nous obliger à occulter certaines facettes des personnages de Rabelais et le véritable enjeu de son œuvre].

> Appuyer l'explication théorique sur le résumé d'un passage de l'œuvre.

> La 2e phrase de la transition amène un autre point de vue, autour duquel la 2e partie de la dissertation va s'articuler.

II. Mais on ne peut occulter son lien avec la réalité.

[Le personnage romanesque, chez Rabelais, est un miroir de la réalité, mais aussi, plus généralement, de l'être humain ou du lecteur lui-même].

1. Le personnage est un miroir de la réalité historique.

[**Tout d'abord**, le personnage romanesque, dans *Gargantua*, se révèle souvent être un reflet de la réalité sociale. C'est **en effet** un roman qui s'écrit en écho à la situation du XVIe siècle. On reconnaît la France de François Ier, dans laquelle les questions d'éducation et de politique prennent une importance accrue. En effet, la transformation spectaculaire de Gargantua, mais aussi de son père, sous l'influence de Ponocrates, illustre le conflit latent de l'époque entre l'instruction scolastique et « sorbonagre » comme le dit Rabelais, et l'élévation spirituelle et intellectuelle promise par l'éducation chère aux Humanistes, dont Érasme qui prône le plaisir et l'intérêt personnel dans l'apprentissage, dans « De l'éducation des enfants » en 1529. Cette remise en cause de la technique au profit du plaisir et de la compréhension personnelle est un enjeu majeur pour la Renaissance assoiffée de confiance en l'homme et d'ouverture vers le monde. Autre exemple, la guerre picrocholine, absurde et violente, semble faire référence aux agissements despotiques de l'empereur Charles Quint qui menace l'intégrité du royaume de François Ier et qui présente le portrait d'un dirigeant sanguinaire non guidé par les valeurs humanistes, au contraire de Grandgousier qui semble incarner François Ier. De même, l'attaque des bergers par les fouaciers semble faire référence à des conflits locaux dont Rabelais aurait eu connaissance dans sa région chinonaise]. [**Donc**, ces reprises et ces caricatures romanesques transforment les personnages de Rabelais en véritables miroirs de la réalité historique, ce qui montre que tout n'est pas faux dans ces personnages romanesques comme l'affirme Jean Giono : fiction et réalité dialoguent dans ce roman polyphonique].

Utilisation d'une connaissance culturelle acquise à travers le parcours associé à l'étude de l'œuvre.

2. Le personnage est un miroir de l'être humain.

[**Ensuite**, le personnage représente pour Rabelais un vecteur de la réalité humaine, psychologique et morale. **Effectivement**, par le biais de la caractérisation descriptive du personnage et de sa mise en situation, le romancier tend au lecteur un miroir avec lequel il peut se comparer ou à partir duquel il peut mettre en place une autoanalyse]. [**Ainsi**, le personnage offre au romancier la possibilité de représenter la réalité de l'être humain, destinée à faire valoir la vérité profonde et ontologique de chacun d'entre nous, fondée sur l'idée que « toute ressemblance avec des contemporains vivants ou morts » n'est pas « fortuite », mais voulue et recherchée. Nous trouvons donc dans *Gargantua* des personnages incarnant diverses postures typiques du siècle de Rabelais. Par exemple, les pèlerins superstitieux engloutis par Gargantua, ou encore Frère Jean qui, lors de ses retrouvailles avec Gargantua, refuse d'ôter son froc par peur de ne plus savoir boire ni manger. La gourmandise propre à ces géants, qu'il s'agisse de Grandgousier, de Gargamelle ou de Gargantua, se décrypte dans la symbolique de leurs prénoms

Cette référence rapide au sujet prouve à votre correcteur que vous ne vous éloignez pas du sujet.

qui font tous allusion à leur gloutonnerie et à leurs extraordinaires capacités intestinales. Mais elle représente surtout la soif de connaissances qui inspire l'homme de la Renaissance et qui le libèrera de la tyrannie, ce que propose la vie idéale dans l'abbaye de Thélème. Le système des personnages dans ce roman incarne donc diverses potentialités de l'être humain en renouveau tel que le propose Rabelais à ses lecteurs ; et c'est bien parce que le roman nous parle, à travers ses géants, de l'être humain en soi que cette œuvre nous touche encore au XXIe siècle]. [**Donc**, le personnage romanesque de Rabelais n'est pas totalement fictif ou factice, puisqu'il véhicule une grande part de la vérité psychologique et morale de chaque être humain, en la transposant littérairement et esthétiquement].

3. Le personnage est un miroir du lecteur.

[**Enfin**, ces personnages offrent le support du processus d'identification mis en œuvre par la lecture ; autrement dit, chaque lecteur peut se projeter sur le personnage qui peut devenir un reflet, un exemple, un modèle, voire un porte-parole]. [**En effet**, lorsque Gargantua progresse grâce aux préceptes humanistes de Ponocrates ou grâce à l'exemple donné par le jeune Eudémon qui parle et se comporte avec tant de vertu, c'est en réalité le lecteur lui-même qui progresse, qui découvre une réflexion sur l'esprit et la vertu. Le cheminement accompli par le jeune géant est celui du lecteur auquel le romancier dévoile les erreurs de la réalité, qu'il guide dans cette période charnière entre le Moyen Âge et les Temps modernes. La « quintessence » révélée par le roman, dont le narrateur, Alcofribas Nasier est l'abstracteur comme le souligne le sous-titre, devient celle qui s'impose au lecteur désormais instruit d'humanisme et d'évangélisme rabelaisiens. L'« illustre buveur » interpellé dans le prologue du roman est le lecteur qui pourra boire les paroles de Rabelais avec bonheur et satisfaction, qui apprendra à ouvrir les « Silènes » et à trouver en lui-même l'admirable « drogue fine » qui lui donnera le sens du réel et e l'être humain]. [**En réalité**, le personnage de Rabelais semble **donc** pouvoir tendre au lecteur un miroir assez vraisemblable, malgré sa dimension fictive et extraordinaire, car cela correspond au projet du romancier d'éclairer et d'instruire son lecteur sur les réalités de son identité et de son âme].

> Le contexte historique de l'œuvre est l'appui d'une argumentation efficace.

> Ajout de quelques courtes citations empruntées au prologue de l'œuvre.

> On clôt la sous-partie en rappelant ce qu'elle a montré et la reliant au problème de la vérité soulevé par le sujet.

Conclusion

[**En conclusion**, le personnage romanesque de Rabelais semble à la fois tenir de la fiction et de la réalité ; il est factice lorsqu'il est issu des chimères mises en place par un romancier soumis à la frénésie ludique de l'imagination ; il est véridique quand il est le reflet d'une époque, de l'être humain ou du lecteur lui-même]. [**Mais** cette aporie n'est-elle pas destinée à être dépassée ? Pour répondre à Jean Giono qui affirme que « tout est faux », rien n'est faux, y compris le plus fort des superhéros inimaginables sur terre, puisque l'art du romancier consiste justement à le faire accéder à notre réalité de lecteur, à lui donner une force de présence telle que chaque personnage qui nous a marqué reste inscrit dans notre mémoire et fait partie de notre vie, à la manière d'un être réel, parfois même plus fortement que nos congénères].

La conclusion commence par répondre directement à la problématique posée en introduction.

La conclusion se termine par une ouverture qui élargit le débat et propose une vision plus riche de la création et de la réception littéraires.

Fiche 44. S'entraîner sur un écrit d'appropriation

1. **Étude du texte support : Quels sont les éléments qui peuvent servir à la rédaction du texte attendu ?**

- **Genre littéraire** : roman naturaliste
- **Type de texte** : l'extrait mêle de la narration et des paroles de personnages.
- **Éléments importants de l'action** : confrontation entre deux points de vue : celui du père Bonnemort (acceptation passive de l'autorité) et celui d'Etienne Lantier (appel à la révolte pour libérer les ouvriers de l'exploitation patronale).
- **Présentation des personnages** : pour Lantier, la révolte passe par l'acquisition d'une conscience sociale et citoyenne et par le développement de la réflexion, notamment grâce à l'instruction. Lantier est un personnage engagé.
- **Lexique dominant** : lexique du contexte minier ; lexique de l'engagement chez Lantier (subjectivité, prises de position, argumentation)
- **Registres** : réaliste, polémique.

2. Analyse du sujet

■ **Quels sont les mots-clés ?**

- **Descendant des Maheu** : enjeu familial, fierté, affection : dominante affective, fondée sur des valeurs et des sentiments : arguments de valeur, lexique des sentiments.

- **Devenu médecin :** symbole d'ascension sociale, parcours d'une famille sur plusieurs générations, revanche sur les chefs : lexique de la profession médicale, du parcours social.
- **Sollicité par un journaliste dans le cadre d'une enquête sur les évolutions de la société + Dans la lettre qu'il lui adresse en réponse :** cela fixe la situation d'énonciation, cela donne des indications pour rédiger l'introduction de la lettre ; le locuteur répond à une demande (à rappeler en introduction et en conclusion) ; il s'adresse à un journaliste (on peut évoquer l'intérêt de ce métier et de cette enquête, la force du journalisme quand il rend compte des évolutions de la société) : pour interpeller le journaliste : questions rhétoriques, apostrophes, anaphores.
- **Il explique comment, en quelques générations, sa famille s'est libérée de la mine grâce à l'instruction :** le but est d'expliquer, pas seulement de raconter ; mais comme on démontre une évolution positive d'une famille, l'explication doit vite se transformer en argumentation. De même, on est obligé de donner à voir le regard que le locuteur porte sur cette évolution, sur sa propre ascension : registre pathétique pour évoquer les moments difficiles ; registre polémique pour dénoncer l'exploitation des ouvriers ; registre lyrique pour évoquer le sentiment presque amoureux qu'il peut ressentir pour l'instruction qui pourrait être sa muse.
- **Grâce à l'instruction :** éloge de l'instruction, c'est-à-dire du savoir, de la connaissance, du goût de l'étude, avec tous les procédés rhétoriques que cela suppose : mise en valeur, insistance, hyperboles, comparaisons..., gradations

■ **Quel est l'objectif du travail d'écriture ?** Le texte attendu est une **lettre**, à visée **explicative** ; mais le sujet sous-entend que vous devez aussi donner à la lettre une dimension **argumentative** (il faut valoriser l'instruction) ainsi que **narrative** (il faut raconter l'histoire d'une famille sur plusieurs générations).

■ **Dans quel objet d'étude s'inscrit-il ? Quels savoirs mobilise-t-il ?**

- **Le roman, ses personnages** (portraits, psychologie, paroles au discours direct), **la narration** (raconter dans l'ordre linéaire ou non linéaire ? avec des ellipses ? des ralentissements ?).
- **La lettre : présentation, codes d'énonciation :** prise en compte du destinataire, formules d'appel et de salutation finale.
- **L'argumentation :** regard subjectif du locuteur, marques de jugement, thèse à défendre, types d'arguments, liens logiques, présence d'exemples.
- **L'époque de Zola :** conditions de vie des ouvriers, la mine et son lexique (*coron*, *foyer*, etc.) ; ambition naturaliste de Zola ; métaphore de la germination chère à Zola (l'homme-plante qui pousse et mûrit pour gagner en liberté et en autonomie sociale et intellectuelle) ; autres textes de Zola vus dans l'année, ambitions naturaliste et dénonciatrice de Zola.

- **Quelles indications donne-t-il sur la façon de réaliser le travail attendu ?** Vous devez absolument veiller à la **cohérence** entre le récit de l'histoire de la famille Maheu et l'idée clé à démontrer (la valeur libératrice de l'instruction). La lettre doit **répondre à la demande d'un journaliste** dans le cadre d'une enquête à grande échelle sur les évolutions sociales.
- **Quelles qualités ce sujet fait-il espérer dans le travail final ?** On attend des qualités de **structuration** de la lettre, de développement cohérent de faits passés ayant encore une influence sur le présent. On attend également des qualités d'**argumentation** pour **défendre et louer l'instruction.** On attend aussi des **qualités culturelles** de recontextualisation de l'histoire de la famille Maheu (mines du XIXe siècle).

3. Recherche d'idées, organisation du texte

- **Plan du devoir**

– **Introduction** : présenter le **cadre** dans lequel s'inscrit la lettre, son objectif ; formule bienveillante vis-à-vis de l'interlocuteur. L'introduction fait un paragraphe à elle seule (saut de ligne + alinéa).

– **Développement : plusieurs étapes, donc plusieurs paragraphes :**

  - §1 : **aux origines : une famille asservie** : les conditions de travail, de vie ; le manque d'instruction : une famille « objet » ; mais déjà des personnages hauts en couleur et à l'esprit de révolte (présenter Étienne ; on peut même citer quelques-unes de ses paroles présentes dans le texte). Privilégier l'utilisation des registres polémique, pathétique, ironique, pourquoi pas tragique (lutter contre son destin).
  - §2 : **éloge de l'instruction** (on fait une pause dans la narration : cela casse l'effet chronologique qui risque de s'installer dans le devoir).
  - §3 : **effets produits par la suite pour la famille** : bénéfices de l'instruction, ascension sociale ; manière dont le locuteur est devenu médecin, ce que cela représente pour lui et les siens.

– **Conclusion** : adresse au journaliste pour rappeler le contexte de la lettre. **Bilan** sur cette libération financière, sociale, morale, intellectuelle ; mise en valeur de l'outil : l'instruction. **Ouverture** sur l'avenir : espoir que l'instruction se généralise à travers le monde.

– **Le lien entre les idées** : à l'aide de liens logiques, vous devez marquer les grandes **étapes de la lettre**, relier les idées, et notamment insister sur le **lien** entre l'**histoire de cette famille** et le **rôle de l'instruction.**

4. Texte rédigé

Monsieur Florent Maheu
10, rue de l'Hôpital
75000 Paris

Monsieur Eugène de La Plume
Journal « Évolutions sociales »
78, rue de l'Imprimerie
75000 Paris

Paris, le 20 juin 2019

Cher Monsieur,

J'ai lu avec intérêt votre article sur la notion d'« ascenseur social ». Vous dites, dans le courrier que vous m'avez adressé, que vous souhaitez poursuivre votre réflexion par une enquête d'envergure nationale au sujet des évolutions de la société, à laquelle vous me demandez de participer. Et c'est avec plaisir et fierté que j'accède à votre demande ! Oui, vous pourrez compter sur moi ! En doutez-vous un seul instant ? Je démarre d'ailleurs d'emblée ce témoignage que vous demandez, mais ce n'est pas sans émotion !

> Grammaire pour écrire : insertion d'une forme interrogative.

> L'introduction contextualise la lettre, rappelle ses motivations et ses enjeux, dans un style vivant.

Ainsi, je suis issu d'une famille ouvrière ; mes arrière-grands-parents travaillaient à la mine du Voreux, dans le Nord de la France ; j'ignore si vous avez entendu parler de cette mine : elle est tristement célèbre pour avoir été qualifiée de monstre par Émile Zola lui-même ! Ce brillant journaliste était en effet descendu dans la mine et avait recueilli de multiples impressions chez les ouvriers, mais toujours à mots couverts, car mes aïeux ne voulaient surtout pas perdre leur seul moyen de subsistance. Et oui, moi, médecin désormais reconnu, je suis issu d'une lignée d'ouvriers qui se sont écrasés face au poids des patrons, qui ont accepté le joug du travail ; le vieux Bonnemort, par exemple, est resté dans les annales familiales pour avoir prononcé ces mots si lâches : « Les chefs, c'est souvent de la canaille ; mais il y aura toujours des chefs, pas vrai ? inutile de se casser la tête à réfléchir là-dessus » ... Quelle honte ! Comment peut-on se soumettre ainsi à la loi du coron, à la suie de la houille, au souffle gargantuesque de la machine ? Mais je crois, en vérité, que le vieux Bonnemort était totalement démuni face à ce destin imposé, qu'il ne lui serait même pas venu à l'idée qu'il pouvait en être autrement, et qu'il n'avait qu'à avancer, avancer, avancer, jusqu'à ce que les dieux en décident autrement... Mais, de temps en temps,

> Réutilisation des connaissances culturelles acquises sur Zola et le contexte minier.

> Champ lexical de l'asservissement. Il faut avoir constitué un stock de mots liés au thème à aborder dans le devoir.

> Vous pouvez citer un bref passage du texte support.

> Hyperbole renforçant l'expression de l'indignation.

> Grammaire pour écrire : insertion d'une forme interrogative.

> Registre tragique.

une lueur brillait dans ses yeux : cela s'est raconté de père en fils, dans notre famille ; c'était quand un jeune homme engagé, nommé Étienne Lantier, prenait la parole pour s'opposer à Bonnemort : alors ce dernier, quoique bien défaitiste, semblait reprendre une étincelle de lucidité, mais qu'il n'avait pas la force de porter plus loin, le pauvre... Le mot d'ordre d'Étienne, c'était la révolte ; mais pas la révolte aveugle, non ! la révolte intelligente, instruite, même, dirais-je, la révolte « éclairée », comme on disait au temps de Voltaire. Et Étienne tentait sans cesse de motiver ses amis, de former un groupe de résistants. Il a laissé quelques pages de journal, dans lesquelles il parlait souvent de « moissons d'hommes » à faire germer pour prendre la relève, et il est resté légendaire pour avoir voulu être le plus fort. Sacré Étienne ! Ne dois-je pas lui rendre grâce aujourd'hui ? Et si je témoigne dans le cadre de votre enquête, c'est aussi pour lui rendre hommage, car ses idées ont permis à ma famille, et notamment aux enfants du vieux Bonnemort qui assistaient à ces débats houleux, de refuser d'être asservis à la mine et à l'ignorance.

Appui sur le texte support.

Référence culturelle enrichissante.

Grammaire pour écrire : insertion d'une forme interrogative.

Rappel de l'objectif de la lettre, pour souligner votre rigueur et la cohérence de votre devoir.

Oui, c'est bien cela qu'il nous a transmis : l'instruction ! Cette muse qui a permis à ma famille, génération après génération, de prendre conscience de la réalité sociale, d'ouvrir les yeux sur ses possibilités longtemps obscurcies par des arrivistes. Lire, écrire, mais aussi apprendre, c'est cela qui nous a sortis du monstre infernal de la mine qui broyaient nos corps et nos esprits ! D'ailleurs, Étienne a fini professeur, lui qui ne pensait qu'à apprendre et qu'à diffuser l'instruction tout autour de lui. Et son meilleur ami, le fils de Bonnemort, donc mon grand-père, l'a suivi dans le sillage de la connaissance : ensemble, ils ont lu ; ensemble, ils ont écrit, des poèmes, des articles de presse, des journaux intimes ; ensemble, ils ont transmis leur amour du savoir aux ouvriers qui arrivaient dans le coron, les pieds gelés et l'esprit embourbé. Quoi de plus beau ? Et dès qu'une école leur a proposé d'enseigner officiellement aux petits de la région, ils ont fait un pied-de-nez au patron du coron, entraînant derrière eux femmes et enfants. Ils avaient bien compris, eux, que le savoir était la plus noble activité de l'homme, la seule condition pour l'homme d'améliorer un tant soit peu sa misérable condition, de s'élever légèrement au-dessus de cette boue dans laquelle il était né, les deux pieds englués.

Passage à l'étape clé du devoir ; la valorisation de l'instruction, amenée peu à peu depuis le début de la lettre.

Question rhétorique au pouvoir persuasif ; grammaire pour écrire : insertion d'une forme interrogative.

Utilisation de connaissances culturelles sur ce que la littérature permet d'apprendre de l'homme.

Par la suite, tout a été très vite, cher monsieur ; vous me croirez aisément : les petits-enfants de Bonnemort sont allés à l'école dès leur plus jeune âge, et c'est comme si ce goût du savoir était inscrit dans leurs gènes ! Et moi, le dernier représentant de cette famille, j'ai pu bénéficier du même engouement ; très tôt, j'ai décidé de consacrer ma vie à la médecine ; oh, pas seulement pour soigner ces pauvres poumons noircis par la fumée – même si ce n'est plus par celle de la mine... –, mais pour me mettre au service de mes frères humains, tout comme Étienne et mon grand-père l'avaient fait en leur temps. Ils seraient fiers de voir les conditions dans lesquelles notre famille vit désormais, mais ils ne manqueraient pas de nous mettre en garde ; j'entends déjà la grosse voix d'Étienne : « Prends garde, p'tit gars ! n'oublie pas d'où tu viens : tu viens des livres, tu viens de l'instruction, tu viens de la révolte ! ».

Adresses au destinataire.

Figure de style de la prosopopée ; on fait entendre la voix d'un personnage absent. Cela donne vie au texte.

Voilà, cher ami ; je ne sais si ce témoignage vous suffira ; quelques larmes ont pu çà et là déformer des lettres en délavant l'encre... Pardonnez mon émotion, mais soyez assuré qu'elle n'est pas vaine ; elle marche main dans la main avec la fierté de cet héritage social et intellectuel que j'honore sans cesse. Cet héritage a libéré ma famille sur tous les plans, et il ne me reste plus qu'à souhaiter que mes propres enfants reconnaissent leur dette et continuent d'aimer apprendre. Apprendre !

Bilan de la lettre.

Ouverture ; projection vers l'avenir, espoir.

Votre dévoué, Florent Maheu

Fiche 45. S'entraîner sur un parcours associé à l'objet d'étude

Voici trois points de confrontation permettant de synthétiser les éléments de réponse à la question :

- **La correspondance entre l'état d'âme du personnage et l'atmosphère du lieu tel qu'il le voit :**

– Gervaise, inquiète (« douleur », « avec la peur d'y découvrir le corps de Lantier, le ventre troué de coups de couteau »), ressent de la douleur ; le lieu décrit est négatif et se situe sous le signe du pourrissement et de la saleté : « persiennes pourries », « les coins sombres, noirs d'humidité et d'ordure », « la moisissure du plâtre ».

- Emma, mélancolique et rêveuse (« la pensée de la jeune femme s'égarait dans ses vieux souvenirs », « un attendrissement »), trouve un écho à son ressenti dans le son de la cloche et dans les teintes délicates (« estompant leurs contours d'une teinte violette, plus pâle et plus transparente qu'une gaze subtile ») et les lignes sinueuses du paysage (« sinuosités vagabondes »).
- Fabrice, exalté, découvre un paysage sublime, admirable et chatoyant (« la vue qu'on avait de ces fenêtres grillées était sublime », « ravi par ce spectacle sublime », « admirant cet horizon qui parlait à son âme »).

▪ **Le point de vue du personnage :** les trois textes utilisent un point de vue interne.

▪ **La progression de la description :**

- Le lieu décrit par le regard de Gervaise est partagé en diverses trajectoires organisées spatialement (droite, gauche, bas, haut : « au-dessus », « à droite », « à gauche », « d'un bout à l'autre de l'horizon », « quand elle levait les yeux, au-delà »).
- Les regards de Fabrice et d'Emma passent d'un premier plan à l'horizon par le biais d'un élargissement : « d'abord les yeux de Fabrice furent attirés vers une des fenêtres du second étage », « à l'horizon à droite, au-dessus de la chaîne des Alpes », « et à l'autre extrémité de l'horizon » pour Fabrice ; « par les barreaux de la tonnelle et au-delà tout alentour », « au loin » pour Emma.

OBJET D'ÉTUDE

LA LITTÉRATURE D'IDÉES DU XVIe SIÈCLE AU XVIIIe SIÈCLE

Fiche 46

Rappel de cours : les genres de l'argumentation

Qu'est-ce que l'argumentation ?

Le discours argumentatif permet à un locuteur **d'exprimer ou de faire partager son opinion en essayant d'y faire adhérer son destinataire.** À travers un **acte de langage**, le locuteur transmet son engagement personnel et subjectif.

L'argumentation apparaît dans de **nombreux domaines** de la vie courante et de la création (la politique, la philosophie, la publicité, la littérature, le cinéma, etc.). Elle peut s'y exprimer **directement** (le locuteur affirme alors explicitement et directement sa thèse dans un discours relevant de la littérature d'idées) ou **indirectement** (le locuteur véhicule indirectement sa thèse, par le biais d'une fiction, le plus souvent un récit). Dans tous les cas, l'argumentation se fonde sur un fort **ancrage dans le réel** et dans les débats traversant la société contemporaine et interrogeant l'homme, ses valeurs, son identité, sa place dans le monde, sa relation à l'autre et à lui-même.

Le texte argumentatif s'appuie généralement sur des **valeurs** : quand elles sont partagées avec l'interlocuteur, le locuteur gagne en efficacité. Il s'agit donc d'inscrire le discours dans un **système idéologique** commun, de façon à créer une connivence et un terrain d'entente avec l'interlocuteur.

Ainsi, le locuteur peut s'appuyer sur des **valeurs rationnelles, morales, éthiques idéologiques, religieuses, esthétiques, culturelles, pragmatiques** ; il peut faire appel à des valeurs **individuelles ou collectives.** Par exemple, un texte qui dénonce l'esclavage peut s'appuyer sur la valeur de la liberté individuelle, mais aussi sur la valeur de la tolérance, ou encore sur celle de l'universalisme.

Les genres de l'argumentation directe

L'argumentation **directe** offre l'avantage de lever toute ambiguïté quant au message du locuteur, qui s'adresse directement et explicitement à son destinataire. On la trouve dans divers textes littéraires, dont **l'essai, la lettre, le manifeste, la préface, le pamphlet, le plaidoyer, le dialogue d'idées, la maxime, l'article de presse, le sermon.**

Les genres de l'argumentation indirecte

L'argumentation **indirecte** ne présente pas directement la thèse de l'auteur : le lecteur doit la comprendre, en déchiffrant le sens symbolique de la fiction mise en place. Elle permet au locuteur de soutenir l'attention du locuteur en le séduisant par une histoire plaisante, par exemple, tout en touchant à la fois des lecteurs profanes et des lecteurs avertis ; mais elle lui permet aussi de masquer sa pensée pour éviter la censure lorsque la liberté d'expression fait défaut. On la trouve dans divers textes littéraires, dont : **la fable, l'apologue, le conte, le conte philosophique, l'utopie, le dialogue théâtral ou romanesque, le poème satirique ou engagée, le roman ou le théâtre à thèse, le portrait de personnage, la description de lieu.** Un auteur peut avoir recours, dans un même texte, à de l'argumentation directe et indirecte ; pensez par exemple aux fables de Jean de La Fontaine : elles contiennent en général un récit fictif (argumentation indirecte) et une morale explicite argumentation directe).

Les genres du discours antique

Initialement, dans la rhétorique antique aristotélicienne, on distingue trois genres de l'argumentation en ce qui concerne les discours :

- Le genre **judiciaire** (le locuteur accuse ou défend, en s'appuyant sur les valeurs du juste et de l'injuste, du vrai et du faux, et le discours aboutit à un jugement en justice pour établir la vérité) ;
- Le genre **délibératif** (le locuteur conseille ou déconseille, en s'appuyant sur les valeurs de l'utile et du nuisible, du bien et du mal, et le discours aboutit à une prise de décision et a donc une forte dimension pragmatique) ;
- Le genre épidictique ou **démonstratif** (le locuteur loue ou blâme, en s'appuyant sur les valeurs du beau et du lait, et le discours aboutit à une évaluation subjective, tout en prenant une dimension esthétique importante à travers la beauté du discours).

Ces genres prennent des formes diverses : écrites ou orales, directes ou indirectes.

L'évolution du genre argumentatif du XVIe au XVIIIe siècle

Au XVIe siècle : la littérature humaniste

La **Renaissance** est une période de **renouveau** (nouvelle naissance) artistique et esthétique, issue de l'Italie du Quattrocento, que l'on découvre lors des guerres d'Italie (fin XIVe-fin XVe siècle) et lors de la venue d'artistes italiens fort appréciés des rois français. Le mouvement est **européen** et touche surtout les arts picturaux et la littérature. La **découverte de nouveaux mondes**, avec Christophe Colomb aux Amériques, Vasco de Gama aux Indes, Jacques Cartier au Canada, décentre le regard des Européens qui sont attirés par ces nouveaux espaces et ces nouvelles coutumes. La découverte de nouveaux peuples est l'occasion non seulement de s'enrichir intellectuellement, mais aussi d'opérer des confrontations morales et sociales entre ces peuples et les habitants européens. Les **scientifiques** étendent leurs connaissances, qui ouvrent aussi l'esprit (Copernic, Galilée, Ambroise Paré). Mais le **domaine religieux** est très instable. Les catholiques et les protestants s'affrontent lors de sanglantes guerres de religion jusqu'en 1598, date de l'édit de Nantes qui reconnaît, sous Henri IV, la diversité des croyances. Satire et questionnements ne sont donc pas absents.

C'est à cette époque que la **littérature de réflexion** se développe sur la place de l'homme dans le monde, la découverte d'autrui, le rôle des sciences dans la connaissance, entre autres. L'activité intellectuelle et littéraire est très intense. On a le goût de **l'érudition**. Le Français devient **langue** politique, mais aussi langue esthétique, remise à l'honneur par les poètes de La Pléiade qui l'enrichissent et la renouvellent. La littérature est animée par divers thèmes ou enjeux de débats : dire **l'amour** et le sentiment, parler de **soi** (l'individu surgit de la masse collective, au XVIe siècle), souligner les **valeurs morales** individuelles et nationales, **débattre** de l'éducation, de l'amitié ou du rôle du Prince.

Le mot « **humanisme** » vient du latin *humanitas* qui signifie « culture générale de l'esprit ». Avec **l'humanisme**, courant européen du XVIe siècle apparu à la **Renaissance**, mais baptisé tel quel seulement à la fin du XIXe siècle, l'homme trouve une place centrale, qui a été occultée pendant longtemps au bénéfice de la place de Dieu. Redécouvrant une nouvelle foi en l'homme, foi typique des auteurs antiques mais perdue au cours du Moyen Âge obscurantiste, les auteurs éprouvent le besoin de théoriser ceci, de livrer leurs réflexions. L'**invention de l'imprimerie** (1448), les premiers voyages de grands explorateurs à travers le monde et les récits qu'ils en font, la redécouverte des auteurs de l'Antiquité gréco-latine, sont des facteurs qui favorisent l'émergence de l'humanisme et la nécessité de recourir à l'argumentation pour **partager les idées**. Par **philanthropie optimiste**, il met l'homme au centre des réflexions, après l'obscurantisme du Moyen Âge. Il valorise l'Homme, met en avant les valeurs intellectuelles pour le faire **progresser** et l'améliorer. L'humanisme à proprement parler prend place au XVIe siècle, mais on parle encore de nos jours d'auteurs humanistes, qui ont foi en l'homme et en ses rapports avec le monde (exemple, Albert Camus ou Jean-Marie-Gustave Le Clézio). Cette **foi en l'homme** se traduit dans bien des domaines : François Ier fonde une bibliothèque recueillant des manuscrits de l'Antiquité ; sa sœur, Marguerite de Navarre protège les arts ; on redécouvre l'Antiquité et on favorise la *translatio studii* (transfert du savoir entre les pays et les auteurs) ; on fait de l'imitation des Anciens un principe de création et d'enrichissement de la création ; les universités se développent.

Parmi les auteurs qui développent la littérature d'idées, il y a Michel de Montaigne (1533-1592 ; dans ses *Essais*, publiés de 1580 à 1595, il mêle des réflexions sur l'homme en général et sur sa propre vie, tout en abordant de multiples domaines comme l'éducation, l'amitié ou la santé), Érasme (1466-1536 ; dans son *Éloge de la folie*, il donne la parole à la déesse de la folie qui critique la société et diverses catégories sociales comme le clergé et les courtisans), François Rabelais (1494-1553 ; dans ses récits souvent satiriques, relevant de l'argumentation indirecte, il aborde les questions de l'éducation, de la transmission du savoir, du pouvoir politique, de la religion, de la guerre : *Pantagruel* en 1532, *Gargantua* en 1534).

Au XVIIe siècle : la littérature morale

Le XVIIe siècle est celui de **Louis XIV** : faisant suite aux troubles de la Fronde, le long règne du Roi Soleil permet à la France de connaître une stabilité politique particulière. Le roi est conscient des bénéfices qu'il peut tirer du soutien des artistes à travers leurs écrits, ce qui l'amène à encourager fortement la création artistique et littéraire. Il met en place une administration centralisée, développe l'industrie et le commerce pour donner à la France une indépendance, cherche à étendre son pouvoir en Europe grâce à des guerres de conquêtes ruineuses, et soutient les jésuites en leur préservant des places d'importance dans la vie politique. Cette monarchie absolue de droit divin met donc en place tout un processus de glorification de la personne du roi qui est conscient du pouvoir de la littérature pour dénoncer la tyrannie, exalter la vertu, et divertir la noblesse, notamment à Versailles, en lui proposant des fêtes plaisantes. En cela, il encourage la création par le biais d'une **politique culturelle innovante** : premier mécène, il promeut les arts, il donne des gratifications mais en échange les artistes doivent plaire au pouvoir. Peu nombreux sont ceux qui résistent, comme Jean de La Fontaine.

Au début du XVIIe siècle, le pouvoir politique est étroitement associé à l'Église, et craint le désordre moral, social et politique de certains libres-penseurs. Ainsi les athées et les matérialistes, comme les Italiens Bruno et Vanini, sont interdits d'expression, voire condamnés au bûcher au début du XVIIe siècle. De même, les artistes libertins, prônant la liberté de pensée et le croire, sont réprimés, à l'instar du poète Théophile de Viau. Avec Louis XIV, la liberté de création et de pensée n'existe pas encore totalement : il faut plaire au roi pour être diffusé ; le pouvoir a le **droit de censure** sur les œuvres qu'il juge immorales ou non convenables. Il existe une censure préventive, qui intervient sur le texte, et une censure répressive, qui intervient sur le spectacle en lui imposant de suivre certains principes. Dans le but d'asseoir l'ordre dans la société comme dans les arts, Richelieu légalise et laïcise la censure en 1629, en la considérant comme un privilège royal alors qu'auparavant elle était uniquement sous l'autorité de l'Église. Mais, le roi subit quand même la forte influence de la religion, notamment du parti dévot, que la mère du roi, Anne d'Autriche, apprécie particulièrement. Ainsi, plusieurs pièces de Molière sont censurées, *Dom Juan*, Le *Tartuffe*. La **censure institutionnelle** est donc omniprésente au XVIIe siècle, ce qui amène par exemple Jean de La Fontaine à contourner les risques en se cachant derrière une esthétique de la gaieté et du divertissement en apparence inoffensive et apolitique, et derrière ses sources antiques, n'attaquant pas de front, et pratiquant un double discours par le biais des métaphores animales et de l'enchâssement des discours les uns dans les autres.

Au XVIIe siècle se développe la **littérature morale.** On appelle **moralistes** les auteurs qui, notamment sous Louis XIV, orientent leurs écrits vers la diffusion et la valorisation de la morale. Leur objectif est d'amener le lecteur à **réfléchir sur sa condition d'homme**, notamment par rapport à Dieu, sur sa conduite, sur ses vertus et ses vices en valorisant la figure de l'honnête homme. Ils recourent volontiers aux formes littéraires de la maxime et de la fable. Les auteurs majeurs sont François de La Rochefoucauld (1613-1680), qui publie ses *Maximes* entre 1668 et 1678 ; Blaise Pascal (1623-1662), qui, à travers ses *Pensées* publiées de façon posthume en 1669, fait l'apologie de la religion chrétienne face au constat de la misère humaine ; Jean de La Fontaine (1621-1695) qui, dans ses *Fables* (1668-1693), dénonce indirectement les défauts des hommes de son temps, des abus de pouvoir à l'envie en passant par l'avarice, ou encore l'évêque Jacques Bénigne Bossuet (1627-1704) qui devient célèbre par l'éloquence de ses *Sermons* (publiés de façon posthume en 1772) et ses *Oraisons funèbres* soulignant régulièrement la nécessité pour l'homme d'avoir la religion pour guide. Le théâtre prend une dimension morale, et les dramaturges y argumentent de façon indirecte : Molière (1622-1673) s'illustre particulièrement, avec son *École des femmes* (1662) qui prône la liberté individuelle ou son *Tartuffe* (1664-1669) qui dénonce l'hypocrisie des faux dévots.

La **maxime** est très en vogue à cette époque ; elle désigne une proposition dans un raisonnement logique. C'est une phrase brève, aux allures de proverbe, faite au présent de vérité générale, et contenant souvent une pointe satirique ou un jeu de mots sous la forme d'une antithèse ou d'un paradoxe. Son objectif est de frapper immédiatement le lecteur, par sa forme et par son fond, en lui délivrant un message moral sous la forme d'un précepte, d'une règle ou d'un jugement général, que son expérience concrète doit alors lui permettre d'éprouver. L'efficacité de la maxime tient essentiellement à sa brièveté : l'art du moraliste consiste à utiliser le juste mot au bon endroit, sans plus, ce qui déclenche son succès particulier dans les salons. Dans une visée moraliste, l'auteur de la maxime communique une vision lucide, rigoureuse et critique sur le monde, souvent empreinte de fatalisme puisqu'il s'agit davantage de constater et d'analyser que d'essayer de changer les choses. L'art de la maxime consiste à nous montrer les vérités que nous préférons garder cachées. François de **La Rochefoucauld** publie en 1664 recueils de *Maximes* portant en grande partie sur les mœurs de la cour : l'écriture piquante et dense s'accompagne d'un regard pessimiste sur la nature humaine, par exemple dans les maximes suivantes : « La clémence des princes n'est souvent qu'une politique pour gagner l'affection des peuples », « Ce que les hommes ont nommé amitié n'est qu'une société, qu'un ménagement réciproque d'intérêts et qu'un échange de bons offices ; ce n'est enfin qu'un commerce où l'amour-propre se propose toujours quelque chose à gagner ».

Au XVIIIe siècle : la littérature des Lumières

Au début du XVIIIe siècle, après la mort de Louis XIV et la fin de l'absolutisme, la société française change rapidement, menée par le jeune **Louis XV** qui incarne l'espoir du changement et la sortie de la ruine. L'aura dont il bénéficie ne dure pas longtemps, et la France connaît de nombreux troubles et difficultés, mais cela suffit pour diriger la France vers un autre état d'esprit qui la conduira en 1789 à la Révolution française. Dans ce **renouveau**, la notion d'**individu** émerge, accompagnée de la quête nouvelle du bonheur personnel ; l'idée d'égalité politique surgit également et l'on confronte souvent les Européens à des peuples étrangers qui vivent selon d'autres valeurs jugées plus saines.

- D'un point de vue scientifique, la **rationalité** s'impose dans l'exercice de la raison critique face aux préjugés religieux : les mathématiques, l'astronomie et la physique connaisse un essor extraordinaire, des inventions abondent comme la machine à vapeur ou la montgolfière.
- D'un point de vue économique, l'industrie et le commerce maritime se développent.
- D'un point de vue littéraire et culturel, les intellectuels se regroupent pour débattre de **nouvelles idées**, rapporter ce que des voyageurs ont vu à l'étranger, remettre en question les dogmes religieux qui aveuglent le croyant : c'est la **naissance du philosophe**, qui contrecarre bien souvent le pouvoir royal, ce qui l'amène à être exilé, comme Voltaire, ou emprisonnés, comme Diderot : le philosophe est celui qui exerce son esprit critique. La **lecture** se développe, avec l'accroissement de l'édition et de l'alphabétisation ; la vulgarisation du livre, sous différents formats, est un outil important pour la diffusion des idées.

Le XVIIIe siècle fait de la littérature une **arme de combat** pour acquérir ou préserver des **valeurs fondamentales** comme l'esprit critique, la liberté d'expression, l'égalité, la tolérance. Les écrivains sont souvent à la fois hommes politiques et philosophes. Ils se servent aussi bien de l'argumentation directe que de l'argumentation indirecte ; cette dernière leur apporte toutefois un bouclier contre la censure ou l'emprisonnement lorsque la critique se fait trop virulente ou trop directe. On les appelle les **philosophes**

des Lumières, pour reprendre l'expression forgée par le philosophe allemand Emmanuel Kant en 1784 dans son œuvre *Qu'est-ce que les Lumières ?* dans laquelle il associe les Lumières à la **sortie de l'obscurantisme** et à **l'ouverture d'esprit** qui fera de l'individu un homme libre, responsable et autonome. On combat pour l'avènement de la **raison** et de la pensée libre et rationnelle, pour la diffusion de la **connaissance** qui libère l'homme du joug des dogmes, pour la **liberté de croyance et d'expression**, pour l'acceptation du **bonheur** terrestre au détriment d'un hypothétique bonheur céleste. On prône le **progrès** dans tous les domaines : politique, religieux, scientifique, moral, social. Les auteurs majeurs sont Montesquieu (1689-1755) qui publie en 1721 ses *Lettres persanes*, dans lesquelles il imagine des lettres échangées entre des Persans venus voyager en Europe et découvrant de façon faussement naïve les mœurs et la société françaises notamment : cela lui permet entre autres de critiquer l'absolutisme royal et les dogmes religieux ; Voltaire (1694-1778) qui combat essentiellement contre l'Infâme, nom qu'il donne au fanatisme et qui s'exprime à la fois dans des articles (*Dictionnaire philosophique portatif*, en 1764) et dans des récits fictifs (*Micromégas* en 1752, *Candide* en 1759) ; Jean-Jacques Rousseau (1712-1778) valorise le contact de l'homme avec la nature et accuse la société de corrompre les dispositions naturelles de l'homme, notamment dans *Émile ou De l'éducation* (1762) ou encore sans son autobiographie, la première à exister, *Les Confessions* (1770) ; enfin, Denis Diderot (1713-1784) qui œuvre surtout pour la libre expression de la pensée et pour la tolérance à travers son *Encyclopédie* qu'il dirige avec d'Alembert (1751-1772), mais aussi à travers des récits comme *Supplément au voyage de Bougainville* (publié de façon posthume en 1796).

Le **mouvement des Lumières se diffuse en Europe** pendant tout le XVIIIe siècle. Touchant à la fois la littérature, la philosophie, la peinture ou encore la musique, il donne de l'homme une image optimiste, le rendant acteur de sa propre liberté avec l'aide du développement de son esprit critique et de sa connaissance : l'homme peut et doit **penser par lui-même.** C'est ainsi que des philosophes comme Locke, des scientifiques comme Newton, diffusent une forme de raisonnement scientifique rigoureuse qui tourne le dos aux préjugés idéologiques du passé. Les écrivains voyagent : Rousseau va en Angleterre, Diderot en Russie, Voltaire en Allemagne : le mouvement des Lumières n'est pas un mouvement national, mais bien un **mouvement européen**, favorisant la naissance d'une conscience européenne, appuyée sur la comparaison entre les différents pays et les différentes cultures, ce qui favorise le relativisme, et donc l'ouverture d'esprit et la réduction de l'obscurantisme. Les grands pays européens se rassemblent donc autour d'idées communes animées par la foi dans la raison : **l'exercice de l'esprit critique et analytique, la lutte contre les préjugés et les superstitions, le combat pour la liberté d'expression, pour la tolérance, l'égalité et la justice.** Le XVIIIe siècle devient le siècle des **idées subversives**, de la **contestation de l'ordre établi.** Ainsi, on défend la cause des femmes, on combat contre l'esclavage et on cherche à éveiller les consciences.

L'Encyclopédie est le fruit d'un travail collectif et collaboratif mené sur de nombreuses années, entre 1751 et 1772, réunissant plus de deux cents auteurs, dirigé par **Diderot et d'Alembert**. C'est le **projet d'édition majeure du XVIIIe siècle**, avec plus de soixante mille articles de dictionnaire définissant des concepts intellectuels, politiques, philosophiques, et plus de deux mille cinq cents planches de gravures et schémas illustrant les arts mécaniques et les techniques industrielles. Œuvre de diffusion des connaissances et de réflexion critique, elle symbolise à elle seule **l'esprit des Lumières** ce qui explique que, dès sa première année, elle est censurée. Symbolisant un nouveau rapport au savoir, c'est un outil de diffusion des idées exceptionnel, faisant le pari que l'accroissement de la connaissance libère l'individu du joug des dogmes et lui permet d'acquérir l'esprit critique nécessaire à l'autonomie de sa pensée : on veut éclairer l'homme. Ainsi, aucun domaine n'est exclu : médecine, botanique, philosophie, politique, métiers manuels... : on vise une connaissance complète et exhaustive. Le succès obtenu par *L'Encyclopédie* est immédiat et très important : les lecteurs comprennent vite qu'au-delà de la diffusion des savoirs, ce sont des combats politiques et moraux qui se jouent.

Les Lumières sont un **courant profondément humaniste** dans la mesure où il place l'homme au centre de la réflexion et lui accorde une foi totale dans sa capacité à progresser. Les philosophes attaquent les **institutions**, aussi bien du point de vue politique, que du point de vue social ou encore religieux. Ils interrogent la nature des **valeurs** qui fondent les relations politiques et sociales, et remettent en cause l'obéissance servile et aveugle à la tradition.

On critique le **pouvoir politique** : l'absolutisme, son hérédité, sa divinité sont remises en cause, au profit de la liberté du peuple de choisir son souverain : Montesquieu, Diderot et Voltaire soutiennent le régime de la monarchie parlementaire par exemple observée en Angleterre. Montesquieu valorise la séparation des pouvoirs.

On critique également le **pouvoir de l'Église** : son influence sur le roi, ses privilèges financiers, son conservatisme, son intérêt pour les affaires politiques éloignées des questions religieuses sont critiqués. Voltaire est anticlérical et dénonce le fanatisme religieux qu'il surnomme « l'Infâme » ; Rousseau, déiste, soit une religion naturelle sans intermédiaires entre l'homme et la divinité. Les Lumières ne critiquent pas la croyance, mais plutôt le système religieux et sa dimension superstitieuse.

On critique enfin la **société** : sa propension aux inégalités, avec ses trois ordres traditionnels (le clergé et la noblesse étant arbitrairement privilégiés, le tiers état étant défavorisé), son refus de considérer la capacité du peuple à s'intéresser aux affaires politiques sont décriés.

Depuis le XIXe siècle

Au XIXe siècle: la littérature sociale

Le XIXe siècle est le siècle où la littérature acquiert plus d'**autonomie** face au pouvoir politique; les auteurs s'affranchissent peu à peu du mécénat des grands du royaume, depuis la loi sur les droits d'auteur promulguée par Beaumarchais en 1791. Les penseurs romantiques se donnent pour mission de **guider** le peuple à travers des textes fictifs et non fictifs, en mettant en avant la **liberté** face à la tyrannie, le refus des impostures notamment politiques, le **respect des droits** fondamentaux de chacun, notamment des femmes et des enfants, le droit à l'éducation, le refus de la peine de mort. Les hommes de lettres sont plus que jamais aussi hommes politiques, à l'image de Chateaubriand ou de Lamartine. Avec l'essor de la modernité et l'industrialisation européenne, les artistes affirment de plus en plus la spécificité et la légitimité de leur rôle dans la société. La **presse** va vers son apogée et développe les articles de satire sociale et politique. Les auteurs majeurs de la littérature d'idées du XIXe siècle sont les suivants: Victor Hugo (1802-1885) qui s'engage politiquement et littérairement contre la tyrannie et l'abus de pouvoir de Napoléon III et qui se bat pour rétablir la justice et l'équité, dans *Les Châtiments* (1853); Émile Zola (1840-1902) s'engage en faveur du peuple et de l'éducation des ouvriers à la fois dans ses romans comme *L'Assommoir*, qui, d'après Zola lui-même, peut se résumer en une phrase: « Fermez les cabarets, ouvrez les écoles. L'ivrognerie dévore les peuples », mais aussi dans ses articles de presse: il reste célèbre pour sa lettre intitulée « J'accuse » dans le journal *L'Aurore* du 13 janvier 1898, dans laquelle il défend le capitaine Dreyfus accusé, sans preuve, d'espionnage; Jules Michelet (1798-1874), dans *La Sorcière* (1862), revient sur la chasse aux sorcières menées dans les siècles précédents mais interroge plus fondamentalement l'épreuve de la torture pour l'être humain.

Aux XXe et XXIe siècles: la littérature engagée

Au XXe siècle, la littérature d'idées s'enrichit des apports des nouvelles disciplines des **sciences humaines** comme la psychanalyse, la linguistique ou la sociologie. Le genre de l'essai se généralise, en parallèle avec l'ambition de **comprendre l'homme** dans toutes ses dimensions, y compris cachées et inconscientes. La première moitié du siècle est marquée par les deux guerres mondiales, qui révèlent l'horreur dont l'homme est capable, et la nécessité de **lutter** contre l'avènement de la barbarie. La pensée est dominée par l'**angoisse** et par l'**impératif de la résistance**. Les auteurs utilisent tous les genres de l'argumentation pour s'engager, pour refuser la complicité et pour lutter contre le déclin tragique de l'humanité. Par exemple, Louis Aragon (1897-1982) dénonce les malheurs de la guerre à travers des poèmes de son recueil *Les Yeux d'Elsa* (1942) et voit dans l'amour le seul refuge possible pour l'homme perdu dans le chaos. Robert Antelme (1917-1990), dans *L'Espèce humaine* (1947) qui est un témoignage doublé d'un essai, relate son expérience de déporté dans les camps de concentration nazis. Albert Camus (1913-1960), à travers le récit de la lutte de toute la ville d'Oran contre l'invasion de la peste, symbolise la lutte contre le nazisme, dans son récit *La Peste* (1947).

La deuxième moitié du XXe siècle essaie de reconstruire une **réflexion solide et éthique sur l'homme**, après l'épreuve de 39-45. Beaucoup d'auteurs s'engagent dans des **combats liés à l'égalité des hommes à travers le monde**, à la reconnaissance de certaines minorités ; par exemple Aimé Césaire (1913-2008), qui est à la fois écrivain et homme politique, s'engage pour faire reconnaître l'identité culturelle noire, dans son *Discours sur le colonialisme* (1950) qui relève de l'argumentation directe, mais aussi dans ses poèmes qui relèvent de l'argumentation indirecte (*Moi, laminaire*, 1982) en fondant le mouvement de la négritude. On cherche à valoriser la *diversité humaine*, notamment à travers des essais d'ethnologues comme Claude Lévi-Strauss (1908-2009), avec *Race et histoire* (1952) qui compare diverses sociétés et cultures du monde en dénonçant la notion d'ethnocentrisme qui bride notre regard sur autrui en nous enfermant dans les particularités de notre propre culture. La littérature appelle à **l'éveil des consciences** et questionne la **responsabilité individuelle** de chacun d'entre nous : depuis le XVIe siècle, elle est passée de l'individu seul face à Dieu à l'individu face à lui-même et à sa responsabilité collective ; l'écrivain rappelle le plus souvent possible le **rôle essentiel de l'artiste** dans un monde où les cloisonnements ont tendance à ressurgir sous l'effet de la peur de l'autre et des extrémismes ; ainsi Jean-Marie-Gustave Le Clézio (né en 1940) met en œuvre dans ses romans comme *Le Chercheur d'or* (1985) des liens entre les hommes par-delà les frontières, en harmonie avec la nature, ce qu'il affirme également dans le *Discours* qu'il prononce lors de la remise de son prix Nobel en 2008.

Fiche 47

La littérature d'idées du XVIe siècle au XVIIIe siècle : prolongement artistique et culturel

L'objet de l'argumentation est de soulever des débats, notamment sur la nature humaine, la place de l'homme dans la société, le rôle de la politique ou de la religion pour le collectif et pour l'individu. La littérature est en effet un moyen d'expression efficace, quelle que soit la stratégie d'argumentation choisie, est une arme de combat salutaire dans de nombreux contextes non seulement au XVIIe et au XVIIIe siècles mais encore de nos jours. Dépassant les frontières génériques, la critique touche toutes les formes de textes. Mais elle ne se limite pas à la littérature, car de nombreux artistes autres que des écrivains s'engagent dans leurs œuvres, soulèvent des débats, font part de leur point de vue sur un sujet particulier, bref argumentent à travers leur art

Ainsi, le **portrait en peinture et en photographie** est bien souvent le lieu de l'éloge ou du blâme de la personne représentée. Avec l'affirmation de l'individu, surtout au XVIIIe siècle, l'**art du portrait** prend son essor et participe de la communication du regard sur l'homme. Par exemple, les dirigeants politiques sont souvent représentés dans des portraits d'apparat, avec une dimension glorieuse, transformant l'individu représenté en personnages historiques. C'est le cas par exemple avec le portrait de Louis XIV en costume de sacre peint par Hyacinthe Rigaud, en 1701, où le roi occupe tout l'espace central du tableau, dans une posture valorisante et théâtralisée, avec de nombreux symboles du pouvoir royal disposés dans le tableau. Un autre exemple est le portrait de Marie de Médicis en reine triomphante, réalisé par Pétrus Paulus Rubens au début du XVIIe siècle, où la reine, également présentée en pied, porte des vêtements et des attributs qui signalent clairement son statut royal, dans une mise en scène allégorique qui transforme la reine en personnage divin. Ces deux portraits sont véritablement des célébrations de la figure royale.

À l'inverse, il arrive que le portrait soit dévalorisant et tourne à la **caricature** : l'œuvre d'art transmet alors un regard négatif sur le personnage représenté en soulignant ses défauts, de façon à ouvrir les yeux du spectateur sur la réalité. Le portrait prend alors une dimension satirique, à tel point qu'il peut être touché par la censure et seulement circuler sous le manteau en France après avoir été réalisé en Hollande. Ainsi, Romeyn de Hooghe représente le roi Louis XIV sous les traits d'un lion. En 1672, d'autres caricatures raillent les amours du roi ou même les dépenses inconsidérées qu'il effectue pour financer la guerre contre la Hollande ou la guerre de succession d'Espagne, à travers des portraits qui le représentent comme un prédateur.

Fiche 48

Rappel de cours : les outils techniques pour étudier le genre argumentatif

Questions à poser face à un texte argumentatif

Quand vous devez lire ou étudier un texte argumentatif, vous devez établir clairement sa carte d'identité en répondant aux questions suivantes.

- Quel est le **thème** abordé dans le texte ? (le thème est le sujet traité)
- Quelle est la **thèse** soutenue par le locuteur ? (la thèse est le point de vue soutenu ; la thèse réfutée est la thèse adverse, rejetée, combattue)
- Quel est le **but** du locuteur ?
- Quelle **stratégie** met-il en place pour parvenir à son but ?
- Quel **type de raisonnement** met-il en œuvre ?
- Quel **vocabulaire** emploie-t-il ?
- Par quels **procédés** marque-t-il son engagement ?
- Quels **arguments** et quels **exemples** utilise-t-il pour défendre thèse ? (les arguments sont les raisons ou les preuves utilisées pour faire adhérer à la thèse ; les exemples sont les références à des faits concrets, à des anecdotes, à des événements pris dans la réalité).
- Sur quelles **valeurs** fonde-t-il son discours ?

La visée et la stratégie du texte argumentatif

Le locuteur peut défendre sa thèse en décidant d'une **stratégie** : il peut vouloir **soutenir** sa propre thèse, l'étayer, par exemple à travers un plaidoyer ou une apologie ; il peut vouloir **réfuter** la thèse adverse, la détruire, par exemple à travers un pamphlet ou un texte polémique, de façon à montrer la faiblesse de la thèse adverse ou à la disqualifier directement.

Pour mettre en œuvre cette stratégie, le locuteur peut choisir de :

- **Convaincre**, en utilisant des arguments logiques, en s'adressant à la réflexion et à la raison de son destinataire (cause, conséquence, par exemple) ;

- **Persuader**, en utilisant des arguments affectifs, en s'appuyant sur l'émotion et les sentiments du locuteur (pitié, humour, par exemple) ;
- **Délibérer**, en pensant le pour et le contre pour aboutir à une décision, en envisageant de façon sage et mesurée les différents aspects de la question ;
- **Démontrer**, en utilisant un raisonnement scientifique et neutre, fondé sur des preuves avérées.

Un texte peut tout à fait mêler diverses stratégies pour être riche et efficace.

Les types d'arguments

Les **arguments** sont les raisons apportées par le locuteur pour justifier son opinion et montrer qu'il a raison de la soutenir et de vouloir y faire adhérer son destinataire. Il y a plusieurs **catégories** d'arguments :

- **L'argument logique** : il s'appuie sur l'enchaînement rationnel des événements, par exemple la cause, le but ou la conséquence d'un fait.
- **L'argument par analogie** : il effectue le rapprochement entre deux situations, ou entre une thèse abstraite et un exemple concret.
- **L'argument d'expérience (ou empirique)** : il est fondé sur l'observation et transforme un constat concret en vérité quasi absolue.
- **L'argument d'autorité** : il se place sous l'autorité indiscutable d'une personnalité reconnue ou d'une référence incontestée.
- **L'argument de valeur (ou axiologique)** : il s'appuie sur de grandes valeurs morales, sociales, intellectuelles, pratiques, esthétiques (le bien, la liberté, le beau, par exemple).
- **L'argument *ad hominem* :** il s'appuie sur un discrédit jeté sur un adversaire dont on réfute la thèse, de façon à le disqualifier.

Les exemples

Les **exemples** sont des **références concrètes** à certains événements, certaines anecdotes, certains faits de la vie courante, et qui permettent au locuteur de venir illustrer et concrétiser ses arguments. Les **exemples illustratifs** servent d'appui à l'argumentation ; les **exemples argumentatifs** sont tellement importants dans le développement d'une argumentation qu'on ne peut les y supprimer (à l'inverse des premiers) et qu'on leur attribue la valeur d'arguments.

Les types de raisonnements

Le **raisonnement** est la mise en œuvre par le locuteur d'une construction intellectuelle pour parvenir à ses fins, à travers un texte ou un passage de texte. Il y a traditionnellement **divers types de raisonnements**, que l'emploi de connecteurs logiques met le plus souvent en valeur ; un texte peut combiner différents types de raisonnements.

- **Le raisonnement déductif** : il va d'une règle générale à un cas particulier (par exemple, on part d'une règle scientifique pour voir en quoi elle s'applique à tel cas particulier).
- **Le raisonnement inductif** : il va d'un cas particulier à une règle générale (on part d'un exemple observé pour en tirer une loi générale).
- **Le raisonnement par analogie** : il établit une comparaison ou un rapprochement entre deux domaines différents.
- **Le raisonnement par l'absurde** : il souligne l'absence de validité et de logique de la thèse adverse, en présentant les conséquences incohérentes que cette dernière entraînerait.
- **Le raisonnement dialectique** : il oppose point par point la thèse soutenue et la thèse réfutée.
- **Le raisonnement par réfutation** : il contredit point par point les arguments soutenus par l'adversaire.
- **Le raisonnement concessif** : le locuteur admet (concède) la validité d'un argument de l'adversaire, mais pour mieux en souligner la faiblesse ou les limites et donc renforcer son propre argument ensuite (par exemple, on admet l'apport de telle découverte, mais on préfère souligner les avantages d'une autre découverte qui semble plus fondamentale).

La mise en place d'un dialogue

Il ne faut pas perdre de vue que le discours argumentatif, écrit ou oral, et la mise en œuvre d'un **dialogue entre deux personnes et deux thèses qui s'affrontent**. Le locuteur a tout intérêt à réussir à **impliquer** son destinataire pour qu'il se sente concerné et qu'il soit disponible à changer d'avis, par exemple. Ainsi, le locuteur peut s'adresser directement à son destinataire, le prendre à partie, l'interpeller ; il peut utiliser des **questions oratoires** qui vont établir une complicité entre lui et son destinataire ; il peut aussi s'appuyer sur des références culturelles qui établissent une connivence avec son destinataire ; il peut enfin tenter de séduire son destinataire, par exemple par la mise en confiance, par l'humour ou par la flatterie.

L'éloquence est l'art oratoire, la capacité à utiliser le pouvoir de la parole. Elle associe la maîtrise de la parole à celle de la gestuelle et des intonations de la voix, pour souligner le talent de la parole expressive.

La maîtrise du langage et de la réflexion

La rhétorique est la **maîtrise des techniques du discours.** Elle s'appuie sur le recours aux procédés stylistiques et à l'organisation du discours (type de raisonnement, hiérarchisation et développement des arguments, qualité et validité des exemples).

C'est dans la Sicile antique, alors colonie grecque, que les premiers traités oratoires et rhétoriques voient le jour. Après la chute des tyrans, au Ve siècle avant Jésus-Christ, des plaideurs interviennent en public pour faire en sorte que les propriétés privées qui ont été spoliées par les tyrans soient rendues à leurs propriétaires. Un dénommé **Corax** met par écrit un **ensemble de règles pratiques illustrées par des exemples**, dans son manuel *Technè rhétorikè*. D'autres orateurs, dont le philosophe grec Aristote, fixent ensuite les **normes de la parole publique** et théorisent **cinq opérations rhétoriques**, pour lesquelles on a gardé les dénominations latines :

- **L'inventio** (recherche des arguments) ;
- **La dispositio** (plan du discours) ;
- **L'elocutio** (recherche du style) ;
- **La memoria** (mémorisation) ;
- **L'actio** (mise en œuvre, animation et gestuelle).

Le cadre des discours rhétoriques est aussi fixé : on distingue **trois grands genres de l'éloquence** :

	Délibératif	**Démonstratif ou épidictique**	**Judiciaire**
But du locuteur dans son discours	Conseiller, déconseiller	Louer, blâmer	Accuser, défendre
Action faite par le destinataire après avoir entendu ou lu le locuteur	Prise de décision	Evaluation	Jugement
Valeurs principales mises en avant par le locuteur	Utile, nuisible	Beau, laid	Juste, injuste Vrai, faux

Fiche 49
Savoir utiliser des arguments et sélectionner des exemples pour la dissertation

ENTRAÎNEZ-VOUS !

Objet d'étude : La littérature d'idées du XVIe siècle au XVIIIe siècle.
Écrit de synthèse : Confronter des textes à partir d'une problématique commune.

Lisez les extraits suivants, composant un parcours sur la figure de l'homme de lettres, puis répondez à la question suivante, en veillant à fonder vos arguments sur des repérages textuels : Selon ces trois auteurs, quel est le rôle de l'écrivain ?

TEXTE 1 Jean-Jacques ROUSSEAU, *Discours sur les Sciences et les Arts*, 1750

Le philosophe se sert de la raison qui permet de comprendre le monde. C'est un grand et beau spectacle de voir l'homme sortir en quelque manière du néant par ses propres efforts ; dissiper, par les lumières de sa raison, les ténèbres dans lesquelles la nature l'avait enveloppé ; s'élever au-dessus de soi-même.

TEXTE 2 Victor Hugo, *Préface aux Contemplations*, 1856

Ma vie est la vôtre, votre vie est la mienne, vous vivez ce que je vis ; la destinée est une. Prenez donc ce miroir, et regardez-vous-y. On se plaint quelquefois des écrivains qui disent moi. Parlez-nous de nous, leur crie-t-on. Hélas ! quand je vous parle de moi, je vous parle de vous. Comment ne le sentez-vous pas ? Ah ! insensé, qui crois que je ne suis pas toi !

TEXTE 3 Jean-Marie-Gustave Le CLÉZIO, « Dans la forêt des paradoxes », discours lors de la remise du prix Nobel, 2008

Agir, c'est ce que l'écrivain voudrait par-dessus tout. Agir, plutôt que témoigner. Écrire, imaginer, rêver, pour que ses mots, ses inventions et ses rêves interviennent dans la réalité, changent les esprits et les cœurs, ouvrent un monde meilleur.

Fiche 50

Rédiger des micro-analyses pour le commentaire en s'appuyant sur la grammaire

ENTRAÎNEZ-VOUS !

Objet d'étude : La littérature d'idées du XVIe siècle au XVIIIe siècle.

Exercice 1

Voici un extrait de l'Histoire des oracles[1], *de Bernard de Fontenelle, intitulé « La Dent d'or », 1687. Appuyez-vous sur les rappels de cours du chapitre pour réaliser l'exercice suivant qui vous permettra de vous entraîner à insérer des micro-analyses dans un paragraphe de commentaire.*

Assurons-nous bien du fait, avant de nous inquiéter de la cause. Il est vrai que cette méthode est bien lente pour la plupart des gens, qui courent naturellement à la cause, et passent par-dessus la vérité du fait ; mais enfin nous éviterons le ridicule d'avoir trouvé la cause de ce qui n'est point.

Ce malheur arriva si plaisamment sur la fin du siècle passé à quelques savants d'Allemagne, que je ne puis m'empêcher d'en parler ici.

En 1593, le bruit courut que les dents étant tombées à un enfant de Silésie[2], âgé de 7 ans, il lui en était venu une d'or, à la place d'une de ses grosses dents. Horatius, professeur en médecine à l'université de Helmstad, écrivit, en 1595, l'histoire de cette dent, et prétendit qu'elle était en partie naturelle, en partie miraculeuse, et qu'elle avait été envoyée de Dieu à cet enfant pour consoler les chrétiens affligés par les Turcs. Figurez-vous quelle consolation, et quel rapport de cette dent aux chrétiens, et aux Turcs. En la même année, afin que cette dent d'or ne

1. Les oracles sont les divinations, les prophéties païennes des Grecs anciens.

2. Région située entre l'Allemagne, la Pologne et la République tchèque.

manquât pas d'historiens, Rullandus en écrit encore l'histoire. Deux ans après, Ingolsteterus, autre savant, écrit contre le sentiment que Rullandus avait de la dent d'or, et Rullandus fait aussitôt une belle et docte réplique. Un autre grand homme, nommé Libavius, ramasse tout ce qui avait été dit sur la dent, et y ajoute son sentiment particulier. Il ne manquait autre chose à tant de beaux ouvrages, sinon qu'il fût vrai que la dent était d'or. Quand un orfèvre l'eût examinée, il se trouva que c'était une feuille d'or appliquée à la dent avec beaucoup d'adresse ; mais on commença par faire des livres, et puis on consulta l'orfèvre.

Rien n'est plus naturel que d'en faire autant sur toutes sortes de matières. Je ne suis pas si convaincu de notre ignorance par les choses qui sont, et dont la raison nous est inconnue, que par celles qui ne sont point, et dont nous trouvons la raison. Cela veut dire que non seulement nous n'avons pas les principes qui mènent au vrai, mais que nous en avons d'autres qui s'accommodent très bien avec le faux.

1. ***Quel est le thème de ce texte ?***

2. ***Que critique l'auteur dans ce texte ? Reformulez sa thèse.***

3. ***Quelle est la stratégie argumentative suivie par l'auteur ? Pour répondre, dites s'il choisit une argumentation directe, indirecte ; puis dites s'il veut convaincre, démontrer ou délibérer.***

4. ***En utilisant vos réponses aux questions précédentes, rédigez un paragraphe d'une vingtaine de lignes pour répondre à la question suivante : en quoi ce texte est-il l'expression d'une satire ?***

Conseils pour vous guider pour la quatrième question

- Établissez d'abord le plan de votre paragraphe en organisant vos réponses précédentes.
- Pensez à employer la méthode A-D-I-C.
- Prouvez vos éléments de réponse en insérant des relevés textuels commentés.

Exercice 2

Grammaire : Les propositions subordonnées relatives et conjonctives circonstancielles.

Appuyez-vous sur les rappels de cours du chapitre pour réaliser l'exercice suivant sur un extrait du chapitre 57 de Gargantua *de François Rabelais, 1534 : il décrit la vie des habitants de l'abbaye de Thélème.*

Toute leur vie était gouvernée non pas par des lois, des statuts ou des règles, mais par leur bon vouloir et leur libre arbitre. Ils se levaient du lit quand bon leur semblait, ils buvaient, mangeaient, travaillaient, dormaient quand le désir leur en venait ; nul ne les réveillait, nul ne les forçait à boire ni à manger ni à faire quoi que ce soit. Ainsi l'avait établi Gargantua. Dans leur règlement, il n'y avait que cette clause :

Fais ce que tu voudras,

parce que des gens libres, bien nés, bien instruits, conversant en honnête compagnie, ont par nature un instinct, un aiguillon, qui les pousse toujours à agir de façon vertueuse et qui les éloigne du vice : ils le nommaient l'honneur.

[…] Par cette liberté, ils firent preuve d'une louable émulation pour faire tous ce qu'ils voyaient plaire à un seul. […] Ils étaient si noblement éduqués que pas un seul ni une seule parmi eux ne savait lire, écrire, chanter, jouer d'instruments harmonieux, parler cinq ou six langues dans lesquelles ils composaient aussi bien en vers qu'en prose.

1. ***Grammaire : Repérez dans le texte :***

- une proposition subordonnée conjonctive circonstancielle de cause
- une proposition subordonnée relative complément du nom

2. ***En quoi les principes de vie dans l'abbaye de Thélème véhiculent-ils une vision humaniste de l'homme ? Rédigez un paragraphe selon la méthode A-D-I-C.***

Fiche 51
Moment de grammaire

Objet d'étude: La littérature d'idées du XVIe siècle au XVIIIe siècle.
Grammaire: La phrase complexe.

Exercice 1

Analysez les phrases complexes mises en gras dans le texte ci-dessous. Pour chacune, vous séparerez par des crochets la proposition principale et la (les) proposition(s) subordonnée(s) dont vous indiquerez la nature exacte.

Voyez les rappels sur la phrase complexe en fiche 86.

À Pomponne[1]

À Paris, lundi 1er décembre 1664

Il faut que je vous conte une petite historiette qui est très vraie et qui vous divertira. Le roi se mêle depuis peu de faire des vers : messieurs de Saint-Aignan et Dangeau[2] lui apprennent comment il faut s'y prendre. **Il fit l'autre jour un petit madrigal[3], que lui-même ne trouva pas trop joli.** Un matin, il dit au maréchal de Gramont : « Monsieur le maréchal ; je vous prie, lisez ce petit madrigal, et voyez si vous en avez jamais vu un si impertinent. **Parce qu'on sait depuis peu que j'aime les vers, on m'en apporte de toutes les façons.** » **Le maréchal, lorsqu'il a fini de lire, dit au Roi** : « Sire, Votre Majesté juge divinement bien toutes les choses ; il est vrai que voilà le plus sot et le plus ridicule madrigal que j'aie jamais lu. » **Le Roi se mit à rire, et lui dit** : « N'est-il pas vrai que celui qui l'a fait est bien fat[4] ? - Sire, il n'y a pas moyen de lui donner un autre nom. - Oh bien ! dit le Roi, je suis ravi que vous m'en ayez parlé si bonnement[5] ; c'est moi qui l'ai fait. - Ah ! Sire,

1. Marquis, ami de Madame de Sévigné.
2. Deux courtisans du roi Louis XIV.
3. Petit poème de forme très élaborée.
4. Vaniteux.
5. Naturellement.

quelle trahison ! Que Votre Majesté me le rende ; je l'ai lu brusquement. - Non, monsieur le maréchal, les premiers sentiments sont toujours les plus naturels. » Le Roi a fort ri de cette folie, et tout le monde trouve que voilà la plus cruelle petite chose que l'on puisse faire à un vieux courtisan. Pour moi, qui aime toujours à faire des réflexions, **je voudrais que le Roi en fasse là-dessus pour qu'il puisse juger par là combien il est loin de ne connaître jamais la vérité.**

Madame de SÉVIGNÉ, *Correspondance*

Phrase 1 : Il faut que je vous conte une petite historiette qui est très vraie

....

et qui vous divertira.

....

Phrase 2 : Parce qu'on sait depuis peu que j'aime les vers, on m'en

....

apporte de toutes les façons.

....

Phrase 3 : Le maréchal, lorsqu'il a fini de lire, dit au Roi.

....

Phrase 4 : Je voudrais que le Roi en fasse là-dessus pour qu'il puisse

....

juger par là combien il est loin de ne connaître jamais la vérité.

....

Exercice 2

Entraînez-vous à transformer les phrases simples suivantes en phrases complexes ; vous pouvez être amené à changer l'ordre des propositions ou le temps des verbes.

a) L'assemblée souriait. Mme de Grignan lisait la mettre de Mme de Sévigné sur la mort de Vatel.

b) On l'attendait avec impatience. Le feu d'artifice avait été annoncé.

c) Les nuages furent nombreux. Le feu d'artifice fut raté.

d) Vatel avait disparu. La cour poursuivit la fête.

e) Elle s'empresse d'écrire. Sa lettre part le jour même.

Fiche 52

Bâtir et organiser un plan de devoir

ENTRAÎNEZ-VOUS !

Objet d'étude : La littérature d'idées du XVIe siècle au XVIIIe siècle.

Exercice 1

Grammaire : Les propositions subordonnées conjonctives circonstancielles. Les relations logiques.

*Voici une fable de Jean de La Fontaine (*Fables*, livre IX, 1678). Lisez-la attentivement. Avant de répondre aux questions posées, vous pouvez essayer de formuler par vous-même l'enjeu de ce passage (la problématique) et/ou les axes de lecture que vous développeriez en commentaire.*

Un jour deux Pèlerins[1] sur le sable rencontrent
Une huître, que le flot y venait d'apporter :
Ils l'avalent des yeux, du doigt ils se la montrent ;
À l'égard de la dent il fallut contester[2].
L'un se baissait déjà pour amasser la proie ;
L'autre le pousse et dit : « Il est bon de savoir
Qui de nous en aura la joie.
Celui qui le premier a pu l'apercevoir
En sera le gobeur[3] ; l'autre le verra faire.
— Si par là l'on juge l'affaire,
Reprit son compagnon, j'ai l'œil bon, Dieu merci.
— Je ne l'ai pas mauvais aussi,
Dit l'autre ; et je l'ai vue avant vous, sur ma vie.
— Eh bien, vous l'avez vue ; et moi, je l'ai sentie. »

1. Voyageurs.
2. Se disputer, se quereller.
3. Celui qui la gobera, qui la mangera.

Pendant tout ce bel incident,
Perrin Dandin arrive : ils le prennent pour juge.
Perrin, fort gravement, ouvre l'huître et la gruge[1],
Nos deux messieurs le regardant.
Ce repas fait, il dit d'un ton de président :
« Tenez, la cour vous donne à chacun une écaille
Sans dépens[2], et qu'en paix chacun chez soi s'en aille. »

Mettez ce qu'il en coûte à plaider[3] aujourd'hui ;
Comptez ce qu'il en reste à beaucoup de familles,
Vous verrez que Perrin tire l'argent à lui,
Et ne laisse aux plaideurs[4] que le sac et les quilles[5].

1. *Voici des arguments permettant de construire un axe de lecture :*

- *le rythme de la narration ;*
- *la vivacité du dialogue ;*
- *le dynamisme de la morale.*

Formulez le titre de l'axe de lecture qui pourrait regrouper ces trois arguments. Relevez dans le texte une preuve ou un exemple pour illustrer ces trois arguments.

2. *Voici l'intitulé d'un autre axe de lecture pour étudier ce passage : la satire de la justice incarnée par Perrin Dandin. Étudiez le texte en fonction de cet axe, de façon à formuler trois arguments différents, illustrés par des références textuelles. Classez ces arguments.*

3. *Voici des éléments relevés dans le texte : formulez l'axe de lecture qui pourrait s'articuler autour de ces éléments :*

- *Les défauts des plaideurs, égoïstes et agressifs : « du doigt ils se la montrent », « À l'égard de la dent il fallut contester », « L'autre le pousse », « je l'ai vue avant vous, sur ma vie. / — Eh bien, vous l'avez vue ; et moi, je l'ai sentie ».*
- *Le désir et la pulsion à la place du droit : « Ils l'avalent des yeux », « Il est bon de savoir / Qui de nous en aura la joie », « je l'ai vue avant vous, sur ma vie. / — Eh bien, vous l'avez vue ; et moi, je l'ai sentie », « Perrin, fort gravement, ouvre l'huître et la gruge ».*
- *La mise en garde des honnêtes familles abusées : « Comptez ce qu'il en reste à beaucoup de familles », « aujourd'hui », « ce bel incident », « Perrin Dandin arrive : ils le prennent pour juge ».*

1. La mange, l'avale.
2. Sans frais d'argent.
3. Plaider en justice pour une affaire, la défendre.
4. Ceux qui veulent plaider leur cause, qui vont en justice pour cela.
5. C'est-à-dire pas grand-chose : il les chasse sans rien leur donner en échange.

4. *Formulez une problématique d'étude de ce texte.*

5. *Questions de grammaire :*

- *Repérez et analysez dans le texte une proposition subordonnée conjonctive circonstancielle de condition.*
- *Quelle relation logique implicite les deux points expriment-ils dans « Pendant tout ce bel incident, Perrin Dandin arrive : ils le prennent pour juge » ? Remplacez les deux points par une conjonction de subordination qui explicitera cette relation logique.*

Exercice 2

Voici un sujet de dissertation : Dans le domaine de la littérature d'idées, est-il nécessaire de plaire pour instruire ? Vous vous appuierez sur l'œuvre que vous avez étudiée pour répondre à cette question.

1. *Formulez une problématique permettant de traiter ce sujet de dissertation.*

2. *Voici deux arguments destinés à construire un premier axe de lecture : plaire au lecteur permet :*

- *de le séduire*
- *de l'amuser.*

Formulez le titre de ce premier axe d'étude de la dissertation.

> Ce 1er axe valide la thèse véhiculée par le sujet ; il fonde le devoir sur un socle clair.

3. *Quel deuxième axe de lecture, plus contradictoire, pouvez-vous proposer ? Quels arguments avancez-vous pour le soutenir ?*

> Ce 2e axe nuance et complète votre approche. Il ne s'agit pas de dire l'inverse de ce que votre 1er axe a dit, mais d'apporter certaines précisions pour considérer le problème sous un autre angle ou voir les limites des idées démontrées par votre 1er axe.

4. *On peut considérer que l'efficacité de l'argumentation est renforcée par la combinaison de ces deux principes, plaire et instruire. Prouvez-le à l'aide de deux arguments différent.*

> Ce 3e axe vous permet de dépasser les démonstrations de vos deux 1ers axes en apportant un éclairage nouveau au sujet et en dépassant la question binaire : plaire ou instruire ?

Conseils pour vous guider sur l'ensemble de cet exercice

- Cherchez dans un dictionnaire des synonymes des termes « plaire » et « instruire ». Vous préciserez ainsi votre approche du sujet et varierez votre expression.
- Listez des textes qui relèvent des argumentations directe et indirecte ; questionnez les objectifs poursuivis par leurs auteurs. Révèlent-ils une opposition entre « plaire » et « instruire » ? une équivalence ? une combinaison ?

Fiche 53

S'entraîner sur un sujet de commentaire

Objet d'étude: La littérature d'idées du XVIe siècle au XVIIIe siècle.

Grammaire pour expliquer le texte: Le présent de vérité générale.

Voici un texte relevant du domaine de l'argumentation. Faites son commentaire. Vous pourrez notamment vous appuyer sur l'analyse des valeurs du présent de l'indicatif.

Le voyager me semble un exercice profitable. L'âme y a une continuelle exercitation[1] à remarquer les choses inconnues et nouvelles ; et je ne sache point meilleure école, comme j'ai dit souvent, à former la vie que de lui proposer incessamment la diversité de tant d'autres vies, fantaisies et usances. [...] J'ai la complexion du corps libre et le goût commun autant qu'homme du monde. La diversité des façons d'une nation à autre ne me touche que par le plaisir de la variété. Chaque usage a sa raison. Soient des assiettes d'étain, de bois, de terre, bouilli ou rôti, beurre ou huile de noix ou d'olive, chaud ou froid, tout m'est un[2] ; et si un que, vieillissant, j'accuse cette généreuse faculté, et aurais besoin que la délicatesse et le choix arrêtât l'indiscrétion de mon appétit et parfois soulageât mon estomac. Quand j'ai été ailleurs qu'en France et que, pour me faire courtoisie, on m'a demandé si je voulais être servi à la Française, je m'en suis moqué et me suis toujours jeté aux tables les plus épaisses[3] d'étrangers.

J'ai honte de voir nos hommes enivrés de cette sotte humeur, de s'effaroucher des formes contraires aux leurs : il leur semble être hors de leur élément quand ils sont hors de leur village. Où qu'ils aillent, ils se tiennent à leurs façons et abominent les étrangères. Retrouvent-ils un compatriote en Hongrie, ils festoient cette aventure : les voilà à se rallier, et à se recoudre ensemble ; à condamner tant de mœurs barbares qu'ils voient. Pourquoi non barbares, puisqu'elles ne sont françaises ? [...] On dit bien vrai qu'un honnête homme, c'est un homme mêlé. [...] Et qui plus est, il me semble que je n'ai rencontré guère de manières qui ne vaillent les nôtres.

Michel de MONTAIGNE,
***Essais*, chapitre III « De la vanité », 1588**

1. Exercice.
2. Identique.
3. Fréquentées par.

Fiche 54
S'entraîner sur un sujet de dissertation

Objet d'étude: La littérature d'idées du XVIe siècle au XVIIIe siècle.

Faites la dissertation suivante:

Les fables de Jean de La Fontaine ne sont-elles destinées qu'aux enfants?

Vous développerez votre réflexion, en veillant à appuyer votre réflexion sur des exemples précis tirés de votre connaissance de l'œuvre.

Fiche 55
S'entraîner sur un écrit d'appropriation

Objet d'étude: La littérature d'idées du XVIe siècle au XVIIIe siècle.

Grammaire pour écrire: Le lexique (emprunts, dérivation, composition de mots). L'expression de la conséquence.

Sujet: Quelques années plus tard, l'un des Indiens Tupinambas qui avait reçu Jean de Léry raconte à son peuple, lors d'une cérémonie publique, l'arrivée et le séjour de cet Européen dans leur village du Brésil. Rédigez son récit.

Texte support: Jean de LÉRY, Histoire d'un voyage fait en la terre du Brésil, *chapitre XVIII, 1578.*

Combien que[1] nos Tupinambas reçoivent fort humainement les étrangers amis qui les vont visiter, si est-ce néanmoins[2] que les Français

1. Bien que.

2. Il est néanmoins certain que.

et autres de par deçà[1] qui n'entendent pas leur langage se trouvent du commencement merveilleusement étonnés parmi eux. Et de ma part, la première fois que je les fréquentai, qui fut trois semaines après que nous fûmes arrivés en l'île de Villegagnon, qu'un truchement[2] me mena avec lui en terre ferme en quatre ou cinq villages : quand nous fûmes arrivés au premier, nommé Yabouraci en langage du pays, et par les Français Pépin (à cause d'un navire qui y chargea une fois, le maître duquel se nommait ainsi), qui n'était qu'à deux lieues de notre fort, me voyant tout incontinent[3] environné de sauvages, lesquels me demandaient : « Marapé-dereré, marapé-dereré ? », c'est-à-dire : « Comment as-tu nom, comment as-tu nom ? » (à quoi pour alors je n'entendais que le haut allemand[4]) et, au reste, l'un ayant pris mon chapeau qu'il mit sur sa tête, l'autre mon épée et ma ceinture qu'il ceignit sur son corps tout nu, l'autre ma casaque qu'il vêtit, eux, dis-je, m'étourdissant de leurs crieries et courant de cette façon parmi leur village avec mes hardes, non seulement je croyais avoir tout perdu, mais aussi je ne savais où j'en étais. Mais comme l'expérience m'a montré plusieurs fois depuis, ce n'était que faute de savoir leur manière de faire : car faisant le même[5] à tous ceux qui les visitent, et principalement à ceux qu'ils n'ont point encore vus, après qu'ils se sont ainsi un peu joués des besognes[6] d'autrui, ils rapportent et rendent le tout à ceux à qui elles appartiennent. Là-dessus, le truchement m'ayant averti qu'ils désiraient surtout de savoir mon nom, mais que de leur dire Pierre, Guillaume ou Jean, eux ne les pouvant prononcer ni retenir (comme de fait au lieu de dire Jean ils disaient Nian), il me fallait accommoder de leur nommer quelque chose qui leur fût connue : cela, comme il me dit, étant si bien venu à propos que mon surnom[7], Léry, signifie une huître en leur langage, je leur dis que je m'appelais Léryoussou, c'est-à-dire une grosse huître. De quoi eux se tenant bien satisfaits, avec leur admiration Teh ! se prenant à rire, dirent : « Vraiment voilà un beau nom et nous n'avions point encore vu de Mair, c'est-à-dire Français, qui s'appelât ainsi. ».

1. Cela désigne les Européens.
2. Interprète.
3. Immédiatement.
4. Je ne comprenais rien.
5. La même chose.
6. Affaires, objets.
7. Nom de famille.

ENTRAÎNEZ-VOUS !

Objet d'étude : La littérature d'idées du XVIe siècle au XVIIIe siècle.

Lisez le libellé du sujet, puis complétez l'exercice ci-dessous.

1. *Étude du texte support : Quels sont les éléments qui peuvent servir à la rédaction du texte attendu ?*

- *Genre littéraire :* ....
- *Type de texte :* ....
- *Éléments importants de l'action :* ....
- *Présentation des personnages :* ....
- *Lexique dominant :* ....
- *Registre :* ....

2. *Analyse du sujet :*

- *Quels sont les mots clés ? Quelles pistes techniques, thématiques et lexicales révèlent-ils ?* ....
- *Quel est l'objectif du travail d'écriture ?* ....
- *Quel en est le point de départ ?* ....
- *Dans quel objet d'étude s'inscrit-il ? Quels savoirs mobilise-t-il ?* ....
- *Quelles indications le sujet donne-t-il sur la façon de réaliser le travail attendu ?* ....
- *Quelles qualités ce sujet fait-il espérer dans le travail final ?* ....

3. *Recherches d'idées, organisation du texte :*

- *Foire aux idées spontanées : répondez aux questions suivantes :*
  - *Le récit sous forme de discours : Quelle organisation allez-vous donner à votre récit ? Allez-vous mêler récit et réflexions ? Combinez-vous narration et description ? Utilisez-vous des paroles rapportées ?*
  - *Lors d'une cérémonie publique : Ce récit se transforme-t-il en réquisitoire ou en plaidoyer public ? Utilisez-vous les ressources de l'éloquence ?*
- *Recherche réfléchie d'idées :*
  - *Sur quelles valeurs appuyez-vous votre texte ?*
  - *Que reprenez-vous du contexte de l'humanisme et de la Renaissance ?*
  - *Quels discours connaissez-vous pour les avoir étudiés, lus ou entendus ?*
  - *Quels orateurs connaissez-vous ? Quelles sont leurs qualités ?*
  - *Quels textes sur l'Autre ou sur les Européens connaissez-vous ?*

- *Quels sont les arguments et les exemples que les auteurs y utilisent ?*
- *Quelles notions théoriques pensez-vous devoir utiliser ?*
- *Dans quels textes avez-vous déjà rencontré les procédés à utiliser pour renforcer l'efficacité oratoire du discours ?*

- *Organisation des idées :*
- *Le plan d'ensemble de votre devoir :*

  Introduction : ....

  Développement : ....

  Paragraphe 1 ....

  Paragraphe 2 ....

  Conclusion : ....
- *Le lien entre les idées :* ....

4. *Rédigez votre texte.*

Grammaire pour écrire : utilisez des emprunts lexicaux et l'expression de la conséquence dans votre texte.

....

....

....

....

Aide pour écrire : Rédiger un récit

....

....

....

....

Définition

Le **récit** romanesque met en œuvre de la **narration**, à laquelle on associe souvent **description** et **paroles de personnages.** On trouve également des passages de récit dans des extraits de théâtre, dans des lettres ou dans des fables, par exemple.

Outils

La rédaction d'un récit suppose d'utiliser les outils suivants[1] :

La narration

- **Déroulement d'actions** : succession ou juxtaposition d'actions en parallèle.
- **Temps du récit** : passé simple, passé composé ou présent de narration.
- **Point de vue du narrateur** : interne, externe, omniscient.
- **Ordre du récit** : chronologique ou non chronologique (un récit non chronologique est un récit dit *complexe*).
- **Récit complexe** : ellipse, scène, sommaire, analepse, prolepse.

La description

- **Caractérisation du personnage** : elle se fait de façon **directe** ou **indirecte : directement**, on décrit le personnage du point de vue physique, moral et social ; **indirectement**, on cite ses paroles ou ses pensées dont le lecteur peut induire des traits de caractère, on décrit le milieu dans lequel il vit, un lieu qui lui est attaché, ses relations avec autrui.
- **Description du décor et des lieux** : les lieux sont décrits pour eux-mêmes (dans une visée informative ou esthétique) ou en relation avec l'histoire ou les personnages ; ils peuvent revêtir une valeur symbolique : le *paysage-état d'âme*, par exemple, reflète les sentiments du personnage (un décor triste et fade évoque un esprit morose).

Les paroles de personnages

- Le personnage peut se parler à lui-même : il fait un **monologue** ; s'il le fait en pensée, sans parler, c'est un **monologue intérieur.** L'intérêt est de communiquer au lecteur les réflexions, les interrogations, les doutes du personnage. Cela favorise la compréhension que le lecteur peut avoir du personnage, et même l'identification. Le personnage quitte alors son statut d'être de papier pour prendre de l'épaisseur.
- Le personnage peut communiquer avec d'autres personnages par le biais du **discours direct,** du **discours indirect,** du **discours indirect libre,** du **discours narrativisé.**

1. Pour des compléments, reportez-vous aux fiches 29 et 30 sur le genre romanesque.

Fiche 56
S'entraîner sur un parcours associé à l'objet d'étude

Objet d'étude: La littérature d'idées du XVIe siècle au XVIIIe siècle.

Parcours associé: Notre monde vient d'en trouver un autre.

Écrit de synthèse: Associer des arguments et des citations.

Question : Quelles qualités des peuples du Nouveau Monde les textes proposés mettent-ils en relief ?

Pour répondre, listez les qualités des peuples du Nouveau Monde en les classant ; relevez des citations pour illustrer chaque qualité.

TEXTE 1 Jean de LÉRY, reproduit à la fiche 55

TEXTE 2 Michel de MONTAIGNE, *Essais*, Livre III, chapitre VI « Des coches », 1588

[Montaigne critique le comportement des colons européens dans le Nouveau Monde.]

La plupart de leurs réponses et des négociations faites avec eux[1] montrent que [ces hommes] ne nous étaient nullement inférieurs en clarté d'esprit naturelle et en justesse [d'esprit]. La merveilleuse magnificence des villes de Cusco et de Mexico et, parmi beaucoup d'autres choses semblables, le jardin de ce roi, où tous les arbres, les fruits et toutes les herbes, selon l'ordre et la grandeur qu'ils ont dans un jardin [normal], étaient excellemment façonnés en or, comme, dans son cabinet, tous les animaux qui naissaient dans son État et dans ses mers, et la beauté de leurs ouvrages en joaillerie, en plume, en coton, dans la peinture, montrent qu'ils ne nous étaient pas non plus inférieurs en habileté. Mais en ce qui concerne la dévotion, l'observance des lois, la bonté, la libéralité, la franchise, il a été très utile pour nous de ne pas en avoir autant qu'eux. Ils ont été perdus par cet avantage et se sont vendus et trahis eux-mêmes.

1. Les peuples indiens d'Amérique du Sud.

Quant à la hardiesse et au courage, quant à la fermeté, la résistance, la résolution contre les douleurs et la faim et la mort, je ne craindrais pas d'opposer les exemples que je trouverais parmi eux aux plus fameux exemples anciens que nous ayons dans les recueils de souvenirs de notre monde de ce côté-ci [de l'Océan]. Car, que ceux qui les ont subjugués suppriment les ruses et les tours d'adresse dont ils se sont servis pour les tromper, et l'effroi bien justifié qu'apportait à ces peuples-là le fait de voir arriver aussi inopinément des gens barbus, différents d'eux par le langage, la religion, par l'aspect extérieur et le comportement, venant d'un endroit du monde où ils n'avaient jamais imaginé qu'il y eût des habitants, quels qu'ils fussent, [gens] montés sur de grands monstres inconnus, contre eux qui non seulement n'avaient jamais vu de cheval mais même bête quelconque dressée à porter et à avoir sur son dos un homme ou une autre charge, munis d'une peau luisante et dure et d'une arme tranchante et resplendissante, contre eux qui, contre la lueur qui les émerveillait d'un miroir ou d'un couteau, échangeaient facilement une grande richesse en or et en perles, et qui n'avaient ni science ni matière grâce auxquelles ils pussent, même à loisir, percer notre acier ; [...] ; des peuples surpris, sous une apparence d'amitié et de bonne foi, par la curiosité de voir des choses étrangères et inconnues.

TEXTE 3 Claude LÉVI-STRAUSS, *Tristes Tropiques*, 1955

[Lors d'une expédition au Brésil, en 1938, l'ethnologue Claude Lévi-Strauss a partagé le quotidien d'un peuple indien, les Nambikwara.]

Dans la savane obscure, les feux de campement brillent. [...] Auprès des hottes emplies des pauvres objets qui constituent toute une richesse terrestre ; couchés à même la terre qui s'étend alentour, [...] les époux, étroitement enlacés, se perçoivent comme étant l'un pour l'autre le soutien, le réconfort, l'unique secours contre les difficultés quotidiennes et la mélancolie rêveuse [...]. Le visiteur [...] se sent pris d'angoisse et de pitié devant le spectacle de cette humanité si totalement démunie ; écrasée, semble-t-il, contre le sol d'une terre hostile par quelque implacable cataclysme ; nue, grelottante auprès des feux vacillants. [...] Mais cette misère est animée de chuchotements et de rires. Les couples s'étreignent comme dans la nostalgie d'une unité perdue ; les caresses ne s'interrompent pas au passage de l'étranger. On devine chez tous une immense gentillesse, une profonde insouciance, une naïve et charmante satisfaction animale, et, rassemblant ces sentiments divers, quelque chose comme l'expression la plus émouvante et la plus véridique de la tendresse humaine.

Corrigés du chapitre 7

Fiche 49. Savoir utiliser des arguments et sélectionner des exemples pour la dissertation

1. L'homme de lettres est un sage qui sait guider ses semblables dans la découverte d'eux-mêmes et du monde qui les entoure.

2. L'homme de lettres est le double du lecteur, un représentant de l'espèce humaine.

3. L'homme de lettres est un homme d'action dont les mots sont les armes pour le bienfait de l'humanité.

Fiche 50. Rédiger des microanalyses pour le commentaire en s'appuyant sur la grammaire

Exercice 1

1. Dans ce texte, Fontenelle aborde le **thème** de la croyance dans les miracles, notamment dans le domaine scientifique.

2. Fontenelle **critique** ici les préjugés non seulement dans le domaine de la recherche scientifique, mais aussi dans les domaines de la croyance et de la religion. Sa critique vise donc l'obscurantisme. Sa **thèse** est la suivante : il faut vérifier avant de tirer des conclusions hâtives, fondées sur des erreurs de méthode conduisant à de fausses vérités. Fontenelle fait donc ici l'apologie de la vérité, à travers un plaidoyer pour la réflexion rationnelle : c'est à cette seule condition que l'homme atteint l'autonomie d'un jugement libre, rationnel et fondé.

3. Fontenelle combine **l'argumentation directe** et **l'argumentation indirecte. En effet**, les paragraphes 1, 2 et 4 relèvent du genre de **l'essai**, où l'auteur parle en son propre nom (« nous », « je », emploi du présent de l'énonciation) ; le paragraphe 3 relève du genre de **l'apologue**, bref récit à portée didactique, qui s'appuie sur une anecdote (« le bruit courut »). Il y a **donc** un récit fictif inclus dans un discours direct. Fontenelle adopte une **stratégie** riche et variée : il veut **convaincre** le lecteur du bien-fondé de sa critique en inscrivant sa réflexion dans une logique rationnelle ; **ainsi**, il construit son texte de manière rigoureuse et logique, en annonçant sa thèse (« Assurons-nous bien du fait, avant de nous inquiéter de la cause »), puis en la renforçant grâce au raisonnement concessif (« Il est vrai que... ce qui n'est point »), puis en fondant sa démonstration sur le recours à l'anecdote de la dent d'or, dont il tire des conséquences élargies à d'autres domaines que la science, sur le modèle d'un raisonnement inductif allant d'un cas particulier à une règle générale (dernier paragraphe). Pour confirmer sa thèse, Fontenelle emploie **donc** des arguments logiques (« Cela veut dire que [...] très bien avec le faux »), par analogie (« d'en faire autant sur toutes sortes de matières »), d'expérience (l'anecdote racontée), de valeur (la vérité des faits). **D'autre part**, Fontenelle sait **séduire** son lecteur, de façon à susciter une complète adhésion. Pour cela, il l'interpelle directement pour créer les conditions d'un dialogue (« Figurez-vous », l'emploi du pronom personnel « nous » crée les conditions d'une complicité entre l'auteur et le lecteur propre à toucher affectivement le lecteur), il le fait sourire par ses arguments *ad hominem* qui discréditent les soi-disant savants (« Rullandus fait aussitôt une belle et docte réplique »), il émaille son texte de remarques ironiques (« afin que cette dent d'or ne manquât pas d'historiens, Rullandus en écrit encore l'histoire », « Figurez-vous quelle consolation ») ; parallèlement, comme le souligne l'adverbe « plaisamment », le conte d'une anecdote fondée sur une rumeur vise **aussi** à séduire le lecteur en l'égayant et en le divertissant.

Pour vous auto-évaluer

- Avez-vous suivi la méthode A-D-I-C ?
- Avez-vous fait suivre chaque argument par un relevé d'éléments pris dans le texte et commentés au fur et à mesure ?
- Avez-vous varié votre façon d'insérer vos relevés ?
- Avez-vous utilisé des liens logiques pour relier vos divers arguments ?

Si vous avez répondu « oui » à ces questions et si votre réponse contient les bons éléments techniques repris dans les réponses proposées dans le corrigé ci-dessous, alors votre paragraphe est satisfaisant.

Voici le plan que votre paragraphe peut suivre :

1. Annoncez **l'idée dominante** du paragraphe (c'est un texte satirique).
2. **Argument n° 1** : c'est une satire des préjugés et du manque de rationalité : cela reprend la réponse à la question 2 et une partie de la réponse à la question 3 (celle sur l'art de convaincre le lecteur).
3. **Argument n° 2** : c'est une moquerie plaisante : cela reprend une partie de la réponse à la question 3 (celle sur l'art de séduire le lecteur).

4. Concluez en proposant un **bref bilan** (ce texte est une satire contre l'obscurantisme. Pour être efficace, il combine les atouts des argumentations directe et indirecte, du rationnel et de l'affectif).

Exercice 2

1.

- **Proposition subordonnée conjonctive circonstancielle de cause :** « parce que des gens libres, bien nés, bien instruits, conversant en honnête compagnie, ont par nature un instinct, un aiguillon, qui les pousse toujours à agir de façon vertueuse et qui les éloigne du vice » : complément circonstanciel de cause de la proposition subordonnée principale « Dans leur règlement, il n'y avait que cette clause ».
- **Proposition subordonnée relative complément du nom :** « qui les pousse toujours à agir de façon vertueuse » ou « qui les éloigne du vice » : propositions subordonnées relatives enchâssées dans la proposition subordonnée conjonctive circonstancielle de cause ; compléments du nom « aiguillon ».

2. [La vie de l'abbaye de Thélème est gouvernée par la liberté de l'homme]. [Cette liberté guide l'homme dans ses choix, car il est naturellement vertueux. **En effet**, son libre arbitre remplace des lois externes et s'appuie sur un sens instinctif de l'honneur. Cette utopie se fonde sur une morale élitiste pratiquée par des gens « bien nés et bien instruits », bénéficiant d'une éducation intellectuelle variée fondée sur le plaisir de la connaissance. Rabelais transmet ici une vision humaniste de l'homme : le mode de vie thélémite est fondé sur la foi en l'être humain, sur la confiance dans les choix qu'il fait naturellement et dans son usage de sa liberté qu'il régule de lui-même]. [Ce programme est **donc** bien emblématique de la pensée humaniste].

Étape A du schéma A-D-I-C ; on annonce l'idée.

Étapes D et I du schéma A-D-I-C ; on développe l'idée, on fait référence au texte.

Étape C du schéma A-D-I-C ; on conclut l'idée.

Fiche 51. Moment de grammaire

Exercice 1

Phrase 1 : [Il faut] : proposition principale.

[que je vous conte une petite historiette] : proposition subordonnée conjonctive complétive qui complète le verbe *faut*.

[qui est très vraie] et [qui vous divertira] : propositions subordonnées relatives qui complètent le nom *historiette*.

Phrase 2 : [Parce qu'on sait depuis peu que j'aime les vers] : proposition subordonnée conjonctive circonstancielle exprimant la cause.

[on m'en apporte de toutes les façons] : proposition principale.

La proposition subordonnée se trouve ici avant la proposition principale, ce qui enrichit le style et varie le rythme des phrases.

Phrase 3 : [Le maréchal… dit au Roi] : proposition principale.

[lorsqu'il a fini de lire] : proposition subordonnée conjonctive circonstancielle exprimant le temps.

La proposition principale est coupée par la proposition subordonnée, ce qui crée un effet de dynamisme.

Phrase 4 : [Je voudrais] : proposition principale.

[que le Roi en fasse là-dessus] : proposition subordonnée conjonctive complétive qui complète le verbe *voudrais*.

[pour qu'il puisse juger par là] : proposition subordonnée conjonctive circonstancielle exprimant le but.

[combien il est loin de ne connaître jamais la vérité] : proposition subordonnée conjonctive complétive qui complète le verbe *juger*.

Bilan : Les phrases complexes, comme celles que Mme de Sévigné emploie dans sa lettre, permettent d'enrichir véritablement le style et de rendre toutes les nuances de la pensée. Elles constituent un outil d'écriture essentiel dans la rédaction de vos écrits.

Exercice 2

a) L'assemblée souriait tandis que/parce que Mme de Grignan lisait la lettre sur Vatel.

b) Depuis que le feu d'artifice avait été annoncé, on l'attendait avec impatience.

c) Les nuages furent tellement nombreux que le feu d'artifice fut raté.

d) Bien que Vatel ait disparu, la cour poursuivit la fête.

e) Elle s'empresse d'écrire pour que sa lettre parte le jour même.

ASTUCES

Vous pouvez combiner plusieurs phrases complexes en une seule, selon l'exemple suivant qui cumule plusieurs des phrases complexes de l'exercice ci-dessus : *Depuis que le feu d'artifice avait été annoncé, on l'attendait avec impatience ; mais les nuages furent tellement nombreux que le feu d'artifice fut raté, si bien que Vatel s'enfuit et qu'on ne le retrouva plus ; cependant, bien qu'il eût disparu, la cour poursuivit la fête.*

Fiche 52. Bâtir et organiser un plan de devoir

1. **L'axe de lecture regroupant ces trois arguments pourrait s'intituler :** Une fable plaisante et vive. *Tout titre mettant en avant la notion de plaisir de la lecture et de divertissement convient ici.*

- **Le rythme de la narration :** histoire rapide d'un conflit tendant vers une vive chute, emploi du présent de narration (« rencontrent »), absence de liens logiques, hétérométrie (variété des types de vers employés dans la fable : alexandrins et octosyllabes).
- **La vivacité du dialogue :** dispute, les arguments échangés deviennent de plus en plus courts (vers 6 à 14), rythme haché par le rejet des verbes de parole au début des v. 11 et 13, interjections (« Dieu merci », « eh bien »).
- **Le dynamisme de la morale :** détachement par un blanc typographique, brièveté (4 vers), impératifs (« mettez », « comptez »), interpellation du lecteur (« vous verrez »), projection au futur (« verrez »), allitérations en [k] et en [r] soulignant l'agressivité de la morale, transformation de l'histoire contée dans la fable en argument d'expérience.

2. **La satire de la justice incarnée par Perrin Dandin :**

Argument n° 1 : Un juge intéressé.

Exemples : *il se sert du conflit à son propre avantage, il est ridicule dans sa résolution de l'affaire par la force et non par le jugement judiciaire, il renvoie chacun des pèlerins chez soi, donc se débarrasse artificiellement d'eux.*

Argument n° 2 : Un juge serein dans son injustice.

Exemples : *il est sûr de lui, il est expéditif (traite l'affaire en deux vers, v. 20-21), il emploie un « ton de président », mais n'est pas un véritable juge : c'est une parodie de juge, dont le ridicule est renforcé par la placidité et la sérénité ; les sonorités de son nom soulignent son ridicule avec les allitérations en [d] et les assonances nasales rappelant le mot « dindon ».*

Argument n° 3 : La justice considérée comme une coquille vide.

Exemples : *le jugement se solde par la remise d'une simple écaille (v. 20) : le geste est équitable, mais pas le traitement du conflit : le geste n'est ici qu'une apparence, le symbole d'une justice s'appuyant plus sur le paraître que sur l'être et ne se souciant pas d'être véritablement juste ; les trois protagonistes de la fable jouent un rôle ; les arguments des deux pèlerins n'en sont pas (ils sont fallacieux, aux v. 8 à 14) car ils s'appuient sur l'éventuelle primauté d'un sens corporel sur un autre.*

3. L'axe de lecture regroupant ces trois arguments est : La révélation critique des vices humains.

4. Voici une proposition de la problématique : Comment cette fable combine-t-elle sourire et satire ?

5. Questions de grammaire :

- **Proposition subordonnée conjonctive circonstancielle de condition :** « si par là l'on juge l'affaire », introduite par la conjonction de subordination « si », complément circonstanciel de condition de la proposition principale « j'ai l'œil bon, Dieu merci ».
- Les **deux points** expriment la conséquence (« si bien qu'ils le prennent pour juge » ou « donc ils le prennent pour juge »).

Exercice 2

Problématique : Dans quelle mesure le message d'une œuvre est-il soumis au plaisir que le lecteur éprouve à sa lecture ?

Il faut absolument veiller à exploiter votre connaissance de l'œuvre pour développer et illustrer les arguments proposés ci-dessous.

I. En effet, plaire au lecteur est une nécessité pour l'auteur qui veut l'instruire :

1. En cherchant à plaire, l'auteur séduit le lecteur et provoque son intérêt.
2. En cherchant à plaire, l'auteur amuse le lecteur et suscite son adhésion.

On aborde le mot « plaire » sous deux dimensions ; plaire affectivement, plaire intellectuellement.

II. Mais on peut instruire sans nécessairement chercher à plaire au lecteur :

1. Quand la vérité ne fait pas plaisir à entendre.
2. Quand la clarté et la rigueur du message nécessitent une primauté de la réflexion sur le plaisir.

Cette 2e partie montre les limites de la thèse sous-entendue par le sujet et défendue en 1re partie.

III. En fin de compte, l'idéal n'est-il pas de combiner les deux ?

1. Quand l'auteur combine message et fiction plaisante.
2. Quand le plaisir n'est pas gratuit : le plaisir de s'instruire.

On a dépassé l'antinomie proposée dans le sujet. C'est le but d'une 3e partie de dissertation ; ne pas en rester à une opposition sommaire, mais essayer de proposer une autre solution, plus subtile et plus riche.

Fiche 53. S'entraîner sur un sujet de commentaire

Commentaire semi-rédigé

Pistes pour une introduction

- Présenter la période de la Renaissance, le projet de Montaigne (*Essais* fondés sur des réflexions personnelles ; il crée la notion moderne d'individu)
- Problématique : Comment la réflexion personnelle de Montaigne sur le voyage se transforme-t-elle ici en véritable plaidoyer humaniste ?

I. L'évocation d'une expérience personnelle : le voyage.

[À travers une série de notes jetées au fil de la pensée, Montaigne s'appuie sur son témoignage personnel pour partager son plaisir du voyage].

> Introduction de partie ; idée clé et titres des sous-parties.

1. Un témoignage personnel

[Cet extrait des *Essais* offre une forte empreinte subjective]. [**En effet**, l'auteur dit « je » et s'exprime largement au présent de l'énonciation. Il s'appuie sur son expérience personnelle, qu'il convoque régulièrement comme un argument d'expérience : il évoque les moments où il a « été ailleurs qu'en France » ou encore certaines indigestions très concrètes. **En outre**, il modalise son propos avec le verbe « me semble », et livre sa vision personnelle du voyage, à travers des engagements fermes et assumés (« Chaque usage a sa raison »)]. [L'évocation du voyage se fonde **donc d'abord** sur une expérience personnelle retranscrite avec sincérité].

> Étape A du schéma A-D-I-C ; on annonce l'idée.

> Étapes D et I du schéma A-D-I-C ; on développe l'idée, on fait référence au texte.

> Étape C du schéma A-D-I-C ; on conclut l'idée.

2. Le plaisir du voyage

[**Mais** ce témoignage vise **aussi** à faire partager au lecteur le plaisir de voyager]. [**Effectivement**, Montaigne insiste sur son goût pour la découverte de « choses inconnues et nouvelles », en découvrant des « fantaisies » et le « plaisir de la variété ». Il affirme sa volonté délibérée et constante d'aller aux devants de ce plaisir (« me suis toujours jeté aux tables les plus épaisses d'étrangers ») et l'oppose à la peur que ses compatriotes ont de se trouver « hors de leur village ». Montaigne insiste sur le renouvellement systématique de ce plaisir, en accumulant les mots « continuelle », « incessamment », « toujours ». Ce plaisir prend sa source dans la multiplicité des choses à découvrir, comme le souligne l'emploi récurrent du pluriel pour les évoquer :

> Les crochets signalent les différentes étapes des sous-parties selon la méthode A-D-I-C.

« tant d'autres vies », « façons », « aux tables », « manières »]. [**Ainsi**, le voyage semble être pour Montaigne une occasion sans cesse renouvelée d'éprouver le plaisir de la découverte].

[Montaigne propose **donc** un témoignage fondé sur son expérience du voyage, **mais** il dépasse l'anecdote personnelle par une réflexion sur l'être humain].

II. Une réflexion sur l'être humain

[L'évocation du voyage est **en effet** l'occasion de transmettre certaines valeurs humanistes, en faisant l'éloge du relativisme et de l'ouverture].

1. L'éloge du relativisme et de la tolérance

[Montaigne fait du voyage une école de relativisme et de tolérance]. [**En effet**, le voyage est un « exercice profitable », ce qui est renforcé par la proche répétition de l'idée avec le nom « exercitation » : tout voyage offre un enseignement, celui de l'apprentissage de la relativité des choses. **Ainsi**, comme « chaque usage a sa raison », l'homme est appelé à se décentrer pour accepter les coutumes autres que les siennes, ce qui reflète la lutte des penseurs de la Renaissance contre l'étroit ethnocentrisme. Montaigne critique même les hommes qui refusent de faire preuve de tolérance vis-à-vis des « formes contraires aux leurs » : la critique se fait violente avec les termes hyperboliques « abominent » et « mœurs barbares », expression reprise de la bouche de ces « hommes enivrés de cette sotte humeur » : la critique est directe, généralisée par l'emploi du présent, et véhicule, en miroir inversé, l'apologie des hommes autres que ceux qui sont décrits dans le deuxième paragraphe]. [Montaigne combine **donc** éloge du relativisme et blâme de l'intolérance].

2. L'éloge de l'ouverture et du mélange

[Ce passage est **aussi** l'occasion de faire l'éloge de l'ouverture au monde et aux autres]. [**Ainsi**, Montaigne fait preuve d'un esprit d'ouverture certain : sa volonté de découvrir et de s'ouvrir aux autres est plus forte que sa propre envie du moment, comme il l'explique au début du texte. L'expression clé du passage, à valeur de proverbe par sa formulation brève et assertive au présent de vérité générale, placée sous l'égide du pronom universalisant « on », est : « On dit bien vrai qu'un honnête homme, c'est un homme mêlé » qui accueille en lui

Grammaire pour expliquer le texte : les valeurs du présent de l'indicatif.

diverses façons de considérer les choses, en étant disponible. La question rhétorique « Pourquoi non barbares, puisqu'elles ne sont françaises ? » souligne l'incompréhension de l'auteur face au refus de s'ouvrir aux autres mœurs. Décidé à argumenter et à faire changer d'avis un lecteur éventuellement fermé à la découverte d'autrui, il finit par un nouvel argument d'expérience avec le verbe « valoir » qui souligne l'apport positif des coutumes étrangères, à égalité avec les habitudes françaises]. [Cet éloge de l'ouverture reflète l'esprit d'ouverture européen qui anime les penseurs humanistes comme Montaigne.]

Pistes pour une conclusion : après le bilan de l'étude, proposez une ouverture sur la démarche humaniste encore d'actualité de nos jours à travers la fameuse expression « être un citoyen du monde », par exemple.

Fiche 54. S'entraîner sur un sujet de dissertation

Plan détaillé de dissertation : à adapter et à modifier selon les fables étudiées

Introduction

- **Présenter** l'auteur étudié ou la question de la mission et du destinataire de la littérature, et notamment des fables.
- **Citer** le sujet.
- **Formuler** la problématique.
- **Annoncer** le plan.

Aide pour analyser le sujet et formuler la problématique : la négation restrictive « ne… que » suppose un plan dialectique « oui… mais… ». La question soulevée est celle du public et du destinataire des fables de Jean de La Fontaine : qui est le lecteur privilégié ? les fables ont-elles plusieurs niveaux de lecture possibles ?

Attention

il faut illustrer les arguments ci-dessous à l'aide des fables que vous connaissez et qui composent la section étudiée en classe.

I. En effet, les fables se prêtent bien à une lecture d'enfant

1. En raison de leur univers particulier.

- monde animal ou végétal (ex. « Le Chat, la belette et le petit lapin »).
- effets de surnaturel ou de magie (ex. « Le Lion, le loup et le renard »).

2. En raison de leur dimension divertissante.

- attente et effets de surprise (« Les Deux coqs »).
- plaisir du récit (« Le Mari, la femme et le voleur »).

3. En raison de leur rythme.

- rythme du récit (ex. « Le Loup et le renard »).
- rythme des vers (ex. « Le Vieillard et les trois jeunes hommes »).

II. Mais les fables s'adressent surtout à un public adulte

1. Elles s'adressent à la Cour et au pouvoir.

- destinataire : le Dauphin (ex. avertissement initial).
- incarnation du roi à travers le Lion (ex. « Le Lion »).
- représentation des courtisans (ex. « « Le Lion, le singe et les deux ânes »).

2. Elles s'adressent à des aristocrates.

- intertextualité culturelle (ex. « Les Deux coqs »).
- clins d'œil à la société de cour (ex. « Les Deux coqs » également).

3. Elles s'adressent à un public averti.

- un public au fait des pratiques du pouvoir (ex. « Le Rat qui s'est retiré du monde »).
- un public capable de décoder le message implicite (ex. « Le paysan du Danube »).

III. Finalement, ne s'adressent-elles pas à un public large où chacun peut avoir sa place ?

1. Grâce à leurs personnages universels.

- anthropomorphisme (ex. « Les Souris et le chat-huant »).
- relations entre personnages, hypocrisie, violence, illusions (ex. « Le Songe d'un habitant du Mogol »).

2. Grâce à leurs récits plaisants.

- dynamisme (ex. « La Cour du lion »).
- esthétique de la variété (ex. « L'Aigle et la pie »).

3. Grâce à leurs morales généralisantes et universelles.

- inclusion du lecteur dans la morale (ex. « Les deux coqs »)
- une vérité générale (ex. « Le vieux chat et la jeune souris »).

Conclusion

- **Bilan** des trois grandes idées développées.
- **Ouverture** : élargissement à la portée de la littérature d'idées en général, outre les fables.

Fiche 55. S'entraîner sur un écrit d'appropriation

1. **Étude du texte support : Quels sont les éléments qui peuvent servir à la rédaction du texte attendu ?**

- **Genre littéraire** : récit de voyage.
- **Type de texte** : récit.
- **Éléments importants de l'action** : arrivée de l'étranger dans les villages brésiliens, interrogations des habitants de Yabouraci, cris et rapt puis récupération des affaires, révélation du nom.
- **Présentation des personnages** : description physique et morale du voyageur.
- **Lexique dominant** : lexique de la coutume, des mœurs, de l'évaluation (jugement moral, étonnement, comparaison avec soi-même), du relativisme.
- **Registres** : comique, épidictique, voire satirique, polémique si on oriente le discours vers la critique du comportement de certains colons européens.

2. Analyse du sujet

- **Quels sont les mots-clés ?**
- **L'un des Indiens qui avait reçu Jean de Léry** : le sujet demande un **changement de point de vue** ; le point de vue sera interne et devra faire part des réactions du locuteur (étonnement, joie, curiosité...).
- **Raconte à son peuple lors d'une cérémonie publique** : la situation d'énonciation impose un **discours public** qui mêle le récit et le commentaire. Il faut choisir le statut de ce locuteur : est-il un ancien, un chef ?
- **L'arrivée et le séjour de cet Européen** : c'est le **thème** du discours, qu'il faut assortir de **réflexions** sur la façon de faire de l'Européen, son intégration, son rapport à la langue qu'il ne connaît pas, son regard sur les Indiens, les paroles qu'il échange avec ceux-ci, sa réflexion sur les autres Européens qui se montrent parfois cupides ou violents face aux Indiens.
- **Quel est l'objectif du travail d'écriture ? reprise d'un texte** selon un autre point de vue. Il faut insérer un **récit** dans un **discours** public.
- **Quel en est le point de départ ?** le **témoignage** à la première personne par le voyageur lui-même, Jean de Léry.

– **Dans quel objet d'étude s'inscrit-il ? Quels savoirs mobilise-t-il ?** L'objet d'étude est **Vers un espace culturel européen : Renaissance et humanisme.** Il faut convoquer des **savoirs culturels** (le contexte des voyages de découverte du monde, la venue des Européens en Amérique du Sud) et des **compétences pratiques** (comment rédiger un discours public, comment raconter une scène selon un autre point de vue ?).

- **Quelles indications le sujet donne-t-il sur la façon de réaliser le travail attendu ?** Vous devez veiller à la **cohérence** entre la scène de départ et votre texte. On attend que vous fassiez preuve de pertinence quant au changement de point de vue : les **réactions** et les **valeurs** des personnages doivent différer, entre le texte de départ et celui d'arrivée. Vous devez équilibrer les reprises des divers éléments : actions, descriptions, paroles, réactions.
- **Quelles qualités ce sujet fait-il espérer dans le travail final ?** Votre texte sera un discours **dynamique**, empreint d'**éloquence**, faisant la part belle aux réactions et à la réflexion sur le comportement d'autrui. On attend que vous repreniez l'**esprit de l'humanisme.** Vous pouvez combiner l'éloge du relativisme et de l'ouverture à l'autre, et le blâme de l'aveuglement et de l'intransigeance face aux coutumes et aux réactions étrangères.

3. Recherches d'idées, organisation du texte :

- **Foire aux idées spontanées : répondez aux questions suivantes :**

– **Le récit sous forme de discours** : Quelle organisation allez-vous donner à votre texte ? Quels types de textes allez-vous combiner ?

– **Lors d'une cérémonie publique** : Ce récit se transforme-t-il en réquisitoire ou en plaidoyer public ? Utilisez-vous les ressources de l'éloquence ?

- **Recherche réfléchie d'idées :**

– Sur quelles valeurs appuyez-vous votre texte ?

– Que reprenez-vous du contexte de l'humanisme et de la Renaissance ?

– Quels discours connaissez-vous pour les avoir étudiés, lus ou entendus ?

– Quels orateurs connaissez-vous ? Quelles sont leurs qualités ?

– Quels textes sur l'Autre ou sur les Européens connaissez-vous ?

– Quels sont les arguments et les exemples que les auteurs y utilisent ?

– Quelles notions théoriques pensez-vous devoir utiliser ?

– Dans quels textes avez-vous déjà rencontré les procédés à utiliser pour renforcer l'efficacité oratoire du discours ?

4. Organisation des idées

- **Le plan d'ensemble de votre devoir :**

– Introduction : contextualisation du discours : qui parle, à qui, dans quelles circonstances, qu'est-ce qui motive ce discours ?

- Développement :
  - **Rappel des circonstances de l'arrivée de Jean de Léry et réactions des Brésiliens : arrivée, accueil, curiosité, étonnement, déguisement, épisode du nom.**
  - **Récit du séjour du voyageur et réactions des autochtones : inquiétude de Léry, interrogations, séjour (intégration, découverte des mœurs indiennes, langue, regard sur les villageois, comparaison avec les mœurs européennes, volonté de garder en mémoire ces rencontres). Ici, utilisez la grammaire pour écrire : insérez des emprunts à la langue indienne, dérivez des mots français de cette langue, recomposez des mots français à l'aide de mots indiens.**
- Conclusion : jugement moral sur cet épisode, évolution du village depuis le passage de l'Européen.

■ **Le lien entre les idées :** votre discours doit mêler narration, description, paroles rapportées et argumentation. Le récit s'articule autour de la **chronologie**, que vous devez souligner. Mais il faut aussi veiller à déduire des réactions psychologiques et des réflexions morales d'un fait raconté. Ici, **utilisez la grammaire pour écrire :** vous emploierez des liens **logiques**, notamment des propositions subordonnées conjonctives circonstancielles de conséquence.

Fiche 56. S'entraîner sur un parcours associé à l'objet d'étude

Les textes proposés dans le parcours mettent en relief les qualités des peuples du Nouveau monde suivantes :

■ **Qualités humaines et sociales :** sens de l'accueil, bonté, gentillesse : « Nos Tupinambas reçoivent fort humainement les étrangers amis » (texte 1), « bonté » et « échangeaient facilement une grande richesse » (texte 2), « immense gentillesse », « tendresse humaine » (texte 3).

■ **Qualités morales :**

- Ouverture à autrui, curiosité envers autrui : « Comment as-tu nom, comment as-tu nom ? » (texte 1), « peuples surpris, sous une apparence d'amitié et de bonne foi, par la curiosité de voir des choses étrangères et inconnues », « hardiesse », « courage » (texte 2). Le texte 3 n'évoque pas cet aspect car il se concentre sur les qualités humaines et sociales des Indiens.
- Pureté, innocence, proximité avec la nature : « profonde insouciance, une naïve et charmante satisfaction animale » (texte 3), statut de victimes (texte 2).
- Sagesse : honnêteté (texte 2), dénuement matériel et « expression la plus véridique de la tendresse humaine » (texte 3).

Les peuples décrits ici sont donc montrés comme supérieurs, humainement et moralement, aux Européens.

Objet d'étude

LE THÉÂTRE DU XVIIe SIÈCLE AU XXIe SIÈCLE

Fiche 57
Rappel de cours : le genre théâtral

Le genre théâtral

Le genre théâtral est **polymorphe**. Traditionnellement, il contient **deux sous-genres majoritaires**.

La tragédie

C'est une pièce mettant en scène des personnages **nobles** (des rois, des princes) héroïques combattant contre la fatalité. Ces héros sont soumis à leur **destin** ; souvent confrontés à un dilemme, le héros tragique ne peut éviter le dénouement programmé depuis le début de la pièce. Ce dénouement se solde en général par de la violence, une **mort**, un sacrifice. Quand une tragédie se termine bien, elle s'appelle **tragi-comédie.** Les sujets des tragédies sont inspirés de **l'Antiquité** ou de **la mythologie.** Une tragédie classique est écrite en **vers**, généralement en alexandrins, et a recours au style sublime (élevé). La tragédie doit inspirer au spectateur terreur et pitié, selon la théorie de la **catharsis** élaborée par Aristote au IVe siècle av. J.-C. Exutoire et purgation des passions, la catharsis amène le spectateur à se détourner naturellement du comportement vicieux ou immoral du héros qu'il voit souffrir sous le poids du destin, ce qui le rend meilleur. Pour cela, la dimension **pathétique** de la pièce est forte : souffrance, violence de la passion, incompréhension, impuissance sont le lot du héros tragique écrasé par des forces qui le dépassent. Par l'intermédiaire de cette catharsis, la tragédie a une portée **morale** : le spectateur, pris de terreur et de pitié face au destin du héros, se trouve libéré des émotions négatives et régule son comportement tout en se rendant disponible pour des émotions positives. Le **registre tragique** exprime dans le langage le sentiment d'impuissance du héros écrasé par des forces qui le dépassent.

La tragédie classique suit des **règles** souvent issues de la *Poétique* d'Aristote : la règle des **trois unités** (la pièce doit présenter une intrigue principale, organisée en un seul lieu et en 24 heures, de façon à paraître vraisemblable), le respect des **bienséances** (ne pas choquer ni moralement ni esthétiquement le public, correspondre à ses attentes en matière de représentation des personnages), la quête de la **vraisemblance** (l'intrigue doit paraître vraisemblable, faisable dans la réalité, de façon à ce que les spectateurs puissent s'identifier aux personnages et se reconnaître dans les situations représentées).

La comédie

C'est une pièce mettant en scène des personnages tirés de la **vie ordinaire** (des bourgeois, des valets, des paysans). Les personnages sont confrontés à un **conflit familial** (dispute, disparition, mariage), mais l'intrigue **se termine bien**, dans la résolution des conflits et le retour à la juste mesure. La comédie use de **diverses formes de comiques** : le comique de **situation** (la situation est déplacée ou paradoxale, elle repose souvent sur des quiproquos), de **mots** (jeux de mots, répétitions, défauts de langage ou de prononciation, insultes, doubles sens), de **gestes** (coups, chutes, grimaces), de **caractère** (défauts, manies, obsessions ridicules), de **mœurs** (attitudes, habitudes, dysfonctionnements d'un groupe social). Le vocabulaire de la comédie est **quotidien**, même si elle est le plus souvent écrite en vers à l'époque classique.

Cherchant à dénoncer ou à critiquer de façon divertissante les vices des individus et les défauts de la société, la **satire** met en place une critique moqueuse, passant souvent par le ridicule des comportements et des caractères. Le plus souvent, au-delà du défaut précis, c'est l'excès et l'exagération qui sont visés, et la juste mesure est louée. Ainsi, dans *Le Tartuffe,* Molière met en scène un Orgon ridiculisé par sa dévotion et sa naïveté face à l'imposteur qu'il a recueilli chez lui ; son beau-frère Cléante tente de le raisonner par sa sagesse et son esprit mesuré. Par là, la comédie classique réactualise le précepte du poète latin **Horace**, qui dit qu'il faut corriger les mœurs par le rire (« castigat ridendo mores »). Cette satire est donc le support d'une **visée morale** : la comédie ne cherche pas qu'à faire rire, elle doit aussi instruire en révélant les défauts humains

L'évolution historique du genre théâtral et de son esthétique

Des origines antiques au Moyen Âge : origines du théâtre, du sacré au profane

C'est dans la **Grèce antique** que le théâtre apparaît, au VIe siècle avant Jésus-Christ. Son apparition est liée à des rites d'origine **religieuse** : lors de cérémonies réalisées dans le cadre des **Dionysies**, fêtes dédiées à Dionysos, les édifices théâtraux sont utilisés pour des démonstrations d'acteurs, des combats ou des assemblées politiques. Ces Dionysies sont l'occasion de concours théâtraux entre auteurs qui présentent plusieurs pièces, dont des tragédies. Dès ses débuts, le théâtre est donc un art **communautaire**, développé à partir des célébrations officielles de la cité. Pendant les concours, on déclare une trêve sacrée (*ékécheiria*) : la cité est alors inviolable. Le mot « **tragédie** » signifie en grec « chant du bouc », car on offre un bouc en sacrifice au dieu, lors d'une procession autour de son autel. Eschyle (525-456 av. J.-C.) est considéré comme le fondateur de la tragédie, avec *Les Perses* par exemple, pièce inspirée des guerres gréco-perses.

Sophocle (495-406 av. J.-C.) continue le genre avec *Antigone* ou *Œdipe roi*, pièces inspirées de sujets mythologiques.

La **comédie**, dont le nom signifie « chant de la procession », naît dans le même contexte. Dans sa *Poétique*, Aristote écrit que l'art dramatique comique serait né d'une improvisation du coryphée, membre du chœur, donnant lieu à des chants entonnés lors de processions, qui entrent dans des cultes de fertilité, en l'honneur de Dionysos. Elle est une fête des **plaisirs du corps** où l'on aime à transgresser les **interdits**, parfois de façon grotesque. Aristophane (450-386 av. J.-C.) est le précurseur de la comédie littéraire, sophistiquée, par opposition à la comédie populaire, avec *Les Guêpes* (422 av. J.-C.) ou *L'Assemblée des femmes* (392 av. J.-C.).

Au cours de l'Antiquité grecque, le théâtre devient un **lieu de réflexion et d'éducation civique**, en évoquant les problèmes de la cité. La comédie sert à critiquer la cité et le gouvernement alors que la tragédie permet de démontrer la grandeur de la cité et l'importance des lois. Le théâtre se présente alors comme une **institution politique**, lieu d'interrogations fondamentales sur la cité et la place de l'homme dans celle-ci.

Les **Romains** ont légué un héritage durable dans le genre comique, avec Plaute (254-184 av. J.-C.) et Térence (190-159 av. J.-C.). En 392, les derniers concours sont interdits par un édit de l'empereur Théodose, en même temps que tout exercice de culte païen. Entre l'Antiquité païenne et le Moyen Âge, il y a peu de traces de pièces de théâtre, dont les rituels semblent avoir été chassés par les invasions barbares.

Au Moyen Âge, le théâtre est en partie religieux, en partie profane. Le **théâtre religieux** comporte des pièces appelées **mystères, miracles** ou **légendes** : sur le parvis des églises, ces pièces, qui sont souvent des adaptations de passages des Évangiles bibliques, ont pour but de renforcer l'adhésion religieuse des spectateurs. Le **théâtre profane** comporte surtout des **moralités** et des **farces** ; dans ces dernières, les personnages et les intrigues sont issus de la vie quotidienne et le comique est généralement carnavalesque, outrancier, voire obscène (par exemple, la célèbre *Farce de Maître Pathelin*).

À la Renaissance : nouvelle vivacité du théâtre

Ce siècle humaniste **redécouvre** le théâtre tragique antique et certains auteurs s'en inspirent, comme Jean de La Taille (*Saül le furieux*, 1572) ou Robert Garnier (*Les Juives*, 1583). Mais c'est surtout la **commedia dell'arte** qui marque le siècle. Il s'agit d'un théâtre populaire d'origine italienne, où les comédiens professionnels jouent des rôles typiques (Arlequin, Scaramouche, Pantalon, Brighella, Colombine) en improvisant collectivement à partir de canevas préétablis : le comique y est volontiers farcesque.

Au XVIIe siècle : l'âge d'or du théâtre

Suite à l'essor impulsé pendant la Renaissance, le XVIIe siècle est l'âge d'or du théâtre européen. Les **troupes de théâtre** se multiplient et se voient attribuer des lieux fixes, par exemple l'Hôtel de Bourgogne. Les pièces sont jouées avant d'être publiées. Dans la première moitié du siècle, le théâtre **baroque** a du succès, avec ses péripéties et ses invraisemblances, notamment dans des tragi-comédies comme *Le Cid* en 1637 de Pierre Corneille (1606-1684). Mais le XVIIe siècle est surtout le siècle qui élabore les **règles de la dramaturgie classique**, appliquées notamment par Jean Racine (1639-1699) dans ses tragédies (*Phèdre*, 1677), inspirées de la *Poétique* d'Aristote (IVe siècle av. J.-C.). La **tragédie classique** privilégie la mise en scène d'une tension souvent articulée autour d'un conflit (entre les personnages ou entre le héros et lui-même), se terminant de façon **funeste** ; les personnages y sont **exemplaires** et se montrent capables de sacrifices hors du commun, sacrifiant souvent leur amour, par exemple, à leur devoir politique ou à leur gloire (par exemple, dans *Bérénice* de Racine, en 1670). La **comédie classique** donne ses lettres de noblesse à ce genre jusque-là considéré comme vil ; Molière (1622-1673) la hisse même au rang de la tragédie. La comédie se donne alors pour mission de **corriger** tout en faisant **rire** (*castigat ridendo mores*, selon le poète latin Horace : châtier, c'est-à-dire corriger, les mœurs par le rire), en étant le miroir de la société et de l'homme (*L'École des femmes* en 1662, ou *Le Tartuffe* en 1664, de Molière) : on présente au spectateur l'image de l'**honnête homme**, qui constitue un idéal par sa sagesse et sa mesure. La comédie est un genre sous contrôle du pouvoir politique et religieux qui peut exercer la censure (*Le Tartuffe* et *Dom Juan* de Molière ont été censurés, par exemple). Dans la **comédie-ballet**, genre créé au XVIIe siècle, le texte est accompagné de musique et de danses (par exemple, *Le Bourgeois gentilhomme* de Molière utilise la musique de Lully, en 1670).

Le théâtre classique recherche l'**illusion théâtrale** : le but est que le spectateur oublie qu'il est au théâtre, de façon à ce qu'il puisse s'identifier aux personnages et donc éprouver la catharsis. Pour cela, on réduit la durée de l'action représentée en la limitant à une journée, de façon à ce qu'elle se rapproche de la durée du spectacle en lui-même. De même, les personnages représentés ne sont pas parfaitement vertueux et révèlent des défauts qui peuvent être ceux des spectateurs. Cette dimension **mimétique** est très forte dans la comédie, dont Molière vise à faire un véritable **miroir** de la société, en recherchant de près la ressemblance avec la société contemporaine : « Il faut peindre d'après nature » écrit-il dans *La Critique de l'École des Femmes* en 1663.

Le classicisme est d'abord l'expression d'une conception idéale de l'art : **l'art doit plaire et instruire**, selon le précepte antique « placere et docere », car l'imitation des Anciens est très importante puisqu'ils sont vus comme des modèles à égaler, ce qui donne leurs lettres de noblesse aux genres de la tragédie et de la comédie du XVIIe siècle. Il s'agit aussi d'atteindre une maîtrise de la création artistique : s'éloignant de la conception baroque, qui donne libre cours aux mouvements de la forme et des idées, l'art classique recherche avant tout la maîtrise par le biais du travail, de la méthode et du respect des règles : c'est un **art rationaliste**. Cet idéal moral et social s'appuie sur les notions de régularité, de sobriété et de rationalité : on réalise une véritable **esthétique de la mesure** qui symbolise l'harmonie, harmonie valorisée par Louis XIV car il veut en faire le symbole de son propre règne.

Au XVIIIe siècle : vers plus de réalisme et de légèreté

Avec l'essor de la bourgeoisie, qui considère la tragédie comme l'expression des nobles privilégiés, un genre nouveau apparaît : le **drame**, qui se libère des règles classiques perçues comme trop rigides pour favoriser la libre créativité individuelle et la représentation du réel. Il correspond à une histoire dramatique ayant pour fond le quotidien bourgeois contemporain, en mêlant réalisme et larmoiement, où la vertu triomphe souvent. Dans les **comédies**, des amourettes et des conflits entre maîtres et valets occupent une grande part de l'action, par exemple chez Pierre Carlet de Marivaux (1688-1763) avec *Le Jeu de l'amour et du hasard* (1730) ou chez Pierre-Augustin Caron de Beaumarchais (1732-1799) avec *Le Mariage de Figaro* en 1785.

Au XIXe siècle : vers un bouleversement générique

Le genre théâtral évolue fortement à cette époque. Des dramaturges comme Victor Hugo **rejettent les règles classiques** au profit du mélange des genres et des registres, plus à même de représenter le foisonnement de la vie. Le **drame romantique**, théorisé par Victor Hugo dans sa préface de *Cromwell* (1827), met en avant la nécessité de mêler les contraires puisque l'homme et la vie sont fondamentalement le lieu de contrastes et de dualités. Le refus des règles favorise la **liberté de la création** et permet aux auteurs d'éviter le carcan des règles qui régnaient sur le théâtre classique et que le XVIIIe siècle avait déjà commencé à contourner. La célèbre bataille d'*Hernani*, du nom d'une pièce de Victor Hugo (1830), oppose avec virulence les tenants de cette révolution romantique et ceux des règles classiques. La pièce d'Alfred de Musset (1810-1857), *Lorenzaccio* (1834), est le chef-d'œuvre du drame romantique. Parallèlement, le genre du **vaudeville**, né au XVIIIe siècle, prend son essor, notamment à la fin du siècle : **comédie sans message moral**, il représente une action quotidienne souvent fondée sur un comique de situation (quiproquos, adultères), comme dans *Le Voyage de M. Perrichon* (1860) d'Eugène Labiche (1815-1888) ou dans *Le Dindon* (1896) de Georges Feydeau (1862-1921).

Aux XXe et XXIe siècles : crises et renouvellements modernes

Le théâtre connaît de multiples bouleversements, notamment à cause des **progrès techniques** qui proposent de nouvelles manières de mettre en scène et donc de créer le texte théâtral : le rôle de metteur en scène se développe. La première moitié du XXe siècle voit l'arrivée d'un **théâtre poétique lyrique**, inspiré du symbolisme de la fin du siècle précédent (Paul Claudel, 1868-1955, avec *Le Soulier de satin* en 1929; Jean Giraudoux, 1882-1944, avec *Ondine* en 1939). La période précédant la Seconde Guerre mondiale puis **l'entre-deux-guerres** fait la part belle au **théâtre engagé** : le texte théâtral véhicule des messages politiques, notamment de lutte contre l'oppression et la dictature (avec par exemple l'Allemand Bertolt Brecht, avec *La Résistible ascension d'Arturo Ui*, en 1941). La scène théâtrale est perçue comme un microcosme où la lutte est possible, concomitamment à l'expression de l'angoisse existentielle liée aux interrogations sur le rôle et la place de l'homme dans le monde. **Après la Seconde Guerre mondiale**, les dramaturges privilégient l'expression du sentiment de **l'absurdité de la vie** : c'est un thème majeur, qui influe vite sur la forme même des œuvres qui perdent parfois toute cohérence logique, reflétant la perte de sens de la présence de l'homme sur terre et de l'illusoire maîtrise du sens et du langage : ainsi, Samuel Beckett (1906-1989) avec *En attendant Godot* en 1952, ou Eugène Ionesco (1909-1994) avec *La Cantatrice chauve* en 1950 : les personnages ne parviennent plus à communiquer : le théâtre se donne pour mission d'exprimer la **condition humaine. Depuis cette période**, le théâtre assume pleinement son affranchissement des règles et est un lieu d'expression et de création riche qui permet aux auteurs d'aborder l'homme du **quotidien**, ses rêves et ses désillusions (Jean-Luc Lagarce, *Nous, les héros* en 1997) ou des **questions philosophiques** (*Art*, Yasmina Réza, en 1994) ou des interrogations sur les **relations humaines** souvent difficiles ou violentes (*Dans la solitude des champs de coton*, Bernard-Marie Koltès, en 1985).

Un langage spécifique

Le texte théâtral est prévu à la fois **pour la lecture et pour la scène**. Si les acteurs se doivent d'être fidèles au texte et de respecter les prévisions de l'auteur, ils peuvent cependant, conduits par le metteur en scène, faire des choix de jeux, de gestes, de ton, de mise en scène variables. Ainsi, **le texte et sa mise en scène se complètent** et **s'enrichissent** l'un l'autre.

La **représentation** peut être la réalisation complète et achevée du texte de théâtre, finalisant le projet du dramaturge et donnant l'occasion aux spectateurs d'assister à un spectacle total.

Mais parfois, le **texte** peut se suffire à lui-même, ce qui est par exemple la conception d'Alfred de Musset, qui prévoit de nombreuses didascalies dans son texte pour sa pièce *Lorenzaccio* qui n'est pas conçue pour la scène ; dans ce cas, la beauté du texte se développe à la lecture, dans un dialogue entre le texte et le lecteur, ce dernier conservant alors une certaine liberté d'imaginer le jeu des personnages.

Conditions de représentation et contexte de réception

Le théâtre est la combinaison d'un **trio** : action – espace – spectateur. Étymologiquement, le mot théâtre signifie « lieu où l'on regarde » : il pose d'emblée la relation d'un événement et d'un espace, d'une action et de spectateurs. Sans cette équation, il n'est pas de théâtre possible.

Le metteur en scène est-il un créateur ou un exécutant ?

On le voit plutôt comme un **interprète** : le metteur en scène ne se borne pas à assurer la réalisation matérielle (objective) du spectacle, il lui confère une **signification** (subjective). La question de l'interprétation est au centre de la réflexion sur la mise en scène. Le texte est une donnée virtuelle, dont le metteur en scène a pour tâche de « faire parler » l'auteur, en accomplissant et concrétisant l'œuvre dans le temps de la représentation.

Mais c'est aussi un **créateur**, qui **recrée** la pièce. Ses choix de mise en scène n'ont pas pour seule vocation de fournir un cadre au spectacle ou d'afficher ses goûts : ils révèlent un parti pris de travail, ainsi qu'un point de vue sur l'œuvre ; on comprend dès lors l'importance des choix établis par le metteur en scène : ils déterminent ce qui est important ou non aux yeux du spectateur et proposent une lecture personnelle de l'œuvre.

Parfois, certains metteurs en scène vouent à l'auteur un **culte absolu.** Jean Vilar (1912-1971), créateur du Festival d'Avignon, va jusqu'à dire que « le metteur en scène n'est pas un être libre. L'œuvre qu'il va jouer ou faire jouer est la création d'autrui. Il met au monde les enfants des autres. Il est un maître-accoucheur. Il remplit une fonction éternelle et secondaire à la fois. Il est enchaîné à un texte vis-à-vis duquel il discerne toutes les libertés[1] ». Le metteur en scène est alors un artisan au service du texte, comme le dit aussi Jacques Copeau (1879-1949), qui promeut l'économie des moyens scéniques de façon à respecter le texte.

D'autres fois, des théoriciens prônent une **rupture radicale avec la supériorité du texte.** Des metteurs en scène comme Robert Wilson (né en 1941) modifient les prévisions de l'auteur ou ne respectent pas ses contraintes, privilégient l'image scénique par rapport au texte proprement dit. Ils établissent une hiérarchie qui valorise les éléments musicaux, la lumière, les décors, la mise en scène, au détriment du texte, considéré comme simple matériau intellectuel. Antoine Vitez (1930-1990), par exemple, perçoit la mise en scène comme une recréation par un artiste indépendant du texte.

En conclusion, l'absence de parti pris est impossible. Le metteur en scène est celui qui « **fait parler** » un texte, ou qui en propose une **traduction**, avec une coloration plus ou moins teintée de subjectivité. La richesse et la polysémie du texte de théâtre permettent diverses interprétations, qui doivent se garder de dépasser les limites de la trahison.

1. Jean Vilar, *De la tradition théâtrale*, Poche/NRF, 1966.

Le rôle du théâtre

Le théâtre est depuis son origine partagé entre deux missions : celle d'**instruire** le public, en le faisant réfléchir, et celle de le **divertir** et de l'amuser.

En effet, si le théâtre est d'abord vu comme une possibilité de divertissement, son **rôle social** est indéniable, et ce depuis l'Antiquité : il soude le corps social à l'occasion de représentations collectives, en mettant en avant certaines **valeurs** qui permettent de maintenir la cohérence du **groupe**.

Le théâtre a également une dimension **mimétique** car il se veut souvent le **miroir** de la société en reflétant des types d'individus et de comportements, ce qui favorise sa **portée morale** incontournable, puisque de nombreux dramaturges en font une leçon de vie individuelle, en proposant des modèles de conduite et de pensée.

Fiche 58

Le théâtre du XVIIe siècle au XXIe siècle : prolongement artistique et culturel

Le roi Louis XIV veut révéler aux yeux de tous sa puissance en donnant de grandes **fêtes** à Versailles : les divertissements qu'il propose allient des ballets et des pièces de théâtre ; ces fêtes sont perçues comme de véritables événements politiques, comme des éloges du roi qui se veut le plus grand et qui souhaitent révéler aux yeux de tous le faste de sa cour. Certaines créations sont donc des œuvres de commande, notamment des comédies musicales et des comédies ballets écrites par Molière et mise en musique par Lully. De même pour célébrer les conquêtes du roi Louis XIV en Franche-Comté en 1674, plusieurs jours de fêtes sont organisés durant lesquelles Racine présente *Iphigénie* et la troupe de Molière joue *Le Malade imaginaire*. Molière entretient des liens très étroits avec le roi Louis XIV, qui est même le parrain de l'un de ses fils ; à la fin de sa carrière, il organise pour la Cour des spectacles royaux qu'il présente ensuite à la ville ; à plusieurs reprises, et souhaite faire l'éloge de Louis XIV qu'ils considèrent comme un grand prince. Le théâtre n'est donc pas indépendant et de nombreux auteurs sont soumis au premier **mécène** que le roi. Certaines tragédies font référence à l'histoire romaine, tout d'abord pour ne pas représenter directement sur scène les membres de la famille royale, d'autre part pour proposer une réflexion sur le pouvoir politique à partir d'un détour par la période antique : Rome, par exemple, souvent évoquée dans les tragédies de Corneille ou de Racine, propose différents modèles de gouvernements, de la République à l'Empire et offre donc un support fructueux pour la réflexion. Le théâtre donne à réfléchir en montrant certains choix **politiques**, certaines attitudes, certains dilemmes liés au pouvoir, comme un miroir du pouvoir contemporain. Il permet aussi d'interroger les **formes de pouvoirs**, que ce soit le pouvoir politique, ou le pouvoir religieux, mais aussi, par exemple, le pouvoir du père de famille.

Le **mouvement du classicisme touche les arts**, dans divers domaines. Ainsi, le château de Versailles, construit à la gloire de Louis XIV, offre un exemple particulièrement réussi de l'architecture classique. Faisant intervenir l'architecte Le Vau, le peintre Le Brun et le dessinateur de jardins Le Nôtre, Louis XIV demande un château qui révèle son goût pour l'harmonie visuelle. Ainsi, le château lui-même est pensé rationnellement et avec mesure, fondé sur un souci extrême de la géométrie, de la symétrie et de la répétition régulière des formes, et refusant les lignes courbes chères à l'esthétique baroque ; les jardins à la française dessinés par Le Nôtre, mettent en œuvre une perspective particulièrement symétrique, révélant le souci de l'ordre, de l'harmonie et de la mesure. André Le Nôtre veut aménager le paysage à partir du point de vue que le roi en a à partir de la terrasse du château. La rigueur de la composition symétrique témoigne de l'esthétique classique, qui se combine toutefois à certains éléments baroques comme les jeux d'illusion optique créés par les miroirs de la Galerie des Glaces ou par le miroitement des jets d'eau et des fontaines en extérieur. En effet, si Louis XIV aime l'ordre et l'harmonie, il aime tout autant s'étonner des artifices et s'amuser.

La **peinture classique** témoigne fortement de la primauté de la raison et de la maîtrise qui sont chères au classicisme : refus de mélanger les genres, académisme, ordre et mesure, netteté du dessin et des lignes, recours à la thématique antique, on retrouve bien là les règles qui guident également le théâtre classique. Ainsi, l'« Autoportrait » de Nicolas Poussin témoigne, en 1650, de la recherche de l'ordre et de l'évitement de la confusion à travers un portrait sérieux et sobre, qui représente l'artiste en tenue de peintre, avec un arrière-fond composé de plusieurs tableaux. D'autre part, le portrait de Louis XIV sous les traits d'Alexandre le Grand dans le tableau « L'entrée d'Alexandre le Grand dans Babylone » peint par Charles Le Brun montre l'inspiration antique et la volonté d'imiter les Anciens à travers une reprise politique du mythe. La création de l'Académie de France à Rome par Louis XIV permet de rassembler de nombreuses œuvres de l'Antiquité qui sont la source de l'idéal classique : les peintres de cette Académie doivent effectuer des copies des œuvres antiques. La peinture classique reproduit la hiérarchisation générique que l'on trouve également dans la littérature entre la tragédie et la comédie par exemple : il y a des genres nobles, comme la peinture d'histoire et le portrait, et des genres moins nobles comme le paysage et la nature morte.

Architecture comme peinture donnent donc une image de **stabilité** et de **puissance du roi Louis XIV**, et l'art se met au service de la **politique**.

Fiche 59

Rappel de cours: les outils techniques pour étudier le texte théâtral

Lexique du texte théâtral

- **Adresse au public**
  Le personnage interpelle directement le spectateur.
- **Aparté**
  Réplique que l'acteur fait semblant de chuchoter à part soi, que seuls les spectateurs sont censés entendre.
- **Comédie**
  Genre théâtral reposant sur une intrigue familiale et quotidienne par exemple un mariage), des personnages bourgeois ou populaires et un dénouement heureux
- **Coup de théâtre**
  Événement non prévu qui bouleverse le déroulement de la pièce et oblige l'intrigue à changer de direction.
- **Deus ex machina** (« dieu sorti d'une machine »)
  Intervention (souvent artificielle) d'un personnage extérieur à l'intrigue qui vient régler les problèmes.
- **Didascalies**
  Indications ajoutées par l'auteur au texte de la pièce pour guider la mise en scène ou le jeu des acteurs. Elles ne sont pas prononcées et figurent en italiques (parfois entre parenthèses) sur le texte écrit. Elles peuvent préciser le nom du personnage, le lieu, les gestes, les mouvements, le ton de la voix. Dans le théâtre du XXe siècle, les didascalies peuvent enfler de façon démesurée et prendre autant, voire plus, de place que le texte prononcé : elles forment alors un véritable discours à lire ou à transmettre par la mise en scène.
- **Double énonciation**
  Phénomène propre au théâtre qui consiste à combiner deux situations de communication : l'une sur scène entre les personnages, et l'autre entre la scène et le public. Il y a donc un double destinataire de chaque réplique : le personnage interpellé et le spectateur.

- **Dramaturge**
  Auteur d'une pièce de théâtre.
- **Espace dramatique**
  Espace fictif utilisé dans l'intrigue, où l'action se déroule imaginairement, évoqué par les décors, les costumes, les effets de couleur locale ; il sollicite l'imagination du lecteur car il y a souvent des références à des lieux non représentés concrètement et évoqués dans les paroles des personnages.
- **Espace scénique**
  Espace représenté sur scène, espace de jeu des acteurs, où se déroule la représentation. Il peut imiter le réel ou être symbolique.
- **Illusion théâtrale**
  Elle consiste à faire croire au spectateur que ce qu'il regarde sur scène est le monde réel. La *mimesis* est l'imitation des hommes, selon Aristote. Un dramaturge ou un metteur en scène peut aussi choisir de rompre cette illusion (par exemple, les comédiens s'adressent directement aux spectateurs, l'artifice du jeu est souligné).
- **Intrigue**
  Histoire racontée par la pièce.
- **Mise en scène**
  Organisation de la représentation et du jeu des acteurs, création d'un univers scénique.
- **Monologue**
  Texte prononcé par un acteur parlant seul sur scène. Il permet au public d'avoir accès aux pensées, aux interrogations, aux prévisions d'un personnage. Pour gagner en vivacité, il se transforme souvent en faux dialogue avec soi-même. Le **monologue délibératif** montre un personnage déchiré, hésitant entre deux voies à suivre. Si aucune des voies n'est satisfaisante, le personnage est face à un **dilemme**.
- **Péripétie**
  Événement qui bouleverse le fil de l'intrigue et qui fait avancer l'action.
- **Personnage**
  Le mot vient de « masque ». Il revêt une identité psychologique tracée à grands traits et joue un rôle dans l'action (c'est un actant). Le personnage principal est le **protagoniste**.
- **Quiproquo**
  Malentendu, souvent source de comique (par exemple, prendre quelqu'un pour un autre et lui faire des révélations qu'il ne devait surtout pas entendre) ; la méprise est comprise par le spectateur.

- **Réplique**
  Phrase de dialogue. Les répliques peuvent s'enchaîner selon un jeu de questions-réponses, à partir de la répétition d'un mot prononcé dans la réplique précédente ou par l'interruption de parole. Un enchaînement rapide de répliques vers par vers comporte des répliques appelées **stichomythies**.
- **Tirade**
  Longue réplique, dans un dialogue, sans interruption. Elle est souvent destinée à convaincre ou à expliquer quelque chose au destinataire. Elle est aussi le lieu privilégié de l'expression des sentiments et de la psychologie du personnage.
- **Tragédie**
  Genre théâtral reposant sur une intrigue politique ou historique (par exemple une accession au trône), des personnages nobles et un dénouement malheureux suite à la fatalité du destin.
- Tragi-**comédie**
  Genre théâtral reposant sur un mélange du genre comique du genre tragique, l'intrigue est généralement politique et à enjeu national, comme dans la tragédie, mais le dénouement est heureux, comme dans la comédie.

Structure d'une pièce de théâtre

Une pièce de théâtre est divisée traditionnellement en **actes**, eux-mêmes divisés en **scènes**. Un acte correspond à un épisode de l'action. Dans la dramaturgie classique, on change de scène lorsqu'un personnage entre ou sort de l'espace scénique. Une tragédie classique comporte cinq actes : le premier est dédié à l'exposition, le dernier au dénouement, les trois actes centraux sont le développement de l'action.

L'**action** est organisée en plusieurs moments clés :

- L'**exposition** est formée par la (ou les) première(s) scène(s) de la pièce servant à introduire les personnages, à expliquer la situation initiale, le plus souvent au moment d'une crise ou d'un élément perturbateur. Elle indique aussi le ton de la pièce (par exemple, tragique ou comique) ;
- Le **nœud de l'action** (ou l'**acmé**) : partie de la pièce où l'intrigue est parvenue à son point le plus fort, point d'extrême tension où les forces en présence s'affrontent ;
- La **catastrophe** : dernière péripétie avant le dénouement ;
- Le **dénouement** : conclusion de la pièce, avec la résolution heureuse ou malheureuse du problème.

Les enjeux de la parole théâtrale

La parole est ce qui fait exister un personnage de théâtre.

La parole est un **enjeu de pouvoir**, au théâtre : le personnage qui parle est celui qui domine, généralement. L'analyse de la répartition de la parole permet donc de comprendre les **rapports de forces** qui s'instaurent entre les personnages.

La parole est un **indicateur social** : par son langage, le personnage révèle son appartenance. Le personnage noble maîtrise le langage et occupe l'espace de la parole, son serviteur ou son confident est le plus souvent un outil à son écoute, doté d'une parole utilitaire. La tragédie classique se caractérise par l'emploi d'un langage soutenu, alors que la comédie classique fait employer un langage courant, voire familier, à ses personnages.

La parole est considérée comme un **acte** (on parle d'actes de parole). Elle accompagne et reflète l'action : des répliques vives et enchaînées traduisent la naissance d'un conflit ou de tensions ; de longues tirades sont le signe d'une interrogation ou d'une réflexion, donc d'une pause dans l'action ; le récit d'action est l'évocation d'un événement ayant eu lieu hors scène, souvent dans un souci de bienséance (par exemple, un combat mortel).

Le langage théâtral est un **langage total** : il contient des éléments verbaux (paroles prononcées) et paraverbaux (gestes, actions, mimiques), qui s'adressent à la fois à l'esprit et aux sens. Au XXe siècle, la parole des personnages tend à se disloquer : le silence et les répliques décousues sont le signe d'une profonde incommunicabilité entre les personnages.

La mise en scène

La mise en scène du texte résulte de la combinaison de plusieurs éléments.

- **Le décor**

  Il représente symboliquement le lieu de l'action. Il peut être réaliste ou symbolique. Les éléments du décor peuvent jouer un rôle dramatique (par exemple, une porte que l'on ouvre ou que l'on ferme, une armoire pour se cacher).

- **Les costumes, le maquillage, les masques**

  Ce sont des éléments d'identification et de caractérisation des personnages, créateurs de l'effet de réel. Le costume permet un ancrage historique, mais il indique aussi le rang social du personnage. Le déguisement peut jouer un rôle dans le déroulement d'une intrigue (confusion des personnages, échange des rôles). Les masques sont des éléments essentiels de la dramaturgie antique : ils codifient immédiatement des types de personnages ou d'émotions.

- **Les objets**

  Ils peuvent être de simples accessoires utilitaires ou de véritables éléments actantiels dramatiques (enjeux d'un conflit, par exemple). Ils revêtent également une signification symbolique (par exemple, l'épée, symbole de l'aristocratie ou du courage).

- **Le jeu des comédiens**

  Déplacements, gestes, mimiques, articulation et débit de parole. La valeur expressive de la gestuelle des comédiens est essentielle pour accompagner ou compléter la parole, voire la remplacer. Une gifle peut être à elle seule une action dramatique et déclencher des tensions ou des péripéties.

- **Les éclairages**

  Ils peuvent mettre en valeur un personnage, un lieu, un moment. Ils peuvent contribuer à renforcer une atmosphère (tension, joie). Les jeux d'ombre et de lumière peuvent avoir une portée symbolique (par exemple, la suggestion d'une angoisse). Ils peuvent créer du rythme (par exemple, créer du dynamisme par une poursuite d'ombre et de lumière).

- **Les éléments sonores et musicaux**

  Ils créent une atmosphère, notamment par des bruits de fond (par exemple, le bruit d'une tempête) qui soulignent une parole, accompagnent une action ou un geste.

Fiche 60

Savoir utiliser des arguments et sélectionner des exemples pour la dissertation

ENTRAÎNEZ-VOUS !

Objet d'étude : Le théâtre du XVIIe siècle au XXIe siècle.

Écrit de synthèse : Confronter des textes selon une problématique littéraire.

Lisez les extraits suivants, composant un parcours sur les fonctions du théâtre, puis répondez à la question posée en veillant à fonder vos arguments sur des repérages textuels.

TEXTE 1 Jean RACINE, *Bérénice*, Préface, 1671

Ce n'est pas que quelques personnes ne m'aient reproché cette même simplicité que j'avais recherchée avec tant de soin. Ils ont cru qu'une tragédie, qui était si peu chargée d'intrigues, ne pouvait être selon les règles du théâtre. Je m'informai s'ils se plaignaient qu'elle les eût ennuyés. On me dit qu'ils avouaient tous qu'elle n'ennuyait point, qu'elle les touchait même en plusieurs endroits, et qu'ils la verraient encore avec plaisir. Que veulent-ils davantage ? Je les conjure d'avoir assez bonne opinion d'eux-mêmes, pour ne pas croire qu'une pièce qui les touche, et qui leur donne du plaisir, puisse être absolument contre les règles. La principale règle est de plaire et de toucher. Toutes les autres ne sont faites que pour parvenir à cette première.

TEXTE 2 Victor HUGO, *Lucrèce Borgia*, Avertissement, 1833

Le théâtre est une tribune. Le théâtre est une chaire. Le théâtre parle fort et parle haut. [...] L'auteur de ce drame sait combien c'est une grande et sérieuse chose que le théâtre. Il sait que le drame, sans sortir des limites impartiales de l'art, a une mission nationale, une mission sociale, une mission humaine. [...] Il s'interroge avec sévérité et recueillement sur la portée philosophique de son œuvre ; car il se sait responsable, et il ne veut pas que cette foule puisse lui demander compte un jour de ce qu'il lui aura enseigné. Le poète aussi a charge d'âmes. Il ne faut pas que la multitude sorte du théâtre sans emporter avec elle quelque moralité austère et profonde.

TEXTE 3 Paul CLAUDEL, *L'Échange*, 1914

LECHY ELBERNON[1]

Je les regarde, et la salle n'est rien que de la chair vivante et habillée.
Et ils garnissent les murs comme des mouches, jusqu'au plafond.
Et je vois ces centaines de visages blancs.
L'homme s'ennuie, et l'ignorance lui est attachée depuis sa naissance.
Et ne sachant de rien comment cela commence ou finit, c'est pour cela qu'il va au théâtre.
Et il se regarde lui-même, les mains posées sur les genoux.
Et il pleure et il rit, et il n'a point envie de s'en aller.

Question : Quelles sont, selon ces textes, les missions du théâtre ?

1. Il s'agit d'une actrice qui parle à ses amis des spectateurs se trouvant dans la salle.

Fiche 61
Rédiger des micro-analyses pour le commentaire en s'appuyant sur la grammaire

ENTRAÎNEZ-VOUS !

Objet d'étude : Le théâtre du XVIIe siècle au XXIe siècle.

Grammaire : L'expression de la négation.

Appuyez-vous sur les rappels de cours du chapitre pour réaliser l'exercice suivant, en insérant des micro-analyses dans des paragraphes de commentaire.

[Don Diègue vient d'être giflé par don Gomès par jalousie.]

DON DIÈGUE
Rodrigue, as-tu du cœur[1] ?

DON RODRIGUE
Tout autre que mon père
L'éprouverait sur l'heure.

DON DIÈGUE
Agréable colère !
Digne ressentiment à ma douleur bien doux !
Je reconnais mon sang à ce noble courroux ;
Ma jeunesse revit en cette ardeur si prompte.
Viens, mon fils, viens, mon sang, viens réparer ma honte ;
Viens me venger.

DON RODRIGUE
De quoi ?

1. Courage.

DON DIÈGUE

D'un affront si cruel,
Qu'à l'honneur de tous deux il porte un coup mortel :
D'un soufflet. L'insolent en eût perdu la vie ;
Mais mon âge a trompé ma généreuse envie ;
Et ce fer que mon bras ne peut plus soutenir,
Je le remets au tien pour venger et punir.
Va contre un arrogant éprouver ton courage :
Ce n'est que dans le sang qu'on lave un tel outrage ;
Meurs, ou tue. Au surplus, pour ne te point flatter,
Je te donne à combattre un homme à redouter. […]

Pierre Corneille, *Le Cid*, acte I, scène 5, 1637

1. *À quel moment de la pièce ce passage se situe-t-il ? Que peut attendre le spectateur, en fonction de ce constat ?*

2. *Comment la scène progresse-t-elle du début à la fin ?*

3. *Quel est le caractère de chacun des deux personnages en scène ? Comment cela s'exprime-t-il ?*

4. *À partir de vos réponses aux questions précédentes : répondez à la question suivante, sous forme de paragraphe rédigé d'une vingtaine de lignes : à quelle stratégie Don Diègue a-t-il recours pour obtenir l'engagement de son fils ?*

5. *Question de grammaire : Analysez la forme négative dans le vers suivant : « Ce n'est que dans le sang qu'on lave un tel outrage ».*

Conseils pour vous guider pour la quatrième question

- Établissez d'abord le plan de votre paragraphe.
- Pensez à employer la méthode A-D-I-C.
- Prouvez vos éléments de réponse en insérant des relevés textuels commentés.

Fiche 62
Moment de grammaire

Objet d'étude: Le théâtre du XVIIe siècle au XXIe siècle.

Grammaire: Le lexique (figures de style). L'interrogation.

Texte support

[Phèdre aime le fils que son mari Thésée a eu d'un premier mariage. Elle s'adresse à sa nourrice, Oenone, pour lui signifier son désir de mourir car elle est rongée par la culpabilité de cet amour interdit].

PHÈDRE
<u>Que ces vains ornements, que ces voiles</u> me pèsent !......................
Quelle importune main, en formant tous ces nœuds,
A pris soin sur mon front d'assembler mes cheveux ?
<u>Tout m'afflige et me nuit, et conspire à me nuire.</u>........................

OENONE
Comme on voit tous ses vœux l'un l'autre se détruire !
<u>Vous-même</u>, condamnant vos injustes desseins,
Tantôt à vous parer vous excitiez nos mains ;
<u>Vous-même</u>, rappelant votre force première..............................
Vous vouliez vous montrer et revoir la lumière,
Vous la voyez, Madame, et prête à vous cacher,
<u>Vous haïssez le jour que vous veniez chercher !</u>...........................

PHÈDRE
Noble et brillant auteur d'une triste famille,
Toi, dont ma mère osait se vanter d'être fille,
Qui peut-être rougis du trouble où tu me vois,
Soleil, <u>je te viens voir pour la dernière fois !</u>................................

OENONE
Quoi ! vous ne perdrez point <u>cette cruelle envie</u> ?........................
<u>Vous verrai-je toujours, renonçant à la vie,</u>
<u>Faire de votre mort les funestes apprêts ?</u>................................

PHÈDRE
Dieux ! que ne suis-je assise à l'ombre des forêts !
Quand pourrai-je, au travers d'une noble poussière,
Suivre de l'œil un char fuyant dans la carrière ?.............................

***Phèdre*, Jean RACINE, I, 3, 1677.**

Exercice 1

Identifiez les figures de style soulignées dans l'extrait. Attention, une expression soulignée peut comporter plusieurs figures de style.

Exercice 2

Analysez l'interrogation dans cet extrait.

Exercice 3

Transformez chaque interrogation directe en interrogation indirecte, en faisant les changements nécessaires.

Fiche 63
Bâtir et organiser un plan de devoir

ENTRAÎNEZ-VOUS !

Objet d'étude: Le théâtre du XVIIe siècle au XXIe siècle.

Exercice 1

Grammaire pour expliquer le texte: L'expression de la condition.

Voici un extrait des Caprices de Marianne, *d'Alfred de Musset, 1833.*

Avant de répondre aux questions posées, vous pouvez essayer de formuler par vous-même l'enjeu de ce passage (ce qui pourrait constituer une problématique de commentaire) et/ou les axes de lecture que vous voudriez développer en commentaire.

[Marianne est mariée au vieux Claudio. Coelio est amoureux d'elle, mais elle refuse de lire ses lettres et de le rencontrer. Le cousin de Marianne, qui est aussi l'ami de Coelio, Octave, s'est proposé de parler à Marianne de sa part. Mais Claudio commence à soupçonner injustement Marianne de le tromper, ce qui vexe Marianne. Elle rencontre Octave.]

Acte II, scène 1

MARIANNE. — Mon cher cousin, est-ce que vous ne plaignez pas le sort des femmes ? Voyez un peu ce qui m'arrive. Il est décrété par le sort que Coelio m'aime, ou qu'il croit m'aimer, lequel Coelio le dit à ses amis, lesquels amis décrètent à leur tour que, sous peine de mort, je serai sa maîtresse. La jeunesse napolitaine daigne m'envoyer en votre personne un digne représentant chargé de me faire savoir que j'ai à aimer ledit seigneur Coelio d'ici à une huitaine de jours. Pesez cela, je vous en prie. Si je me rends, que dira-t-on de moi ? N'est-ce pas une femme bien abjecte que celle qui obéit à point nommé, à l'heure convenue, à une pareille proposition ? Ne va-t-on pas la déchirer à belles dents, la montrer du doigt et faire de son nom le refrain d'une chanson à boire ? Si elle refuse, au contraire, est-il un monstre qui lui soit comparable ? Est-il une statue plus froide qu'elle, et l'homme qui lui parle, qui ose l'arrêter en place publique son livre de messe à la main, n'a-t-il pas le droit de lui dire : « Vous êtes une rose du Bengale sans épines et sans parfum » ?

OCTAVE. — Cousine, cousine, ne vous fâchez pas.

MARIANNE. — N'est-ce pas une chose bien ridicule que l'honnêteté et la foi jurée ? que l'éducation d'une fille, la fierté d'un cœur qui s'est figuré qu'il vaut quelque chose, et qu'avant de jeter au vent la poussière de sa fleur chérie, il faut que le calice en soit baigné de larmes, épanoui par quelques rayons de soleil, entr'ouvert par une main délicate ? Tout cela n'est-il pas un rêve, une bulle de savon qui, au premier soupir d'un cavalier à la mode, doit évaporer dans les airs ?

OCTAVE. — Vous vous méprenez sur mon compte et sur celui de Coelio.

MARIANNE. — Qu'est-ce après tout qu'une femme ? L'occupation d'un moment, une coupe fragile qui renferme une goutte de rosée, qu'on porte à ses lèvres et qu'on jette par-dessus son épaule. Une femme ! c'est une partie de plaisir ! Ne pourrait-on pas dire, quand on en rencontre une : « Voilà une belle nuit qui passe ? » – Et ne serait-ce pas un grand écolier en de telles matières, que celui qui baisserait les yeux devant elle, qui se dirait tout bas : « Voilà peut-être le bonheur d'une vie entière », et qui la laisserait passer ?

(*Elle sort.*)

1. *Voici l'intitulé d'un axe de lecture pour étudier ce passage : une révolte contre les préjugés. Étudiez le texte en fonction de cet axe, de façon à formuler trois arguments, illustrés par des références textuelles. Classez ces arguments du plus évident au plus subtil.*

2. *Voici des arguments permettant de construire un axe de lecture :*

- *une dénonciation des injustices subies par les femmes ;*
- *une opposition entre deux visions antinomiques ;*
- *un discours éloquent.*

Formulez le titre de l'axe de lecture qui pourrait regrouper ces trois arguments. Relevez dans le texte des exemples illustrant ces arguments.

3. *Formulez une problématique d'étude de ce texte.*

4. *Questions de grammaire : Repérez et analysez dans le texte l'expression de la condition (deux occurrences). Par quelle autre conjonction de subordination ou locution conjonctive peut-on remplacer « si » ?*

Exercice 2

Voici un sujet de dissertation : Une comédie (l'œuvre au programme) ne sert-elle qu'à faire rire ? Vous vous appuierez sur l'étude de l'œuvre au programme pour traiter le sujet.

1. *Formulez une problématique permettant de traiter ce sujet de dissertation.*

2. *Voici trois arguments destinés à construire un premier axe d'étude de cette dissertation. Formulez le titre de cet axe.*

- *La comédie fait sourire et égaye le spectateur.*
- *Elle déclenche un rire moqueur par le ridicule des personnages.*
- *Elle engendre enfin un rire farcesque.*

Ce 1er axe valide la thèse véhiculée par le sujet ; pour fonder votre devoir sur une base claire.

3. *Quel deuxième axe pouvez-vous proposer pour nuancer l'analyse tenue en première partie ? Quels arguments avancez-vous pour le soutenir ?*

Ce 2e axe nuance et complète votre approche. Il ne s'agit pas de dire l'inverse de votre 1er axe, mais d'apporter certaines précisions pour considérer le problème sous un autre angle ou de voir les limites des idées déjà montrées. Vous pouvez par exemple réfléchir à la nature de ce rire qui s'exerce aux dépens de l'être humain.

4. *On peut considérer que le cumul des diverses facettes du rire poursuit certains objectifs non comiques : dénoncer, instruire, transformer la société. Prouvez-le à l'aide de trois arguments.*

Ce 3e axe dépasse les démonstrations de vos deux premiers axes en apportant un éclairage nouveau et en analysant les motivations du rire et de la comédie. Il élargit la vision du sujet, sans en sortir.

Conseils pour vous guider sur l'ensemble de cet exercice

- Cherchez les diverses composantes du rire dans la comédie : qu'est-ce qui déclenche le rire ?
- Faites la liste des comédies que vous connaissez : comment font-elles rire ? dans quel but ? que visent-elles au-delà du rire ?

Fiche 64
S'entraîner sur un sujet de commentaire

Objet d'étude : Le théâtre du XVIIe siècle au XXIe siècle.

Grammaire pour expliquer le texte : Le lexique. Le verbe (l'impératif).

Voici un extrait de la comédie Les Précieuses ridicules, *de Molière, 1659. Faites son commentaire. Vous vous appuierez notamment sur l'étude du lexique et de l'impératif.*

[Les précieuses sont, au XVIIe siècle, des femmes issues de la noblesse qui veulent s'émanciper des hommes. Dans comédie, Molière montre leurs excès et leur superficialité à travers Magdelon et Cathos : elles rejettent leurs amants car elles les trouvent vulgaires et indignes d'elles. Ces amants se vengent en dépêchant un valet, Mascarille, pour les piéger. La servante des deux précieuses, Marotte, annonce alors sa venue.]

SCÈNE VI. MAROTTE, CATHOS, MAGDELON

MAROTTE – Voilà un laquais qui demande si vous êtes au logis, et dit que son maître vous veut venir voir.

MAGDELON – Apprenez, sotte, à vous énoncer moins vulgairement. Dites : « Voilà un nécessaire qui demande si vous êtes en commodité d'être visibles. »

MAROTTE – Dame ! je n'entends point le latin, et je n'ai pas appris, comme vous, la filofie dans *le Grand Cyre*.

MAGDELON – L'impertinente ! Le moyen de souffrir cela ? Et qui est-il, le maître de ce laquais ?

MAROTTE – Il me l'a nommé le marquis de Mascarille.

MAGDELON – Ah ! ma chère, un marquis ! Oui, allez dire qu'on nous peut voir. C'est sans doute un bel esprit qui aura ouï parler de nous.

CATHOS – Assurément, ma chère.

MAGDELON – Il faut le recevoir dans cette salle basse, plutôt qu'en notre chambre. Ajustons un peu nos cheveux au moins, et soutenons notre réputation. Vite, venez nous tendre ici dedans le conseiller des grâces.

MAROTTE – Par ma foi, je ne sais point quelle bête c'est là : il faut parler chrétien, si vous voulez que je vous entende.

CATHOS – Apportez-nous le miroir, ignorante que vous êtes, et gardez-vous bien d'en salir la glace par la communication de votre image.

SCÈNE VII. MASCARILLE, DEUX PORTEURS

MASCARILLE – Holà, porteurs, Là, là, là, là, là, là. Je pense que ces marauds-là ont dessein de me briser à force de heurter contre les murailles et les pavés.

PREMIER PORTEUR – Dame ! c'est que la porte est étroite : vous avez voulu aussi que nous soyons entrés jusqu'ici.

MASCARILLE – Je le crois bien. Voudriez-vous, faquins, que j'exposasse l'embonpoint de mes plumes aux inclémences de la saison pluvieuse, et que j'allasse imprimer mes souliers en boue ? Allez, ôtez votre chaise d'ici. [...]

Fiche 65

S'entraîner sur un sujet de dissertation

Objet d'étude : Le théâtre du XVIIe siècle au XXIe siècle.

Faites la dissertation suivante.

La représentation est-elle absolument indispensable au texte de théâtre ?

Vous veillerez à appuyer votre réflexion sur votre connaissance précise de l'œuvre et des textes que vous avez étudiés, sur vos lectures et sur les représentations auxquelles vous avez pu assister.

Fiche 66
S'entraîner sur un écrit d'appropriation

Objet d'étude : Le théâtre du XVIIe siècle au XXIe siècle.
Grammaire pour écrire : Les relations logiques (l'expression du but et de la cause).

Sujet : Vous poursuivrez le dialogue argumentatif qui prend place entre les divers personnages dans cet extrait de La Guerre de Troie n'aura pas lieu *de Jean GIRAUDOUX : pour Priam, la guerre est nécessaire, alors que pour Andromaque, elle est absurde.*

Texte support :

PRIAM, HÉCUBE : roi et reine de Troie.
PÂRIS, HECTOR : leurs fils.
CASSANDRE : leur fille.
ANDROMAQUE : épouse d'Hector
DÉMOKOS : poète officiel.

[Pâris ayant enlevé Hélène, femme du roi grec Ménélas, les Grecs menacent de déclencher la guerre. Andromaque a été envoyée par Hector pour s'entretenir avec Priam pour défendre la paix : Hector et Andromaque croient que des négociations peuvent encore éviter la guerre. Cassandre et Andromaque ont déjà exprimé leur opposition à la guerre].

PRIAM — Chères filles, votre révolte même prouve que nous avons raison. Est-il une plus grande générosité que celle qui vous pousse à vous battre en ce moment pour la paix, la paix qui vous donnera des maris veules, inoccupés, fuyants, quand la guerre vous fera d'eux des hommes !

DÉMOKOS — Des héros.

HÉCUBE. — Nous connaissons le vocabulaire. L'homme en temps de guerre s'appelle le héros. Il peut ne pas en être plus brave, et fuir à toutes jambes. Mais c'est du moins un héros qui détale.

ANDROMAQUE — Mon père, je vous en supplie. Si vous avez cette amitié pour les femmes, écoutez ce que toutes les femmes du monde vous disent par ma voix. Laissez-nous nos maris comme ils sont. [...]

Jean GIRAUDOUX, *La Guerre de Troie n'aura pas lieu*, extrait de l'acte I, scène 6, 1935.

ENTRAÎNEZ-VOUS !

Objet d'étude: Le théâtre du XVIIe siècle au XXIe siècle.

Lisez le libellé du sujet et le texte support, puis complétez l'exercice ci-dessous.

1. *Étude du texte support : Quels sont les éléments qui peuvent servir à la rédaction du texte attendu ?*

- *Genre littéraire :* ....
- *Type de texte :* ....
- *Éléments importants de l'action :* ....
- *Présentation des personnages :* ....
- *Lexique dominant :* ....
- *Registre :* ....

2. *Analyse du sujet :*

- *Quels sont les mots clés ? Quelles pistes techniques, thématiques et lexicales révèlent-ils ?* ....
- *Quel est l'objectif du travail d'écriture ?* ....
- *Quel en est le point de départ ?* ....
- *Dans quel objet d'étude s'inscrit-il ? Quels savoirs mobilise-t-il ?* ....
- *Quelles indications le sujet donne-t-il sur la façon de réaliser le travail attendu ?* ....
- *Quelles qualités ce sujet fait-il espérer dans le travail final ?* ....

3. *Recherches d'idées, organisation du texte :*

- *Foire aux idées spontanées : répondez aux questions suivantes :*
  - *Le dialogue argumentatif : À qui voulez-vous donner le pouvoir de la parole ? Mettez-vous en place une égalité entre les personnages, ou maintenez-vous la supériorité a priori prévue par l'auteur de la pièce ? Comment amenez-vous les personnages à s'affronter ? Leurs paroles sont-elles polémiques ? Usent-ils de la persuasion ? Quel rôle donnez-vous aux personnages secondaires : commentent-ils le débat ? s'y investissent-ils ? Amenez-vous les personnages sur la voie d'un compromis ?*
  - *L'opposition des deux thèses : Quels arguments prévoyez-vous pour la thèse de Priam (nécessité de la guerre) ? Quels arguments prévoyez-vous pour la thèse d'Andromaque (absurdité de la guerre) ? De quelles catégories types d'arguments s'agit-il : logiques, de valeur, d'expérience, d'analogie, d'autorité,* ad hominem *?*
- *Recherche réfléchie d'idées :*

- *Quels textes de dialogues théâtraux connaissez-vous ?*
- *Quels textes connaissez-vous qui opposent deux thèses dans un dialogue (théâtral ou non) ?*
- *Quels textes dénonçant ou valorisant la guerre avez-vous déjà lus ? Quels étaient exactement les thèses et les arguments ?*
- *En quoi la guerre peut-elle être une nécessité (thèse de Priam) ?*
- *En quoi la guerre peut-elle être une absurdité (thèse d'Andromaque) ?*
- *Quels textes mettent-ils en œuvre la dénonciation des travers humains ? Comment ?*
- *Quelles notions théoriques pensez-vous devoir utiliser ?*
- *Dans quels textes les avez-vous déjà rencontrées (par exemple le conflit de valeurs, le réquisitoire, le plaidoyer) ?*

■ *Organisation des idées :*

- *Le plan d'ensemble du devoir :*

  1re réplique pour lancer le débat :...

  Suite des répliques :...

  Thèmes successivement abordés :...

  Qui parle, quand ?..

  Qui gagne ? ....

- *Le lien entre les idées : ....*

4. *Rédigez votre texte.*

Grammaire pour écrire : utilisez des relations logiques de cause et de but dans votre texte.

....
....
....
....

Aide pour écrire : Le dialogue

Définition

Le mot « **dialogue** » vient de « dia » (*entre*) et « logos » (*parole, discours*) : il signale d'emblée une **relation interpersonnelle**, dans une situation de communication directe. Il fait intervenir au moins deux personnages, parfois plus. Ce n'est pas une discussion ou une conversation, mais un **échange** véritablement construit et calculé, généralement dans l'optique d'une **confrontation de thèses.**

Le dialogue peut prendre place dans le cadre d'une **pièce de théâtre**, d'un **récit** ou d'une **situation de communication de la vie quotidienne** précisée par le libellé du sujet. Le thème sera le plus souvent d'ordre moral, politique ou esthétique.

Les formes du dialogue :

- **Dialogue didactique** : l'échange vise le partage de connaissances ; il s'appuie sur les explications d'un maître à un disciple.
- **Dialogue délibératif** : l'échange vise une prise de décision, en pesant le pour et le contre de manière constructive.
- **Dialogue argumentatif ou polémique** : l'échange est un débat opposant des idées et des prises de position contradictoires.

Outils

La rédaction d'un dialogue, que ce soit au théâtre, dans un récit ou un débat, suppose d'utiliser les outils suivants :

- **Personnes de l'énonciation** : 1re et 2e personnes ; **déictiques** (*ici, maintenant, demain...*), **présent** de l'énonciation.
- Mention des **noms** des locuteurs pour guider le lecteur.
- **Alternance** des répliques (elles peuvent être courtes comme des **stichomythies**, qui sont de brèves répliques alternées, ou longues comme des **tirades** : varier le **rythme** des répliques est intéressant pour préserver le dynamisme du dialogue).
- **Enchaînement des répliques** :
  - Par questions-réponses.
  - Par reprises de mots.
  - Par réfutation ou opposition, notamment à l'aide de liens logiques d'opposition comme *mais, en revanche, par contre.*
- **Progression logique du dialogue** : il faut ménager diverses **étapes** : les personnages peuvent aborder **plusieurs enjeux successifs** ; les **premières répliques** lancent le dialogue en exposant son thème et son enjeu ; les **dernières répliques** clôturent le dialogue et aboutissent soit à un accord, soit à un désaccord, soit à un compromis. Au théâtre, le dialogue est un **miroir** de l'action, alors que dans un récit, il crée une **pause** dans l'action.
- Les répliques doivent témoigner des **qualités argumentatives et oratoires** des locuteurs. Ceux-ci doivent aussi montrer des qualités d'**écoute**, d'**adaptabilité** au propos d'autrui, de **réactions** pertinentes et cohérentes, ainsi que de **dynamisme.**

- Le **langage** ne doit jamais être familier, mais au moins courant, voire soutenu selon la situation d'énonciation. Le **langage de chaque personnage** doit correspondre à sa personnalité, à son statut social : c'est une **coloration psychologique et sociale** essentielle.
- Le **ton de chaque personnage** reflète son engagement et ses prises de position.

En plus de ces outils précédemment listés, la rédaction d'un dialogue théâtral suppose d'utiliser les outils spécifiques suivants :

- Les **noms** des personnages figurent en majuscules, avant la réplique, soit sur la même ligne (ils en sont alors séparés par un tiret), soit sur la ligne précédente.
- Les répliques peuvent être accompagnées de **didascalies** donnant des indications sur les **gestes**, le **ton** de voix, l'**attitude**, la **mimique**, le **costume.**
- Vous pouvez insérer des **apartés** (répliques prononcées à part, l'interlocuteur n'étant pas censé les entendre, mais le public oui), qui auront par exemple une fonction explicative ou comique.
- N'oubliez pas d'indiquer des **numéros** fictifs **de scène et d'acte.**
- Ne faites pas d'introduction ou de conclusion narrative.

En plus de ces outils précédemment listés, la rédaction d'un dialogue dans un récit suppose d'utiliser les outils spécifiques suivants :

- La première réplique s'ouvre par des **guillemets**, sans tiret. La dernière réplique se ferme par des **guillemets.** Dans l'intervalle, chaque réplique est précédée d'un **tiret sans guillemets.**
- Les **noms** des personnages et les **verbes de parole** sont **insérés** dans le récit : soit **avant la réplique** (mettez deux points après votre phrase d'annonce, puis allez à la ligne et démarrez votre réplique par un tiret), soit **après** (mettez une virgule à la fin de votre réplique, puis insérez votre proposition contenant le nom du personnage et le verbe de parole), soit **au milieu** (coupez la réplique par une proposition incise entre virgules qui contient le nom du locuteur et un verbe de parole).
- Il est enrichissant de préciser régulièrement l'**attitude** des personnages, leurs **gestes**, leur **ton** de voix, leurs **mimiques.**
- Vous pouvez, pour varier le rythme ou aller à l'essentiel, remplacer certaines répliques au discours direct par quelques brefs passages rédigés au **discours indirect** ou au **discours narrativisé.**
- Vous pouvez préciser le **cadre narratif** ou **descriptif** par des **pauses** dans le dialogue, qui ne doivent cependant pas prendre le dessus.

Fiche 67
S'entraîner sur un parcours associé à l'objet d'étude

Objet d'étude: Le théâtre du XVIIe siècle au XXIe siècle.

Parcours associés: Passion et tragédie. La comédie du valet.

Écrit de synthèse: Répondre de façon synthétique et structurée à une question d'analyse en comparant des textes.

Question : Quelles sont les visées de ces préfaces ?

Vous rédigerez votre réponse dans un écrit de synthèse structuré.

TEXTE 1 MOLIÈRE, *Le Tartuffe*, 1669

Si l'on prend la peine d'examiner de bonne foi ma comédie, on verra sans doute que mes intentions y sont partout innocentes, et qu'elle ne tend nullement à jouer les choses que l'on doit révérer ; que je l'ai traitée avec toutes les précautions que me demandait la délicatesse de la matière et que j'ai mis tout l'art et tous les soins qu'il m'a été possible pour bien distinguer le personnage de l'hypocrite d'avec celui du vrai dévot. [...] Si l'emploi de la comédie est de corriger les vices des hommes, je ne vois pas par quelle raison il y en aura de privilégiés. Celui-ci est, dans l'État, d'une conséquence bien plus dangereuse que tous les autres ; et nous avons vu que le théâtre a une grande vertu pour la correction. Les plus beaux traits d'une sérieuse morale sont moins puissants, le plus souvent, que ceux de la satire ; et rien ne reprend mieux la plupart des hommes que la peinture de leurs défauts. C'est une grande atteinte aux vices que de les exposer à la risée de tout le monde. On souffre aisément des répréhensions ; mais on ne souffre point la raillerie. On veut bien être méchant, mais on ne veut point être ridicule.

TEXTE 2 Jean RACINE, *Bérénice*, 1671

Ce n'est point une nécessité qu'il y ait du sang et des morts dans une tragédie ; il suffit que l'action en soit grande, que les acteurs en soient héroïques, que les passions y soient excitées, et que tout s'y ressente de cette tristesse majestueuse qui fait tout le plaisir de la tragédie. Je crus que je pourrais rencontrer toutes ces parties dans mon sujet. Mais ce qui m'en plut davantage, c'est que je le trouvai extrêmement simple. Il y avait longtemps que je voulais essayer si je pourrais faire une tragédie avec cette simplicité d'action qui a été si fort du goût des anciens. Ce n'est pas que quelques personnes ne m'aient reproché cette même simplicité que j'avais recherchée avec tant de soin. Ils ont cru qu'une tragédie qui était si peu chargée d'intrigues ne pouvait être selon les règles du théâtre. Je m'informai s'ils se plaignaient qu'elle les eût ennuyés. On me dit qu'ils avouaient tous qu'elle n'ennuyait point, qu'elle les touchait même en plusieurs endroits et qu'ils la verraient encore avec plaisir. Que veulent-ils davantage ? Je les conjure d'avoir assez bonne opinion d'eux-mêmes pour ne pas croire qu'une pièce qui les touche, et qui leur donne du plaisir, puisse être absolument contre les règles. La principale règle est de plaire et de toucher. Toutes les autres ne sont faites que pour parvenir à cette première.

Corrigés du chapitre 8

Fiche 60. Savoir utiliser des arguments et sélectionner des exemples pour la dissertation

1. Pour Jean Racine, le théâtre a pour mission de plaire, de procurer du plaisir au spectateur : « La principale règle est de plaire et de toucher ». C'est une fonction psychologique et émotionnelle. Le plaisir est procuré par le ressenti des émotions. Toutes les règles de création du texte de théâtre doivent être subordonnées à cette règle essentielle du plaisir (« La principale règle est de plaire et de toucher. Toutes les autres ne sont faites que pour parvenir à cette première »). Le dramaturge doit donc créer en fonction de cette mission du théâtre.

2. Pour Victor Hugo, le théâtre a pour mission d'éduquer le peuple. Il permet de transmettre des idées, des prises de position, des engagements politiques (c'est une « tribune », une « chaire »), de façon à éduquer et à faire progresser le spectateur : il « a une mission nationale, une mission sociale, une mission humaine »). Il a donc une fonction socio-politique et éthique : l'auteur « se sait responsable ».

3. Pour Paul Claudel, le théâtre tend un miroir au spectateur : à travers une identification émotionnelle (« il se regarde lui-même »), le spectateur non seulement se divertit (car « l'homme s'ennuie », « et ne sachant de rien comment cela commence ou finit, c'est pour cela qu'il va au théâtre »), mais aussi fait des découvertes ontologiques sur l'être humain par l'intermédiaire de la mise en œuvre de la catharsis (« il pleure et il rit »).

Fiche 61. Rédiger des microanalyses pour le commentaire en s'appuyant sur la grammaire

1. Ce passage se situe au début de la pièce du *Cid*, au moment de **l'exposition**. Il permet de lancer l'action et de susciter le questionnement du spectateur (Rodrigue va-t-il accepter de venger son père ?) et propose un rapide portrait psychologique des deux personnages en scène.

2. Du début à la fin, le dramaturge met en place une **progression**. En effet, la scène démarre par une apostrophe suivie d'une **question** brève attendant une réponse nette. La réaction positive de don Diègue à la réponse de son fils Rodrigue amène des exclamations suivies du **thème** de la question initiale : le besoin de vengeance. Finalement, don Diègue expose les motifs de sa demande. La scène progresse donc **par à-coups** : don Diègue dévoile son but par étapes, relancées par les brèves interventions de don Rodrigue. La scène progresse aussi en **intensité dramatique**, qui croît vers l'explicitation de la demande. Elle progresse en effet en **tension psychologique** : partant d'une question (« as-tu du cœur ? »), don Diègue arrive à des injonctions (« va », « meurs ou tue »).

3. Don Diègue est un personnage qui veut **s'imposer**, comme le montre sa forte présence dans le dialogue (il parle beaucoup plus que don Rodrigue). C'est un personnage **autoritaire**, comme le suggère l'emploi de multiples injonctions tout au long de ses répliques (« viens », dont la quadruple répétition est soulignée par l'anaphore accentuée, « va », « meurs, ou tue »). Il révèle sa **forte présence** physique et psychologique en posant un ultimatum à son fils (« meurs, ou tue »). Il a un **sens de l'honneur** poussé à l'extrême : le champ lexical de la vengeance et de la honte est très présent dans le passage (« viens réparer ma honte / viens me venger », « un affront si cruel / qu'à l'honneur de tous deux il porte un coup mortel », « pour venger et punir », « lave un tel outrage »). Don Diègue se montre prêt à mettre son fils en danger, à le perdre, pour voir son déshonneur lavé. Les hyperboles qu'il emploie soulignent cette passion pour l'honneur qui l'anime (« affront si cruel », « coup mortel »). Cet honneur s'inscrit pour lui dans la lignée familiale (« mon sang », « mon fils ») : son fils doit donc prendre sa suite. Don Rodrigue, lui, est un fils **à l'écoute** (il parle peu, répond directement à son père), **obéissant** (« de quoi ? »), **disponible** pour prouver son courage (« tout autre que mon père l'éprouverait sur place »), **impulsif** et **fougueux** (« sur l'heure »), mais peut-être **inconscient** des risques qu'il peut courir (il est prêt à dégainer immédiatement son épée). Mais il semble **manipulé** par son père qui détient ici le pouvoir sur lui.

4. **Pour vous auto-évaluer** :

- Avez-vous suivi la méthode A-D-I-C ?
- Avez-vous fait suivre chaque argument par un relevé d'éléments pris dans le texte et commentés au fur et à mesure ?
- Avez-vous varié votre façon d'insérer vos relevés ?
- Avez-vous utilisé des liens logiques pour relier vos divers arguments ?

Si vous avez répondu « oui » à ces questions et si votre réponse contient les bons éléments techniques repris dans les réponses proposées ci-dessous en corrigé, alors votre paragraphe est satisfaisant.

Voici le plan que votre paragraphe peut suivre :

- 1. Annoncez **l'idée dominante** du paragraphe (don Diègue met en place une stratégie fondée sur la notion d'honneur familial).
- 2. **Argument n° 1** : don Diègue fait l'éloge de la vengeance comme arme familiale et aristocratique.
- 3. **Argument n° 2** : don Diègue utilise la force du Verbe pour introniser don Rodrigue en vengeur officiellement adoubé.
- 4. Concluez en proposant un bref **bilan** (Pour obtenir l'engagement de don Rodrigue, don Diègue a recours à la force convaincante et persuasive du langage qui fait de lui le maître de la parole, et, par-là, le maître de la décision de son fils).

5. Question de grammaire : « Ce n'est que dans le sang qu'on lave un tel outrage » :
Cette phrase emploie la négation restrictive avec le système corrélatif « ne...que... ». L'adverbe « ne » enclenche l'idée de négation, dont on sort ensuite avec le mot « que » qui soustrait à la négation le reste de la phrase. Ce n'est donc pas une négation à proprement parler, car elle équivaut à « seulement » ou « uniquement » (« C'est uniquement dans le sang... »). Elle est restrictive car elle exclut du champ de la négation les termes autres que celui qu'elle introduit (ici, le « sang » : l'outrage ne sera lavé que dans le sang, et dans rien d'autre). Il s'agit d'un procédé d'insistance qui permet au locuteur de souligner son intention, dans un renforcement de la portée de l'outrage qu'il dit avoir subi.

Fiche 62. Moment de grammaire

Exercice 1

- <u>que ces vains ornements, que ces voiles me pèsent !</u> : parallélisme + allitérations en [s] et [z].
- <u>tout m'afflige et me nuit, et conspire à me nuire</u> : assonance en [i]+ allitération en [m] + gradation + hyperbole.
- <u>vous-même</u> : anaphore.
- <u>vous haïssez le jour que vous veniez chercher !</u> : antithèse.
- <u>je te viens voir pour la dernière fois</u> : litote.
- <u>cette cruelle envie</u> : euphémisme.
- <u>vous verrai-je toujours, renonçant à la vie, / faire de votre mort les funestes apprêts ?</u> : question rhétorique.
- <u>un char</u> : métonymie (cela désigne Hippolyte, celui que Phèdre aime).

Exercice 2

L'extrait présente quatre phrases interrogatives directes car le locuteur les pose directement à son interlocuteur ; elles expriment directement une demande d'information, se terminent toutes par un point d'interrogation et supposent une intonation orale propre à l'interrogation (ton de voix montant).

Quelle importune main, en formant tous ces nœuds, a pris soin sur mon front d'assembler mes cheveux ?

- Phrase interrogative introduite par le déterminant interrogatif « quelle » qui est un déterminant de l'identité et qui indique la portée de l'interrogation : connaître la nature de la « main importune ».
- Cette interrogation est partielle : elle porte sur un élément de la phrase, la « main ».
- Elle souligne la nécessité pour Phèdre de connaître les raisons du mal qui l'accable et montre qu'elle est perdue, en quête de réponses et d'explications.

Vous ne perdrez point cette cruelle envie ?

- Phrase interro-négative totale, qui attend une réponse par « oui » ou par « non », donc qui porte sur la véracité de l'énoncé.
- L'interrogation ne se signale ici que par la présence du point d'interrogation à la fin de la phrase et par le ton de la voix qui doit monter en fin de phrase, puisque l'ordre de la phrase déclarative (sujet-verbe) n'est pas inversé (on attendrait : « ne perdrez-vous point... ? »). C'est une forme orale ou familière de l'interrogation qui se rencontre souvent au théâtre. On peut l'interpréter ici comme l'expression implicite d'une affirmation : malgré la forme interrogative, Oenone sait implicitement que Phèdre ne perdra pas cette « cruelle envie ».

Vous verrai-je toujours, renonçant à la vie, faire de votre mort les funestes apprêts ?

- Phrase interrogative totale qui attend une réponse par « oui » ou par « non », donc qui porte sur la véracité de l'énoncé.
- L'interrogation est construite par l'inversion du sujet « je » après le verbe « verrai ».
- Cette interrogation peut être interprétée dans ce contexte comme une question rhétorique pour souligner le poids du destin sur Phèdre : la réponse attendue est sous-entendue dans la question, et semble être « oui, en effet ». Cette interrogation prend prendre la valeur d'une phrase déclarative.

Quand pourrai-je, au travers d'une noble poussière, suivre de l'œil un char fuyant dans la carrière ?

- Phrase interrogative partielle introduite par l'adverbe interrogatif « quand », qui porte sur la circonstance du procès : le moment ou le temps. « Quand » est complément circonstanciel de temps de la phrase.
- Après le mot interrogatif, la phrase interrogative inverse l'ordre canonique sujet-verbe : « pourrai-je ».
- Cette question sous-entend l'espoir de Phèdre de pouvoir admirer el char portant Hippolyte dans la carrière. Mais le contexte indique que cet espoir est impossible : la question porte alors un espoir impossible, une illusion, qui souligne la perte des moyens de Phèdre soumise à cet amour incestueux et coupable.

Exercice 3

- **Quelle importune main, en formant tous ces nœuds, a pris soin sur mon front d'assembler mes cheveux ?** à Phèdre demande quelle importune main, en formant tous ces nœuds, a pris soin sur son front d'assembler ses cheveux.
- **Vous ne perdrez point cette cruelle envie ?** à Oenone demande à Phèdre si elle ne perdra point (pas) cette cruelle envie.
- **Vous verrai-je toujours, renonçant à la vie, faire de votre mort les funestes apprêts ?** à Oenone demande à Phèdre si elle la verra toujours renonçant à la vie, faire de sa mort les funestes apprêts.
- **Quand pourrai-je, au travers d'une noble poussière, suivre de l'œil un char fuyant dans la carrière ?** à Phèdre demande quand elle pourra, au travers d'une noble poussière, suivre de l'œil un char fuyant dans la carrière.

Fiche 63. Bâtir et organiser un plan de devoir

Exercice 1

1. Une révolte contre les préjugés :

Argument n° 1 : Une prise de pouvoir sur Octave

Exemples : *longueur des répliques de Marianne par rapport à celles d'Octave, fermeté du discours de Marianne, très sûre d'elle (« il faut que », « ne pourrait-on pas dire », « voyez un peu ce qui m'arrive »), faibles protestations d'Octave qui cherche à éviter le conflit (« cousine, cousine, ne vous fâchez pas ») et qui se voit réduit au statut d'objet récepteur.*

Argument n° 2: La femme objet de consommation

Exemples : *clichés (« l'occupation d'un moment », « une partie de plaisir », « goutte de rosée »), topoï lyriques de la fleur et du vin tournés en dérision.*

Argument n° 3: Des revendications essentielles pour les femmes

Exemples : *vœu de bonheur (« le bonheur d'une vie entière »), rêve de douceur (« entr'ouvert par une main délicate »), liberté dans l'amour (aimer sans humiliation ni contrainte), liberté dans les choix de vie (« l'éducation d'une fille », « la fierté d'un cœur qui s'est figuré qu'il vaut quelque chose », « l'honnêteté »).*

2. **L'axe de lecture regroupant ces trois arguments pourrait s'intituler : Un plaidoyer en faveur des femmes.**

Une dénonciation des injustices subies par les femmes : les femmes sont vues comme des victimes (« le sort des femmes », « voyez un peu ce qui m'arrive »), dénonciation de l'injustice faite aux femmes (« si je me rends [...] sans parfum ? »), du mépris qu'elles subissent (« femme bien abjecte », « la déchirer », « la montrer du doigt », « monstre »).

Une opposition entre deux visions antinomiques : antinomie ironique des points de vue masculin et féminin (« qu'est-ce après tout qu'une femme ? L'occupation d'un moment », « une partie de plaisir ! »), amer constat de la rareté de l'innocence masculine (« et ne serait-ce pas un grand écolier [...] passer ? »), ponctuation expressive pour souligner l'indignation, arguments de valeur (« l'honnêteté et la foi jurée »).

Un discours éloquent : phrases longues et maîtrisées, interpellations, appels à la raison (« pesez cela, je vous en prie »), parallélismes (« si [...] si [...] »), questions rhétoriques (« n'est-ce pas une chose bien ridicule que l'honnêteté et la foi jurée ? »), images poétiques synonymes de légèreté (« bulle de savon », « la poussière de sa fleur chérie », « une coupe fragile ») : parodie des discours judiciaires.

3. **Voici une proposition de problématique** : En quoi cette scène mêle-t-elle l'indignation et la souffrance de Marianne ?

4. **Questions de grammaire** :

Il y a dans le texte deux propositions subordonnées conjonctives circonstancielles de condition :

- « Si je me rends » : proposition subordonnée conjonctive circonstancielle introduite par la conjonction de subordination « si », complément circonstanciel de condition de la proposition principale « que dira-t-on de moi ? ».

– « Si elle refuse, au contraire » : proposition subordonnée conjonctive circonstancielle introduite par la conjonction de subordination « si », complément circonstanciel de condition de la proposition principale « est-il un monstre qui lui soit comparable ? ».

« Si » peut être remplacé par « à condition que », « supposé que », « à supposer que », « au cas où » ce qui entraînera un changement de mode verbal : « si je me rends » → « à condition que / supposé que / à supposer que / au cas où je me rende », et « si elle refuse » → « à condition qu' / supposé qu' / à supposer qu' / au cas où elle refuse ».

Exercice 2

1. Problématique : Quels sont les objectifs d'une comédie ? Provoquer le rire est-il sa visée suprême ou se donne-t-elle d'autres buts ?

Attention à vous appuyer sur l'œuvre étudiée pour illustrer le propos.

2. Proposition de plan

I. Une comédie sert effectivement à faire rire[1].

1. Elle fait sourire et égaye le spectateur dans un moment de détente.
2. Elle déclenche un rire moqueur par le ridicule des personnages.
3. Elle engendre un rire farcesque.

II. Mais la comédie peut faire rire jaune.

1. Par le rire paradoxal de la souffrance comique.
2. Par le rire des propres ridicules de chaque spectateur.
3. Par le mélange du rire et de l'indignation ou de l'inquiétude.

III. Alors, pourquoi la comédie combine-t-elle ces diverses facettes du rire ?

1. Pour révéler les excès des vices des individus.
2. Pour déclencher une prise de conscience individuelle.
3. Pour transformer les mœurs de la société.

1. En rédigeant, il ne faudrait pas oublier que l'objet d'étude relie le théâtre et la question de la représentation ; il faudrait donc donner quelques exemples du comique issu de la mise en scène.

Fiche 64. S'entraîner sur un sujet de commentaire

Commentaire rédigé

Introduction

[Au XVIIe siècle, âge d'or du théâtre classique, Molière redonne ses lettres de noblesse à la comédie en joignant à sa visée comique un message moral : il s'agit pour lui de s'inscrire dans son temps et d'amener les spectateurs à percevoir dans les personnages représentés sur scène des miroirs d'eux-mêmes]. [**Ainsi**, dans *Les Précieuses ridicules*, en 1659, il met en scène des femmes qui veulent ressembler aux précieuses, nobles férues de littérature et de conversations intellectuelles dans les Salons, mais qui les tournent en ridicule. Dans les scènes 6 et 7, à tonalité comique, la servante Marotte annonce aux deux précieuses ridicules, Magdelon et Cathos, l'arrivée d'un soi-disant marquis, qui n'est autre qu'un valet déguisé envoyé par vengeance par deux amants que les deux jeunes femmes ont éconduits]. [Nous nous demanderons **alors** en quoi ce passage comique a une visée satirique]. [**Pour cela**, l'étude de la dimension comique riche et variée du passage nous permettra de voir en quoi les relations entre les maîtres et les valets sont ici le support d'une critique de Molière].

1re étape de l'introduction ; présentation du contexte et de l'auteur.

2e étape de l'introduction ; présentation du passage à commenter. Servez-vous des indications fournies par le paratexte.

3e étape de l'introduction ; formulation de la problématique.

4e étape de l'introduction ; annonce du plan du commentaire.

I. Un comique riche et varié comme support de la visée satirique.

[Dans ces deux scènes, Molière poursuit l'objectif de ridiculiser les deux précieuses, de façon à les critiquer. **Pour cela**, il combine le comique de situation, le comique de mots et le comique de caractère et de mœurs].

1. Le ridicule issu du comique de situation.

[**Tout d'abord**, les deux scènes étudiées font rire par les situations qu'elles mettent en place]. [**Ainsi**, les deux précieuses sont piégées alors qu'elles croient tout maîtriser. La double énonciation joue en faveur du rire : le spectateur sait que le nouveau venu, Mascarille, est envoyé par les deux anciens amants qu'elles ont éconduits. **Par exemple**, la préparation des deux précieuses fait rire par son excès : elles sont flattées de la visite d'un marquis (« Ah ! ma chère, un marquis ! [...] C'est sans doute un bel esprit qui aura ouï parler de nous », dit Magdelon à la scène 6), elles n'ont pas vraiment de position valable à soutenir et pourtant

La 1re phrase de la sous-partie annonce le thème qui va être étudié. C'est l'étape A du schéma A-D-I-C.

Magdelon affirme : « soutenons notre réputation ». L'emploi des verbes à l'impératif souligne leur empressement, encore plus ridicule pour un spectateur averti de l'identité de l'invité qui va arriver : elles s'empressent pour un valet ! **D'autre part**, Mascarille lui-même fait l'objet du comique de situation, coincé entre deux portes dans sa chaise à porteurs, au début de la scène 7 : cela relève du comique de farce qui déclenche un gros rire chez le spectateur]. [**Donc**, ce passage est parcouru de situations comiques visant à faire rire franchement le spectateur].

Le développement de l'idée s'effectue à travers plusieurs références.

2. Le ridicule issu du comique de mots.

[**D'autre part**, Molière emploie un comique de mots, de façon à déclencher le rire immédiat du spectateur]. [**Ainsi**, les précieuses usent d'un langage ampoulé et enrichi, avec des périphrases comme « le conseiller des grâces » pour désigner un miroir ; elles sont ridiculisées par leur emploi trop recherché du langage qui n'engendre qu'incompréhension chez leur interlocutrice, Marotte. Le décalage entre ce langage châtié et les mots plus prosaïques de la servante (par exemple, « laquais » ou même « filofie » mis pour « philosophie »), fait naître le rire chez le spectateur qui perçoit bien l'enjeu comique de cette confrontation. Ce langage précieux est **d'ailleurs** parodié par Mascarille, valet jouant au maître ; ainsi, il utilise à deux reprises l'imparfait du subjonctif, mais obtient l'inverse de l'effet escompté : au lieu de paraître très distingué, il ne fait que se ridiculiser car cela se met au service de la caricature des maîtres précieux. **De plus**, certaines expressions trahissent sa véritable identité, comme l'interjection « holà ! » ou le nom « canailles » : le décalage entre l'effet recherché et l'effet produit par le langage de Mascarille renforce la teneur comique du passage. **D'autre part**, des injures renforcent ce comique de mots : « sotte », « ignorante », « l'impertinente », qui sont d'autant plus amusantes que les deux précieuses qui prononcent ces insultes sont en réalité elles-mêmes les plus sottes]. [Le passage est **donc** marqué par le comique de mots, qui fait rire le spectateur aux dépens de Magdelon, Cathos et Mascarille].

Grammaire pour expliquer le texte : le lexique.
La sous-partie propose ce 1er argument, annoncé par le connecteur logique « ainsi », puis commenté à travers de micro-analyses.

Cette sous-partie comporte un 2e argument, appuyé sur l'analyse d'un procédé technique.

Cette sous-partie s'appuie sur un 3e argument, annoncé par un connecteur logique, qui fait le va-et-vient entre l'interprétation et le relevé.

Cette sous-partie s'appuie sur le développement d'un 4e argument.

3. Le ridicule issu du comique de caractère et de mœurs.

[**Enfin**, Molière insiste sur le ridicule des prétentions des précieuses qu'il met en scène : leur caractère fait rire et est le reflet des mœurs rendues comiques dans le passage].

[**En effet**, elles sont absolument imbues d'elles-mêmes : leur première réaction, lorsque Marotte arrive sur scène, est de s'offusquer du vocabulaire employé par la servante, qui ne correspond pas à l'image qu'elles ont d'elles-mêmes. Leur première réaction est de se demander dans quelle pièce elles vont recevoir le nouveau venu, ce qui témoigne de leur souci de l'effet qu'elles vont produire ; leur empressement à trouver un miroir montre qu'elles sont gouvernées par leur image, ce qui signale le règne de la superficialité. Toute leur attitude révèle l'excès : par exemple, l'emploi du verbe « souffrir est hyperbolique, témoignant d'une réaction démesurée par rapport à la « faute » commise par Marotte. **De même**, Mascarille imite parfaitement l'outrance orgueilleuse de ses maîtres, en demandant « Voudriez-vous, faquins, que j'exposasse l'embonpoint de mes plumes aux inclémences de la saison pluvieuse, et que j'allasse imprimer mes souliers en boue ? », ce qui montre la démesure des marquis précieux]. [À travers ces précieux, c'est **donc** toute la société et ses mœurs qui sont rendues risibles : Molière combine comique de caractère et comique de mœurs].

L'idée est développée ; on alterne interprétations et références au texte.

[**Ainsi**, Molière combine différentes formes de comiques, de façon à inscrire son texte dans le registre de la comédie divertissante. **Mais** ce comique est loin d'être gratuit : **au contraire**, il se met au service d'une critique sociale appuyée à propos des relations entre les maîtres et les valets].

II. Une critique satirique des relations entre les maîtres et les valets.

[Ces deux scènes mettent en œuvre la visée satirique de Molière : la moquerie se veut critique et dénonciatrice : le pouvoir des maîtres s'oppose au bon sens incarné par la servante, ce qui est souligné par le renversement des rôles accompli par Mascarille].

L'introduction de partie annonce l'idée clé de la 2e partie et les intitulés des 3 sous-parties à venir.

1. L'expression de la domination des maîtres.

[Le spectateur peut **tout d'abord** être sensible à l'expression de la domination des maîtres]. [**En effet**, ils se rendent antipathiques par leur méchanceté envers leurs valets : Magdelon et Cathos rabrouent Marotte sur la forme de son annonce, sans tenir compte, au départ, de ce qu'effectivement elle leur annonce (l'arrivée de Mascarille) : « Apprenez, sotte, à vous énoncer moins vulgairement », dit Magdelon. Cette rudesse du ton, exprimée par la valeur injonctive du mode de l'impératif, se combine à l'expression du mépris : « Apportez-nous le miroir, ignorante que vous êtes, et gardez-vous bien d'en salir la glace par la communication de votre image », enjoint Cathos ; les impératifs s'allient à l'insulte pour renforcer la discrimination : Marotte n'est pas digne de se regarder dans le miroir des deux maîtresses. Le ton employé par le faux marquis de Mascarille est le même : rudesse et mépris : « ces marauds-là », « faquins », « Allez, ôtez votre chaise d'ici », à la scène 7]. [Magdelon, Cathos et Mascarille se montrent **donc** bien ici comme l'inverse des individus sages, mesurés et respectueux qui devraient correspondre à l'idéal de la bonne conduite et de l'honnêteté morale des vrais précieux, à la représentation de l'honnête homme du XVIIe siècle. Molière, derrière le rire, vise la réflexion et le jugement moral du spectateur].

Grammaire pour expliquer le texte : valeur de l'impératif.

Brève conclusion de la sous-partie ; on élargit l'analyse, sans tomber dans le hors-sujet.

2. Marotte en servante idéale ?

[**D'autre part**, face à cette attitude des maîtres, Marotte propose une image naturelle et authentique de l'être humain]. [**En effet**, elle ne manipule pas le langage (« Par ma foi, je ne sais point quelle bête c'est là », dit-elle à propos du miroir), elle ne sait pas émailler ses paroles de références savantes artificielles (« je n'entends point le latin, et je n'ai pas appris, comme vous, la filofie dans *le Grand Cyre* ») : elle se moque **donc** ouvertement des précieuses et de leurs références surfaites qui ne les empêchent d'ailleurs pas de se faire piéger. Son esprit concret véhicule **aussi** le bon sens populaire : « il faut parler chrétien, si vous voulez que je vous entende ». À travers Marotte, c'est l'ensemble des serviteurs et des représentants du peuple que Molière défend, pour leur aptitude à la prise de recul face aux excès humains. On sait **d'ailleurs** que le mot « marotte » désigne à l'origine le sceptre des bouffons à la cour royale ; or, on rappelle que les bouffons étaient souvent là pour dire la vérité, masquée sous des plaisanteries. Marotte transmet **donc** une juste image de l'être humain]. [Marotte serait **alors** l'anti-miroir des précieux et la concrétisation du refus des excès].

3. Le renversement des rôles.

[**Enfin**, à travers Mascarille, Molière renforce sa critique des maîtres]. [**Effectivement**, Mascarille tient le rôle du maître : par son déguisement, il souligne la critique de Molière car il en exacerbe tous les traits négatifs. **Ainsi**, il caricature les caprices des maîtres, par exemple en voulant faire entrer sa chaise à porteurs dans la maison, ce qui crée d'abord un effet comique, bien sûr, mais qui souligne surtout le caprice excessif et injustifié. Mascarille est aussi impoli et odieux vis-à-vis de ses propres valets, dans la scène 7. À travers la parodie, renforcée par la présence du théâtre dans le théâtre, Molière souligne ce qu'il ne pourrait pas montrer directement, sous peine de censure peut-être, notamment dans la dernière réplique du passage étudié, où Mascarille souligne les attributs ridicules des marquis (« embonpoint » et « plumes ») et l'absurdité de la crainte de se salir (« Voudriez-vous [...] que j'allasse imprimer mes souliers en boue ») prise comme excuse pour se faire porter jusque dans la maison. Le nom même de Mascarille, issu du mot « masque » souligne l'hypocrisie du valet et le jeu qu'il joue, mais révèle **donc** aussi l'hypocrisie du comportement des nobles qui imitent les précieux en société et qui n'en sont pas réellement]. [**Ainsi**, à travers ce renversement des rôles, Molière confie à une situation traditionnelle et comique le soin de transmettre au spectateur une remise en question de l'attitude de certains maîtres].

> Le développement de la sous-partie est une démonstration fondée sur des références commentées.

> Bilan de la sous-partie. On n'oublie pas la problématique (le projet de Molière).

Conclusion

[**Pour conclure**, ces scènes 6 et 7 des *Précieuses ridicules* de Molière cherchent bien à provoquer le rire chez le spectateur qui se divertit à la vue des ridicules mis en scène chez Magdelon, Cathos et Mascarille incarnant des individus prêts à tout pour sembler appartenir au monde raffiné des précieux. Mais ce comique n'est pas gratuit : le plaisir pris dans la salle est le vecteur d'une réflexion nécessaire selon Molière à propos des relations établies entre les maîtres et les valets, et à propos de la sagesse qui ne se trouve pas toujours où l'on le croit. **Ainsi**, ce passage comique revêt une portée satirique]. [Le lecteur avisé retrouve là le projet qui anime Molière tout au long de sa vie : inspiré par le fameux « castigat ridendo mores » du poète latin Horace, le dramaturge

> La 1re étape de la conclusion resitue le passage et répond à la problématique en balisant le parcours effectué.

fait de chacune de ses créations un message à l'attention des spectateurs sachant décrypter le second sens et acceptant de regarder un tant soit peu vers sa propre personnalité].

Ouverture fondée sur une vision d'ensemble du projet de Molière ; une référence culturelle permet de replacer l'étude dans un large contexte.

Fiche 65. S'entraîner sur un sujet de dissertation

Dissertation rédigée à compléter et à adapter à l'œuvre étudiée

Introduction

[En 1666, Molière note à l'attention du lecteur au début de *L'Amour médecin* : « il serait à souhaiter que [les comédies] pussent toujours se montrer à vous avec les ornements qui les accompagnent chez le roi » : ce souhait signale à quel point la représentation compte, aux yeux de Molière]. [**Mais** est-elle absolument indispensable au texte de théâtre ?] [**En effet**, quel est le rôle de la représentation, pour un texte qui existe déjà ? Est-elle une transposition mineure et anecdotique ? Ou donne-t-elle au texte sa pleine réalisation ?] [Après avoir tout d'abord montré que la représentation peut **en effet** sembler une nécessité pour le texte de théâtre, nous nous interrogerons sur les limites de ce point de vue car le texte peut parfois se suffire à lui-même].

La 1re phrase de l'introduction constitue une amorce permettant d'amener la notion de représentation et d'en discuter la nécessité.

La 2e étape de l'introduction propose la question soulevée par le sujet.

La 3e étape de l'introduction formule la problématique du devoir.

La 4e étape est l'annonce du plan

I. La représentation est absolument indispensable au texte de théâtre

[**La représentation** d'une pièce de théâtre correspond à son aboutissement premier, **mais** elle permet aussi au metteur en scène de finaliser le projet du dramaturge, **voire** d'être la condition de réalisation complète du texte de théâtre].

1. La représentation est l'aboutissement du texte de théâtre.

[Depuis ses origines, le théâtre trouve son accomplissement complet dans la représentation collective].

En effet, le théâtre est une fête civique et communautaire, fondée sur des rituels, et ceux-ci ne sont véritablement actualisés que lors des représentations (pensons aux trois coups de bâton qui précèdent traditionnellement le lever du rideau : il y a une solennité qui n'est effective que lors de la représentation).

Par la suite, la Commedia dell'arte s'appuie sur l'improvisation à partir de canevas précédemment élaborés mais très succincts : **ainsi**, c'est le fait de jouer et de représenter la pièce qui fait aboutir l'idée de départ et qui donne son entière dimension aux rôles tenus par Arlequin ou Brighella.

Références à l'œuvre étudiée : donner un exemple de scène pour laquelle le jeu souligne véritablement l'effet recherché par l'auteur, où l'effet sur le public est primordial, notamment dans le partage d'une émotion forte.

Exemple rédigé : Dans *Le Mariage de Figaro* de Beaumarchais, le fameux monologue du valet Figaro à la scène 3 de l'acte V tire sa force du ton employé par l'acteur lorsqu'il s'exclame « Ô femme ! femme ! femme ! créature faible et décevante !... nul animal créé ne peut manquer à son instinct : le tien est-il donc de tromper ?... » ; le texte a besoin du ton et de la gestuelle de l'acteur pour développer ses registres pathétique et polémique, et le monologue s'anime sur scène grâce au jeu de l'acteur.

[**Ainsi**, la représentation est loin d'être accessoire : elle fait partie de l'essence même du théâtre en convoquant tous les sens pour une fête totale].

2. La représentation finalise et actualise le projet du dramaturge.

[**D'autre part**, la représentation théâtrale permet de finaliser le projet du dramaturge].

Effectivement, le texte prévoit parfois des situations qui ne prennent tout leur sens que lors de la mise en scène ; citer des exemples de choix différents de mise en scène d''une pièce étudiée, qui mettent l'accent sur tel ou tel aspect du projet de l'auteur ; citer la mise en scène moderne d'une pièce classique qui prend alors une dimension universelle et atemporelle.

Références à l'œuvre étudiée : donner un exemple de scène de double énonciation, que seule la mise en scène peut exalter.

[**Donc**, la représentation permet d'achever l'intention de l'auteur, de la mettre véritablement en œuvre].

Étape C du schéma A-D-I-C ; bref bilan de sous-partie.

3. La représentation est la condition de réalisation complète du texte de théâtre.

[**Enfin**, la représentation est la condition de réalisation complète du texte de théâtre].

Annonce de l'idée du paragraphe ; le connecteur guide le correcteur.

Ainsi, elle donne vie aux choix du dramaturge concernant les décors, les objets, les costumes, la présence du corps des personnages. Elle transforme donc des êtres fictifs et prévus pour le papier en êtres qui revêtent une présence concrète pour le spectateur. Le « texte troué » que constitue le texte théâtral, selon Anne Ubersfeld, reçoit **ainsi** sa complétude par la représentation.

Certains textes théâtraux contemporains nécessitent **même** la mise en scène.

Références à l'œuvre étudiée : donner un exemple où la mise en scène devient une nécessité car elle finalise le texte sans se contenter de le « traduire » sur scène.

Exemple rédigé : La pièce de Samuel Beckett *Oh les beaux jours* (1961) contient de nombreuses didascalies très développées : la mise en scène et le jeu concret des acteurs permettent au texte d'être pleinement réalisé. La représentation est **donc** la condition de réalisation totale et finale du texte théâtral, sans laquelle il demeure forcément incomplet.

[**Ainsi**, la représentation, qui est inscrite dans l'essence même du théâtre dès l'Antiquité, semble nécessaire à la réalisation complète du projet du dramaturge, à condition qu'elle ne le dénature pas]. [**Mais** il ne faut pas occulter l'essentiel pour le lecteur qui n'assiste pas à la représentation : le texte lui-même, qui peut parfois être suffisant].

La transition entre les 2 parties de la dissertation confirme ce que la 1re partie vient de démontrer, et répond donc partiellement à la problématique.

II. Mais le texte peut se suffire à lui-même, à travers la lecture.

L'opposition par le connecteur logique « mais » signale que la 1re partie n'a proposé qu'une approche partielle. La 2e partie va compléter cela.

[Le texte de théâtre ne nécessite pas forcément une représentation ; on peut le considérer comme autosuffisant, par ses didascalies, par sa beauté intrinsèque et par la liberté de représentation mentale qu'il laisse au lecteur].

Cette phrase annonce l'enjeu de la 2e partie de la dissertation et présente les 3 sous-parties à venir.

1. Le texte de théâtre peut être autosuffisant.

[**En premier lieu**, le texte de théâtre peut être considéré comme autosuffisant, ne nécessitant pas absolument une représentation].

La 1re phrase annonce le thème développé dans la sous-partie.

Ainsi, certaines pièces comportent assez de didascalies pour que le lecteur puisse se satisfaire de la lecture seule.

Références à l'œuvre étudiée : donner un exemple de scène où la parole est suffisante pour ne pas nécessiter la mise en scène, le décor ou le jeu, par exemple le monologue de Figaro contre la tyrannie du droit de cuissage, dans *Le Mariage de Figaro* de Beaumarchais, ou la tirade de Phèdre avouant son amour à l'acte I, scène 3, chez Racine.

[Certains textes ne semblent **donc** pas avoir besoin de la représentation].

2. La beauté du texte est suffisante en elle-même.

[**D'autre part**, la beauté du texte est parfois en elle-même suffisante].

Annonce de l'idée de la 2e sous-partie.

Références à l'œuvre étudiée : citer des passages particulièrement esthétiques ou poétiques de la pièce étudiée, où le langage prime sur le geste, où la force de la parole se déploie pour elle-même.

Exemple rédigé : C'est le cas de tragédies raciniennes, **par exemple** *Phèdre*, connues pour la primauté du texte sur la dynamique de l'intrigue. Racine y cherche en effet la musicalité poétique du vers, notamment à travers l'emploi d'alexandrins rythmés comme le trimètre, dans une histoire assez statique. Dans des tragédies comme *Phèdre*, les tensions entre les personnages sont rendues par le choix d'un lexique heurté et par des confrontations très écrites, dans lesquelles Racine a prévu très peu de didascalies, car l'intensité psychologique passe devant les gestes et la mise en scène. Le texte tire alors sa force de lui-même, et la représentation n'est pas forcément une valeur ajoutée, dans ce cas. On le perçoit bien lors du récit de Théramène, qui fait passer par les mots ce qui ne peut être représenté pour des questions de vraisemblance et de bienséances].

[**Ainsi**, la lecture peut permettre à la substance du texte de se développer, sans besoin du support visuel de la mise en scène : tout se passe à l'intérieur du texte, **mais aussi** dans un dialogue intime entre le texte et le lecteur].

Clôture du paragraphe par un bref bilan.

3. La lecture du texte de théâtre laisse une précieuse liberté au lecteur.

[**Enfin**, certains textes, s'ils ne sont pas représentés, laissent au lecteur une immense liberté d'imagination].

Annonce de l'idée de la dernière sous-partie. Il faut guider votre correcteur.

Le texte devient **alors** une cocréation entre l'auteur et son lecteur, sans le truchement de la mise en scène par un tiers extérieur. **Ainsi**, le lecteur peut s'appuyer sur les indications proposées en didascalies pour se forger sa propre représentation mentale.

Références à l'œuvre étudiée : citer un exemple de tirade qui permet au lecteur d'imaginer le décor grâce aux indications données par le personnage ; citer un exemple de mise en scène qui s'avère décevante pour le lecteur qui n'adhère pas aux choix du metteur en scène, par exemple une représentation très moderne d'une pièce ancienne pour un lecteur qui préfèrerait voir des costumes d'époque.

[**Ainsi**, le fait de ne pas assister à la représentation du texte offre au lecteur la possibilité de ne pas subir la subjectivité des choix d'un metteur en scène, si reconnu soit-il, et de laisser libre cours à sa propre mise en scène du texte].

Conclusion

[**Si, effectivement**, la représentation est très souvent un atout pour le texte de théâtre ou semble même absolument indispensable pour réaliser pleinement toutes les ressources et potentialités d'un texte dramaturgique, **il n'en reste pas moins que** certaines pièces dévoilent leur valeur en elles-mêmes et par elles-mêmes, en dehors de tout choix de mise en scène, dans l'intimité du dialogue en tête-à-tête entre le dramaturge et le lecteur]. [Il ne faut **cependant** pas occulter l'enjeu essentiel du texte de théâtre qui, par nature, est profondément lié à sa représentation : le texte et sa mise en scène sont comme un continuum, une double création, dans les deux sens : le texte enrichit la représentation, et la représentation enrichit le texte].

La conclusion commence par un rappel des enjeux du sujet tels qu'ils ont successivement été abordés dans les parties du devoir.

La 2e étape de la conclusion vous permet de prendre position, en vous appuyant sur votre expérience de lecteur et de spectateur.

Fiche 66. S'entraîner sur un écrit d'appropriation

1. **Étude du texte support : Quels sont les éléments qui peuvent servir à la rédaction du texte attendu ?**
   - **Genre littéraire :** le théâtre tragique.
   - **Type de texte :** dialogue. Le sujet demande de poursuivre ce dialogue ; il faudra donc veiller à la cohérence entre ce début et la suite que vous inventerez.
   - **Éléments importants de l'action :** Priam lance la polémique sur l'intérêt de la guerre pour les hommes de la famille ; Démokos le soutient. Hécube et Andromaque s'opposent.
   - **Présentation des personnages :** Priam incarne le roi paternaliste, qui accueille les paroles d'Andromaque avec bonté mais qui ne les soutient pas. Andromaque est en situation d'infériorité : elle supplie qu'on l'écoute, en valorisant la parole

féminine. Démokos double le point de vue masculin, alors qu'Hécube double celui d'Andromaque. Au-delà de la confrontation sur la guerre se dessine donc une opposition homme-femme dans la cité antique.

– **Lexique dominant :** lexique de la guerre et de la paix, de l'héroïsme.
– **Registres :** pathétique ; épique.

2. Analyse du sujet

■ **Quels sont les mots-clés ?**

– **Vous poursuivrez le dialogue argumentatif :** le texte à rédiger est une suite de texte : il faut donc particulièrement soigner l'enchaînement et la cohérence de l'un à l'autre : cohérences générique, thématique, psychologique. Le libellé du sujet vous indique la forme de dialogue à produire : « argumentatif ».
– **Entre les divers personnages :** le sujet mentionne les deux opposants principaux : Priam et Andromaque, mais il demande aussi que les autres personnages interviennent : ne pas les oublier, mais les laisser au plan secondaire.
– **Pour Priam, la guerre est nécessaire :** la thèse de Priam est imposée par le sujet ; il vous faudra la développer et l'étayer par divers arguments.
– **Alors que pour Andromaque, elle est absurde :** la thèse d'Andromaque est également imposée : il faudra la soutenir.

■ **Quel est l'objectif du travail d'écriture ?** Le texte attendu est un **dialogue de théâtre à visée polémique.** Deux thèses doivent s'affronter, qui peuvent donner lieu à la confrontation du plaidoyer de Priam en faveur de la guerre et du réquisitoire d'Andromaque contre la guerre. La dominante argumentative est donc fortement inscrite dans le sujet.

■ **Quel en est le point de départ ?** Un **début de scène dialoguée**, qui met en présence les divers personnages à faire intervenir. Le paratexte donne des indications essentielles pour comprendre la situation.

■ **Dans quel objet d'étude s'inscrit-il ? Quels savoirs mobilise-t-il ?** L'objet d'étude est le **théâtre.** Le sujet mobilise des **savoirs théoriques** (qu'est-ce qu'un dialogue argumentatif ?), des **compétences pratiques** (comment écrire un texte de théâtre ? comment écrire un dialogue argumentatif ? comment rendre ce dialogue dynamique et intéressant ? comment répartir les temps de parole et les arguments ? sur quelle idée finale aboutir ?) et des **compétences lexicales** (lexique de la guerre, de la paix, de l'héroïsme, des valeurs humaines).

■ **Quelles indications le sujet donne-t-il sur la façon de réaliser le travail attendu ?** Vous devez veiller à la **cohérence** entre votre texte et le début de la scène à compléter (ton et force de présence des personnages, thèses). Vous devez aussi respecter les **thèses** que le libellé du sujet attribue à Priam et à Andromaque. Vous devez mettre l'accent sur l'**argumentation**, le débat d'idées, voire le conflit.

- **Quelles qualités ce sujet fait-il espérer dans le travail final ?** On attend que vous complétiez le début de la scène de façon **cohérente**, que vous fassiez preuve de **pertinence** dans la mise en œuvre de la confrontation entre les deux points de vue, en vous appuyant sur diverses **stratégies** (convaincre, persuader, démontrer, par exemple). Il faut aussi que le débat mis en place soit **riche** et **progressif**, avec des **arguments** étayés par la logique, l'expérience, la morale et les valeurs. Vous devez dépasser le simple conflit personnel pour déclencher une **véritable réflexion intellectuelle** sur l'homme et les enjeux de la guerre pour l'homme.

3. Organisation du texte

- **Le plan d'ensemble de votre devoir :**

– Vous pouvez commencer en complétant la **réplique d'Andromaque** et en poursuivant son idée.

– Puis vous ferez **alterner les répliques des deux personnages principaux**, Priam et Andromaque, en opposant valeur et absence de valeur de la guerre, autour de **grands thèmes successifs** comme la violence mortelle et la nature même de la guerre, la lâcheté et l'honneur héroïque, l'individu (vivre ou mourir pour soi) et le peuple (vivre ou mourir pour son pays).

- **Le lien entre les idées** : il faut veiller à la **cohérence** de **l'enchaînement des répliques**, notamment par le jeu des questions-réponses et par les rebonds. Les personnages secondaires peuvent se permettre des répliques moins liées, des commentaires ou des moqueries, des apartés. N'oubliez pas les **liens logiques** pour asseoir les arguments des personnages.

4. Corrigé texte littéraire

Le corrigé proposé est la suite de la scène écrite par l'auteur de la pièce, Jean GIRAUDOUX.

ANDROMAQUE. — Mon père, je vous en supplie. Si vous avez cette amitié pour les femmes, écoutez ce que toutes les femmes du monde vous disent par ma voix. Laissez-nous nos maris comme ils sont. Pour qu'ils gardent leur agilité et leur courage, les dieux ont créé autour d'eux tant d'entraîneurs vivants ou non vivants ! Quand ce ne serait que l'orage ! Quand ce ne serait que les bêtes ! Aussi longtemps qu'il y aura des loups, des éléphants, des onces, l'homme aura mieux que l'homme comme émule et comme adversaire. Tous ces grands oiseaux qui volent autour de nous, des lièvres dont nous les femmes confondons le poil avec les bruyères, sont de plus sûrs garants de la vue perçante de nos maris que l'autre cible, que le cœur de l'ennemi emprisonné

> Grammaire pour écrire : l'expression du but.

> Argument de valeur ; l'humanité. Argument logique ; l'homme a d'autres adversaires à combattre que lui-même.

dans sa cuirasse. Chaque fois que j'ai vu tuer un cerf ou un aigle, je l'ai remercié. Je savais qu'il mourait pour Hector. Pourquoi voulez-vous que je doive Hector à la mort d'autres hommes ?

Fin de la réplique par une question, pour susciter une réponse ; cohérence du dialogue.

PRIAM. — Je ne le veux pas, ma petite chérie. Mais savez-vous pourquoi vous êtes là, toutes si belles et si vaillantes ? C'est parce que vos maris et vos pères et vos aïeux furent des guerriers. S'ils avaient été paresseux aux armes, s'ils n'avaient pas su que cette occupation terne et stupide qu'est la vie se justifie soudain et s'illumine par le mépris que les hommes ont d'elle, c'est vous qui seriez lâches et réclameriez la guerre. Il n'y a pas deux façons de se rendre immortel ici-bas, c'est d'oublier qu'on est mortel !

Argument logique ; les femmes sont là parce qu'il y a eu la guerre avant (relation cause-conséquence). Grammaire pour écrire : l'expression de la cause.

Développement d'une phrase complexe pour enrichir le style et montrer la force de la pensée et de l'argumentation.

Argument de valeur ; vivre malgré la peur de la mort, en marquant les esprits par une attitude héroïque à la guerre.

ANDROMAQUE. — Oh ! justement, père, vous le savez bien ! Ce sont les braves qui meurent à la guerre. Pour ne pas y être tué, il faut un grand hasard ou une grande habileté. Il faut avoir courbé la tête ou s'être agenouillé au moins une fois devant le danger. Les soldats qui défilent sous les arcs de triomphe sont ceux qui ont déserté la mort. Comment un pays pourrait-il gagner dans son honneur et dans sa force en les perdant tous les deux ?

Critique de la lâcheté rendue nécessaire par la guerre. Faire la guerre n'est pas soutenir pleinement sa condition d'homme.

PRIAM. — Ma fille, la première lâcheté est la première ride d'un peuple.

Après cette phrase ferme mais brève, Priam ne parle plus ; c'est Andromaque qui a le pouvoir.

ANDROMAQUE. — Où est la pire lâcheté ? Paraître lâche vis-à-vis des autres, et assurer la paix ? Ou être lâche vis-à-vis de soi-même et provoquer la guerre ?

Andromaque oppose deux valeurs ; l'individu et le peuple. La réplique a valeur de question rhétorique.

DÉMOKOS. — La lâcheté est de ne pas préférer à toute mort la mort pour son pays.

Le poète intervient pour renforcer la thèse de Priam ; nécessité de mourir pour son pays.

HÉCUBE. — J'attendais la poésie à ce tournant. Elle n'en manque pas une.

Intervention moqueuse destinée à faire tomber la tension.

ANDROMAQUE. — On meurt toujours pour son pays ! Quand on a vécu en lui digne, actif, sage, c'est pour lui aussi qu'on meurt. Les tués ne sont pas tranquilles sous la terre, Priam. Ils ne se fondent pas en elle pour le repos et l'aménagement éternel. Ils ne deviennent pas sa glèbe, sa chair. Quand on retrouve dans le sol une ossature humaine, il y a toujours une épée près d'elle. C'est un guerrier.

Argument de valeur, fondé sur l'idée de dignité humaine.

Grammaire pour écrire : l'expression du but.

Argument d'expérience pour dénoncer la guerre et l'omniprésence de la mort par elle.

HÉCUBE. — Ou alors que les vieillards soient les seuls guerriers. Tout pays est le pays de la jeunesse. Il meurt quand la jeunesse meurt.

Hécube détend encore une fois l'atmosphère, en proposant un argument absurde.

DÉMOKOS. — Vous nous ennuyez avec votre jeunesse. Elle sera la vieillesse dans trente ans.

CASSANDRE. — Erreur.

HÉCUBE. — Erreur ! Quand l'homme adulte touche à ses quarante ans, on lui substitue un vieillard. Lui disparaît. Il n'y a que des rapports d'apparence entre les deux. Rien de l'un ne continue en l'autre.

Nouveaux éclats de rire des servantes.

Le dialogue se termine sur une réplique d'Hécube qui propose une autre piste de réflexion, alors que Priam et Andromaque n'ont pas réussi à trouver un point d'entente ; l'homme est éphémère et se perd, y compris dans la guerre.

Fiche 67. S'entraîner sur un parcours associé à l'objet d'étude

1. Réponse rédigée (écrit de synthèse)

Ces préfaces ont tout d'abord une visée commune : les auteurs se défendent contre les critiques formulées par leurs adversaires et leur public et justifient les choix mis en œuvre dans leurs pièces de théâtre. Ainsi, Racine mentionne explicitement les « quelques personnes » lui ayant fait des reproches sur la « simplicité » de sa pièce qui ne respecterait pas, selon elles, les « règles du théâtre » ; Molière, lui, s'appuie sur les critiques qu'il a entendues au sujet du vice qu'il a choisi de dénoncer pour montrer que l'hypocrisie est récurrente et qu'elle mérite d'être le sujet d'une intrigue théâtrale et d'être mise en défaut par rapport à la « vraie[e] dévot[ion] ». Dans ces deux textes, les auteurs s'engagent personnellement, prennent parti et donnent leur avis : leur subjectivité est révélée par la présence des pronoms personnels de première personne (« je ne vois pas », écrit Molière, « je les conjure », dit Racine) : il s'agit de se battre personnellement, avec « bonne foi », écrit Molière, contre les règles établies et contre les préjugés liés au texte de théâtre. Ce sont donc deux textes de défense, deux plaidoyers *pro domo*. Par-delà cette visée commune, on peut quand même distinguer le message propre à chaque auteur : Molière veut se défendre contre l'accusation d'avoir ridiculisé les dévots, Racine réfute l'accusation d'avoir enfreint les règles théâtrales classiques. Cependant, dans ces deux plaidoyers, les arguments diffèrent.

Une preuve pour chaque texte, avec citations à l'appui.

C'est un 2e élément de réponse pour souligner la visée commune, donc on reste dans le même paragraphe.

Citations pour prouver.

Nuance apportée dans ce 1er § ; il y a des différences.

Transition ; on annonce le § suivant.

En effet, les auteurs utilisent la notion d'émotion pour justifier leurs choix, mais s'appuient sur des sentiments différents. Racine veut « plaire et toucher », allant jusqu'à transformer cet ancien précepte en « principale règle » (« le plaisir de la tragédie »), et estime que l'efficacité de son intrigue est prouvée par les témoignages des spectateurs, quand il écrit : « ils avouaient tous qu'elle n'ennuyait point, qu'elle les touchait même en plusieurs endroits et qu'ils la verraient encore avec plaisir ». Molière, pour sa part, n'évoque pas directement le plaisir du spectateur, mais son amusement, son divertissement, par l'intermédiaire de la « satire », de la « risée » et du « ridicule ». L'émotion, quelle qu'elle soit, est donc un élément clef de ce groupement de textes, car elle constitue un moyen de véhiculer la thèse soutenue.

Connecteur logique pour souligner le raisonnement.

La démonstration a cité chacun des auteurs ; idée + exemple entre guillemets.

Bref bilan pour clore le §. On guide le lecteur.

En conclusion, ces extraits de préfaces de pièces de théâtre de Molière et Racine poursuivent une visée commune, l'autodéfense et la justification, mais en s'appuyant sur des arguments différents. Véritables professions de foi de leurs auteurs, elles constituent surtout un précieux guide de lecture pour les récepteurs, qui décryptent ainsi les intentions avouées ou cachées des différents dramaturges.

On passe à la conclusion de la réponse.

CHAPITRE 9

Objet d'étude

LA POÉSIE DU XIXe SIÈCLE AU XXIe SIÈCLE

Fiche 68

Rappel de cours : le genre poétique, les changements de sensibilité et d'écriture, la quête du sens

Approches de la poésie à partir de quelques citations

- « La poésie, c'est le chant intérieur » (François-René de Chateaubriand) : la poésie est l'expression des **sentiments** personnels et de **l'intime**, de façon mélodieuse.
- « La poésie est un cri mais c'est un cri habillé » (Max Jacob) : la poésie est l'expression de ce qu'il y a de plus **profond** en nous, qui tient de l'instinct, d'une **révolte** ; ce fond est proposé dans une forme particulièrement travaillée. Le verbe grec *poiein* est à l'origine du mot « poésie » : il signifie « créer, fabriquer ».
- « La poésie est l'ambition d'un discours qui soit chargé de plus de sens et mêlé de plus de musique que le langage ordinaire n'en porte et ne peut en porter » (Paul Valéry) : la poésie se distingue du langage quotidien par son **sens** et par sa **forme** musicale.
- « La poésie montre nue, sous une lumière qui secoue la torpeur, les choses surprenantes qui nous environnent et que nos sens enregistraient machinalement » (Jean Cocteau) : la poésie renouvelle notre **regard** sur les choses.

Un langage spécifique

On oppose **prose** (langue couramment utilisée) et **poésie**, celle-ci naissant d'abord d'une utilisation particulière du langage : pour le poète, le langage est un **matériau** concret permettant de véhiculer sentiments et regards sur le monde.

Le poète a ainsi recours à des **figures** frappant l'imagination et à des sonorités faisant surgir une mélodie. Chaque mot et chaque son sont donc choisis avec soin et créent des effets. Dans l'utilisation du langage, la **contrainte formelle** et le fait de fixer des règles à suivre jouent parfois un rôle éminent : cela peut guider le poète qui s'y soumet, ou par le rejet du code, cela peut amener à d'autres formes et donc être source de créativité.

Enfin, le langage poétique est le support de nombreux **jeux de langage** : jeux de sons, jeux de mots, jeux de rythmes. L'origine orale de la poésie, initialement chant de l'aède antique, constitue donc un héritage formel essentiel en inscrivant en elle la force du son et du mot.

La place du sentiment

Depuis ses origines, la poésie est fortement liée à l'expression du **sentiment** du poète, notamment de l'amour. Elle représente le lieu privilégié de la déclaration d'amour ou de la plainte nostalgique face à la perte de l'amour. « Chant intérieur », comme le dit François-René de Chateaubriand, elle **exalte** le sentiment en lui donnant une forme esthétique.

L'éloge de l'être **aimé** est un **topos**, c'est-à-dire un thème récurrent, depuis le Moyen Âge, mais on croise aussi régulièrement l'expression de la **douleur** face au temps qui passe ou face à la dimension tragique de la vie, ainsi que la **communion** avec la nature ou le **désespoir** ou la **révolte** face aux horreurs du monde.

La poésie est un genre privilégié pour l'expression du « moi ».

Les fonctions de la poésie et le statut du poète

Multiples sont les **missions** de la poésie, qui ne doit, de plus, pas se réduire à un objectif.

Le poète peut chercher à exprimer ses **sentiments.**

Il se donne parfois pour mission de révéler **l'invisible**, c'est-à-dire ce que lui seul, élu, peut percevoir, comme un mage ou un prophète : en effet, il est, à l'origine, le messager des dieux.

Le poète veut d'autres fois **dénoncer** une situation, montrer aux yeux de tous des situations condamnables.

Il se fixe parfois comme but d'explorer le **langage**, de jouer avec la forme, et, dans ce cas, la poésie constitue son propre but, notamment quand il s'agit de jouer avec la tradition, les formes poétiques, les textes déjà connus, les clichés, les mots, de rechercher un effet **esthétique** beau ou amusant, ou de jouer gratuitement avec le langage ; le poète peut chercher à explorer les possibilités du langage en lui-même sans se préoccuper de la réalité extérieure.

Enfin, la poésie permet au poète de donner forme à **l'informe**, de mettre des mots sur ce qui semble être indicible, de questionner le sens de l'être.

Historiquement, on croise deux images du poète :

– Le poète **maudit**, rejeté par la société incapable de le comprendre

– Le poète **glorifié**, célébré, par exemple le poète de la cour d'un roi.

Le poète est à la fois semblable aux autres hommes et différent d'eux. On peut retenir **quatre fonctions marquantes du poète** : le messager du divin ; le prophète engagé ; l'interprète des hommes ; le maître du langage.

L'évolution du genre poétique

Les origines antiques : le chant des héros

Dans l'Antiquité, la poésie permet de **chanter** les exploits des héros, des dieux, des rois. L'aède, comme Homère avec *L'Odyssée* et *L'Iliade*, au VIIIe siècle avant J.-C., chante les aventures de héros, en utilisant un système de rimes facilitant la **mémorisation** de textes souvent très longs à réciter en public : il **divertit** les auditeurs, mais cherche aussi à **souder** le groupe social par le biais de l'éloge des hauts faits guerriers, comme le fait aussi le poète latin Virgile dans le récit de la fondation de Rome dans *L'Énéide* au 1er siècle avant J.-C.

Au Ier siècle, le poète latin Ovide est célèbre pour ses *Métamorphoses*, courts récits poétiques de métamorphoses de personnages mythologiques qui cherchent notamment à donner des explications aux phénomènes naturels, comme celui de l'écho à travers le récit de l'amour éprouvé par la nymphe Echo pour Narcisse. Bien souvent, ces premiers ensembles poétiques ont une vocation politique : consolider le groupe (Homère), légitimer une nation (Virgile), questionner les fondements guerriers du pouvoir impérial (Ovide).

Le verbe grec « **poiein** » signifie « créer » au sens matériel du terme : le poème est étymologiquement un « ouvrage manuel », ce qui rappelle le rôle essentiel du matériau linguistique.

Au Moyen Âge : chant et forme

Dans le sud de la France, les troubadours composent leurs poèmes, souvent chantés ou mis en musique, en langue d'oc. Ils élaborent des **règles** qui sont à l'origine de certaines formes poétiques. C'est à cette époque que naît le **lyrisme**, fondé sur l'expression personnelle des **sentiments** de l'auteur de **façon musicale**. La **ballade**, le **rondeau**, le lai sont des formes poétiques appréciées pour leurs possibilités phoniques et rythmiques. Le prince Charles d'Orléans (1394-1465) est un poète attaché à exprimer sa tristesse liée à son exil de France, dans ses ballades et ses rondeaux ; mais il exprime aussi son amour à travers l'éloge poétique de la femme aimée : amour courtois, désir, souffrance et joie sont des topoï poétiques. François Villon (1431-1465) transcrit dans sa célèbre « Ballade des pendus » le sentiment du tragique de la vie humaine, utilisant la poésie comme un révélateur de son regard subjectif sur le monde qui l'entoure.

Au XVIe siècle : travail sur la langue et inspiration antique

Le XVIe siècle redécouvre l'Antiquité. Les poètes érudits du groupe de **la Pléiade**, qui comporte entre autres Joachim Du Bellay (1522-1560) et Pierre de Ronsard (1524-1585), s'inspirent des auteurs antiques pour créer, en forgeant la **théorie de l'imitation** : Ronsard reprend par exemple dans ses *Amours* le fameux thème du *carpe diem* (« cueille le jour », « profite de chaque jour ») du poète latin Horace. Dans sa *Défense et illustration de la langue française* (1549), Joachim Du Bellay théorise sa volonté de **renouveler la langue française** en l'enrichissant par l'emploi de néologismes et de figures de style : il met l'accent sur le travail technique du poète.

Au XVIIe siècle : déchirements baroques et codification du classicisme

Le début du XVIIe siècle est marqué par le mouvement **baroque** dans les arts et dans la poésie. Destinée à susciter l'émotion chez le lecteur, la poésie baroque souligne **l'inconstance** de l'être humain et de la vie. Ses représentants sont par exemple le poète libertin Marc-Antoine de Saint-Amant (1594-1661) ou l'homme de guerre attaché au parti protestant pendant les guerres de Religion Agrippa d'Aubigné (1552-1630) et ses *Tragiques* (1616) remarquables pour leur violence et leur dénonciation de la cruauté ambiante.

La période classique se caractérise par la recherche de la **pureté du style** : sobriété et rigueur sont les maîtres mots de théoriciens comme Claude de Vaugelas (1585-1650), qui est un grammairien attaché à réglementer les usages de la langue ou comme François de Malherbe (1555-1628) qui joue le rôle de législateur de la langue française en soulignant l'importance du **respect des codes** littéraires et grammaticaux, de la sobriété lexicale, de l'harmonie des rythmes. Nicolas Boileau (1636-1711) publie son *Art poétique* en 1674 et définit **l'idéal classique de la juste mesure** : « Le vers le mieux rempli, la plus noble pensée / Ne peut plaire à l'esprit, quand l'oreille est blessée » (Chant I).

Au XVIIIe siècle : la poésie détrônée

La poésie **s'efface** quelque peu au siècle des Lumières, plus marqué par la critique et par la réflexion philosophique. Mais par exemple Voltaire (1694-1778) s'essaie à la forme décasyllabique avec *Le Mondain*, en 1736, pour faire l'éloge des progrès et des plaisirs modernes et pour blâmer les passéistes : la poésie est alors le lieu de l'engagement philosophique et politique. André Chénier (1762-1794) veut devenir l'Homère moderne et imite les modèles antiques à travers des élégies et des odes pour exprimer ses passions amoureuses.

Au XIXe siècle : révolutions poétiques

Le **romantisme** fait de la poésie un genre majeur. Mettant à l'honneur le **Moi** et la subjectivité, les poètes romantiques comme Alphonse de Lamartine (1790-1869) voient dans la poésie la possibilité privilégiée de **l'expression des sentiments intimes** (mélancolie, mal de vivre, exaltations de la passion, qui trouvent souvent refuge dans la nature) : lyrisme et harmonie formelle se mêlent par exemple dans ses *Méditations poétiques* de 1820. Mais les poètes mettent aussi la poésie au service d'engagements politiques : Victor Hugo (1802-1885) fait de ses *Châtiments* (1853) un outil de lutte politique contre Napoléon III. Ces poètes cherchent aussi à renouveler les formes poétiques, osent des innovations comme la déformation du rythme de l'alexandrin tel que les classiques l'avaient codifié.

La poésie romantique est donc d'une part **lyrique** et **sentimentale.** Les poètes, frappés par le « mal du siècle », des temps passés meilleurs et désillusion face aux promesses non tenues du passage à un nouveau siècle, témoignent de leur vague à l'âme dans une poésie où le « moi » domine et où l'introspection abonde ; le poète exprime ce qu'il ressent, en cherchant à transcrire également ce que chacun éprouve, en donnant une dimension universelle à ses sentiments personnels : qui n'a pas souffert de peine d'amour ? qui n'a pas pleuré le temps qui passe ? Le « je » devient un « nous » par la référence à des sentiments et à des thèmes universellement importants. Ainsi, la poésie romantique, fortement autobiographique, est traversée par les thèmes de l'amour, de la nostalgie, de la vie humaine, et le poète cherche refuge auprès de la nature confidente et amie, dans un ailleurs exotique, notamment orientaliste, et dans l'écriture. Pour permettre au sentiment de prendre toute l'ampleur attendue, les poètes assouplissent les règles formelles du genre : ils assouplissent l'alexandrin, par exemple en ne respectant pas forcément la place de la césure après la sixième syllabe : ainsi naît le trimètre romantique, au rythme 4/4/4 : par exemple, avec ce vers de Victor Hugo : « L'horreur des bois, / l'horreur des mers, / l'horreur des cieux » ; ainsi naît également le poème en prose, sous la plume d'Aloysius Bertrand qui renouvelle l'expérience poétique par une exploration de ses formes et de ses thèmes en cherchant à libérer l'expression des contraintes qui figent le vers.

La poésie romantique est aussi **politique** et **engagée.** La quête de liberté dans l'expression et dans la forme s'assortit d'une quête de liberté générale, notamment en politique. Les poètes romantiques s'engagent aux côtés du progrès : Victor Hugo dénonce le travail des enfants dans son poème « Melancholia » dans *Les Contemplations*, en 1856, et il s'engage, tout comme Alphonse de Lamartine, contre la peine de mort ; il dénonce les abus de pouvoir de Napoléon III, notamment dans son texte « Fable ou histoire », dans *Les Châtiments*, en 1853, dans lequel il compare l'empereur à un singe ayant usurpé l'identité d'un tigre pour prendre violemment le pouvoir. Victor Hugo est député, Alphonse de Lamartine est membre du gouvernement provisoire de 1848, François-René de Chateaubriand est ministre. Le poète romantique se donne donc pour mission d'éclairer et de guider le peuple grâce à la force d'expression offerte par la poésie.

Dans la deuxième moitié du XIXe siècle, le **Parnasse** rompt avec le romantisme en mettant l'accent sur la **perfection esthétique** de la forme et le **culte de la beauté** : Théophile Gautier (1811-1872) met en œuvre sa théorie de « l'art pour l'art » dans *Émaux et camées* (1852), laissant de côté l'expression des sentiments personnels.

Le mouvement du Parnasse naît en 1866, avec la publication du recueil collectif poétique *Le Parnasse contemporain*, qui sera suivi de deux autres recueils en 1871 et 1876. Ses plus célèbres auteurs sont Leconte de Lisle, Théodore de Banville, José-Maria de Heredia, Théophile Gautier, Catulle Mendès, François Coppée et Sully Prudhomme. Le nom de ce courant, qui désigne l'assemblée de poètes ainsi constituée, provient du mont Parnasse, lieu où Apollon et les muses résident, dans l'antiquité grecque. Le romantique Alphonse de Lamartine était fier d'avoir rendu la poésie accessible en la faisant descendre du Parnasse ; les Parnassiens souhaitent au contraire l'y replacer, en amenant le poème à aborder des thèmes **impersonnels**, éloignés du quotidien et de la sensibilité du poète et du lecteur, et qui vont permettre la **contemplation du beau.**

Ce mouvement se caractérise par une grande **recherche formelle et esthétique**, ce qui amène parfois les poètes parnassiens à privilégier la forme au sens, au message et au sentiment. À l'inverse des Romantiques, les Parnassiens ne situent pas le cœur et le lyrisme au centre de l'écriture poétique. Ce **culte de la forme et du travail poétique** les amène aussi à se détourner des engagements sociaux et politiques, surtout à cause de l'échec de la Révolution de 1848, et à refuser l'idée de l'utilité immédiate de l'art : froideur et neutralité sont donc de rigueur. Théophile Gautier théorise ce mouvement à travers l'expression « **l'art pour l'art** » ; en effet, il faut écrire pour faire du beau, à travers un « style impeccable » et non pas de l'utile ; la poésie ne doit pas viser le progrès ni la morale, mais rechercher l'impersonnalité et la **gratuité du beau**. Ainsi, Théophile Gautier écrit dans la préface de *Mademoiselle de Maupin*, en 1834 : « Il n'y a de véritablement beau que ce qui ne peut servir à rien ; tout ce qui est utile est laid, car c'est l'expression de quelque besoin, et ceux de l'homme sont ignobles et dégoûtants, comme sa pauvre et infime nature ».

Ce beau est atteint par une **recherche formelle** très précise : raffinement, métaphores, vocabulaire soutenu et élégant, rimes rares et précieuses : l'outil poétique devient l'élément fondamental, ce qui amène Gautier à écrire le vers suivant : « Sculpte, lime, cisèle ; / Que ton rêve flottant / Se scelle / Dans le bloc résistant ! » dans le poème « L'Art » de son recueil Émaux et Camées, en 1852. En réaction au romantisme et à son lyrisme, les thèmes abordés sont donc souvent impersonnels, objectifs, détachés de l'émotion : l'histoire, la mythologie, l'architecture, l'exotisme.

La fin du siècle voit le surgissement du **symbolisme**, initié par Charles Baudelaire (1821-1867) : dans ses *Fleurs du mal* (1857), la poésie est le lieu de la **recherche de la beauté** et de la fuite du réel, au profit d'un **idéal** que seuls les mots peuvent permettre d'atteindre, mais temporairement. Paul Verlaine (1844-1896) et Arthur Rimbaud (1854-1891) continueront d'affirmer la **puissance du rêve et de l'imaginaire** sur la réalité, en privilégiant **l'émotion**, le rendu de la **sensation** à travers une poésie musicale (*Poèmes saturniens* de Verlaine en 1866) qui renouvelle les formes poétiques (poèmes en prose ou en vers libres des *Illuminations* de Rimbaud, 1872-1875).

Le nom « symbolisme » s'appuie sur le nom « **symbole** » qui est à mi-chemin entre le réel et l'imaginaire, puisqu'il associe une réalité concrète à une image abstraite. On retrouve ici le sens étymologique initial du mot « symbole » : il désigne dans la Grèce antique un morceau de poterie cassé en deux morceaux, signe d'un contrat passé entre deux personnes ; le symbolisme permet donc aux deux « morceaux » de la vie de s'assembler : le réel et l'irréel, le symbole désignant la part visible de la réalité **immatérielle.**

En réaction au scientisme, à la modernité industrielle, au réalisme et au naturalisme, le symbolisme récuse l'observation rationnelle et objective du réel pour déchiffrer les **signes symboliques et ésotériques** que le poète sent intuitivement et subjectivement, et qui relient la réalité à ce qui la dépasse : on dépeint l'effet des choses sur les sens, pas les choses en elles-mêmes, et l'on refuse les engagements sociaux et la poésie froide et descriptive. Le Poète est alors, comme pour les romantiques, un **mage**, initié à la compréhension des secrets du monde imaginaire et en quête d'un monde idéal, souvent beau, venant compenser ou remplacer les insuffisances du monde réel. C'est dans le jeu de **correspondances universelles** entre ce qui est perçu et ce que cela suggère que le symbolisme prend place, à l'affût de coïncidences entre ce qui est senti et ce que cela exprime. Il y a donc une part de **mystère** importante dans la poésie symboliste, renforcée par la prégnance de la sensibilité, du rêve et de l'imaginaire, ce qui la rend parfois hermétique, à l'image du monde qu'elle suggère. Ainsi, le paysage symboliste est un reflet du sentiment du poète : on parle alors de paysage-état d'âme, notamment pour les « Paysages tristes » des *Poèmes saturniens* de Paul Verlaine (1866) : le soleil couchant devient mélancolique pour refléter et exprimer la mélancolie éprouvée par le poète.

Son texte théorique est rédigé par Jean Moréas dans le supplément littéraire du *Figaro* le 18 septembre 1886. En voici deux citations qui soulignent ses objectifs :

« Ennemie de l'enseignement, la déclamation, la fausse sensibilité, la description objective, la poésie symbolique cherche à vêtir l'Idée d'une forme sensible » ;

« Sans cet art, les tableaux de la nature, les actions des humains, tous les phénomènes concrets ne sauraient se manifester eux-mêmes ; ce sont là des apparences sensibles destinées à représenter leurs affinités ésotériques avec des Idées primordiales.

Le **vocabulaire** joue un rôle essentiel, notamment avec les connotations des mots dont naissent les **symboles.** La **musicalité** est suggestive : elle naît des jeux de rythmes, des jeux de sons, de l'affaiblissement du vers codifié au profit d'un vers libéré des contraintes traditionnelles, du choix d'assonances et d'allitérations remplaçant souvent la rime codifiée : « De la musique avant toute chose, / Et pour cela préfère l'Impair, / Plus vague et plus soluble dans l'air, / Sans rien en lui qui pèse ou qui pose », écrit Verlaine dans son *Art poétique*, en 1882.

Aux XXe et XXIe siècles : remises en question et interrogations

Le début du XXe siècle met en œuvre une véritable **révolution poétique formelle :** Guillaume Apollinaire (1880-1918) supprime la ponctuation de ses poèmes (*Alcools*, 1913) et compose des poèmes visuels (*Calligrammes*, 1918). La création poétique est en quête de **liberté** et d'**innovations formelles**, notamment sous l'influence des poètes surréalistes comme Robert Desnos (1900-1945) et Paul Éluard (1895-1952) qui veulent explorer l'inconscient et exploiter les heureux apports du hasard, en privilégiant les thèmes de l'amour fou et de l'engagement politique. Les poètes **jouent avec les mots et avec les sons**, comme Jacques Prévert (1900-1977 ; *Paroles* en 1972) ou Jean Tardieu (1903-1955).

Le mot « **surréalisme** » vient de la combinaison de la préposition « sur » et du nom « réel » : il s'agit d'aller au-delà de ce que l'on observe dans le réel, qui est profondément nourri par **l'imaginaire, l'intuition, le hasard.**

Le surréalisme prolonge le symbolisme dans la mesure où il refuse aussi l'approche rationnelle du réel. Face aux affres de la première guerre mondiale, les artistes se détournent des espoirs portés par la science et la technique. Un premier mouvement naît en 1916, avec Tristan Tzara, le mouvement **Dada**, provocateur et subversif face au langage rationnel, aux institutions et aux valeurs bourgeoises, anarchiste : le dadaïsme est précurseur du **surréalisme.** Ce dernier naît en 1924, avec *Le Manifeste du surréalisme* d'André Breton, qui valorise la puissance du rêve et le rôle fondamental du hasard dans l'écriture. Il y définit ainsi le surréalisme : « Automatisme psychique pur par lequel on se propose d'exprimer, soit verbalement, soit par écrit, soit de toute autre manière, le fonctionnement réel de la pensée. Dictée de la pensée, en l'absence de tout contrôle exercé par la raison, en dehors de toute préoccupation esthétique ou morale ». Ses principaux auteurs sont : Louis Aragon, Paul Éluard, Robert Desnos, André Breton, Philippe Soupault. C'est un mouvement pluridisciplinaire, dans lequel on trouve les peintres Max Ernst et Salvador Dalí, le photographe Man Ray, le cinéaste Luis Buñuel

Le surréalisme fait quitter les choses et les mots de leur apparence rationnelle pour voir la **magie** qu'ils portent instinctivement. Le poète **libère les mots** de leur utilisation traditionnelle qui finit par en masquer la beauté ; ainsi, il emploie les mots dans d'autres contextes que ceux qui sont habituels, notamment par le biais de **l'écriture automatique**, faite sans contrôle de la raison, par exemple sous hypnose ou à travers des jeux, ce qui libère la force du signifiant et exalte le mot lui-même. Ainsi, le **jeu** des cadavres exquis est très fructueux : plusieurs auteurs écrivent les différents éléments d'une même phrase à tour de rôle, chacun sans avoir connaissance de ce que le précédent a écrit ;

la phrase ainsi obtenue, découverte seulement à la fin de sa rédaction, est étonnante par la rencontre non programmée des mots. Cette façon d'écrire suggère que chaque mot, chaque objet, est porteur d'un **merveilleux** que le poète doit débusquer pour en révéler la fécondité, notamment par le biais de leurs associations fortuites et de la libération de la syntaxe, de la ponctuation et de la versification traditionnelles. Les choses, les personnes, les rencontres, portent en elles une part de hasard et de magie que la poésie est à même de faire surgir. Ainsi, le **rêve**, l'imagination, l'inconscient sont des thèmes importants dans la poésie surréaliste car ils offrent des supports efficaces à cette quête du surréel.

Les thèmes privilégiés sont l'**amour**, la **liberté**, la **poésie**. En effet, l'amour pour la femme, déifiée par sa place inconditionnelle, est magnifié dans les poèmes surréalistes. La beauté de l'amour permet au poète d'échapper à la détermination de la société, d'accéder à une forme de pure liberté et de toucher du doigt la magie de l'indicible force du sentiment.

Mais le surréalisme a aussi un **versant politique**. Ainsi, Antonin Artaud valorise la révolte dans sa Déclaration du 27 janvier 1925 : « Le SURRÉALISME est un moyen de libération totale de l'esprit et de tout ce qui lui ressemble. Nous sommes bien décidés à faire une Révolution. Nous ne prétendons rien changer aux mœurs des hommes, mais nous pensons bien leur démontrer la fragilité de leurs pensées, et sur quelles assises mouvantes, sur quelles caves, ils ont fixé leurs tremblantes maisons. Nous lançons à la Société cet avertissement solennel : Qu'elle fasse attention à ses écarts, à chacun des faux pas de son esprit nous ne la raterons pas ». Plusieurs poètes surréalistes écrivent des poèmes **engagés**, notamment pour la **liberté individuelle et collective**, en faveur d'une **révolution sociale** : il faut changer le monde. Ainsi, pendant l'Occupation, certains poètes s'engagent dans la Résistance, adhèrent au Parti Communiste, critiquent les exactions nazies ; par exemple, le poème de Marianne Cohn, torturée et assassinée par la Gestapo, « Je trahirai demain », exprime le refus inconditionnel de livrer les noms des amis engagés dans la lutte et valorise la beauté de la vie et de l'amitié contre la trahison et le reniement.

La seconde moitié du XXe siècle est marquée par :

- **L'expression du sentiment tragique du réel**, suite au désastre de 39-45, par exemple chez Philippe Jaccottet (né en 1925) ou chez Jacques Dupin (1927-2012)
- **L'interrogation sur le langage**, qui suscite des jeux poétiques tels ceux du groupe de l'Oulipo avec Raymond Queneau (1903-1976). L'Oulipo, Ouvroir de Littérature Potentielle, est fondé en 1960 par François Le Lionnais et Raymond Queneau. Ce groupe cherche à favoriser la création et le renouvellement de la littérature grâce à l'emploi de contraintes et de jeux.
- **L'émergence d'un lyrisme contemporain** attaché à célébrer le monde, l'humble, l'infime, en luttant contre le vide par exemple chez Yves Bonnefoy (1923-2016) ou Jean-Michel Maulpoix (né en 1952).

La quête du sens à travers le langage

La poésie est le lieu privilégié de **l'interrogation** : seul avec ses mots, seul avec le monde qu'il se représente, le poète met en œuvre un face-à-face lui permettant de chercher le **dévoilement** des émotions et du monde. Le poème permet un **questionnement du sens** : du langage, de la nature, de la société, de la poésie, du rôle du poète. La poésie oscille entre description, exploration et célébration du monde, expression de l'intime, surgissement de la révolte et de la contestation, invention de jeux linguistiques, de la gratuité par pur plaisir à la nécessité de l'expression de l'engagement. Des **topoï** (thèmes récurrents) parcourent l'histoire de l'écriture poétique : dire l'amour, dire la mort, dire le monde, exprimer ses espoirs et ses révoltes, questionner le sens des choses et de l'être-là, rechercher un absolu.

Le poète, réceptacle et représentant de l'individualité humaine, est le **porte-parole** des hommes et donne une dimension **universelle** au sentiment personnel. Son pouvoir sur les mots lui confère une légitimité reconnue et lui permet de **construire le sens**, du sens, en réinventant le langage. Son art du langage mêle les pouvoirs de l'imagination et la manipulation du matériau de la langue.

Fiche 69

La poésie du XIXe siècle au XXIe siècle : prolongement artistique et culturel

La poésie, en tant que travail sur la langue, sur les sons et sur les rythmes, est fortement liée à la **musique** : quête de mélodie, alliance d'échos suggestifs, issue originairement du chant orphique, elle crée une musicalité que la lecture à haute voix permet de déceler.

Orphée est un héros de la mythologie grecque, descendant d'Apollon ; ses aventures sont racontées par Ovide dans les livres X et XI des *Métamorphoses* et par Virgile dans le livre IV des *Géorgiques*. Orphée va chercher aux Enfers son épouse Eurydice, mortellement blessée par un serpent : grâce au pouvoir enchanteur de sa musique, il endort Cerbère, le chien gardien des Enfers, et Hadès lui permet de repartir avec Eurydice, s'il ne se retourne pas d'ici la sortie. Orphée, n'entendant plus les pas de son épouse, se retourne et la perd à tout jamais. Inconsolable, il chante en pleurant et charme la nature par sa mélodie.

Il est à l'origine du **lyrisme** (du nom de son instrument, la lyre) ; il est aussi l'inventeur des initiations religieuses, le préposé aux mystères, vu comme un prophète et comme l'inventeur de la poésie. C'est un héros civilisateur ayant appris aux hommes l'agriculture, l'utilisation des plantes médicinales, l'écriture, la philosophie.

Ce mythe a souvent été repris dans les **arts** : peinture (Nicolas Poussin, *Paysage au serpent*), cinéma (Jean Cocteau, *Orphée*), poésie (Victor Hugo, *Les Contemplations*, Guillaume Apollinaire, *Alcools*), théâtre (Jean Anouilh, *Eurydice*), opéra (Monteverdi, *L'Orfeo*). Cette récurrence s'explique par la symbolique poétique du personnage : Orphée métaphorise la puissance de la poésie, la création, le pouvoir quasi surnaturel de l'artiste lié à la divinité : par lui, les instances supérieures s'adressent aux hommes. Il illustre le destin humain, entre l'amour et la mort, et l'impuissance tragique de l'homme face à ce qui le dépasse : avec lui, le chant est la parole de l'homme abandonné et solitaire.

Poésie et **musique** sont liées. Le poème symboliste de Paul Verlaine « Marine » (*Poèmes saturniens*, 1866) fait entendre une musique répétitive grâce à l'emploi exclusif de pentasyllabes qui suggère, par le biais de l'harmonie imitative, le flux et le reflux de l'océan ; Camille Saint-Saëns, dans son *Carnaval des animaux*, en 1886, procède de même, mais avec des notes, faisant entendre, par exemple, par suggestion symbolique, le bruit des bulles d'eau. Le lecteur peut ainsi effectuer par lui-même des associations entre ces deux domaines artistiques.

Mais la poésie offre aussi une **source d'inspiration** au musicien : Gabriel Fauré compose ainsi *La Bonne Chanson*, cycle de neuf mélodies fondé sur le recueil du même nom de Paul Verlaine. Fauré compose la musique sur laquelle les poèmes de Verlaine sont chantés. Plus qu'un accompagnement, les mélodies sont de véritables transpositions des mots de Verlaine, notamment par l'expression de la douceur ou de l'exaltation. De même, Fauré reprend le poème « Green » de Verlaine (*Romances sans paroles*) et fait entendre musicalement la fluidité du poème.

Grâce aux rencontres dans les salons parisiens, la fin du XIXe siècle est une période très propice à ces échanges et collaborations entre musiciens et poètes.

Art total dans la mesure où elle convoque divers sens, la poésie est aussi liée à l'art **pictural**, car elle déclenche des **sensations visuelles** et fait surgir dans l'esprit du lecteur des représentations de scènes statiques ou mobiles.

Ainsi, le poème « Le Vallon » d'Alphonse de Lamartine (*Les Méditations poétiques*, 1820) décrit un cœur las, impuissant, désespéré face au temps qui passe, qui cherche un « dernier asile » dans le paysage pour y trouver le repos du corps et l'apaisement de l'âme. La nature offre un refuge rassurant, stable et éternel. Ces thématiques romantiques se retrouvent aisément dans le tableau de Caspar David Friedrich, « Le voyageur contemplant une mer de nuages », peint en 1818, qui présente un personnage de dos, absorbé dans la contemplation d'un paysage sublime mêlant sommets et nuages, qui procure simultanément vertige et réconfort. La sensibilité prime, la nature acquiert une aura irrationnelle, voire mystique, où le moi prend une place centrale.

Les **arts** se répondent donc : écriture et peinture abordent, avec leurs moyens spécifiques, des thématiques communes situées aux fondements du mouvement littéraire et artistique du romantisme. La phrase de Friedrich, « Le peintre ne doit pas peindre seulement ce qu'il voit en face de lui, mais aussi ce qu'il voit en lui », peut pleinement s'appliquer au poète.

Fiche 70

Rappel de cours : les outils techniques pour étudier le genre poétique

Les formes poétiques

Formes fixes

Un poème de forme fixe respecte des **codes de composition** fixés antérieurement et immuables. Il y a notamment :

- **La ballade**

  Née au Moyen Âge, elle se compose de trois strophes de même longueur qui se terminent chacune par un refrain (sur un vers, souvent) ; le décasyllabe y est le vers le plus souvent choisi. La dernière strophe, nommée l'envoi, est plus courte, et apostrophe généralement le destinataire du poème. Elle est traditionnellement associée à l'expression du lyrisme courtois. Le terme vient de la « balle » (danse).

- **Le rondeau**

  Né au Moyen Âge, il contient trois strophes de quinze vers ; le premier hémistiche est repris à la fin de la deuxième et de la troisième strophes, composant un refrain. On l'emploie souvent à propos de sujets galants.

- **Le sonnet**

  Emprunté à la poésie italienne, il se répand en France dès la Renaissance. Il contient deux quatrains (aux rimes embrassées) et deux tercets (aux rimes embrassées ou croisées), le plus souvent en alexandrins. Le trait d'esprit sur lequel le dernier vers se termine parfois se nomme « concetto » (pointe). Le terme a pour étymologie le mot « son », en rapport avec la musique. Les quatrains formulent souvent une opposition avec les tercets.

  S'ajoutent entre autres deux **formes codifiées** dont la construction, par exemple le nombre de strophes, peut varier :

- **L'ode**

  Née dans l'Antiquité, c'est un poème lyrique accompagné de musique, de genre élevé. Elle contient plusieurs groupes de trois strophes de même longueur. Originellement, elle célèbre un personnage, par exemple le vainqueur d'une épreuve olympique.

- **Le pantoum**

  D'origine malaise, il contient des quatrains d'octosyllabes ou de décasyllabes ; le deuxième et le quatrième vers de chaque strophe se répètent respectivement au premier et au troisième vers de la strophe suivante. Ce principe de répétition en fait une forme très musicale.

Formes libres

- **Le calligramme**

  Poème disposé de façon graphique, formant souvent le dessin de ce qui est évoqué par le texte. Il a une forte dimension visuelle. Guillaume APOLLINAIRE est l'un de ses plus grands représentants.

- **L'élégie**

  Chant de mort dans l'Antiquité ; originellement codifiée, elle pleure sur un ton plaintif la disparition d'un proche ou d'un amour.

- **L'hymne**

  Né dans l'Antiquité, il célèbre un personnage illustre, un dieu, souvent de façon chantée ; il aborde généralement des sujets religieux ou historiques.

- **Le poème en prose**

  Né au début du XIXe siècle avec Aloysius BERTRAND, il contient des paragraphes de prose (aussi nommés « versets ») et met en œuvre un langage poétique et musical (échos phoniques, rythmes, images).

- **Le poème en vers libres**

  Ses vers sont de longueur variable et ne comportent pas de rimes.

Lexique du texte poétique

- **Le vers**

  Il constitue une ligne dans un poème versifié. Il se reconnaît à son retour à la ligne et à la présence très fréquente d'une majuscule à son début. Il compte un nombre de syllabes précis et comporte des accents consistant en une hausse du ton de la voix. Le vers est aussi appelé « mètre ».

- **La métrique**

  C'est la mesure du vers, caractérisée par son nombre de syllabes.

– **Décompte des syllabes** : on prononce chaque syllabe, sauf le « e » muet devant une voyelle ou un « h » aspiré, ou en fin de vers.

– La **diérèse** amène à prononcer en deux syllabes ce qui devrait en constituer une seule (par exemple *vi/o/lence* au lieu de *vio/lence*).

- La **synérèse** amène à prononcer en une seule syllabe ce qui pourrait en constituer deux (par exemple *lion* au lieu de *li/on*).
- La **diérèse** et la **synérèse**, outre de constituer des moyens techniques pour favoriser un nombre de syllabes précis, sont porteuses de sens dans la mesure où elles mettent en valeur un mot porteur de sens, ou soulignent un son pour créer de la musicalité
- Le vers classique de plus de huit syllabes comporte une coupe centrale appelée **césure.**
- L'alexandrin a sa césure à la sixième syllabe, séparant les deux versants du vers en deux **hémistiches.**
- **Alexandrin** : vers de douze syllabes.
- **Endécasyllabe** : vers de onze syllabes.
- **Décasyllabe** : vers de dix syllabes.
- **Ennéasyllabe** : vers de neuf syllabes.
- **Octosyllabe** : vers de huit syllabes.
- **Heptasyllabe** : vers de sept syllabes.
- **Hexasyllabe** : vers de six syllabes.
- **Pentasyllabe** : vers de cinq syllabes.

La strophe

C'est un groupe de vers séparé du suivant par un blanc typographique. Elle forme une unité de sens :

- **Dizain** : strophe de dix vers.
- **Sizain** : strophe de six vers.
- **Quintil** : strophe de cinq vers.
- **Quatrain** : strophe de quatre vers.
- **Tercet** : strophe de trois vers.
- **Distique** : strophe de deux vers.
- **Monostiche** : strophe d'un vers.

Les sons

La rime est le retour d'un même son en fin de vers. Diverses combinaisons sont possibles : **rimes suivies ou plates** (AA, BB, CC), **rimes embrassées** (ABBA), **rimes croisées** (ABAB). La rime crée une musicalité, voire une harmonie et peut souligner ou renforcer l'association de deux mots placés à distance.

- Une **rime interne** est située à l'intérieur du vers.
- Une **rime féminine** s'appuie sur un « e » muet ; une **rime masculine** s'appuie sur une voyelle autre que le « e » muet ou sur une consonne.

- Une **rime pauvre** fait rimer un seul son ; une **rime suffisante** fait rimer deux sons ; une **rime riche** fait rimer trois sons ; une **rime léonine** fait rimer quatre sons et plus.
- Le vers comporte d'autres phénomènes d'**échos phoniques** : **l'assonance** (répétition d'un son de voyelle), **l'allitération** (répétition d'un son de consonne), **l'harmonie imitative** (un son se répète et suggère l'objet évoqué, par exemple une allitération en [s] peut imiter le sifflement d'un serpent).

■ **Le rythme**

Il est lié aux **accents** placés sur certaines syllabes, qui entraînent une légère hausse du ton de la voix juste avant la présence d'une coupe.

- Le vers contient un accent dit **principal** sur sa dernière syllabe prononcée et sur sa syllabe de césure.
- La dernière syllabe prononcée d'un groupe de mots syntaxiques porte aussi un accent, dit **secondaire.**
- Ces accents déterminent le rythme du vers, car ils sont chacun directement suivis d'une coupe, répartissant donc les syllabes par groupes, au sein du vers. Le mot portant un accent est mis en valeur dans le vers.

Le rythme du vers par rapport à la construction de la phrase

- Quand la phrase coïncide avec le vers, il y a une **concordance rythmique.**
- Quand la phrase ne coïncide pas avec le vers, il y a une **discordance rythmique.**
- Souvent, la phrase « enjambe » le vers pour se poursuivre au vers suivant : c'est le phénomène de l'**enjambement**, qui crée un effet de **fluidité rythmique.**
- Quand un ou deux mots de la phrase sont rejetés au début du vers suivant, on les appelle « **rejet** » ; on nomme « **contre-rejet** » un ou deux mots situés en fin de vers et qui se poursuivent sur le vers suivant.
- Le rejet et le contre-rejet créent un effet de **rupture** et de **saccade rythmique.** Ce sont aussi des procédés de **mise en valeur** des mots.

La création d'images

Le poète fait des images et des jeux lexicaux un puissant vecteur de la **poéticité** d'un texte et une occasion de renouveler son (et notre) rapport au langage. La forme et le fond ne sont pas dissociables. Le poète utilise les associations lexicales ou phoniques pour mettre les mots et les idées en réseau ou en opposition.

- Parmi les figures d'analogie, la **comparaison** et la **métaphore** rapprochent des réalités et créent des proximités parfois inattendues ou poétiques ou des rapprochements symboliques ;

- la **personnification** et l'**allégorie** s'appuient sur des analogies entre des données concrètes et abstraites et permettent de préciser l'approche d'une question.
- Les figures d'opposition comme l'**antithèse**, le **chiasme** et l'**oxymore** créent ou renforcent des contrastes en prenant des valeurs symboliques et significatives à interpréter.
- Les figures d'atténuation (la **litote**, l'**euphémisme**) et d'amplification (la **gradation**, l'**hyperbole**, l'**anaphore**) soulignent le propos et permettent au poète de renforcer l'effet produit par le choix du lexique.

L'enjeu est, pour le poète, de **renouveler notre rapport au langage et aux éléments de la réalité**, ce qui suscite nécessairement un questionnement autre sur le monde et le sens que l'on lui donne.

Fiche 71

Savoir utiliser des arguments et sélectionner des exemples pour la dissertation

ENTRAÎNEZ-VOUS !

Objet d'étude : La poésie du XIXe siècle au XXIe siècle.

Parcours associé : Alchimie poétique : la boue et l'or.

Écrit de synthèse : Prouver une analyse littéraire.

Lisez les extraits suivants, composant un parcours sur le langage poétique.

Répondez à la question suivante, en veillant à fonder vos arguments sur des repérages textuels : Quelle vision du langage le poète transmet-il dans chacun de ces trois textes ?

TEXTE 1 Nicolas BOILEAU, *L'Art poétique*, Chant I, 1674

Surtout qu'en vos écrits la langue révérée
Dans vos plus grands excès vous soit toujours sacrée.
En vain, vous me frappez d'un son mélodieux,
Si le terme est impropre ou le tour vicieux :
Mon esprit n'admet point un pompeux barbarisme,
Ni d'un vers ampoulé l'orgueilleux solécisme.
Sans la langue, en un mot, l'auteur le plus divin
Est toujours, quoi qu'il fasse, un méchant écrivain.

TEXTE 2 Pierre REVERDY, *Le Livre de mon bord*, 1948

Le poète pense en pièces détachées, idées séparées, images formées par contiguïté [...]. Le poète juxtapose et rive, dans le meilleur des cas, les différentes parties de l'œuvre dont le principal mérite est précisément de ne pas présenter de raison trop évidente d'être ainsi rapprochées.

TEXTE 3 Paul ÉLUARD, *Les Sentiers et les routes de la poésie*, 1952

Les mots disent le monde et les mots disent l'homme, ce que l'homme voit et ressent, ce qui existe, ce qui a existé, l'antiquité du temps et le passé et le futur de l'âge et du moment, la volonté, l'involontaire, la crainte et le désir de ce qui n'existe pas, de ce qui va exister. [...] Il nous faut peu de mots pour exprimer l'essentiel, il nous faut tous les mots pour le rendre réel. Contradiction, difficultés contribuent à la marche de notre univers. Les hommes ont dévoré un dictionnaire et ce qu'ils nomment existe. L'innommable, la fin de tout ne commence qu'aux frontières de la mort impensable.

Fiche 72

Rédiger des micro-analyses pour le commentaire en s'appuyant sur la grammaire

ENTRAÎNEZ-VOUS !

Objet d'étude : La poésie du XIXe siècle au XXIe siècle.

Grammaire pour expliquer un texte : Le lexique (antonymie).

Appuyez-vous sur les rappels des cours du chapitre pour réaliser l'exercice suivant, qui est fondé sur l'insertion de micro-analyses à l'intérieur de paragraphes de commentaire. Vous vous appuierez notamment sur l'étude de l'emploi des antonymes dans le texte.

Je vis, je meurs ; je me brûle et me noie ;
J'ai chaud extrême en endurant froidure :
La vie m'est et trop molle et trop dure.
J'ai grands ennuis entremêlés de joie :

Tout à un coup je ris et je larmoie,
Et en plaisir maint grief j'endure ;
Mon bien s'en va, et à jamais il dure ;
Tout en un coup je sèche et je verdoie.

Ainsi Amour inconstamment me mène ;
Et, quand je pense avoir plus de douleur,
Sans y penser je me trouve hors de peine.

Puis, quand je crois ma joie être certaine,
Et être au haut de mon désiré heur,
Il me remet en mon premier malheur.

Louise LABÉ, *Œuvres*, 1555

1. *Quelle est la forme poétique utilisée dans ce poème ? Analysez la construction du poème en étudiant l'intérêt de chaque strophe.*

2. *Étudiez le jeu des oppositions dans la première strophe. Comment les interprétez-vous ? Rédigez votre réponse, en veillant à employer la méthode A-D-I-C. Prouvez vos éléments de réponse en insérant des relevés textuels commentés.*

3. *Question de grammaire : Relevez les antonymes, puis interprétez la fréquence de leur emploi dans ce poème.*

Fiche 73
Moment de grammaire

Objet d'étude : La poésie du XIXe siècle au XXIe siècle.

Grammaire: Le verbe : valeurs aspectuelles, temporelles et modales.

Texte support

« **Le Pont Mirabeau** » **(début)**

Sous le pont Mirabeau coule la Seine
Et nos amours
Faut-il qu'il m'en souvienne
La joie venait toujours après la peine

Vienne la nuit sonne l'heure
Les jours s'en vont je demeure

Guillaume APOLLINAIRE, *Alcools*, 1913

Exercice 1

Relevez les verbes conjugués ; indiquez pour chacun son infinitif, la personne et le temps auxquels il est conjugué.

Exercice 2

Dans la première strophe : analysez la nature et la place du sujet de chaque verbe conjugué.

Exercice 3

Quelle est la valeur d'emploi du verbe « venait » ? du verbe « vienne » ?

Fiche 74

Bâtir et organiser un plan de devoir

ENTRAÎNEZ-VOUS !

Objet d'étude : La poésie du XIXᵉ siècle au XXIᵉ siècle.

Grammaire pour expliquer le texte : Les propositions subordonnées relatives.

Voici un poème d'Arthur Rimbaud, extrait de ses Poésies, *1870. Lisez-le attentivement.*

Avant de répondre aux questions posées, vous pouvez essayer de formuler par vous-même l'enjeu de ce passage (problématique de commentaire) et/ou les axes de lecture que vous voudriez développer en commentaire.

Le dormeur du val

C'est un trou de verdure où chante une rivière
Accrochant follement aux herbes des haillons
D'argent ; où le soleil, de la montagne fière,
Luit : c'est un petit val qui mousse de rayons.

Un soldat jeune, bouche ouverte, tête nue,
Et la nuque baignant dans le frais cresson bleu,
Dort ; il est étendu dans l'herbe, sous la nue,
Pâle dans son lit vert où la lumière pleut.

Les pieds dans les glaïeuls, il dort. Souriant comme
Sourirait un enfant malade, il fait un somme :
Nature, berce-le chaudement : il a froid.

Les parfums ne font pas frissonner sa narine ;
Il dort dans le soleil, la main sur sa poitrine,
Tranquille. Il a deux trous rouges au côté droit.

1. *Voici des arguments qui permettent de construire un axe de lecture :*

- *Une composition picturale ;*
- *L'utilisation des couleurs ;*
- *La présence de la lumière.*

Formulez le titre de l'axe de lecture qui pourrait regrouper ces trois arguments. Relevez dans le texte des exemples destinés à illustrer ces trois arguments.

2. *Voici l'intitulé d'un autre axe de lecture pour étudier ce passage : Une orchestration dramatique. Étudiez le texte en fonction de cet axe, de façon à formuler trois arguments différents, illustrés par des références textuelles. Classez ensuite ces trois arguments du plus évident au plus subtil.*

3. *Formulez une problématique d'étude de ce texte.*

4. *Question de grammaire : Relevez et analysez les propositions subordonnées relatives dans la première strophe du poème (nature et fonction).*

Fiche 75
S'entraîner sur un sujet de commentaire

Objet d'étude : La poésie du XIXe siècle au XXIe siècle.

Grammaire pour expliquer le texte : Les relations lexicales (synonymie, antonymie, hyperonymie). Les relations au sein de la phrase complexe.

Voici un poème d'Aloysius BERTRAND (1807-1841), tiré de son recueil Gaspard de la nuit *(1842). Faites son commentaire. Vous pourrez vous appuyer sur l'analyse des relations dans la phrase complexe.*

Un rêve

J'ai rêvé tant et plus, mais je n'y entends note.

***Pantagruel*, livre III.**

Il était nuit. Ce furent d'abord, – ainsi j'ai vu, ainsi je raconte, – une abbaye aux murailles lézardées par la lune, – une forêt percée de sentiers tortueux, – et le Morimont(*) grouillant de capes et de chapeaux.

Ce furent ensuite, – ainsi j'ai entendu, ainsi je raconte, – le glas funèbre d'une cloche auquel répondaient les sanglots funèbres d'une cellule, – des cris plaintifs et des rires féroces dont frissonnait chaque feuille le long d'une ramée, – et les prières bourdonnantes des pénitents noirs qui accompagnent un criminel au supplice.

Ce furent enfin, – ainsi s'acheva le rêve, ainsi je raconte, – un moine qui expirait couché dans la cendre des agonisants, – une jeune fille qui se débattait pendue aux branches d'un chêne. – Et moi que le bourreau liait échevelé sur les rayons de la roue.

Dom Augustin, le prieur défunt, aura, en habit de cordelier, les honneurs de la chapelle ardente ; et Marguerite, que son amant a tuée, sera ensevelie dans sa blanche robe d'innocence, entre quatre cierges de cire.

Mais moi, la barre du bourreau s'était, au premier coup, brisée comme un verre, les torches des pénitents noirs s'étaient éteintes sous des torrents de pluie, la foule s'était écoulée avec les ruisseaux débordés et rapides, – et je poursuivais d'autres songes vers le réveil.

(*) C'est à Dijon, de temps immémorial, la place aux exécutions (note du poète).

Fiche 76
S'entraîner sur un sujet de dissertation

Objet d'étude : La poésie du XIXe siècle au XXIe siècle.

Faites la dissertation suivante.

D'après une anecdote, François de MALHERBE avait coutume de dire à son ami RACAN : « Voyez-vous, mon cher Monsieur, si nos vers vivent après nous, toute la gloire que nous pouvons en espérer, c'est qu'on dira que nous avons été deux excellents arrangeurs de syllabes ».

Pensez-vous que, dans l'œuvre que vous avez étudiée, le poète est effectivement un « bon arrangeur de syllabes » ? Vous développerez votre réflexion, en fondant votre réflexion sur votre connaissance précise de l'œuvre.

Fiche 77
S'entraîner sur un écrit d'appropriation

Objet d'étude : La poésie du XIXe siècle au XXIe siècle.

Grammaire pour écrire: Les relations logiques dans le texte.

Sujet : Vous êtes chargé par un éditeur d'écrire la préface d'un recueil intitulé « Lire, lire, lire ! », dans lequel il vous demande de rassembler des textes de genres divers faisant l'éloge de la lecture. Rédigez cette préface.

ENTRAÎNEZ-VOUS !

Objet d'étude : La poésie du XIXe siècle au XXIe siècle.

Exercice

1. *Analyse du sujet :*

- *Quels sont les mots clés ? Quelles pistes techniques, thématiques et lexicales révèlent-ils ?* ....
- *Quel est l'objectif du travail d'écriture ?* ....
- *Quel en est le point de départ ?* ....
- *Dans quel objet d'étude s'inscrit-il ? Quels savoirs mobilise-t-il ?* ....
- *Quelles indications le sujet donne-t-il sur la façon de réaliser le travail attendu ?* ....
- *Quelles qualités ce sujet fait-il espérer dans le travail final ?* ....

2. *Recherches d'idées, organisation du texte :*

- *Foire aux idées spontanées :*
  - *La préface : Quels textes souhaitez-vous inclure dans votre recueil ? En quoi font-ils l'éloge de la lecture ou permettent-ils de dévoiler des atouts de la lecture ? Quels sont les objectifs exacts de votre préface ? Quelles réflexions voulez-vous y insérer sur la lecture en général ? Vous adressez-vous à votre lecteur ? Comment utilisez-vous le titre donné par le sujet ?*
  - *Les intentions de la préface : Quels objectifs exacts donnez-vous à votre préface : justifier la présence du recueil ? justifier l'organisation du recueil et le choix des textes qui le composent ? réfléchir aux apports et aux atouts de la lecture ? Quels arguments trouvez-vous pour chacun de ces objectifs ?*
- *Recherche réfléchie d'idées :*
  - *Quelles préfaces connaissez-vous ?*
  - *Quels textes littéraires connaissez-vous sur la lecture, notamment sur l'éloge de la lecture ?*
  - *Quels personnages fascinés par la lecture avez-vous déjà croisés dans la littérature ?*
  - *Quels arguments en faveur de la lecture pouvez-vous formuler ?*
  - *Quelles autres formes d'essai connaissez-vous ? Quelle posture les auteurs y adoptent-ils ?*
  - *Quelles notions théoriques pensez-vous devoir utiliser ?*
- *Organisation des idées :*
  - *Le plan d'ensemble de votre devoir :*

    1er paragraphe : ....

2e paragraphe : ....

3e paragraphe : ....

– *Le lien entre les idées : ....*

3. *Rédigez votre texte.*

Grammaire pour écrire : utilisez des relations logiques de cause et de but dans votre texte.

....

....

....

....

Aide pour écrire : L'essai

Définition

L'**essai** est un **texte d'idées** relevant de l'**argumentation directe**, qui consiste à transmettre au lecteur des réflexions, des considérations intellectuelles ou morales suscitées par son expérience. De **forme libre**, l'essai véhicule donc un **point de vue personnel** et peut soulever des interrogations, des doutes, des certitudes, des jugements pour illustrer divers sujets. Son **but** est d'exposer la réflexion de l'auteur, de déclencher celle du lecteur, de faire évoluer les idées.

La **forme de l'essai** peut être :

- Un **essai historique, scientifique, littéraire politique ou philosophique**.
- Une **lettre**.
- Une **préface** : texte présentant un ouvrage publié, par exemple un roman, une pièce de théâtre ou un recueil poétique, écrit ou non par l'auteur de celui-ci. Elle présente le texte, en donne les intentions, le défend contre d'éventuelles attaques, justifie certains choix, développe les idées de l'auteur sur la littérature, la création.
- Une **postface** : texte écrit dans le même esprit que la préface, mais situé à la fin d'un ouvrage.
- Un **manifeste** : texte, généralement solennel, exposant un programme d'actions ou de décisions, notamment artistiques ou politiques. C'est souvent un texte de combat (registres polémique et satirique) qui vise à enseigner au lecteur certaines idées (registre didactique).
- Un **pamphlet** : texte satirique, contestataire et virulent, qui critique un adversaire, souvent dans le domaine de la politique ou des institutions (registres polémique, ironique, satirique).

Outils

La rédaction d'un essai suppose d'utiliser les outils suivants :

La stratégie adoptée

- **Idées** rigoureusement organisées.
- **Convaincre** : par des arguments logiques.
- **Persuader** : par des arguments affectifs.
- **Délibérer** : en pesant le pour et le contre.
- **Démontrer** : en utilisant un raisonnement neutre.

L'essayiste peut combiner des approches subjectives et objectives, en appuyant ses jugements sur une présentation factuelle, historique, sociale, politique des événements.

Le développement des idées

- La **structure** : le texte d'essai doit progresser par étapes organisées avec logique et cohérence, tout en préservant le dynamisme nécessaire à l'intérêt du lecteur.
- Le **raisonnement** : fondé sur l'emploi de liens logiques, il peut être **déductif, inductif, concessif, dialectique, par analogie, par l'absurde, par réfutation.**
- Les **arguments** : pour donner du poids à l'argumentation mise en œuvre dans l'essai, il faut utiliser des arguments variés : **arguments logiques, par analogie, d'expérience, d'autorité, de valeur, *ad hominem*.**
- Les **exemples** : **illustratifs** ou **argumentatifs**, ils font référence à des faits concrets et dynamisent le texte.

L'expression de la subjectivité

L'essai a une **forte coloration subjective.** Pour cela, l'auteur emploie :

- Un **lexique évaluatif** : mélioratif pour faire l'éloge, péjoratif pour blâmer.
- Des **modalisateurs** qui montrent son degré d'adhésion à son propos, pour souligner ses certitudes, ses doutes, ses prises de position : *certainement, absolument, fort heureusement.*
- Des **connotations** qui véhiculent la vision symbolique ou culturelle d'un fait ou d'un élément : *le rouge, par exemple, connote l'enfer ou la passion.*
- Des **figures de style** pour insister sur le jugement et enrichir l'expression : *hyperboles, métaphores, comparaisons.*
- Des **registres** : registre **polémique** (combat et controverse), registre **satirique** (critique moqueuse), registre **lyrique** (expression poétique des sentiments), registre **pathétique** (pitié et indignation), registre **ironique** (provocation critique sous-entendue), registre **didactique** (transmission d'informations à visée pédagogique).

Fiche 78
S'entraîner sur un parcours associé à l'objet d'étude

Objet d'étude: La poésie du XIXe siècle au XXIe siècle.

Parcours associé: Les Mémoires d'une âme.

Écrit de synthèse: Choisir un plan.

Question : Quel rapport à la nature le poète exprime-t-il dans les poèmes suivants ?

Choisissez le plan qui convient le mieux pour répondre à cette question. Justifiez votre choix.

Plan 1 :

§1 : Le rapport à la nature dans le poème d'Alphonse de Lamartine : nostalgie, paysage état d'âme, solitude, refuge, mort, lyrisme.

§2 : Le rapport à la nature dans le poème de Victor Hugo : tristesse, solitude, refuge, mort et vie, lyrisme.

Plan 2 :

§1 : Points communs entre les deux poèmes : lyrisme élégiaque, solitude, refuge, romantisme.

§2 : Différences entre les deux poèmes : prédominance de la mort chez Lamartine, éloge de la vie à travers le deuil chez Hugo.

Plan 3 :

§1 : Un voyage symbolique à travers la nature : paysage état d'âme, mort et vie.

§2 : Une approche mélancolique : lyrisme élégiaque, nostalgie, tristesse.

§2 : La nature refuge : accueil du poète solitaire, confidence.

TEXTE A Alphonse de LAMARTINE, «L'automne», *Méditations poétiques*, 1820

L'automne

Salut ! bois couronnés d'un reste de verdure !
Feuillages jaunissants sur les gazons épars !
Salut, derniers beaux jours ! Le deuil de la nature
Convient à la douleur et plaît à mes regards !

Je suis d'un pas rêveur le sentier solitaire,
J'aime à revoir encor, pour la dernière fois,
Ce soleil pâlissant, dont la faible lumière
Perce à peine à mes pieds l'obscurité des bois !

Oui, dans ces jours d'automne où la nature expire,
À ses regards voilés, je trouve plus d'attraits,
C'est l'adieu d'un ami, c'est le dernier sourire
Des lèvres que la mort va fermer pour jamais !

TEXTE B Victor Hugo, «Demain dès l'aube», *Les Contemplations*, 1856

Demain, dès l'aube, à l'heure où blanchit la campagne,
Je partirai. Vois-tu, je sais que tu m'attends.
J'irai par la forêt, j'irai par la montagne.
Je ne puis demeurer loin de toi plus longtemps.

Je marcherai les yeux fixés sur mes pensées,
Sans rien voir au dehors, sans entendre aucun bruit,
Seul, inconnu, le dos courbé, les mains croisées,
Triste, et le jour pour moi sera comme la nuit.

Je ne regarderai ni l'or du soir qui tombe,
Ni les voiles au loin descendant vers Harfleur,
Et quand j'arriverai, je mettrai sur ta tombe
Un bouquet de houx vert et de bruyère en fleur.

Corrigés du chapitre 9

Fiche 71. Savoir utiliser des arguments et sélectionner des exemples pour la dissertation

- **Extrait 1** : Pour Boileau, le langage est « sacré » et nécessite une attention de tous les instants de l'écrivain (« langue révérée »), qui ne doit pas se laisser emporter par ses idées, mais les soumettre à la langue. La justesse et la précision de l'emploi de la langue prime sur l'effet que l'on veut produire.
- **Extrait 2** : Pour Reverdy, le langage est un matériau à manipuler en vue d'un ouvrage d'ensemble (il « juxtapose et rive » les mots), qui ne présente pas *a priori* de cohérence toute faite (« ne pas présenter de raison trop évidente d'être ainsi rapprochées »). L'assemblage des mots sort les choses de l'ordinaire et éloigne le cliché pour renouveler sans cesse le regard qu'ils nous amènent à poser sur le monde qui nous entoure.
- **Extrait 3** : Pour Éluard, le langage dépasse toutes les frontières réelles et imaginaires que l'homme connaît. Tant que les mots perdurent et sont employés, la mort ne peut subvenir (« L'innommable, la fin de tout ne commence qu'aux frontières de la mort impensable »). Le poète maintient donc la vie à travers la profération.

Fiche 72. Rédiger des microanalyses pour le commentaire en s'appuyant sur la grammaire

- Ce poème utilise la forme poétique du **sonnet**. Les quatrains proposent la description de l'état désordonné et contradictoire dans lequel **l'amour** met le locuteur. Le premier quatrain insiste sur l'opposition des **sensations** éprouvées dans l'état amoureux ; le second quatrain souligne l'opposition des **sentiments** éprouvés, fondée sur la contradiction entre le bonheur et le malheur. Les **tercets**, marquant une rupture par l'adverbe « ainsi », forment un ensemble (souligné par l'emploi du parallélisme « quand je pense », « quand je crois » aux v. 10 et 12) ; ils énoncent la cause de cet état contradictoire, l'amour, dont le « je » est le jouet : le « je » est présenté comme la victime de l'amour, qui ne s'attend pas à cette manipulation et à ces constants retournements de situation. Le dernier vers propose une pointe qui souligne un dernier revirement de situation et montre l'impasse dans laquelle le « je » se trouve.

- Le premier quatrain est bâti sur des **oppositions** à travers une série d'**antithèses**. En effet, ces antithèses opposent des verbes (« vis » et « meurs », « brûle » et « me noie »), des noms (« chaud » et « froidure », « ennuis » et « joie »), des adjectifs qualificatifs (« molle » et « dure »). Ces antithèses sont mises en valeur par leur réunion à l'intérieur de mêmes syntagmes. La liaison paratactique par une simple virgule de « je vis » et « je meurs » renforce le heurt de l'opposition entre les deux extrêmes. La liaison par la conjonction de coordination « et » (phénomène également observé au vers 3) renforce le paradoxe de l'antithèse qui réunit le feu et l'eau pour revivifier le cliché de la brûlure d'amour. Le dernier vers souligne, par l'emploi du participe passé « entremêlés », mot le plus long du vers, le mélange de peine et de joie. L'accumulation de ces antithèses exprime donc l'excès et le sommet de la passion et en reflète les désordres, à travers la simultanéité des états contradictoires.

Question de grammaire:

Antonymes relevés :

- vis, meurs
- me brûle, me noie
- chaud extrême, froidure
- molle, dure
- ennuis, joie
- ris, larmois
- plaisir, tourment
- s'en va, dure
- sèche, verdoie
- douleur, hors de peine
- heur, malheur

Interprétation :

L'auteur insiste sur les effets contradictoires de l'amour et utilise pour cela une série d'antonymes qui évoquent les contrastes qu'elle éprouve. Elle souligne ainsi l'instabilité de l'être humain et de la vie.

Fiche 73. Moment de grammaire

Exercice 1

- **coule** : verbe « couler », 3e personne du singulier, présent de l'indicatif.
- **faut** : verbe « falloir », 3e personne du singulier, présent de l'indicatif
- **souvienne** : verbe « souvenir », 3e personne du singulier, présent du subjonctif
- **venait** : verbe « venir », 3e personne du singulier, imparfait de l'indicatif
- **vienne** : verbe « venir », 3e personne du singulier, présent du subjonctif ; ici, la béquille du subjonctif « que » est absente
- **sonne** : verbe « sonner », 3e personne du singulier, présent du subjonctif
- **s'en vont** : verbe pronominal « s'en aller », 3e personne du pluriel, présent de l'indicatif
- **demeure** : verbe « demeurer », 1re personne du singulier, présent de l'indicatif

Exercice 2

- **coule** : sujet « la Seine » (nom propre), sujet inversé (à gauche du verbe) : cette inversion du sujet est un procédé stylistique et poétique qui met en valeur le nom « Seine » et qui témoigne d'une recherche d'expressivité.
- **faut** : sujet « il » (pronom invariable de la forme impersonnelle), sujet inversé : cette inversion du sujet est syntaxique, elle est propre à la phrase interrogative même si le vers ne comporte pas de point d'interrogation car l'auteur élimine la ponctuation de son poème.
- **souvienne** : sujet « il » (pronom invariable de la forme impersonnelle), sujet impersonnel antéposé au verbe comme le veut l'ordre canonique de la phrase en français.
- **venait** : sujet « la joie » (groupe nominal), sujet antéposé au verbe comme le veut l'ordre canonique de la phrase en français.

Exercice 3

- **venait** : l'imparfait de l'indicatif marque une action située dans le passé ; l'action est **présentée** dans son déroulement, en cours d'accomplissement, non limitée ou non bornée ; l'adverbe « toujours » souligne que ce verbe prend une valeur itérative (imparfait de répétition ou d'habitude).
- **vienne** : le présent du subjonctif est employé dans une proposition subordonnée conjonctive circonstancielle de condition sans la béquille du subjonctif « que » dans « que vienne la nuit » (cela signifie : « même si la nuit vient », « même dans le cas où la nuit vient »). Il s'agit d'une subordination sans mot subordonnant.

Fiche 74. Bâtir et organiser un plan de devoir

1. **L'axe de lecture regroupant ces trois arguments pourrait s'intituler : Un tableau impressionniste.** *Tout titre mettant en avant la notion de tableau ou de description par touches successives convient ici.*

Voici les exemples destinés à illustrer les trois arguments permettant de construire cet axe de lecture :

- **Une composition picturale** : c'est un sonnet ; progression du poème : le premier quatrain décrit le cadre. Le second quatrain y insère un personnage. Le premier tercet poursuit le portrait du personnage et introduit un indice inquiétant. Le second tercet apporte l'explication à cette inquiétude, surprend le lecteur par le concetto final qui dévoile l'explication de la scène. L'impression de composition picturale est renforcée par la synesthésie, c'est-à-dire le mélange des sensations (« chante », « mousse », « parfums »). Les éléments sont organisés les uns par rapport aux autres, et on entre peu à peu dans la scène comme à l'intérieur du tableau que l'on regarderait avec de plus en plus de précision.
- **L'utilisation des couleurs** : champ lexical des couleurs, contraste entre le « bleu » (v. 6) et le « vert » (v. 8) qui sont des couleurs de la nature en pleine vie, et le « rouge » (v. 14) qui se révèle finalement être la couleur du sang et de la mort et qui est mis en valeur par la liaison entre « rouges » et « au » ; indices implicites de couleur (« cresson », « herbe », « soleil », « glaïeuls » : touches colorées).
- **La présence de la lumière** : champ lexical de la lumière : « argent », « soleil », « luit », « rayons », « la lumière pleut ». Dans les tercets, la lumière disparaît, parallèlement au surgissement des indices de mort. La lumière est utilisée dans les quatrains comme symbole de la vie, à travers une harmonie cosmique.

2. **Une orchestration dramatique**

Argument n° 1 : Un soldat en pleine gloire[1].

Exemples : *« soldat jeune », « s*ouriant », « montagne fière », lieu de vie rayonnant, harmonie du rythme des v. 1 et 2 (4 groupes de 3 syllabes), musicalité des assonances nasales dans le premier quatrain, le présent donne l'impression d'un repos éternel, donc ambigu.

Argument n° 2 : La nature comme lit de mort.

Exemples : *« trou de verdure », « la nuque baignant dans le frais cresson bleu », « étendu dans l'herbe », « lit », « Les pieds dans les glaïeuls », « il fait un somme », « Nature, berce-le chaudement », « Il dort dans le soleil », apostrophe de la nature mise en valeur par sa place au v. 11 (premier mot du vers) :* la nature personnifiée

1. Le mot « gloire » désigne, originellement, au cercle de lumière entourant la tête des héros ou des martyrs.

semble accueillante et constitue un écrin pour le soldat, mais elle est ambivalente puisqu'elle constitue en réalité un tombeau.

Argument n° 3: Une lecture rétrospective induite par la chute du sonnet.

Exemples: *« Il a deux trous rouges au côté droit », mis en valeur par la présence du rejet « tra*nquille »; divers indices se relisent différemment quand on sait que le soldat est en réalité mort: « bouche ouverte, tête nue », « dort » mis en valeur par le rejet au v. 7; « il est étendu dans l'herbe », « pâle », « malade », « il a froid », « la main sur sa poitrine », « haillons » mis en valeur par son rejet au v. 3, rythmes heurtés à cause des nombreux rejets, le mot « glaïeul » a une étymologie inquiétante (« gladiolus » signifie « petite « épée »): tout révèle a posteriori la posture de la mort; soulèvement de l'émotion chez le lecteur, mise en valeur de la force du message idéologique (dénonciation de la guerre).

Voici une problématique d'étude de ce texte: En quoi ce poème est-il une dénonciation implicite de la guerre?

3. Grammaire:

- « C'est un trou de verdure où chante une rivière »: proposition subordonnée relative introduite par le pronom relatif « où ». Elle est déterminative (on ne peut pas la supprimer). Elle est complément du nom « trou ».
- « où le soleil, de la montagne fière, luit »: même analyse. Cette proposition subordonnée relative est juxtaposée à la précédente.
- « qui mousse de rayons »: proposition subordonnée relative introduite par le pronom relatif « qui ». Elle est explicative (on peut la supprimer). Elle est complément du nom « val ».

Fiche 75. S'entraîner sur un sujet de commentaire

Commentaire rédigé

Introduction

[Au XIXe siècle, Aloysius Bertrand renouvelle l'expérience poétique par une exploration de ses formes et de ses thèmes. Cherchant à libérer l'expression des contraintes figeant le vers, il ouvre la voie au poème en prose]. [« Un rêve », extrait du seul recueil publié par Aloysius Bertrand, *Gaspard de la nuit*, va dans ce sens novateur: poème en prose, il décrit un rêve parcouru d'images morbides dans un cadre médiéval sinistre]. [Comment le poème permet-il de restituer cette expérience

1re étape de l'introduction; présentation du contexte et de l'auteur. Vos connaissances culturelles vous permettent d'inscrire l'auteur dans le renouvellement de la tradition poétique.

2e étape de l'introduction; présentation du passage à commenter.

onirique évanescente ?] [Nous verrons **donc** comment, à travers la reconstitution d'une atmosphère sombre, le récit du rêve est structuré par des jeux de tensions qui mettent finalement en valeur les ambiguïtés du « je »].

> 3e étape de l'introduction ; formulation de la problématique.

> 4e étape de l'introduction ; annonce du plan du commentaire.

I. La reconstitution d'une atmosphère sombre

[Pour reconstituer l'atmosphère sombre du rêve, le poète a recours à une tonalité funèbre, à un climat médiéval, dans le cadre d'une dramatisation].

> L'introduction de partie permet d'annoncer l'enjeu de la 1re partie du commentaire, ainsi que les sous-parties à venir.

1. La tonalité funèbre

[Le poème d'Aloysius Bertrand utilise une tonalité funèbre]. [**En effet**, le thème de la mort y est omniprésent, combinant des images morbides à travers les termes « funèbre » que la proche répétition met en avant, « noirs », « ensevelie », « glas ». Cela est renforcé par la combinaison avec le champ lexical de l'exécution (« Morimont », « supplice », « roue », « bourreau », « tuée »). La référence à Marguerite n'est pas anodine : il s'agit du prénom de l'amante de Faust, chez Goethe, qui court à la mort par amour. Cette dimension funèbre du récit est soulignée par son cadre temporel : la nuit, à la lueur de la lune ; cette atmosphère nocturne est accentuée par les assonances nasales présentes par exemple dans « cendre des agonisants » ou « pendue aux branches », et qui donnent à entendre la dimension lancinante de la scène]. [Par l'intermédiaire de cette tonalité lugubre et funeste, ce rêve prend **donc** plutôt l'allure d'un cauchemar].

> La 1re phrase de la sous-partie annonce l'idée qui y est développée.

> Le va-et-vient entre le texte et l'interprétation permet de démontrer la validité de l'idée.

> Bref bilan de la sous-partie.

2. Le climat médiéval

[Cette dimension lugubre est renforcée par la mise en place d'un cadre médiéval connoté négativement]. [**Ainsi**, le poète a recours à de nombreux clichés médiévaux. Les repères spatiaux sont une « abbaye », une « cellule », la « place aux exécutions de Dijon ». Des éléments narratifs font directement référence à des coutumes médiévales, comme le « supplice » de la roue ou la procession de « pénitents noirs ». **Enfin**, le poète entoure son récit de mystère dépendant directement d'une époque lointaine et mal connue comme le Moyen Âge : « sentiers tortueux », « prières bourdonnantes », « rires féroces »] qui donnent une

> Annonce de l'idée ; étape A du schéma A-D-I-C.

dimension inquiétante, par petites touches successives, au rêve ainsi retranscrit]. [Ce climat médiéval contribue **donc** à accroître l'obscurité de l'atmosphère mise en place].

Développement et illustration de l'idée ; étapes D et I du schéma A-D-I-C.

3. La dramatisation

[**Enfin**, le poète fait en sorte de dramatiser le récit de son rêve]. [**Effectivement**, il dévoile une nature en colère, avec ses « torrents de pluie » et ses « ruisseaux débordés et rapides ». Cette nature prend de l'ampleur par l'intermédiaire d'une personnification (« dont frissonnait chaque feuille ») et voit son mystère renforcé par le cliché romantique noir en clair-obscur véhiculé par l'« abbaye aux murailles lézardées par la lune ». L'organisation du récit de rêve tend **également** à dramatiser la scène. **En effet**, les trois premiers versets progressent de façon temporelle selon un parallélisme en début de phrase qui souligne la succession des images du rêve : « ce furent d'abord », « ce furent ensuite », « ce furent enfin » ; cette progression temporelle est facilitée par la fluidité de la prose dans le poème. Cette reprise s'effectue sur un rythme ternaire, pour refléter la solennité de la scène]. [**Ainsi**, le rêve est dramatisé, de façon à provoquer la mise en place d'une tension certaine].

Il est important de structurer rigoureusement votre démonstration. Argumentez.

[Ce poème en prose effectue **donc** le récit d'un rêve sombre et théâtral, éveillant l'inquiétude. **Et** son organisation même est le lieu de tensions].

Phrase de transition.

II. Un récit onirique structuré par des jeux de tensions

[Ce récit onirique est structuré par des jeux de tensions, avec des ruptures dans sa progression, avec des jeux d'échos verticaux et avec des juxtapositions saccadées de détails descriptifs].

Annonce de l'enjeu de la 2e partie et des sous-parties.

1. Les tensions dans la progression du rêve

[Ce poème cumule diverses ruptures dans sa progression]. [**D'abord**, les versets sont séparés par des blancs typographiques soulignant le caractère discontinu et fragmentaire du rêve. **Ensuite**, il présente un passage de l'implicite (avec les images connotant la mort, dans les deux premiers versets) à l'explicite (avec les images dénotant la mort, dans les versets 3 et 4). **De plus**, son déroulement temporel fonctionne par saccades : « d'abord », « ensuite », « enfin », « vers le réveil » : ces moments successifs ne sont pas reliés, et leur cohérence logique n'est pas mise en avant. **Enfin**, le choix des mots souligne cette volonté de marquer des ruptures dans la progression du rêve et du poème : le participe passé « brisée », au dernier verset, fait coïncider la brisure de la barre du bourreau et celle du rêve : ce geste de rupture, souligné par l'allitération en [b], vaut simultanément pour l'action narrée et pour la narration de l'action]. [**Donc**, ce récit de rêve ne progresse que par successions de ruptures, de façon saccadée, à l'image d'un rêve présentant peu de continuités dans la vraie vie].

2. Les jeux d'échos verticaux

[Cette progression horizontale se double de correspondances verticales qui brouillent le déroulement du rêve]. [**En effet**, le poète tisse des liens d'un verset à l'autre, comme pour souligner l'aspect désordonné du rêve qui se brouille par le mélange des perceptions. L'expression « ainsi j'ai vu, ainsi je raconte » du premier verset est reprise dans les deux versets suivants, comme un refrain, mais légèrement décalé : « ainsi j'ai entendu, ainsi je raconte » et « ainsi s'acheva le rêve, ainsi je raconte » : cet écho vertical lie fortement les trois premiers versets, auxquels le cinquième verset met brutalement un terme. D'autres éléments actantiels ou descriptifs entrent en résonance, au fil du poème, à travers les relations tissées par le lexique et les jeux de synonymes, d'anonymes et d'hyperonymes : le « moine » et la « jeune fille » du verset 3 font écho à « Dom Augustin » et à « Marguerite » du verset 4 ; les éléments de la nature se répondent : « forêt » appelle « feuille » et « chêne », l'« abbaye » annonce la « cellule » et le « moine » ; le « Morimont » précède les « pénitents » et le « bourreau »]. [**Ainsi**, des correspondances verticales tissent un réseau signifiant qui dépasse le cadre du récit linéaire et brouillent l'impression de netteté et de succession temporelle].

Grammaire pour expliquer le texte : le lexique.

3. Les juxtapositions saccadées de détails descriptifs.

[**Enfin**, le rêve est présenté comme la juxtaposition de détails descriptifs]. [**Effectivement**, les éléments présentés par le poète ressemblent à des instantanés photographiques : il s'agit de petits tableaux peu reliés les uns aux autres, visuellement séparés. Pour susciter cette impression de décousu et de fragmenté, le poète a fréquemment recours à l'asyndète, par exemple : « Il était nuit. Ce furent d'abord, – ainsi j'ai vu, ainsi je raconte, – une abbaye aux murailles lézardées par la lune, – une forêt » : le poète ne relie pas les instantanés visuels qu'il transmet. Les phrases contiennent, **d'autre part**, peu de verbes, ce qui met l'accent sur les groupes nominaux que le poète accumule pour compléter sa vision au fur et à mesure qu'il est censé la percevoir. **Enfin**, le poète fait preuve d'un véritable art pictural, par son souci du détail en mentionnant par exemple le type d'arbre auquel la jeune fille est pendue, la sorte de vêtements portés par Dom Augustin, la posture adoptée par le moine expirant]. [Chaque verset se transforme **donc** en petit tableau et prend la valeur d'une hypotypose].

Grammaire pour expliquer le texte : les relations au sein de la phrase complexe.

[Pour rendre compte de son rêve, le poète a **donc** recours à une écriture parcellaire, combinant des ruptures et des échos dans le fond et dans la forme. Cette fragmentation se met **alors** au service de la révélation de l'ambiguïté du « je »].

Transition entre les parties du devoir.

III. Les ambiguïtés du «je»

[La tonalité angoissante de cette évocation de rêve est suscitée par la présence d'un « je » à multiples facettes : omniprésent, il tend à se dédoubler ou à faire fusionner ses diverses composantes].

1. L'omniprésence du «je».

[Le « je » est très présent tout au long du texte]. [**Ainsi**, le pronom personnel « je » est utilisé au début des versets 1, 2, 3 et 5, servant de témoin pour garantir la véracité et l'intérêt de la vision onirique. **D'autre part**, il est utilisé sous la forme du pronom personnel « moi » aux versets 3 et 5 ; ce « moi » est nettement mis en valeur par sa position après un tiret et une conjonction de coordination « et » au verset 3 ; au verset 5, il est encore plus mis en valeur : précédé de la conjonction de coordination « mais » dont le son [m] résonne avec celui de « moi », il est suivi d'une anacoluthe qui empêche la réalisation d'un lien syntaxique : « moi, la barre du bourreau ». L'omniprésence de ce « je » est soulignée par les références à des sensations visuelles (« vu ») et auditives (« entendu ») qui accroissent la place que prend le « je » par lequel elles sont éprouvées]. [**Donc**, le poète fait du « je » un véritable témoin du rêve, qui évolue même en actant menacé par la « barre du bourreau »].

Le recours aux figures de style permet à votre démonstration de gagner en efficacité.

Grammaire pour expliquer le texte : les relations au sein de la phrase complexe.

2. Le dédoublement du «je».

[Le poète met en place un jeu entre l'énonciation et l'énoncé, de façon à rendre compte des diverses composantes du rêve et à souligner l'ambiguïté du locuteur]. [**Effectivement**, le « je » rêvé, qui est narré dans le poème, est évoqué par le biais des temps du passé : il témoigne de ce qu'il a vu en rêve et s'y inclut. Le « je » qui raconte, le rêveur, correspond au moment de l'écriture du rêve. Il se superpose au « je » de l'écrivain, qui structure le récit, qui fait les références intertextuelles à Faust et à Pantagruel et, qui souligne grâce à la petite note préliminaire, avec un léger sourire ironique, qu'un rêve ne se décrypte pas vraiment. Il souligne qu'il est à la fois un personnage du rêve et l'auteur du rêve, ce qui suscite une impression de mystère proche du fantastique et ce qui brouille les frontières entre le rêve et la réalité : le lecteur ne sait plus vraiment qui parle, et le poète occupe plusieurs identités].[Le rêve met **donc** en abyme plusieurs facettes du « je », de façon à recréer pour le lecteur une impression onirique et confuse, et à l'amener à s'interroger, de façon très moderne, sur le labyrinthe de l'identité individuelle].

Votre culture littéraire peut vous aider à comprendre la présence de certains éléments.

3. La fusion du «je».

[**Pour finir**, le rêve brouille davantage les pistes en faisant parfois fusionner ces diverses facettes du « je »]. [**En effet**, la fin du poème s'achève par la mise en correspondance du « je » qui rêve et du « je » qui raconte le rêve, par l'intermédiaire de la proposition « et je poursuivais d'autres songes vers le réveil », où le « je » du poète vient englober les diverses images fragmentées du « je » présentes dans le texte : la poésie est bien le lieu où les fragments peuvent effectivement tenter de se souder, et où le poète peut tenter de trouver une cohérence à son rêve : cohérence identitaire (seul le poète peut prendre cette distance énonciative et dire « je poursuivais »), cohérence littéraire (par le jeu des références intertextuelles et de l'inscription du poème dans la tradition du romantisme noir). L'enjeu est **donc** pour lui de faire fusionner son identité fictive de rêveur et son identité réelle de scripteur, de façon à donner une ultime cohérence à son poème, par le biais du jeu

Vos connaissances sur l'objet d'étude vous aident à argumenter.

avec l'ambiguïté]. [**Ainsi**, c'est dans le geste scripteur poétique que le « je » trouve la résolution de ses dédoublements et de ses ambiguïtés].

Conclusion

[**Pour conclure**, l'enjeu de ce texte est de proposer de fixer par les mots ce qui relève de l'évanescence et du rêve éphémère. Dans ce poème en prose, la recomposition d'une atmosphère sombre, la savante restructuration du récit par les jeux de tensions et la mise en avant des ambiguïtés du « je » permettent à Aloysius Bertrand de plonger son lecteur dans une vision cauchemardesque]. [**Mais** la révélation des manipulations et la forte empreinte du travail poétique révèlent ici au lecteur les arcanes de la création poétique, pour son plus grand plaisir, entre plongée dans le rêve et distanciation légèrement amusée].

Appuyez-vous d'abord sur la problématique de votre devoir.

Rappel des titres des 3 parties du commentaire.

Ouverture culturelle sur le plaisir de la lecture.

Fiche 76. S'entraîner sur un sujet de dissertation

Dissertation rédigée à compléter et à modifier en fonction de l'œuvre étudiée

Introduction

[Selon la légende, le poète grec Orphée est doué du pouvoir magique de charmer les êtres qui l'entourent par le jeu de sa lyre. Depuis, le poète jouit d'un statut particulier, et l'on interroge le sens de sa présence et de ses qualités]. [Le théoricien classique François de Malherbe, par exemple, attribue la gloire des poètes au fait qu'ils soient de « bons arrangeurs de syllabes », comme le raconte une célèbre anecdote. Le poète n'est-il effectivement qu'un bon arrangeur de syllabes ?] [Se définit-il par son usage technique du langage ? Détient-il d'autres qualités, voire d'autres pouvoirs ? Comment le définir ?] [Nous verrons que si, **effectivement**, le poète se caractérise par sa maîtrise du langage, il peut **aussi** être le porte-parole des hommes en exprimant des sentiments, mais **aussi** être celui qui peut déchiffrer et dire l'invisible].

Amorce de l'introduction.

2e étape de l'introduction ; reprise du sujet.

3e étape de l'introduction ; formulation de la problématique du devoir.

4e étape de l'introduction ; annonce du plan du devoir. Ici, le plan adopté est thématique.

I. Le poète maître du langage

[Le poète est un artisan qui façonne le matériau des mots, capable, tel un alchimiste, de créer des images].

1. L'artisan des mots

[Le poète est celui qui possède le pouvoir de manier les mots, ce qui lui confère sa gloire, selon Malherbe]. [**En effet**, l'étymologie du mot « poésie » montre bien ce rapport direct et concret avec le matériau : « poiein » fait référence au travail de création concrète : il s'agit de pétrir le matériau des mots. Cet agencement est cher aux théoriciens classiques : Nicolas Boileau ne dit pas autre chose, quand, dans son *Art poétique*, il demande au poète d'utiliser le langage avec rigueur et justesse.

Étape A du schéma A-D-I-C ; annonce de l'idée développée dans la sous-partie.

- *Exemple* : **Ainsi**, les poètes classiques s'efforcent de combiner la structure du vers et la structure du langage. Les poètes baroques manient **aussi** les mots à l'intérieur de vers qui nécessitent forcément un arrangement pensé pour tenir compte du nombre de syllabes et du rythme de la phrase et du vers ; ce savant calcul ressort clairement du sonnet de Jean de Sponde « Tout s'enfle contre moi » en 1588, dont le jeu subtil des répétitions et des effets de miroir montre l'instabilité de la vie humaine.
- *Exemple* : C'est **aussi** comme cela que Pierre Reverdy perçoit le poète, qu'il définit en artisan : il « juxtapose et rive » les mots et les pièces d'une œuvre, écrit-il dans *Le livre de mon bord*, en 1948. Le travail des rimes et la recherche de la composition des poèmes révèlent cet artisanat, tout comme les jeux de sons et de rythmes que l'on trouve aussi dans les vers libres des poètes en quête de modernité.
- *Exemple* : Guillaume Apollinaire, dans *Alcools*, refuse en effet les rimes et les vers codifiés pour ouvrir l'écriture à une liberté toute moderne, notamment dans son poème d'ouverture, « Zone », art poétique de la modernité. L'artisanat des mots se perçoit aussi dans les poèmes visuels comme les calligrammes de Guillaume Apollinaire, qui arrange les mots et les syllabes non plus seulement dans l'expression, mais aussi sur la page et dans la typographie.].

Étapes D et I du schéma A-D-I-C ; développement et illustration de l'idée.

[Le poète est **donc** d'abord celui qui a le pouvoir de manipuler les mots avec art].

Étape C du schéma A-D-I-C ; conclusion de la sous-partie, rappel de l'idée développée.

2. L'alchimiste des images

[Ce pouvoir technique permet **aussi** au poète d'explorer les capacités symboliques du langage]. [**Effectivement**, le poète est celui qui possède l'adéquation entre le mot et l'idée, comme le recommande Boileau : il a la science des images.

- *Exemple* : Alfred de Musset souligne ceci, dans son « Impromptu, En réponse à la question : Qu'est-ce que la Poésie ? », extrait de *Poésies nouvelles*, en 1850 : « Faire un travail exquis, plein de crainte et de charme / Faire une perle d'une larme : / Du poète ici-bas voilà la passion, / Voilà son bien, sa vie et son ambition », en insistant sur le pouvoir de transformation que le poète a, à partir de la réalité, et grâce à ses mots. Il crée un univers et peut transfigurer le réel, à la manière d'un alchimiste.
- *Exemple* : Sous la plume du poète, les mots éclatent et peuvent multiplier leurs sens, comme le fait Arthur Rimbaud dans son poème en prose « Aube », où l'aube désigne le lever du matin, mais aussi l'aube d'une poésie nouvelle affranchie des traditionnelles contraintes].

Il est efficace d'insérer dans le développement quelques microanalyses précises, tirées de vos études de textes.

[Le poète n'est **donc** pas un servile serviteur des mots : il est celui qui sait en faire naître les ressources et la richesse, en transformant la matière en symbole].

[**Ainsi**, le poète est en effet celui qui a le pouvoir d'agencer les mots, de les arranger, comme le dit Malherbe. **Mais** cela est réducteur, si l'on cherche à définir le poète. Il est **en effet aussi** celui qui devient le porte-parole expressif des hommes].

La transition entre les 2 parties permet de faire le point sur ce que l'on a dit par rapport à la problématique et d'annoncer la partie à venir.

II. Le poète interprète des hommes

[Le poète n'est pas un pur technicien. Il est celui qui enchante par l'expression des sentiments et qui représente chaque être humain].

1. Le poète est le maître du lyrisme.

[La figure mythique du poète fait de lui un enchanteur]. [**En effet**, Orphée incarne le pouvoir d'expression, en charmant les êtres inanimés qui l'entourent, dans la mythologie. Le poète est celui qui sait exprimer les sentiments.

- *Exemple* : Paul Verlaine, **par exemple**, a consacré son écriture poétique à l'expression de ses états d'âme, soit directement, soit indirectement en trouvant des intermédiaires qui reflètent ses sentiments, comme le paysage, les soleils couchants, le rossignol, notamment dans ses *Poèmes saturniens*.

La palette sentimentale du poète est vaste : de l'amour à la mort, en passant par la mélancolie ou la joie, ce sont les thèmes récurrents de la poésie depuis le Moyen Âge.

- *Exemple* : **Ainsi**, Louise Labé parvient à exprimer la force du désordre qu'elle éprouve sous l'emprise de l'amour dans son huitième sonnet « Je vis, je meurs... » : bonheur et malheur s'y entremêlent pour évoquer à chacun, par la maîtrise du lyrisme, les mouvements intérieurs suscités par le sentiment.
- *Exemple :* **De même**, Victor Hugo, dans les *Contemplations*, témoigne des mémoires d'une âme quand il évoque le deuil de sa fille Léopoldine dans « Demain dès l'aube » ou ses émois d'adolescent, par exemple dans « Vere novo »].

[Le poète se définit **donc** aussi par sa capacité expressive et émotionnelle].

> Ne perdez pas de vue votre problématique ; comment définir le poète ? Cela doit revenir dans chaque sous-partie.

2. Le poète est le porte-parole de chacun

[**D'autre part**, le poète donne voix aux autres hommes par sa propre voix]. [**Effectivement**, il peut s'appuyer sur sa propre expérience pour se faire le porte-parole des joies et des malheurs humains. Il tire sa légitimité de sa maîtrise du langage, mais ce qu'il exprime n'est rien moins qu'universel. Les sentiments qu'il transcrit dans ses poèmes sont personnels, puisque ce sont les siens, mais ils dépassent le cadre du poème pour toucher chaque lecteur.

- *Exemple* : Charles Baudelaire, dans ses *Fleurs du mal*, sait représenter la beauté et l'harmonie des paradis idéaux que l'on ne voit qu'en rêve ; pour susciter l'évocation concrète du lieu, il recourt aux sensations, notamment auditives, olfactives et tactiles, qui font surgir la vision chez le lecteur : c'est ce qui a lieu dans « Parfum exotique », **par exemple**, où la rêverie d'une île paradisiaque naît du parfum et du toucher de la peau de la femme aimée par le poète.
- *Exemple :* Pour Victor Hugo, le poète fait figure de prophète : mage inspiré par la divinité, ce « rêveur sacré » parle au nom de tous, écrit-il dans *Les Rayons et les ombres*.

Enfin, le poète engagé prête sa voix à ceux qui n'en ont pas.

– *Exemple :* Louis Aragon ou Robert Desnos, par exemple, parlent pour les muets, les mutilés, les déportés, au moment de la seconde guerre mondiale].

[Le « je » du poète peut **donc** représenter tous les autres hommes, ce qui permet de le définir symboliquement, autrement que par sa maîtrise technique du langage].

[Le poète, en « bon arrangeur de mots », peut **donc** dépasser l'expression individuelle des sentiments et donner à sa poésie une dimension universelle. **Mais** on peut relier cet être élu avec le sens caché des choses].

La transition fait le bilan de la partie et annonce la suivante, sans oublier de se raccrocher à la problématique ; comment définir le poète.

III. Le poète messager de l'invisible

[Le poète, un peu comme un mage, entretient un rapport étroit avec le sacré ; il devient **aussi** le médiateur entre l'homme et l'invisible].

Annonce des titres des deux sous-parties.

1. Le poète est un mage.

[Originellement, le poète est le messager du divin : c'est la mission que lui attribue Platon]. [Il est le réceptacle de la parole sacrée, ce qui lui confère une dignité particulière. Inspiré, il peut déchiffrer et transmettre l'invisible : ce qui est ressenti, les sentiments, **donc**, **mais aussi** la part symbolique des éléments qui nous entourent.

– *Exemple* : Victor Hugo associe cette communication avec l'invisible à une élection divine car « Dieu parle à voix basse à son âme », selon le poème « Fonction du poète », dans *Les Rayons et les ombres* ; de cette conception traditionnelle est issue l'idée que le poète, même en dehors de toute croyance, est en lien avec ce qui ne se voit pas.
– *Exemple* : **Ainsi**, dans son poème « La Courbe de tes yeux », Paul Éluard associe les yeux de la femme qu'il aime, dont il fait le blason, à la rondeur maternelle et harmonieuse de la terre, aux couleurs de la mer ou à la douceur des roseaux : **non seulement** il décèle et décrypte les symboles, **mais aussi** il les crée].

[Le poète est **donc** un mage doté d'un pouvoir de déchiffrement et d'expression].

2. Le poète est un médiateur.

[**Enfin**, le poète devient un médiateur entre l'homme et le monde]. [**En effet**, en dévoilant ce qui dépasse l'être humain, il a accès à un sens originel et pur, ou en tout cas autre, auquel les autres hommes n'ont pas accès.

– *Exemple*: René Char décrit cela dans *La Parole en archipel*, en 1962: « au terme de son voyage vers le Pays, après l'obscurité prénatale et la dureté terrestre, la finitude du poème est lumière, apport de l'être à la vie », soulignant la capacité de dépassement que le poète et que le poème portent en eux-mêmes. Sortant des évidences, le poète relie le passé et le présent, il met les hommes en communication, il dévoile les beautés et les horreurs du monde.
– *Exemple :* Des poètes attachés aux humbles objets, comme Jean Follain ou Francis Ponge, par exemple, ancrent leur poésie dans le quotidien pour dévoiler les secrets d'une coquille d'œuf ou d'un cageot. Ce sont eux qui dévoilent aux hommes les secrets de l'infime et du grandiose. Ce sont eux qui soulignent la portée éthique et esthétique de la présence de l'homme dans le monde, toujours en quête de beauté ou d'absolu.].

[Le poète se met **donc** au service des autres, pour donner du sens, à l'homme, au monde lui-même, à l'invisible].

Conclusion

[Si l'on cherche à définir le poète, on peut **donc** conclure avec Malherbe que, **effectivement**, la maîtrise du langage est une condition première et incontournable pour le poète. **Mais** cette technicité est loin de suffire. Le poète est **en effet** aussi celui qui devient l'interprète des hommes et du monde, dans une immense entreprise de dévoilement du sens caché]. [C'est une figure multiple que le poète, en quête de sens pour lui et pour l'être humain. Il est celui qui peut dire, comme le romantique allemand Novalis: « La poésie est véritablement le réel absolu »].

Synthèse des idées développées par la dissertation.

Ouverture de la conclusion par une citation proposant une optique autre que celle donnée par le sujet de départ, pour montrer le trajet que le devoir a permis de réaliser.

Fiche 77. S'entraîner sur un écrit d'appropriation

1. Analyse du sujet

- Quels sont les mots-clés ?

– **La préface :** le sujet fixe la contrainte générique du texte à produire. La préface est censée présenter le recueil (thème, organisation, intentions, richesse, etc.) et justifier la nécessité de faire l'éloge de la lecture, donc argumenter en faveur de la lecture. La dominante est donc clairement argumentative.

– **Un recueil intitulé « Lire, lire, lire ! », textes de genres divers faisant l'éloge de la lecture :** le contexte de la préface et le cadre de la réflexion (thème et objectif du propos) sont explicités. On est bien dans l'optique d'un passage de réflexion générale propre à l'essai, sur un enjeu abordé au cours des études de Français au lycée, la lecture, dont l'éloge devra être fait à travers le recours à des textes de genres divers : il ne faudra donc pas se cantonner à des poèmes, mais faire également appel à des passages de romans, ou d'essais, par exemple.

- **Quel est l'objectif du travail d'écriture ?** Il s'agit de rédiger une **préface explicative et argumentative**, qui a une visée d'incitation à la lecture auprès du destinataire.
- **Quel en est le point de départ ?** Un **recueil fictif** au titre explicite : l'injonction formulée par le verbe à l'infinitif, renforcée par sa répétition, se clôt sur un point d'exclamation emphatique. Le sujet suppose que vous adhériez à cette idée d'éloge de la lecture.
- **Dans quel objet d'étude s'inscrit-il ? Quels savoirs mobilise-t-il ?** L'objet d'étude est l'**argumentation.** Le sujet mobilise des **savoirs théoriques** (qu'est-ce qu'une préface ? qu'est-ce qu'un éloge ?), des **compétences pratiques** (comment rédiger une préface et combiner ses divers objectifs ?), des **connaissances culturelles** (qu'apporte la lecture ? quels arguments et quels exemples insérer dans le texte pour soutenir son éloge ?). Il mobilise des **compétences d'écriture complexes** (organiser le texte argumentatif, élaborer une stratégie, articuler arguments et exemples avec l'objectif du texte à produire, choisir un lexique évaluatif adapté).
- **Quelles indications le sujet donne-t-il sur la façon de réaliser le travail attendu ?** Vous devez absolument veiller à la **cohérence** entre l'objectif concret de la préface (présenter le recueil) et son objectif littéraire (justifier le choix d'un recueil axé sur l'éloge de la lecture). Mais il ne faut pas remplacer la préface par un éloge de la lecture : c'est le recueil qui le fait ; la préface a donc une **visée** plus large ; par exemple, l'auteur peut **justifier** le fait d'avoir regroupé des textes appartenant à des genres littéraires variés.
- **Quelles qualités ce sujet fait-il espérer dans le travail final ?** Votre texte sera un texte solidement **charpenté**, à visée nettement **argumentative**, mais sans oublier la **dimension réflexive** que tout essai doit comporter. Il ne s'agit pas seulement de **convaincre** le lecteur de lire ce recueil, mais surtout de **présenter** le recueil

(dimension informative) et de **justifier** ses intentions, tout en partageant des **réflexions générales** sur la lecture et ses atouts. On attend également de **solides références littéraires**, puisqu'il faut citer des textes qui conviendraient dans ce recueil.

2. Organisation du texte

- **Le plan d'ensemble de votre devoir :**
  - **Exposez** le contexte de votre préface en **présentant** le recueil ; pensez à vous adresser au lecteur.
  - **Développez** la réflexion en diverses **étapes** : justifiez le choix et l'organisation des textes présents dans le recueil ; faites l'éloge de la lecture ; dites en quoi ces textes montrent les atouts de la lecture.
  - **Concluez** en proposant un **bilan** ; pensez là aussi à vous adresser au lecteur.
- **Le lien entre les idées** : vous devez employer de nombreux **liens logiques** pour souligner l'articulation de vos idées, notamment en passant d'une étape à l'autre. Veillez également à privilégier le lien entre le choix des **textes** du recueil et son **titre** ainsi que l'éloge de la **lecture.**

3. Texte rédigé

Voici un recueil comme vous n'en trouverez jamais, non jamais ! Le titre qu'il porte est éloquent : « Lire, lire, lire ! ». L'injonction semble évidente, comme la lecture demeure elle-même une évidence pour l'âme humaine. Pour partager cet éloge de la lecture, j'exposerai dans ces quelques lignes l'effet magique que peuvent produire ces textes et l'effet prodigieux que peut engendrer la lecture en chaque individu, tout en essayant d'éclaircir mes choix de composition de ce recueil, afin qu'il devienne lui-même une évidence.

> Le début est vif et dynamique, pour accrocher le lecteur.

> Parallélisme et gradation ascendante pour renforcer le propos.

> L'introduction de la préface pose le thème abordé et les intentions du recueil. L'objectif de l'essayiste est explicite.

Le recueil qui va suivre est organisé en divers moments : vous découvrirez les multiples bienfaits procurés par la lecture : pour le corps, pour l'esprit, pour la psychologie et, enfin, pour l'âme. En effet, en lisant les textes qui suivent, vous verrez aisément que la lecture est d'abord le repos du corps, l'acceptation de la lenteur : on ne se presse pas pour lire, non ! on savoure chaque phrase, chaque mot, chaque lettre, à l'affût des beautés mélodieuses des sons et des mots. Le premier ensemble de textes fera donc surgir en vous la soif de cette paisibilité infinie qu'offre la lecture et que Benigno Cacérès dévoile si bien dans *La Rencontre des hommes*, en montrant combien la lecture est un refuge dans un hors-temps plein de lenteur et de musique ; les poèmes de Charles Baudelaire nous transmettent également cette évasion de l'ici-bas : prenez l'envol avec « Invitation au

> Annonce du plan du recueil, pour guider le lecteur. Ce plan s'organise de façon progressive, en gradation.

> 1er atout de la lecture ; évasion physique.

> Grammaire pour écrire : les relations logiques dans le texte.

> Métaphore pour enjoliver le style.

voyage » et « Parfum exotique » des *Fleurs du mal.* Ensuite, il m'a semblé nécessaire de faire la part belle aux textes élevant l'esprit, louant la culture et la découverte, en vous faisant partager cet amour inconditionnel que deux adolescents chinois vivent au plus profond de leur être à travers la découverte des romans de Balzac ; cet extrait de *Balzac et la petite tailleuse chinoise,* de Daï Sijié, sera accompagné d'autres textes romanesques, pour que vous puissiez partager intensément le plaisir des personnages. Vous serez peut-être surpris de trouver dans cette séquence le fameux texte de Voltaire, intitulé « De l'horrible danger de la lecture » : ne vous y trompez pas ! Voltaire nous montre bien à quel point la lecture est un outil d'ouverture intellectuelle, morale et sociale, le tremplin de l'esprit ! Par la suite, vous goûterez aux joies de la découverte de la psychologie humaine ; il me semblait absolument nécessaire de vous présenter ces miroirs de notre intériorité : lire permet en effet à chacun de sentir ce que l'autre sent, de vivre par procuration d'innombrables aventures que la vie même peine bien à nous offrir. Là, vous trouverez divers passages d'autobiographies, mais aussi des poèmes, véritables odes au Livre. Ainsi, vous aurez le plaisir de découvrir des extraits du recueil *Alcools,* de Guillaume Apollinaire : son écriture ouvre les voies de la modernité, par exemple en abolissant la ponctuation pour fluidifier l'expression et remettre en cause les normes traditionnels ; ce recueil partage donc avec le lecteur, *avec vous !* une véritable mise en abyme de la réflexion sur la nature de l'écriture poétique et de la littérature. Enfin, partager et se décentrer de soi-même seront les refrains de la dernière section de ce recueil, inaugurée par un texte de Daniel Pennac, issu de *Comme un roman,* et close par ce magnifique discours de Mario Vargas Llosa lors de la cérémonie de Prix Nobel, en 2010, pour lequel la magie de la lecture donne le monde en partage : « La lecture transformait le rêve en vie et la vie en songe, en mettant à la portée du petit bonhomme que j'étais l'univers de la littérature ».

Ainsi, puisque lire représente l'évasion, l'ouverture, la découverte et le partage, un tel recueil était absolument incontournable, surtout en ces temps où l'on se réfugie dans la facilité des images télévisuelles et des jeux vidéo formatés... Plus que jamais, et si l'on veut sauver cette parcelle d'humanité qui s'essouffle en chacun de nous, il est temps de « lire, lire, lire ! »

2e atout de la lecture ; ouverture intellectuelle.

Réutilisez les notions culturelles abordées à travers l'étude des textes au lycée.

Exploitez vos lectures cursives ou personnelles.

Adresses au lecteur ; force de persuasion.

3e atout de la lecture ; découverte de la psychologie.

Analyses culturelles et théoriques sur la portée de la littérature pour chaque être humain.

Recours implicite au procédé très connu de l'identification du lecteur au personnage.

Utilisez les connaissances acquises dans l'étude des parcours littéraires.

4e atout de la lecture ; enrichissement de l'âme.

Fiche 78. S'entraîner sur un parcours associé à l'objet d'étude

C'est le **plan 3** qui convient le mieux pour répondre à la question. En effet, il permet de rapprocher les deux poèmes autour de thèmes ressemblants.

Le **plan 1** ne confronte pas les deux textes.

Le **plan 2** cherche artificiellement des différences alors que ce sont surtout des points communs entre les deux poèmes que le groupement révèle : ce plan serait donc déséquilibré.

CHAPITRE 10

NOURRIR SA CULTURE LITTÉRAIRE

Fiche 79

Les mouvements littéraires et culturels

La Pléiade

Dates	XVIe siècle
Texte manifeste	1549 : *Défense et Illustration de la langue française,* Joachim Du Bellay
Auteurs importants	Joachim du Bellay Étienne Jodelle Pierre de Ronsard
Genres littéraires privilégiés	Sonnet (inspiré de la poésie italienne) Ode (inspirée de la poésie antique)
Objectifs	Imitation des œuvres de l'Antiquité (innutrition) Défense et valorisation de la langue française Célébration du poète Renouvellement des formes poétiques
Thèmes essentiels	Sentiment amoureux Mélancolie Beauté Rapport au temps (quête de l'éternité à travers la création)

Le Classicisme

Dates	XVIIe siècle
Texte manifeste	1674 : *L'Art poétique,* Nicolas Boileau
Auteurs importants	Jacques-Bénigne de Bossuet Jean de La Bruyère Pierre Corneille Madame de La Fayette Jean de La Fontaine Molière Jean Racine François de La Rochefoucauld
Genres littéraires privilégiés	Théâtre Fable Textes de morale (maximes, portraits) Lettres Sermons
Objectifs	*Placere* et *docere* (plaire et instruire, précepte repris des Anciens) Recherche du naturel Respect de règles pour atteindre un idéal esthétique : clarté, vraisemblance, bienséance
Thèmes essentiels	Peinture des caractères Dualité raison-passion, esprit-cœur Compatibilité entre pouvoir et amour Honnêteté, équilibre et mesure (l'honnête homme)

Le Siècle des Lumières

Dates	XVIIIe siècle
Texte fondateur	1751-1772 : *L'Encyclopédie*, Jean D'Alembert et Denis Diderot
Auteurs importants	Pierre-Augustin Caron de Beaumarchais Denis Diderot Baron de Montesquieu Jean-Jacques Rousseau Voltaire
Genres littéraires privilégiés	Article de dictionnaire philosophique Essai Pamphlet Dialogue Conte philosophique Théâtre
Objectifs	Développement de l'esprit critique Enrichissement et diffusion des connaissances Combat contre l'intolérance, le fanatisme, l'injustice Défense de la liberté individuelle face aux dogmes Valorisation du bonheur et de la sensibilité
Thèmes essentiels	Raison Liberté Égalité Tolérance Préjugés Religion

Le Romantisme

Dates	XIXe siècle (début)
Textes manifestes	1823 : *Racine et Shakespeare,* Stendhal 1827 : *Préface de Cromwell,* Victor Hugo
Auteurs importants	François-René de Chateaubriand Alexandre Dumas Victor Hugo Alphonse de Lamartine Alfred de Musset Alfred de Vigny
Genres littéraires privilégiés	Poème Autobiographie Drame Roman
Objectifs	Renouvellement des genres littéraires Expression des sentiments Exaltation du moi Engagement
Thèmes essentiels	Communion avec la nature Nostalgie, douleur du temps qui passe Fragilité de la vie humaine Mal du siècle Quête de l'idéal

Le Réalisme

Dates	XIXe siècle (milieu)
Textes manifestes	1842 : Avant-Propos de *La Comédie humaine,* Honoré de Balzac 1857 : *Le Réalisme*, Champfleury
Auteurs importants	Honoré de Balzac Gustave Flaubert Stendhal
Genres littéraires privilégiés	Roman Nouvelle
Objectifs	Prise en compte de la réalité dans toutes ses dimensions Illusion du réel Peinture objective de la société contemporaine
Thèmes essentiels	Histoire Cohabitation entre société et individu Apprentissage de la vie Place de l'argent

Le Naturalisme

Dates	XIXe siècle (fin)
Textes manifestes	1877 : Préface de *L'Assommoir*, Émile Zola 1881 : *Le Roman expérimental*, Émile Zola 1888 : Préface de *Pierre et Jean*, Guy de Maupassant
Auteurs importants	Edmond et Jules de Goncourt Joris-Karl Huysmans Guy de Maupassant Émile Zola
Genres littéraires privilégiés	Roman Nouvelle
Objectifs	Souligner l'influence de la société sur l'individu Montrer les rouages de l'hérédité dans une famille Décrire les maladies de la société : alcool, misère, cupidité, prostitution Adopter une vision scientifique de l'homme
Thèmes essentiels	Individu et instincts naturels Milieu populaire Monde ouvrier Argent Ambition

Le Symbolisme

Dates	XIXe siècle (fin)
Textes manifestes	1886 : *Le Manifeste du symbolisme*, Jean Moréas
Auteurs importants	Jules Laforgue Comte de Lautréamont Stéphane Mallarmé Arthur Rimbaud Paul Verlaine
Genres littéraires privilégiés	Poème
Objectifs	Suggérer et recréer des correspondances entre le monde concret et le monde de l'imagination Valoriser la musicalité du langage Expérimenter de nouvelles formes poétiques Accéder par la création à un monde inconnu
Thèmes essentiels	Poète voyant Alchimie Paysage État d'âme Sensations

Le Surréalisme

Dates	XXe siècle (début)
Textes manifestes	1924 : *Manifeste du surréalisme,* André Breton
Auteurs importants	Guillaume Apollinaire Louis Aragon André Breton Robert Desnos Paul Eluard Philippe Soupault
Genres littéraires privilégiés	Poème Collage Dessin calligraphique Cadavre exquis
Objectifs	Atteindre la magie par les jeux d'images et de fusion entre les mots Faire surgir l'onirisme de la réalité Explorer les voies irrationnelles de la création Combattre les enfermements dogmatiques
Thèmes essentiels	Amour Femme Engagement Hasard Rêve Liberté Révolution

L'Absurde

Dates	XXe siècle (milieu)
Textes manifestes	1962 : *Notes et contre-notes,* Eugène Ionesco
Auteurs importants	Samuel Beckett Albert Camus Eugène Ionesco Alfred Jarry Jean-Paul Sartre
Genres littéraires privilégiés	Théâtre Roman
Objectifs	Donner une image lucide et réaliste de l'homme Souligner l'absurdité de la condition humaine Déconstruire le langage pour en montrer l'inanité
Thèmes essentiels	Existence Angoisse Solitude Mort Vanité de l'homme Impuissance Révolte

Le Nouveau Roman

Dates	XXe siècle (milieu)
Textes manifestes	1956 : *L'Ère du soupçon,* Nathalie Sarraute 1963 : *Pour un nouveau roman,* Alain Robbe-Grillet 1964 : *Essais sur le roman,* Michel Butor
Auteurs importants	Michel Butor Marguerite Duras Alain Robbe-Grillet Nathalie Sarraute Claude Simon
Genres littéraires privilégiés	Roman
Objectifs	Expérimenter de nouvelles formes romanesques Refuser l'illusion référentielle Créer de nouvelles formes de personnages Laisser s'exprimer le flux de la conscience Faire de l'écriture une aventure
Thèmes essentiels	Objet Souvenir Perte des repères Vanité de la psychologie

L'Oulipo

Dates	XXe siècle (milieu-nos jours)
Textes manifestes	1960 : postface de *Cent mille milliards de poèmes* de Raymond Queneau, François Le Lionnais 1973 : *La Littérature potentielle,* Oulipo
Auteurs importants	Italo Calvino Georges Perec Raymond Queneau Jacques Roubaud
Genres littéraires privilégiés	Poésie Roman
Objectifs	Renouveler la création artistique S'affranchir des automatismes Produire grâce à la contrainte Jouer avec les mots et la création Expérimenter
Thèmes essentiels	Liberté Jeu Mot Lettre Sens

Fiche 80
Culture littéraire : ces mythes célèbres qui nourrissent la littérature

Des mythes fondateurs

Les **mythes** fondent notre imaginaire culturel et portent de nombreuses significations fondatrices pour l'être humain, en lui tendant un **miroir** essentiel et dynamique intemporel. Ils reflètent ce qu'il y a de permanent chez **l'être humain**, pulsions, angoisses, forces, faiblesses. La reprise des mythes déclenche une lecture non statique, mobile, qui traverse les âges et les genres pour parler au plus profond de notre conscience.

Les **mythes bibliques** sont fréquemment repris, comme la création du monde et de l'homme, le péché originel, la chute d'Adam et Ève, les deux frères ennemis Abel et Caïn, le déluge, les châtiments divins, l'arche salvatrice de Noé, l'Éden paradisiaque, la tour de Babel, le jugement équitable de Salomon.

Les **mythes antiques** sont aussi souvent repris, comme ceux d'Ulysse, de Médée, d'Orphée, de Salomé, de Prométhée, de Sisyphe, d'Antigone, d'Œdipe, d'Électre. Orphée, par exemple, apparaît dans *Les Géorgiques* de Virgile (Ier siècle av. J.-C.), dans les *Métamorphoses* d'Ovide (Ier siècle apr. J.-C.), dans *La Légende des siècles* de Victor Hugo (1859-1883), dans le tableau *Orphée* de Gustave Moreau (1865), dans *Le Bestiaire ou Cortège d'Orphée* de Guillaume Apollinaire (1911), dans le film *Orphée* de Jean Cocteau (1950).

Les **mythes modernes** sont aussi présents, comme ceux de Dom Juan, de Robinson ou de Frankenstein. Le mythe de Faust, par exemple, est issu d'un conte populaire allemand du XVIe siècle, inspiré par un personnage réel ; repris par Goethe, il est souvent repris au cinéma notamment par Georges Méliès (1898, 1903, 1904), par Murnau (1926), par René Clair (1950) ou par Alexandre Sokourov (2011).

Les **archétypes issus des contes** sont aussi souvent repris, comme les figures de la sorcière, de l'ogre, de l'enfant perdu, de la princesse à sauver, de la méchante belle-mère.

Fiche 81

Comprendre le phénomène d'intertextualité dans la création

La notion d'intertextualité

L'**intertextualité** est le phénomène de reprise de textes ou d'éléments textuels par d'autres textes, en partant du principe que toute création littéraire s'appuie sur les créations antérieures et s'inscrivent dans un héritage littéraire, par un jeu d'échos.

Un **hypertexte** reprend des **hypotextes** (textes antérieurs).

Cet **héritage littéraire** peut être vu comme un outil pour créer, peut être glorifié ou tourné en dérision, peut être imité, transposé ou détourné : de multiples jeux sont possibles, que votre culture littéraire peut vous permettre de découvrir. Plus votre culture est étendue, plus vous êtes à même de percevoir ces dialogues entre les textes et entre l'auteur et le lecteur. Ce phénomène a également lieu dans toute création esthétique, notamment en peinture et au cinéma.

La **réécriture** est donc le phénomène de réutilisation d'un texte pour écrire. Elle permet à l'auteur de s'inscrire dans une tradition, de créer une relation de complicité avec son lecteur en l'amenant à reconnaître un texte antérieur, de jouer avec les sources et les codes littéraires.

Quelques formes de réécritures

La **traduction** transpose un texte dans une langue différente, de la transposition neutre à un véritable travail de recréation.

L'**imitation** consiste en la reprise de modèles ou du style. La théorie de l'imitation prévaut aux XVIe et XVIIe siècles, chez les auteurs de la Pléiade et les auteurs classiques.

La **référence** est une mention explicite à une œuvre antérieure ; la **citation** est la reprise exacte d'un passage ; l'**allusion** est un rapide clin d'œil implicite que le lecteur doit découvrir par lui-même.

L'**adaptation** consiste à transposer une œuvre dans un autre genre, par exemple un roman transposé en pièce de théâtre, une œuvre littéraire adaptée en film ou une pièce de théâtre transposée en opéra.

La **reprise d'un *topos*** consiste à utiliser un lieu commun littéraire (une scène, un lieu, un thème). Quand un modèle mythique originel est repris de nombreuses fois depuis longtemps, il s'agit d'un **archétype** (par exemple, la figure d'Ulysse ou la quête du chevalier médiéval).

Le **pastiche** est l'imitation d'un auteur, de son style, de ses thèmes usuels, souvent à des fins d'hommage ou de reconnaissance.

La **parodie** est l'imitation moqueuse à des fins comiques ou satiriques d'un auteur, de son style, d'une scène littéraire, souvent à des fins ludiques ou critiques. Le thème repris est le même, mais le style est différent (par exemple, on utilise un langage familier pour des personnages nobles). On y recourt souvent à la caricature.

Le **plagiat** est la copie d'un texte sans reconnaître ni citer la source utilisée, ce qui est interdit par la loi en vertu des droits d'auteur.

ENTRAÎNEZ-VOUS !

Tous objets d'étude confondus.

Pourquoi réécrire des mythes ? Vous veillerez à appuyer votre réflexion sur des exemples précis, tirés de vos connaissances et de vos lectures.

Structurez votre réponse sous la forme d'un plan détaillé de dissertation et appuyez-vous sur des références littéraires variées.

Fiche 82

Réfléchir aux messages de la littérature

Objet d'étude: La littérature d'idées du XVIe siècle au XVIIIe siècle.

Dans quelle mesure la littérature a-t-elle pour mission de montrer aux hommes leurs travers et leurs erreurs ?

Vous répondrez à cette question en vous appuyant sur vos connaissances et vos lectures personnelles.

Votre travail pourra prendre la forme d'une dissertation de littérature et s'appuyer sur des références littéraires variées.

Fiche 83

Réfléchir aux missions de la littérature

Tous objets d'étude confondus.

Les écrivains ont-ils pour mission essentielle de célébrer ce qui fait la grandeur de l'être humain ?

Vous appuierez votre réflexion sur les textes que vous avez étudiés et sur vos lectures personnelles.

Votre travail pourra prendre la forme d'une dissertation de littérature et s'appuyer sur des références littéraires variées.

Corrigés du chapitre 10

Fiche 81. Comprendre le phénomène d'intertextualité dans la création

Pistes pour une introduction

- Définissez la notion de mythe, introduisez celle de réécriture.
- Problématique : Quelles sont les motivations de la réécriture des mythes ? Qu'y trouve-t-on ? Qu'y cherche-t-on ?

I. Réécrire les mythes permet de les ouvrir au lecteur.

Le plan proposé est thématique, permettant un approfondissement successif des divers aspects de la question.

Dans chaque paragraphe du devoir, les crochets signalent les étapes du schéma A-D-I-C.

1. Transmettre les mythes.

[Réécrire les mythes permet de les protéger contre l'oubli]. [**En effet**, les mythes constituent un héritage fondamental que les réécritures diffusent. Ainsi, le mythe d'Ulysse est transmis par ses réécritures littéraires, comme celle de James Joyce, *Ulysse*, ou cinématographiques, comme celle des frères Coen, *O'Brother*. Ces réécritures peuvent proposer une réinterprétation ou une modernisation du mythe, mais le fondement, l'interrogation de l'homme face à son destin et son rapport à ses origines, est toujours là]. [La réécriture est **donc** une entreprise de diffusion et de transmission des mythes].

2. Sublimer les mythes.

[Réécrire les mythes permet **aussi** de les sublimer]. [**Ainsi**, les adaptations permettent de révéler les entrailles du mythe. Les réécritures du mythe de Narcisse lui ont donné de la profondeur : le poème « Fragments du Narcisse », de Paul Valéry, associe la quête du regard de soi à celle de l'âme divisée entre ténèbres et harmonie. La transposition picturale donne **aussi** au mythe une nouvelle ampleur ; le mythe de Salomé prend son essor sous le pinceau de Gustave Moreau qui transforme Salomé en véritable actrice de la scène, alors qu'elle n'est au départ que le prétexte de la décapitation de saint Jean-Baptiste]. [Réécrire les mythes leur donne **donc** une nouvelle dimension].

II. Réécrire les mythes permet de les actualiser.

1. Redécouvrir les valeurs universelles des mythes.

[Réécrire les mythes permet de rappeler à l'homme leurs valeurs universelles]. [**Effectivement**, les mythes véhiculent nos racines, nos fondements éthiques, à travers les grandes questions sur l'identité, l'origine, la loi, le rapport à l'autre, la place dans l'univers. Les réécritures sont le rappel sans cesse renouvelé de ces interrogations au lecteur contemporain. **Ainsi**, le mythe de Faust est souvent repris dans la création littéraire, picturale, cinématographique, parce qu'il fascine, certes, mais aussi parce qu'il interroge les limites de l'être humain et les transgressions qu'il peut ou non s'autoriser]. [Réécrire les mythes offre **donc** une réactivation du questionnement éthique].

2. Réactualiser les mythes en fonction du contexte.

[Selon le contexte, réécrire les mythes peut offrir un moyen de métaphoriser des combats actuels]. [Les mythes mettent souvent en scène des héros transgressifs. **En effet**, dans le contexte de 39-45, les tragédies antiques sont un réservoir de sujets interrogeant la politique et la morale : Antigone est vue par Jean Anouilh comme l'expression d'un rempart contre l'idéologie dominante, en 1944]. [Réécrire les mythes est un combat politique et éthique].

III. Réécrire les mythes permet d'enrichir la création.

1. Jouer avec les mythes en les détournant.

[Réécrire les mythes est une source de jeu esthétique]. [**En effet**, le détournement parodique de certains mythes permet de jouer avec cette matière première. Rimbaud désacralise le mythe de Vénus, dans son poème « Vénus anadyomène » : il y parodie la figure cristalline de la déesse pour la rendre vulgaire, ce qui est le symbole de sa révolte littéraire. Outre le message moral et social que cette réécriture comporte, elle permet un jeu avec les sources]. [Détourner un mythe offre une plongée dans la fabrique esthétique].

2. Imiter et recréer les mythes pour créer.

[Les mythes sont des matériaux pour le créateur]. [Réécrire permet déjà d'apprendre à écrire ; les membres de La Pléiade défendaient la réécriture, source d'inspiration, mais aussi moyen technique d'apprendre à former son style. On réécrit souvent les mythes de la création, car ils sont la métaphore de la création esthétique et véhiculent les interrogations de l'artiste démiurge, comme dans le mythe de Frankenstein, symbole du dépassement de l'artiste par sa propre œuvre]. [Le mythe est **donc** un matériau littéraire, permettant une interrogation autotélique de la création sur elle-même].

Pistes pour une conclusion

- Reprenez la problématique, faites le bilan des étapes de la réflexion.
- Ouverture : insistez sur la survivance du mythe grâce aux réécritures, et sur la dynamique de la création s'appuyant sur le support du mythe.

Fiche 82. Réfléchir aux messages de la littérature

I. La littérature a effectivement pour mission de montrer aux hommes leurs travers et leurs erreurs :

- Elle agit comme un révélateur : les défauts sont mis en situation, concrètement, et sont décentrés par rapport au lecteur qui peut les voir avec un certain recul, directement ou indirectement.
- Elle éduque les mœurs et les pensées, mettant en rapport le passé, le présent et le futur.
- L'écrivain et l'artiste remplissent une mission d'engagement dans la société, ou, au moins, une mission d'interrogation de l'homme

II. Mais elle ne peut être réduite à cette fonction éducative : la richesse de la littérature fait qu'elle ne peut se réduire à une seule mission, celle de montrer aux hommes leurs travers et leurs défauts :

- Ne pas délaisser la fonction première de la littérature : le plaisir.
- La littérature est liée à une certaine gratuité, non soumise à une idéologie ou à une vision figée de l'homme : divertissement, évasions, rêves…
- La littérature est plus un partage, une communion, qu'une prescription morale : partage d'émotions, expression de l'intime.

III. Finalement, la littérature ne peut être enfermée dans un rapport aussi rigide et étroit au réel de l'homme :

- Elle est la possibilité de donner vie à des mots, de faire vivre le langage et la création.
- Elle peut chercher à atteindre une beauté formelle dénuée de l'exigence d'un rapport immédiat aux lecteurs.
- Finalement, elle met toujours l'homme en rapport avec l'indicible ou l'invisible, ce qui fait le lien entre les missions concrètes et abstraites de la littérature.

Fiche 83. Réfléchir aux missions de la littérature

Problématique : Le rôle des écrivains est-il de souligner et de valoriser ce qui est grand et beau chez l'homme ? ne doivent-ils pas aussi prendre en compte ce que l'homme comporte de bas et de misérable, de façon à donner une image plus générale et entière de l'être humain ?

I. Les écrivains ont effectivement pour mission de célébrer la grandeur de l'être humain, si bien que le personnage prend souvent la dimension du héros mythique :

- Ils célèbrent la grandeur de l'homme dans l'action : sens du sacrifice, héroïsme (héros épiques comme Ulysse ou Achille ; romans de chevalerie ou de cape et d'épée ; le duc de Nemours dans *La Princesse de Clèves* de Mme de Lafayette ; Gauvain dans *Quatre-vingt-treize* de Victor Hugo ; force de travail de Balzac valorisée par Victor Hugo lors de son discours de funérailles en 1850).
- Ils célèbrent la grandeur morale de l'homme : qualités vertueuses, bonté et grandeur d'âme, sens du devoir (la princesse de Clèves chez Mme de Lafayette ; Clélie chez Melle de Scudéry ; portrait moral élogieux de Robert Desnos par Paul Éluard lors de son allocution de 1945 ; héros raciniens comme Titus dans *Bérénice*).
- Ils célèbrent la grandeur de l'engagement social et politique de l'homme : don de soi au profit du groupe, engagement pour le progrès collectif, et pour la société (mission du poète, guide éclairé pour le peuple, telle que Victor Hugo la définit dans « Fonction du poète » ; Étienne Lantier mène la révolte ouvrière dans *Germinal* d'Émile Zola ; le Docteur Rieux dans *La Peste* d'Albert Camus ; qualités d'engagement social de Zola en faveur du peuple relevées par Anatole France dans son éloge funèbre en 1902).

II. Mais les écrivains se donnent aussi pour mission de dévoiler les bassesses de l'être humain, de façon à ne pas se cantonner dans une vision idéaliste et donc faussée de l'homme :

- Ils dévoilent la difficulté ou le refus d'agir, par manque de volonté, d'engagement ou de courage (aboulique, Hamlet, chez Shakespeare, n'a pas le courage de venger son père assassiné ; dans *L'Étranger* de Camus, Meursault est condamné pour son manque d'action et de réaction face à la mort de sa mère ; Charles Bovary, chez Flaubert, est un médecin médiocre incapable de guérir Hyppolite de son pied-bot).
- Ils révèlent la bassesse morale de l'homme à travers le comportement immoral de certains personnages (Rose Chapotel, épouse intéressée du *Colonel Chabert*, ou encore les filles ingrates et égoïstes du *Père Goriot* chez Balzac ; le comportement immoral de l'assassin Jean-Claude Romand, dans *L'Adversaire* d'Emmanuel Carrère).
- Ils critiquent l'utilitarisme social de certains personnages prêts à manipuler et à utiliser les autres pour asseoir leur position sociale (Georges Duroy, dans *Bel-Ami* de Guy de Maupassant, fonde sa position sociale et financière sur les femmes qu'il utilise pour progresser dans l'échelle sociale ; la Marquise de Merteuil et le Vicomte de Valmont exercent un jeu de séduction visant à manipuler autrui par l'échange de lettres souvent assassines ; le poème « Melancholia » de Victor Hugo dénonce l'exploitation bassement matérielle des enfants par la société industrielle).

III. Enfin, les écrivains peuvent éviter ce manichéisme entre grandeur et bassesse en donnant une image complète de l'être humain : la littérature n'est alors pas l'image de la grandeur ou de la bassesse de l'être humain, mais l'image de l'homme en général et en soi :

- Le personnage littéraire est le produit de l'inspiration du réel et de la stylisation esthétique, entre la réalité et l'imaginaire : l'alliance de la grandeur et de la bassesse est favorisée par la combinaison du réel et du fictif (Balzac s'inspire d'un véritable colonel pour construire son colonel Chabert, à cheval entre fiction et réalité ; au-delà de la grandeur ou de la bassesse personnelle, morale ou sociale du personnage, c'est une image entière que les écrivains, notamment réalistes, visent à donner ; Zola s'inspire du réel et de ses enquêtes sur le terrain pour brosser ses personnages fictifs).
- La représentation littéraire de l'homme est rarement manichéenne : il comporte en lui à la fois grandeur et bassesse (Hamlet est ainsi animé par l'esprit maléfique de vengeance mais aussi par un amour filial entier ; Lorenzo/Lorenzaccio, chez Musset, offre en lui-même la rencontre entre le bien et le mal, entre le crime et la pureté, comme le souligne sa double appellation).
- Hors du but utilitaire, les écrivains peignent l'homme en soi : en mettant l'homme au cœur de la création artistique, ils n'en font pas un objet d'étude ni de célébration ou de critique, mais tout simplement le héros de la création littéraire : la littérature est le livre de l'homme (Balzac poursuit l'ambition de donner une image

complète de l'homme et de la société dans sa *Comédie humaine*, notamment à travers sa théorie des types ; le Nouveau Roman s'attache à montrer l'homme dans sa présence au monde, en dehors de jugement subjectif, en tant qu'« individualité transparente » ou « matricule », comme dans *Dans le labyrinthe* d'Alain Robbe-Grillet ou *La Modification* de Michel Butor).

CHAPITRE 11

LE TRAVAIL DU STYLE, DE LA GRAMMAIRE ET DU VOCABULAIRE

Fiche 84
Les connecteurs logiques : rappels

Voici un tableau recensant des liens logiques couramment employés. Ils vous seront utiles pour relier vos idées, pour passer d'un paragraphe à un autre, pour renforcer la cohérence de vos argumentations.

Vous voulez ...	En exprimant ...	Avec les liens logiques ...	Ou les verbes ...
ajouter un argument	ADDITION	de plus ; en outre ; et ; aussi ; d'une part... d'autre part ; de surcroît ; encore ; également ; non seulement... mais encore ; outre que ; par ailleurs ; d'ailleurs ; du reste ; en plus de	(ceci) s'ajoute ; se double de ; s'accompagne de
rapprocher deux faits	COMPARAISON	ainsi ; de même ; pareillement ; également ; aussi... que ; ainsi que ; de même que	(ceci) rappelle, évoque, ressemble à, se compare à, est comme
effectuer un choix	ALTERNATIVE	ou ; ou bien ; soit ... soit ; sinon ; autrement	choisir entre ; hésiter ; osciller ; sélectionner ; opter ; contraster ; disputer
énoncer une contradiction entre deux faits	OPPOSITION	mais ; par contre ; en revanche ; à l'inverse ; contrairement ; inversement ; alors que ; or ; en réalité ; en contrepartie	(ceci) contredit, interdit, s'oppose à, va à l'encontre de
constater des faits opposés à votre thèse tout en maintenant votre opinion	CONCESSION	cependant ; toutefois ; pourtant ; néanmoins ; en dépit de ; quand bien même ; pourtant ; hormis ; bien que ; quoique ; encore que ; tandis que	concéder ; accorder ; céder ; tolérer ; admettre
exposer l'origine ou la raison d'un fait	CAUSE	car ; en effet ; à savoir ; à cause de ; grâce à ; faute de ; en raison de ; du fait de ; parce que ; puisque ; vu que ; étant donné que ; comme ; sous prétexte que	(ceci) explique, vient de, résulte de

énoncer le résultat obtenu, l'aboutissement d'un fait	CONSÉQUENCE	par conséquent ; par suite ; de ce fait ; dès lors ; donc ; d'où ; de là ; si bien que ; de sorte que ; tellement… que ; au point que	(ceci) entraîne, amène, implique, favorise, provoque, donne lieu à, se traduit par ; il s'ensuit que
souligner l'objectif visé, pas forcément atteint	BUT	pour ; afin de ; dans le but de ; en vue de ; pour que ; afin que	(ceci) vise, ambitionne, recherche, prétend, poursuit
supposer	HYPOTHÈSE	probablement ; si ; sans doute ; éventuellement ; à condition de (que) ; en cas de ; pourvu que ; pour peu que ; au cas où	admettre, concevoir, émettre l'hypothèse ou la supposition, imaginer, conjecturer, résumer
illustrer	EXEMPLE	ainsi ; par exemple ; notamment ; en particulier ; entre autres ; soit ; en effet	prendre un exemple, imaginer que, pour illustrer cela, attester de, montrer, illustrer, révéler

Fiche 85

Les figures de style: rappels

Une figure de style est un **procédé** qui consiste à rendre ce que l'on veut dire plus **expressif**, plus **impressionnant**, plus **convaincant**, plus **séduisant**... Elle permet de jouer avec les mots pour **renforcer le sens** ou **pour créer un effet** sur le destinataire du texte. Elle joue un rôle essentiel dans la mise en place des **registres**.

Les figures par analogie

Comparaison	rapport de ressemblance entre 2 éléments (le comparé et le comparant) à l'aide d'un outil de comparaison (synonyme de *comme*).	*La terre est bleue comme une orange. (Paul Éluard)*
Métaphore	assimilation, comparaison sans outil de comparaison.	*Je ne regarderai ni l'or du soir qui tombe ni... (Victor Hugo)*
Personnification	représentation d'un élément sous les traits d'une personne.	*Que des palais romains les fronts audacieux... (Joachim Du Bellay)*
Allégorie	concrétisation d'une idée abstraite (emploi fréquent de la majuscule).	*La Colombe (= la paix).*

Les figures par substitution

Métonymie	désigner un mot par un autre qui lui contigu, proche.	*Lire un Zola (= un livre de Zola)*
Synecdoque	désigner la partie pour le tout (et vice-versa), ou la matière pour l'objet.	*Croiser le fer (= l'épée).*
Périphrase	remplacer un mot par une expression qui permet de le définir.	*Le roi des animaux (= le lion).*

Les figures d'insistance ou d'atténuation

Hyperbole	exagération.	*Mourir de faim.*
Gradation	énumérer des mots de façon croissante (gradation ascendante) ou décroissante (gradation descendante) selon l'intensité évoquée.	*Va, cours, vole et nous venge ! (Pierre Corneille)*
Euphémisme	atténuer l'expression d'une idée.	*Il est parti (= il est mort).*
Litote	dire moins pour faire comprendre plus.	*Va, je ne te hais point. (Pierre Corneille) (= je t'aime)*
Anaphore	répéter un même mot en début de plusieurs phrases ou propositions.	*Mon bras qu'avec respect toute l'Espagne admire, / Mon bras qui tant de fois a sauvé cet empire. (Pierre Corneille)*
Parallélisme	répéter la même construction syntaxique.	*Je meurs si je vous perds; mais je meurs si j'attends (Jean Racine)*
Accumulation	énumération de termes.	*Quand on m'aura jeté, vieux flacon désolé, Décrépit, poudreux, sale, abject, visqueux, fêlé. (Charles Baudelaire)*
Question oratoire ou rhétorique	question dont la réponse est sous-entendue.	*Ne t'avais-je pas averti ?*

Les figures d'opposition

Antithèse	opposition très forte entre deux termes d'une phrase.	*Je sentis tout mon corps et transir et brûler. (Jean Racine)*
Oxymore	opposer fortement deux mots dans le même groupe grammatical.	*Une obscure clarté. (Pierre Corneille)*
Antiphrase	sous-entendre le contraire de ce qui est dit (= ironie).	*L'ignorance est la gardienne des États bien policés. (Voltaire)*
Chiasme	croiser deux éléments (mots identiques ou synonymes, ou natures grammaticales) : A-B-B-A	*Un roi chantait en bas, en haut mourait un dieu. (Victor Hugo)*
Paradoxe	opinion contraire à l'idée commune.	*Paris est tout petit, c'est là sa vraie grandeur. (Jacques Prévert)*

Les figures de rupture

Anacoluthe	rupture dans la construction syntaxique d'une phrase.	*Exilé sur le sol au milieu des huées, ses ailes de géants l'empêchent de marcher. (Charles Baudelaire)*
Ellipse	absence d'un mot.	*Je n'avance guère. Le temps beaucoup. (Eugène Delacroix)*
Zeugme	rapprocher deux mots qui ne devraient pas grammaticalement ou sémantiquement l'être	*Vêtu de probité candide et de lin blanc. (Victor Hugo)*

Les figures jouant sur les sons

Assonance	répéter un son de voyelle.	*Je fais souvent ce rêve étrange et pénétrant. (Paul Verlaine)*
Allitération	répéter un son de consonne.	*Pour qui sont ces serpents qui sifflent sur vos têtes ? (Jean Racine)*
Paronomase	accoler des mots aux sonorités proches.	*Idole, elle doit se dorer pour être adorée (Charles Baudelaire).*

ENTRAÎNEZ-VOUS !

Objet d'étude : Le théâtre du XVIIe siècle au XXIe siècle.

Quelles figures de style reconnaissez-vous dans les vers suivants de Jean RACINE dans** Bérénice, **1670, acte V, scène 5 ? Commentez les effets produits.

[Bérénice quitte Titus incapable de renoncer à sa charge d'empereur par amour pour elle].

Exercice 1

« C'en est fait. Vous voulez que je parte demain ;
Et moi, j'ai résolu de partir tout à l'heure ;
Et je pars. »

Exercice 2

« Que me sert de ce cœur l'inutile retour ? »

Fiche 86
La phrase complexe : rappels

L'ordre des mots dans la phrase

L'ordre traditionnel est Sujet-Verbe-Complément. Dès que cet ordre est inversé, dès que l'auteur modifie l'ordre attendu des mots, cela crée un effet de sens à interpréter, souvent dans le sens d'une mise en valeur du mot ainsi déplacé.

Exemple analysé : « Où du sang des Dieux même on vit le Xanthe teint », Jean de LA FONTAINE, « Les deux coqs », *Fables*, livre VII, fable 13, 1678

L'ordre traditionnel placerait l'expression soulignée après le participe passé « teint » : cette antéposition de l'expression en souligne l'importance, ce qui crée un effet épique pour ce passage où le fabuliste parodie l'épopée.

L'enchaînement des phrases dans le texte

a. **L'enchaînement chronologique** : le mot de liaison marque le temps.

Exemple : « Deux coqs se battaient pour des poules ; l'un mit l'autre en fuite. Alors le vaincu se retira dans un fourré où il se cacha, et le vainqueur s'élevant en l'air se percha sur un mur élevé et se mit à chanter à plein gosier », Ésope, « Les deux coqs et l'aigle », VIe siècle avant J.-C.

b. **L'enchaînement logique** : le mot de liaison souligne le rapport logique entre les idées.

Exemple : « L'œil certes voit, l'oreille entend. Mais l'esprit tout seul connaît », Paul CLAUDEL, L'Échange *(1re version), écrit en 1893-1894, créé en 1914*

c. **La parataxe** (ou **asyndète**) : le rapport qui relie les deux propositions ou phrases n'est pas explicite ; un signe de ponctuation les lie, mais on pourrait le remplacer par un lien chronologique ou logique. Ce style dit « coupé » crée un effet de rapidité ou de rupture.

Exemple : « Un Vautour entendit sa voix : / Adieu les amours et la gloire », Jean de LA FONTAINE, « Les deux coqs », Fables, *livre VII, fable 13, 1678*

La construction d'une phrase complexe

- **Coordonner** les propositions par des conjonctions de coordination : *mais, ou, et, donc, or, ni, car*, et des adverbes de liaison : *alors, puis, ensuite*. **Le lien logique entre les propositions est alors explicite, ce qui renforce la cohérence du propos.**

  Exemple : [Mme de Sévigné lit sa lettre] **et** *[suit des yeux les réactions de son assemblée[1]].*

- **Juxtaposer** les propositions à l'aide des signes de ponctuation de la virgule, des deux points et du point-virgule. **Le lien logique entre les propositions est alors implicite, ce qui peut créer un effet de dynamisme.**

  Exemple : [Mme de Sévigné lit sa lettre] : [elle suit des yeux les réactions de son assemblée][2].

- **Subordonner** les propositions à l'aide de mots subordonnants qui mettent une proposition subordonnée sous la dépendance d'une proposition principale. **Le lien logique entre les propositions est alors explicite, ce qui permet d'éclaircir la situation évoquée ou de renforcer la logique du propos.** On peut ajouter à la proposition principale :

– une **proposition subordonnée relative** : introduite par les pronoms relatifs : *qui, que, quoi, dont, où, duquel, lequel, auquel*. Elle permet généralement de **compléter un nom** présent dans la proposition principale.

  *Exemple : [Mme de Sévigné lit une lettre] [***qui** *narre un événement extraordinaire].*

  Proposition principale — Proposition subordonnée relative qui complète le nom « lettre »

– une proposition subordonnée conjonctive complétive : introduite par la conjonction de subordination que ou les pronoms ou adverbes interrogatifs si, lequel, pourquoi, comment, ce qui, ce que, etc. Elle permet généralement de compléter un verbe présent dans la proposition principale.

  *Exemple : [Mme de Sévigné veut] [***que** *toute l'assemblée entende cet extraordinaire événement].*

  Proposition principale — Proposition subordonnée conjonctive complétive qui complète le verbe « veut »

– une **proposition subordonnée conjonctive circonstancielle** : introduite par des conjonctions de subordination *quand, lorsque, parce que, quoique, à condition que, comme, pour que*, etc. Elle permet généralement de **compléter la proposition principale** en précisant les circonstances de l'action énoncée dans celle-ci (le temps, le but, la cause, la conséquence, la concession, l'hypothèse, la comparaison, la manière).

1. 2 propositions indépendantes coordonnées
2. 2 propositions indépendantes juxtaposées

Exemple : *[Mme de Sévigné lit sa lettre]* *[***de façon à ce que** *toute l'assemblée entende cet extraordinaire événement].*

Proposition principale — Proposition subordonnée conjonctive circonstancielle exprimant le but

– **Deux types de propositions subordonnées** ne requièrent **pas de mot subordonnant** et accompagnent directement la proposition principale : la **proposition subordonnée infinitive** et la **proposition subordonnée participiale.** Dans ces deux cas, le verbe à l'infinitif ou au participe a son propre sujet.

Exemples : *[Mme de Sévigné voit] [sa lettre avoir de l'effet sur son auditoire].*

Proposition principale — Proposition subordonnée infinitive

[Mme de Sévigné étant partie], [son auditoire commente la lettre].

Proposition subordonnée participiale — Proposition principale

Fiche 87

La phrase complexe: exercices

Exercice 1

Analysez la construction syntaxique de la phrase suivante, commentez l'effet produit.

La guerre est un fruit de la dépravation des hommes ; c'est une maladie convulsive et violente du corps politique ; il n'est en santé, c'est-à-dire dans son état naturel, que lorsqu'il jouit de la paix ; c'est elle qui donne de la vigueur aux empires ; elle maintient l'ordre parmi les citoyens ; elle laisse aux lois la force qui leur est nécessaire ; elle favorise la population, l'agriculture et le commerce ; en un mot, elle procure au peuple le bonheur qui est le but de toute société.

Étienne DAMILAVILLE,
article « Paix » de *L'Encyclopédie*, 1751-1772

Exercice 2

Analysez la construction syntaxique de la phrase suivante, commentez l'effet produit.

Ils prouvent en trois points et par antithèses que les dames qui étendent légèrement un peu de carmin sur leurs joues fraîches seront l'objet éternel des vengeances éternelles de l'Éternel ; que Polyeucte et Athalie sont les ouvrages du démon ; qu'un homme qui fait servir sur sa table pour deux cents écus de marée un jour de carême fait immanquablement son salut, et qu'un pauvre homme qui mange pour deux sous et demi de mouton va pour jamais à tous les diables.

VOLTAIRE, article « Guerre »,
Dictionnaire philosophique portatif, 1764

Fiche 88
Les registres: rappels

Définition

On appelle registre la **tonalité** diffusée par un passage, en fonction de l'**intention** de l'auteur. Le registre est au croisement du **thème**, du **lexique**, de la **syntaxe**, du **style** et du **genre littéraire**. Un registre est associé à une **émotion** transmise au lecteur.

ASTUCES

Demandez-vous quelle réaction l'auteur veut susciter chez son lecteur, cela vous mettra sur la piste de registre qu'il utilise.

Liste des registres

- **Le registre comique** : il fait rire.
- **Le registre satirique** : il critique en se moquant et en soulignant les défauts.
- **Le registre ironique** : il raille ou critique au second degré face à un lecteur complice qui décode le message sous-entendu.
- **Le registre dramatique** : il déclenche une tension importante chez le lecteur tenu en haleine qui attend impatiemment la suite de l'action.
- **Le registre lyrique** : il communique des sentiments intimes et personnels de façon émouvante et souvent musicale.
- **Le registre pathétique** : il fait pleurer ou déclenche la pitié.
- **Le registre élégiaque** : il communique la douleur plaintive du deuil ou de la perte.
- **Le registre tragique** : il suscite la pitié, la crainte et l'horreur devant la situation implacable qui s'abat sur des personnages victimes de leur destin.
- **Le registre épique** : il glorifie et magnifie les actions hyperboliques des héros, comme dans l'épopée (Ulysse).
- **Le registre fantastique** : il suscite l'inquiétude face à un phénomène étrange et inexplicable.

- **Le registre oratoire** : il déclenche l'admiration devant la maîtrise du discours et du langage qui fait appel à l'émotion, notamment la colère et l'indignation.
- **Le registre polémique** : il suscite l'indignation ou la révolte par le biais d'une dénonciation souvent agressive et virulente.
- **Le registre didactique** : il vise à instruire, à expliquer une notion à l'interlocuteur.

Fiche 89
Les registres : exercices

Identifiez les registres présents dans les passages suivants.

- **Jean de LA FONTAINE, « Les deux coqs », *Fables*, 1678 :**
  Amour, tu perdis Troie ; et c'est de toi que vint / Cette querelle envenimée, / Où du sang des Dieux même on vit le Xanthe teint. / Longtemps entre nos Coqs le combat se maintint.
- **VOLTAIRE, article « Guerre », *Dictionnaire philosophique portatif*, 1764 :**
  Si un chef n'a eu que le bonheur de faire égorger deux ou trois mille hommes, il n'en remercie point Dieu.
- **VOLTAIRE, article « Guerre », *Dictionnaire philosophique portatif*, 1764 :**
  Misérables médecins des âmes, vous criez pendant cinq quarts d'heure sur quelques piqûres d'épingle, et vous ne dites rien sur la maladie qui nous déchire en mille morceaux !
- **Paul CLAUDEL, *L'Échange*, 1914 :**
  L'homme s'ennuie, et l'ignorance lui est attachée depuis sa naissance. Et ne sachant de rien comment cela commence ou finit, c'est pour cela qu'il va au théâtre. Et il se regarde lui-même, les mains posées sur les genoux. Et il pleure et il rit, et il n'a point envie de s'en aller.
- **VOLTAIRE, article « Guerre », *Dictionnaire philosophique portatif*, 1764 :**
  Que deviennent et que m'importent l'humanité, la bienfaisance, la modestie, la tempérance, la douceur, la sagesse, la piété, tandis qu'une demi-livre de plomb tirée de six cents pas me fracasse le corps, et que je meurs à vingt ans dans des tourments inexprimables, au milieu de cinq ou six mille mourants, tandis que mes yeux, qui s'ouvrent pour la dernière fois, voient la ville où je suis né détruite par le fer et par la flamme, et que les derniers sons qu'entendent mes oreilles sont les cris des femmes et des enfants expirants sous des ruines, le tout pour des prétendus intérêts d'un homme que nous ne connaissons pas ?
- **Jean RACINE, *Bérénice*, 1670, acte V, scène 5 :**
  Ah, cruel ! Par pitié, montrez-moi moins d'amour. / Ne me rappelez point une trop chère idée, / Et laissez-moi du moins partir persuadée / Que déjà de votre âme exilée en secret, / J'abandonne un ingrat qui me perd sans regret.
- **Émile ZOLA, *Germinal*, 1885, incipit :**

C'était une masse lourde, un tas écrasé de constructions, d'où se dressait la silhouette d'une cheminée d'usine ; de rares lueurs sortaient des fenêtres encrassées, cinq ou six lanternes tristes étaient pendues dehors, à des charpentes dont les bois noircis alignaient vaguement des profils de tréteaux gigantesques ; et, de cette apparition fantastique, noyée de nuit et de fumée, une seule voix montait, la respiration grosse et longue d'un échappement de vapeur, qu'on ne voyait point.

- **Denis DIDEROT,** ***Jacques le Fataliste*****, 1796, incipit :**

Comment s'étaient-ils rencontrés ? Par hasard, comme tout le monde. Comment s'appelaient-ils ? Que vous importe ? D'où venaient-ils ? Du lieu le plus prochain. Où allaient-ils ? Est-ce que l'on sait où l'on va ?

Fiche 90
Le lexique : rappels

Intérêt

Le lexique est une source riche d'**interprétations** souvent très fructueuses pour la lecture analytique.

En effet, le choix du vocabulaire permet à l'auteur de transmettre divers **indices** tels que le niveau social du personnage, son rapport au langage et à la pensée, le regard qu'il porte lui-même sur les actions narrées, l'interprétation qu'il souhaite suggérer à propos d'un objet ou autre, etc.

Le lexique n'est donc pas seulement un outil d'expression formel, il est aussi porteur d'un **regard** sur l'individu, les événements ou le monde.

Étudier attentivement l'utilisation du lexique permet d'enrichir considérablement une première approche du texte en lecture analytique.

Outils

- **Champ lexical** : ensemble des mots qui se rapportent à un même thème.
- **Dénotation** : sens premier d'un mot, sens dénoté.
- **Connotation** : sens métaphorique d'un mot, sens connoté.
- **Symbole** : mot ou objet qui représente ou incarne une idée, un concept.
- **Etymologie** : origine formelle et sémantique d'un mot.
- **Niveau de langage** : langage familier, courant, soutenu, souvent marque du niveau social du personnage qui s'exprime.
- **Mélioratif** : vision positive de la réalité.
- **Péjoratif** : vision négative de la réalité.
- **Concret** : matériel, tangible, empirique.
- **Abstrait** : théorique, conceptuel, qui relève du monde des idées.

Fiche 91
Enrichir son lexique personnel

Exercice 1

Complétez les phrases suivantes de façon à y éliminer le verbe « avoir » ; vous pouvez éliminer d'autres mots.

1. **Avoir** un rôle
2. **Avoir** un aspect sacré
3. **Avoir** un pouvoir
4. **Avoir** besoin de
5. **Avoir** un sentiment
6. **Avoir** le parfum du passé
7. **Avoir** une réputation
8. **Avoir** des illusions
9. **Avoir** une influence
10. **Avoir** une diffusion
11. **Avoir** une répercussion
12. **Avoir** des responsabilités
13. **Avoir** un rêve
14. **Avoir** en sa possession
15. **Avoir** une religion

Exercice 2

Complétez les phrases suivantes de façon à y éliminer le verbe « faire ».

1. Il **fait** de sa gentillesse une force.
2. Nous devons **faire** surgir la thèse de l'auteur.
3. L'individu **fait** une faute.
4. Cet homme **fait** partie intégrante de l'entreprise.
5. L'enfant **fait** une activité sportive régulière.
6. Il **fait** du tort à autrui.

7. Il **fait** des reproches.
8. L'homme politique **fait** un discours.
9. Cela **fait** naître des protestations.
10. Cela **fait** naître un sentiment de joie.
11. Cela **fait** naître des soupçons.
12. Cela **fait** naître des objections.
13. Cela **fait** naître du mépris.
14. Il faut **faire** disparaître ces lacunes.
15. Il faut **faire** cesser le silence.
16. Il faut **faire** cesser cette crise.
17. Nous devons **faire** naître des idées.
18. Cet article **fait** naître la curiosité.
19. Cette intervention **fait** naître la zizanie.
20. Cette situation **fait** problème.

Exercice 3

Complétez les phrases suivantes de façon à y éliminer le verbe « mettre »; parfois, vous pourrez trouver un seul verbe pour réunir le verbe « mettre » et son complément.

1. **Mettre** le courrier sur la table.
2. **Mettre** une lettre dans une enveloppe.
3. **Mettre** un garde devant un château.
4. **Mettre** une pancarte au bord d'une route.
5. **Mettre** un habit.
6. **Mettre** un nom sur une liste électorale.
7. **Mettre** de l'argent dans une entreprise.
8. **Mettre** sa signature au bas d'une lettre.
9. **Se mettre** à la tâche.
10. **Se mettre** en tête.
11. **Mettre** à l'épreuve.
12. **Y mettre** du sien.
13. **Mettre** quelque chose au point.
14. **Mettre** quelqu'un au fait de.
15. **Se mettre** en peine de quelqu'un.
16. **Mettre** au pied du mur.
17. **Mettre** un fait en évidence.

18. **Mettre** un fait en lumière.
19. **Mettre** quelque chose en doute.
20. **Mettre** quelque chose à profit.

Exercice 4

Complétez les phrases suivantes de façon à y éliminer le verbe « dire »; parfois, vous pourrez trouver un seul verbe pour réunir le verbe « dire » et son complément.

1. **Dire** quelque chose à quelqu'un.
2. La séance est ouverte, **dit** le président.
3. Je lui **ai dit** qu'il devrait travailler davantage.
4. Je lui **ai dit** toute ma pensée.
5. On **dit** qu'il n'a pas été très honnête...
6. **Dire** la raison de quelque chose.
7. **Dire** ses angoisses et ses craintes.
8. **Dire** une histoire ou un fait.
9. **Dire** son avis.
10. **Dire** une idée.
11. Il lui **a dit** de changer son attitude.
12. J'ai des choses à **dire / redire** contre cela.
13. Il **se dit** content de lui.
14. Son air semble vouloir **dire** son désaccord.
15. **Dire** un prétexte.
16. L'acteur **dit** son texte avec brio.
17. **Dire** un exemple.
18. Il **dit** être à l'origine de cette idée.
19. **Dire** ses doutes.
20. Il **dit** régulièrement cette idée.

Exercice 5

Reformulez les phrases suivantes de façon à y éliminer l'expression « il y a ».

1. **Il y a** une note en bas de page.
2. **Il y a** un problème.
3. **Il y a** de la colère dans ses yeux.

4. **Il y a** un espoir à l'horizon.
5. **Il y a** des comportements inacceptables.
6. **Il y a** une idée mise en valeur.
7. **Il y a** le nom de l'employé sur la liste.
8. **Il y a** une précision entre parenthèses.
9. **Il y a** un ennemi dans la troupe.
10. **Il y a** une montagne près de la forêt.
11. **Il y a** une montagne au-dessus de la forêt.
12. **Il y a** une rivière au milieu des arbres.

Exercice 6

Reformulez les phrases suivantes de façon à y éliminer l'expression « on voit que »; vous pouvez modifier d'autres mots.

1. Dans ce texte, **on voit que** le journaliste dénonce les secrets d'État.
2. Grâce à cette explication, **on voit que** le secret d'État est irraisonnable.
3. Dans cet article, **on voit que** l'avis du journaliste est tranché.
4. En confrontant ces divers articles, **on voit que** les auteurs sont en désaccord au sujet du danger du secret d'État.
5. Dans cet article, **on voit que** le journaliste exprime ses doutes quant à la nécessité du secret d'État.

Fiche 92

Les modes et les temps verbaux: rappels

Les valeurs associées aux modes verbaux

Indicatif	Actions certaines, ancrées dans le réel
Subjonctif, Conditionnel	Actions incertaines ou irréelles, de l'ordre de la probabilité ou de l'hypothèse
Impératif	Conseil, ordre, défense

Les valeurs associées aux temps verbaux de l'indicatif

Présent	Énonciation ; habitude ; description ; vérité générale ; narration d'une action passée
Futur	Fait à venir certain et catégorique ; vérité générale
Passé composé	Action passée qui se répercute dans le présent
Passé simple	Action passée coupée du présent, limitée dans le temps, actions successives dans le passé ; temps du récit
Imparfait	Action passée non limitée dans le temps ; description ; habitude ; action de second plan dans le récit
Plus-que-parfait	Action antérieure à une autre action passée

Exemple analysé

Objet d'étude: Le roman et le récit du Moyen Âge au XXIe siècle.

Grammaire pour expliquer le texte: Le verbe: valeurs temporelles, aspectuelles et modales.

Analysez et commentez l'emploi des temps dans ce paragraphe.

Jacques commença l'histoire de ses amours. C'était l'après-dîner: il faisait un temps lourd ; son maître s'endormit. La nuit les surprit au milieu des champs ; les voilà fourvoyés. Voilà le maître dans une colère terrible et tombant à grands coups de fouet sur son valet, et le pauvre diable disant à chaque coup : « Celui-là était apparemment encore écrit là-haut… » Vous voyez, lecteur, que je suis en beau chemin, et qu'il ne tiendrait qu'à moi de vous faire attendre un an, deux ans, trois ans, le récit des amours de Jacques, en le séparant de son maître et en leur faisant courir à chacun tous les hasards qu'il me plairait. Qu'est-ce qui m'empêcherait de marier le maître et de le faire cocu ? d'embarquer Jacques pour les îles ? d'y conduire son maître ? de les ramener tous les deux en France sur le même vaisseau ? Qu'il est facile de faire des contes ! Mais ils en seront quittes l'un et l'autre pour une mauvaise nuit, et vous pour ce délai.

Denis DIDEROT, *Jacques le Fataliste*, 1796, incipit

Réponse rédigée :

Dans ce paragraphe, le narrateur emploie les temps suivants :

- **Le passé simple de l'indicatif** : temps du récit par excellence, il permet de raconter des actions successives, car le narrateur lance l'action, dans cet incipit romanesque, avec les verbes « commença », « s'endormit » et « surprit ».
- **L'imparfait de l'indicatif** : temps de la description dans le récit, il pose le cadre (« c'était l'après-dîner, il faisait un temps lourd »).
- **Le présent de l'indicatif** : temps de l'énonciation, ici, le narrateur l'utilise pour s'adresser directement à son lecteur, ce qui crée une situation dialogique dynamique : « vous voyez », « je suis » » ; on trouve aussi le présent d'énonciation qui se donne une allure de vérité générale, dans « qu'il est facile de faire des contes ! », ce qui amène le narrateur à commenter sa propre création littéraire en train de se faire, toujours pour jouer avec les codes de l'écriture romanesque.
- **Le futur de l'indicatif** : le narrateur se projette dans son histoire à venir et évoque le futur de ses personnages (« seront »), ce qui permet, de plus, de créer un effet d'attente chez son lecteur.
- **Le conditionnel présent** : il véhicule des hypothèses qui sont autant de possibles narratifs pour le narrateur se montrant en train de choisir les destins de ses personnages ; c'est le temps de l'hypothèse : « Il ne tiendrait qu'à moi », « Qu'est-ce qui m'empêcherait ? ».

On voit donc que l'emploi combiné des valeurs de ces différents temps crée l'impression d'un texte dynamique, porté vers l'avenir et manipulant consciemment les codes de l'écriture romanesque.

ENTRAÎNEZ-VOUS !

Objet d'étude : La littérature d'idées du XVIe siècle au XVIIIe siècle.
Grammaire pour expliquer le texte : Le verbe : valeurs temporelles, aspectuelles et modales.

Analysez et commentez l'emploi du présent de l'indicatif dans cette lettre.

À Venise.

Je trouve les caprices de la mode, chez les Français, étonnants. Ils ont oublié comment ils étaient habillés cet été ; ils ignorent encore plus comment ils le seront cet hiver : mais surtout on ne saurait croire combien il en coûte à un mari, pour mettre sa femme à la mode.

Que me servirait de te faire une description exacte de leur habillement et de leurs parures ? Une mode nouvelle viendrait détruire tout mon ouvrage, comme celui de leurs ouvriers ; et, avant que tu eusses reçu ma lettre, tout serait changé.

Une femme qui quitte Paris pour aller passer six mois à la campagne en revient aussi antique que si elle s'y était oubliée trente ans. Le fils méconnaît le portrait de sa mère, tant l'habit avec lequel elle est peinte lui paraît étranger ; il s'imagine que c'est quelque Américaine qui y est représentée, ou que le peintre a voulu exprimer quelqu'une de ses fantaisies.

Quelquefois les coiffures montent insensiblement ; et une révolution les fait descendre tout à coup. Il a été un temps que leur hauteur immense mettait le visage d'une femme au milieu d'elle-même : dans un autre, c'était les pieds qui occupaient cette place ; les talons faisaient un piédestal, qui les tenait en l'air. Qui pourrait le croire ? Les architectes ont été souvent obligés de hausser, de baisser et d'élargir leurs portes, selon que les parures des femmes exigeaient d'eux ce changement ; et les règles de leur art ont été asservies à ces fantaisies. On voit quelquefois sur un visage une quantité prodigieuse de mouches, et elles disparaissent toutes le lendemain. Autrefois les femmes avaient de la taille, et des dents ; aujourd'hui il n'en est pas question. Dans cette changeante nation, quoi qu'en dise le critique, les filles se trouvent autrement faites que leurs mères.

Il en est des manières et de la façon de vivre comme des modes : les Français changent de mœurs selon l'âge de leur roi. Le monarque pourrait même parvenir à rendre la nation grave, s'il l'avait entrepris. Le prince imprime le caractère de son esprit à la cour, la cour à la ville, la ville aux provinces. L'âme du souverain est un moule qui donne la forme à toutes les autres.

MONTESQUIEU, *Les Lettres persanes*, Lettre C de Rica à Rédi, De Paris, le 8 de la lune de Saphar 1717, 1721

Corrigés du chapitre 11

Fiche 85. Les figures de style : rappels

Exercice 1

Ce **polyptote** du verbe « partir » crée un effet d'insistance et souligne l'ampleur du départ envisagé. En même temps, on a l'impression que Bérénice répète ce verbe à diverses formes pour mieux se persuader de cette décision qui, en réalité, la révolte.

Exercice 2

Cette **question rhétorique** souligne l'incompréhension de Bérénice face à la décision de Titus. Une question rhétorique n'a pas de réponse, de même que le choix de Titus n'a pas d'explication.

Fiche 87. La phrase complexe : exercices

Exercice 1

Cette phrase complexe est constituée de huit propositions juxtaposées. Cette allure paratactique (ou asyndétique) crée un effet[1] heurté, le lecteur se trouvant face à une liste sans lien des méfaits causés par la guerre : il a donc l'impression que cette liste est infinie et arbitraire.

Exercice 2

Cette phrase complexe contient un seul verbe principal (« prouvent ») dont découlent quatre propositions subordonnées conjonctives complétives en « que », dont trois contiennent elles-mêmes des propositions subordonnées relatives enchâssées (« qui étendent légèrement un peu de carmin sur leurs joues fraiches », « qui fait servir sur la table pour deux cents écus de marée un jour de carême », « qui mange pour deux sous et demi de mouton »). Cette phrase, longue et alambiquée, souligne et même imite l'aspect alambiqué du discours tenu par « ces gens-là », ce qui les discrédite complètement. Voltaire joue donc avec la syntaxe pour refléter et ridiculiser la pensée des personnes qu'il critique.

1. Reliez forme et fond.

Fiche 89. Les registres : exercices

a. épique
b. ironique
c. polémique
d. didactique
e. oratoire
f. pathétique
g. fantastique
h. comique

Fiche 91. Enrichir son lexique personnel

Exercice 1

1. **Jouer / endosser / assumer / interpréter** un rôle.
2. **Revêtir / se couvrir d' / s'orner d'**un aspect sacré.
3. **Exercer / jouir d'**un pouvoir.
4. **Nécessiter / exiger / devoir.**
5. Éprouver / ressentir un sentiment.
6. **Exhaler / dégager / émettre / répandre / révéler** le parfum du passé.
7. **Jouir de / profiter de / bénéficier d'**une réputation.
8. **Entretenir / se bercer d' / se flatter d'**illusions / **se leurrer / se tromper.**
9. **Exercer** une influence / **influencer / agir sur.**
10. **Propager / répandre / bénéficier d'**une diffusion / **diffuser.**
11. **Entraîner / engendrer / produire / provoquer / susciter** une répercussion.
12. **Assumer / exercer / endosser / assurer / se charger de** responsabilités.
13. **Poursuivre / viser / aspirer à** un rêve / **convoiter.**
14. **Posséder / détenir / jouir de / disposer de / bénéficier de.**
15. **Pratiquer / cultiver / suivre** une religion.

Exercice 2

1. Il **transforme / métamorphose** sa gentillesse en force.
2. Nous devons **mettre au jour / révéler / souligner** la thèse de l'auteur.
3. L'individu c**ommet / réalise** une faute.
4. Cet homme **est partie prenante / compte au nombre de / appartient** à l'entreprise.

5. L'enfant **mène / pratique / exerce** une activité sportive régulière.
6. Il **cause du tort / nuit à** autrui / **dessert / lèse** autrui.
7. Il **adresse des reproches / blâme / critique.**
8. L'homme politique **prononce / récite / énonce / profère / déclame** un discours.
9. Cela éveille / suscite / provoque des protestations.
10. Cela **inspire / insuffle / provoque** un sentiment de joie.
11. Cela éveille des soupçons.
12. Cela **soulève** des objections.
13. Cela **engendre** du mépris.
14. Il faut **combler / effacer** ces lacunes.
15. Il faut **rompre** le silence.
16. Il faut **régler / dénouer** cette crise.
17. Nous devons **suggérer / soulever** des idées.
18. Cet article **pique / suscite / attise** la curiosité.
19. Cette intervention **sème** la zizanie.
20. Cette situation **pose** problème.

Exercice 3

1. **Placer / poser / déposer** le courrier sur la table.
2. **Insérer / introduire** une lettre dans une enveloppe.
3. **Poster / établir** un garde devant un château.
4. **Apposer** une pancarte au bord d'une route.
5. **Endosser / revêtir** un habit.
6. **Inscrire / consigner** un nom sur une liste électorale.
7. **Investir / placer / engager** de l'argent dans une entreprise.
8. **Apposer / appliquer** sa signature au bas d'une lettre.
9. **S'atteler à / s'appliquer à / commencer** la tâche / **s'attacher à** quelque chose.
10. **S'imaginer / s'attendre à / se figurer.**
11. **Éprouver / vérifier / expérimenter / essayer.**
12. **Contribuer à / s'investir / collaborer à / prendre part à / concourir à.**
13. **Améliorer / optimiser / finaliser / achever / parachever** quelque chose.
14. **Informer / instruire / avertir / prévenir / aviser** quelqu'un.
15. **S'inquiéter / se soucier / s'alarmer / se préoccuper pour/de** quelqu'un.
16. **Contraindre/acculer** quelqu'un **à/ ne pas laisser de choix/d'échappatoire à** quelqu'un.
17. **Souligner / montrer / faire ressortir / dégager / rehausser / accentuer / amplifier** un fait.

18. **Éclaircir / illustrer** un fait.
19. **Discuter / contester / nier / interroger / suspecter** quelque chose.
20. **Profiter de / exploiter / tirer parti de / tirer avantage de / jouir de** quelque chose.

Exercice 4

1. **Communiquer** quelque chose à quelqu'un / **informer** quelqu'un de quelque chose.
2. La séance est ouverte, **annonce** le président.
3. Je lui ai **conseillé** de travailler davantage
4. Je lui ai **dévoilé / déployé / avoué** toute ma pensée.
5. On **raconte / sous-entend / entend / ébruite le fait** qu'il n'a pas été très honnête...
6. **Annoncer / révéler** la raison de quelque chose.
7. **Exprimer / révéler / déclarer / manifester** ses angoisses et ses craintes.
8. **Raconter / narrer / relater / exposer** une histoire ou un fait.
9. **Exprimer / donner / communiquer / partager / rendre compte de** son avis.
10. **Prononcer / énoncer / déclarer / articuler / proférer** une idée.
11. Il lui a **ordonné / prescrit / stipulé / conseillé / spécifié / recommandé** de changer son attitude.
12. J'ai des **objections / critiques à formuler**. Je **proteste / conteste / critique / réfute / proteste / m'insurge** contre cela.
13. Il **s'avoue / s'annonce / se prétend** content de lui.
14. Son air **signifie / véhicule / indique / signale / manifeste / explicite** son désaccord.
15. **Alléguer / invoquer / avancer / arguer** un prétexte / **prétexter.**
16. L'acteur **interprète / incarne / prononce / récite / joue** son texte avec brio.
17. **Donner / citer / convoquer** un exemple.
18. Il **revendique / requiert / réclame** l'origine de cette idée.
19. **Hésiter / contester / se défier / discuter / se demander / soupçonner.**
20. Il **répète / réitère / ressasse / renouvelle / reprend / rappelle** régulièrement cette idée.

Exercice 5

1. Une note **figure** en bas de page.
2. Un problème **se pose / se soulève / est soulevé / surgit / apparaît.**
3. De la colère **anime** ses yeux / **brille** dans ses yeux / **jaillit** de ses yeux.
4. Un espoir **se dresse / surgit / apparaît** à l'horizon.
5. Des comportements **se révèlent / sont perçus comme** inacceptables.
6. Une idée **est mise** en valeur / **soulignée.** / On **note / relève** une idée mise en valeur.

7. Le nom de l'employé **figure / apparaît** sur la liste.
8. Une précision **s'insère** entre parenthèses.
9. Un ennemi **s'immisce** dans la troupe.
10. Une montagne **borde/ suit / jouxte** la forêt.
11. Une montagne **surplombe / domine** la forêt.
12. Une rivière **coule / serpente** au milieu des arbres.

Exercice 6

1. Dans ce texte, on **se rend compte / constate** que le journaliste dénonce les secrets d'État.
2. Grâce à cette explication, on **comprend** que le secret d'État est irraisonnable
3. Dans cet article, on **découvre / découvre / remarque** l'avis tranché du journaliste.
4. La confrontation de ces divers articles **souligne** le désaccord des auteurs au sujet du danger du secret d'État.
5. Dans cet article, **on perçoit / devine / discerne / comprend** les doutes du journaliste quant à la nécessité du secret d'État.

Fiche 92. Les modes et les temps verbaux: rappels

Cette lettre offre plusieurs types d'emplois du présent de l'indicatif. On retrouve en effet :

- **Le présent d'énonciation**, typique de la lettre qui propose un énoncé ancré dans la situation d'énonciation, avec, par exemple, « je trouve ».
- **Le présent d'habitude**, qui décrit les us et coutumes des habitants français tels que les perçoit le locuteur : « une femme qui quitte Paris », « quelquefois les coiffures montent insensiblement », « on voit quelquefois ».
- **Le présent de vérité générale**, dans le dernier paragraphe de la lettre, qui énonce des faits et des comportements qui semblent généralisés et excessifs au Persan.

Ainsi, la lettre démarre par l'ancrage dans la situation d'énonciation, mais évolue ensuite vers la description des mœurs des Français qui donne enfin lieu à une critique des institutions françaises : l'évolution des emplois du présent concorde avec la visée argumentative de la lettre de Montesquieu.

CHAPITRE 12

AMÉLIORER SON ORTHOGRAPHE

Fiche 93
Dictées à choix multiples

Choisissez la bonne orthographe

Dictée 1

En ce **taciturne/taciturnes** personnage, Mlle Chantal avait **sentie/senti**, **au prime abord/primabord**, un ennemi, un homme **pernicieux/pernicieu**, moins dangereux pour elle que pour **ces/ses** naïfs qu'il avait **apprivoisés/apprivoisé** aussitôt par une douceur inaltérable, une complaisance **infinie/infini**. Elle n'avait jamais rien **su/sut** de lui, n'avait jamais rien **pu/pue** en connaître, n'en **connaîtrait/connaîtrai** jamais rien, aussi invulnérable dans sa vérité que lui-même dans son mensonge, et cependant elle le haïssait, **à son insu/insue**, d'une haine jalouse – quel autre nom, hélas, **donner/donné** à la révolte d'une conscience trop **pure/pur**, si **défendue/défendut** à la fois, si **désarmée/désarmer** ?

D'après Georges BERNANOS, *La Joie*, 1929

Dictée 2 : (suite du texte précédent)

Elle le haïssait **instinctivement/instinctivemment**, comme s'il eût **déposé/déposer** déjà contre elle, contre Dieu même, d'un secret **sans pareil/sans pareille.** « Que lui reproches-tu ? disait M. de Clergerie. Il paraît un peu **sournois/sournoit**, je l'accorde, **c'est/s'est** sans doute un déclassé ; je ne pense pas que ces gens **soient/soit** des anges. Mais on ne peut pas non plus se fournir de domestiques dans les abbayes, mon enfant. Du moins, lui et ses proches, je les **trouve/trouves** parfaitement bien **élevés/élever**, **discrets/discret, obligeants/obligents.** Et ce qu'il est, ou n'est pas, une jeune fille de ton âge est bien incapable d'avoir une opinion là-dessus. » Elle ne trouvait rien à répondre, car son jugement si **sûr/sur**, sa jeune sagesse, son horreur **naturelle/naturel** si clairvoyante de **toutes/toute** les formes du mensonge, et même une certaine gaieté un peu railleuse, qui **suffisaient/suffisait** à la mettre en défense, ne **pouvaient/pouvait** la nantir d'aucun argument précis.

D'après Georges BERNANOS, *La Joie*, 1929

ASTUCES

Relevez les fautes récurrentes dans vos copies, puis utilisez des ouvrages et des sites internet d'entraînement en orthographe pour éviter ces fautes. Votre entraînement doit être régulier si vous voulez progresser.

Fiche 94
Exercices de conjugaison

Exercice 1

Conjuguez les verbes en gras aux temps indiqués :

Un après-midi, nous (**se promener, imparfait**)................. à Rouen, sur la rive gauche de la Seine, entre des rails, des chantiers, des wagonnets, et des lambeaux de prairies lépreuses ; il me (**dire, passé simple**)................. brusquement : « Je (**savoir, présent**)................. ce qu'il en est : je commence une psychose hallucinatoire chronique. » Telle qu'on l'(**définir, plus-que-parfait**)................. peu avant, c'était une maladie qui en dix ans (**sombrer, imparfait**)................. fatalement dans la démence. Je (**protester, passé simple**)................. avec fureur, et non, pour une fois, par un parti pris d'optimisme, mais par bon sens. Le cas de Sartre ne ressemblait en rien aux débuts de la psychose hallucinatoire. Ni la tache noire, ni l'obsession des maisons-mâchoires n' (**indiquer, imparfait**)................. la naissance d'une incurable psychose. « Votre seule folie c'est de vous croire fou, lui (**dire, passé composé**)................. je................. — Vous verrez », m' (**répondre, passé composé**)................. il................. sombrement. Je n' (**voir, passé composé**) rien................., sinon un abattement dont il avait le plus grand mal à s'arracher. Il y (**parvenir, passé composé**)................. quelquefois. À Pâques, nous (**aller, passé composé**)................. sur les lacs italiens ; il (**paraître, imparfait**)................. très gai, tandis que nous (**voyager, passé composé**)................. sur le lac de Côme, et dans les petites rues de Bellagio où nous (**voir, passé composé**)................., une nuit, une procession aux flambeaux. Mais de retour à Paris, il ne (**réussir, passé simple**)................. même plus à feindre la santé. Nous (**rester, passé composé**)................. parfois côte à côte dans un café, nous (**marcher, passé composé**)................. dans les rues sans échanger un mot. Mme Lemaire, le pensant surmené, l' (**envoyer, passé composé**)................. chez un médecin de ses amis, mais celui-ci (**refuser, passé composé**)................. de lui faire octroyer un congé ; selon lui, il (**falloir, imparfait**)................. à Sartre le moins de loisirs et le moins de solitude possible.

Exercice 2

Transposez les verbes en gras au passé composé :

Je **crois** que la grande liquidation actuelle de la philosophie et des sciences de l'homme **est** une chose excellente. Tout ce travail de fossoyeur **s'avère** nécessaire, car ce sont des choses vraiment mortes qu'on **enterre** mais avec trop de cérémonie. Il ne **faut** pas absolutiser cette tâche et faire du croque-mort le prototype de toute vie culturelle à venir. Le danger, en fait, **est** que le public, finalement lassé par ces interminables funérailles du sens et cette métaphysique funéraire qu'il **ingurgite** depuis si longtemps, ne perde de vue les conquêtes réelles de la pensée moderne qui **sont** toutes négatives et critiques. Cette critique, je la **fais** mienne, et même je ne **peux** absolument pas me passer d'elle. Je me **refuse** simplement à admettre qu'il n'y ait rien d'autre à faire désormais qu'à remâcher interminablement l'échec de toute philosophie et de toute science de l'homme pénétrée de philosophisme.

D'après René GIRARD,
***Des choses cachées depuis la fondation du monde*, 1978**

Fiche 95

Exercices d'orthographe lexicale et grammaticale

Exercice 1

Sélectionnez la bonne orthographe

- Il accroit / il accroît / il accroie
- Il renvoit / il renvoie
- Il exclut / il exclue
- Il essaie / il essaye / il essait
- Il faut qu'il ait / il faut qu'il aie
- Il apperçoit / il aperçoit / il aperçoie
- Il appaise / il apaise
- Il acquiesce / il acquiesse / il aquiesce
- Il suscite / il sussite / il sucite
- Il requière / il requiert / il recquiert
- Il suplé / il supplé / il supplée
- Il emploit / il emploie / il employe
- Il résoud / il résout / il résoue
- Il subi / il subie / il subit
- Il recourt / il recoure / il recours

Exercice 2

Sélectionnez la bonne orthographe

- Lorsque / l'orsque
- Voilà / voila
- Ça et la / çà et là / ça et là
- En tous cas / en tout cas
- Toutefois / toute fois / toutes fois
- Soit disant / soi-disant / soit-disant / sois-disant

- Près à / prêt à
- Déjà / déja
- Prendre parti / prendre partie
- Quelle que soit son avis / quel que soit son avis / quelque soit son avis
- En loccurrence / en l'occurrence / en l'occurence
- On a rien à faire / on n'a rien à faire
- Ils crient fort / ils crient forts
- Ils ont beau chercher / ils ont beaux chercher
- Si tant est que / si tenté que / si tant et que
- Tant soit peu / tant soi peu / tant soie peut
- Vu les circonstances / vus les circonstances / vues les circonstances
- Excepté cette idée / exceptée cette idée
- Il accepte le moins de fautes possible / il accepte le moins de fautes possibles
- En toutes lettres / en toute lettre

Corrigés du chapitre 12

Fiche 93. Dictées à choix multiples

1. Taciturne, senti, au prime abord, pernicieux, ces, apprivoisés, infinie, su, pu, connaîtrait, à son insu, donner, pure, défendue, désarmée.

2. Instinctivement, déposé, sans pareil, sournois, c'est, soient, trouve, élevés, discrets, obligeants, sûr, naturelle, toutes, suffisaient, pouvaient.

Fiche 94. Exercices de conjugaison

1. Nous promenions, dit, sais, avait définie, sombrait, protestai, indiquaient, ai-je dit, m'a-t-il répondu, ai vu, est parvenu, sommes allés, paraissait, avons voyagé, avons vu, réussit, sommes restés, avons marché, a envoyé, a refusé, fallait.

2. J'ai cru, a été, s'est avéré, a enterrées, a fallu, a été, a ingurgitées, ont été, ai faite, ai pu, suis refusé.

Fiche 95. Exercices d'orthographe lexicale et grammaticale

1. Accroît, renvoie, exclut, essaie, ait, aperçoit, apaise, acquiesce, suscite, requiert, supplée, emploie, résout, subit, recourt.

2. Lorsque, voilà, çà et là, en tout cas, toutefois, soi-disant, prêt à, déjà, prendre parti, quel que soit ton avis, en l'occurrence, on n'a rien à faire, ils crient fort, ils ont beau chercher, si tant est que, tant soit peu, vu les circonstances, excepté cette idée, il accepte le moins de fautes possible, en toutes lettres.

CHAPITRE 13

ÊTRE AUTONOME ET S'ENTRAÎNER

Fiche 96
Savoir prendre des notes

Dans quel but ?

La prise de notes vous permet de **garder trace de l'essentiel** d'un cours ou d'un document pour pouvoir le mémoriser et le compléter par la suite. Lors de vos révisions, vous devez pouvoir vous appuyer sur des notes claires, synthétiques et exhaustives.

Comment ?

Il n'y a pas de méthode universellement valable, et chacun a ses astuces. Néanmoins, certains procédés sont récurrents et vous permettront de gagner en efficacité :

- **Avant le cours ou la recherche d'informations :**
  - Avoir le cours précédent en tête.
  - Disposer du bon matériel (feuilles avec marges, couleurs, marque-pages repositionnables).
  - Numéroter et référencer les pages (titre du chapitre, date, objectif...).
- **Pendant le cours ou la recherche d'informations :**
  - Être attentif.
  - Noter les informations au fur et à mesure du cours ou lors de la deuxième lecture du document, de façon organisée, c'est-à-dire sous forme de plan numéroté ou hiérarchisé. Signaler les rapports entre les idées (cause, conséquence, comparaison, illustration...).
  - Utiliser des abréviations, des signes, des symboles.
  - Utiliser la marge (définitions, questions à poser, signalisation d'idées importantes, références à d'autres chapitres).
- **Après le cours ou la recherche d'informations :**
  - Relire les notes, améliorer leur présentation (couleurs, soulignements, encadrements, application d'un code de couleurs personnel pour faciliter le repérage et hiérarchiser les informations).
  - Compléter les notes si besoin à l'aide de manuels ou de sites internet.

Fiche 97
Savoir gérer ses lectures analytiques

Avant la lecture analytique effectuée en classe

- **Lisez à l'avance**, deux ou trois fois, les textes que vous étudierez en classe, si on vous les communique : on ne comprend bien un texte que si on l'a bien en tête.
- Recherchez le **vocabulaire** que vous ignorez.
- **Réfléchissez** aux passages que vous comprenez mal, essayez de les expliciter.
- Si le texte n'est pas accompagné de questions données par votre professeur, demandez-vous : **quel est l'enjeu principal de ce passage ?** Et essayez d'y répondre par quelques notes et quelques relevés.
- Mettez en fiche des **recherches** sur l'auteur : biographie, œuvres célèbres, thèmes privilégiés, traits caractéristiques de son écriture, mouvement littéraire.

Pendant la lecture analytique effectuée en classe

- En classe : **participez**, prenez la parole, soyez actif : c'est la meilleure façon de bien comprendre le texte, mais aussi de commencer à ancrer dans votre mémoire son fonctionnement, ses phrases clés, ses enjeux.
- Prenez des **notes** précises, annotez vos textes, utilisez des codes de couleur, surtout si vous avez une mémoire visuelle.

Après la lecture analytique effectuée en classe

- **Relisez** le texte deux fois à voix haute.
- **Revoyez** vos notes dans les jours qui suivent le cours.
- **Complétez** vos notes si besoin, notamment en effectuant des recherches documentaires, par exemple sur la biographie de l'auteur.
- Faites des **fiches** sur : les figures de style, les auteurs, les genres littéraires, les objets d'étude, les mouvements littéraires.
- **Entraînez-vous** à formuler d'autres problématiques sur le texte.

En fin de séquence

- **Relisez** à voix haute tous vos textes.
- Faites des **fiches** sur les textes, les documents complémentaires, les lectures cursives.
- **Mémorisez** vos notes et vos fiches.
- **Apprenez** les notions techniques et culturelles par cœur.
- Entraînez-vous à **comparer** les textes : points communs ? différences ?
- Entraînez-vous à donner votre **avis** sur les textes : lequel appréciez-vous ? pourquoi ?

Fiche 98
Bonus : s'entraîner encore en commentaire

Objet d'étude : Le théâtre du XVIIe siècle au XXIe siècle.

Faites le commentaire du texte suivant.

***Caligula*, Albert CAMUS, 1944, Acte I, scènes VIII et IX.**

Vous trouverez le passage à étudier pour ce commentaire dans une édition de *Caligula* : il commence par « Acte I, SCÈNE VIII. *Caligula s'assied près de Caesonia*[1] » *et se termine avec* « CALIGULA. Je ne le sais pas non plus. Mais je suppose qu'il faut en vivre ».

> *[Caligula est un empereur romain réputé pour sa cruauté, ayant régné au Ier siècle après J.-C. Dans le début de la pièce, Caligula a disparu pendant trois jours suite au décès de son amante, Drusilla, qui était aussi sa sœur. Il revient, complètement changé physiquement et moralement, fatigué et déçu de ne pas avoir pu trouver ce qu'il voulait : la lune, chose impossible à avoir.]*

1. Ancienne maîtresse de Caligula.

Fiche 99
Bonus: s'entraîner encore en commentaire

Objet d'étude: La littérature d'idées du XVIe siècle au XVIIIe siècle.

Faites le commentaire du texte suivant.

[Chef de file du naturalisme, Zola est l'auteur d'une vaste fresque romanesque, Les Rougon-Macquart. À travers les nombreux personnages de cette famille, il dépeint la société française sous le Second Empire.]

Messieurs,

Rendant à Émile Zola au nom de ses amis les honneurs qui lui sont dus, je ferai taire ma douleur et la valeur. Ce n'est pas par des plaintes et des lamentations qu'il convient de célébrer ceux qui laissent une grande mémoire, c'est par de mâles louanges et par la sincère image de leur œuvre de leur vie.

L'œuvre littéraire de Zola est immense. Vous venez d'entendre le président de la Société des gens de lettres en définir le caractère avec une admirable précision. Vous avez entendu le ministère de l'Instruction publique en développer éloquemment le sens intellectuel et moral. Permettez qu'à mon tour je la considère un moment devant vous.

Messieurs, lorsqu'on la voyait s'élever pierre par pierre, cette œuvre, on en mesurait la grandeur avec surprise. On admirait, on s'étonnait, on louait, on blâmait. Louanges et blâmes étaient poussés avec une égale véhémence. On fit parfois au puissant écrivain – je le sais par moi-même – des reproches sincères, et pourtant injustes. Les invectives et les apologies s'entremêlaient. Et l'œuvre allait grandissant.

Aujourd'hui qu'on en découvre dans son entier la forme colossale, on reconnaît aussi l'esprit dont elle est pleine. C'est un esprit de bonté. Zola était bon. Il avait la candeur et la simplicité des grandes âmes. Il était profondément moral. Il a peint le vice d'une main rude et vertueuse. Son pessimisme apparent, une sombre humeur répandue sur plus d'une de ses pages cachent mal un optimisme réel, une foi obstinée au progrès de l'intelligence et de la justice. Dans ses romans, qui sont des études sociales, il poursuivit d'une haine vigoureuse une société oisive, frivole, une aristocratie basse et nuisible, il combattit le mal du temps : la puissance de l'argent. Démocrate, il ne flatta jamais le peuple et il s'efforça de lui montrer les servitudes de l'ignorance, les dangers de l'alcool qui le livre imbécile et sans défense à toutes les oppressions, à toutes les misères, à toutes les hontes. Il combattit le mal social partout où il le rencontra. Telles furent ses haines. Dans ses derniers livres, il montra tout entier son amour fervent de l'humanité. Il s'efforça de deviner et de prévoir une société meilleure. [...]

Anatole FRANCE, *Éloge funèbre d'Émile Zola* (5 octobre 1902)

Fiche 100

Bonus: s'entraîner encore sur un écrit d'appropriation

Objets d'étude: Le théâtre du XVIIe siècle au XXIe siècle. La littérature d'idées du XVIe siècle au XVIIIe siècle.

Sujet: Comme Chateaubriand, vous avez assisté à un concert ou à un spectacle qui vous a profondément marqué. Vous en faites le compte rendu pour un journal local en insistant sur les circonstances de l'événement, sur son déroulement et sur l'effet qu'il a produit sur vous.

Texte support:

Mercredi saint, 15 avril.

Je sors de la chapelle Sixtine, après avoir assisté à Ténèbres[1] et entendu chanter le . Je me souvenais que vous m'aviez parlé de cette cérémonie et j'en étais, à cause de cela, cent fois plus touché. Le jour s'affaiblissait, les ombres envahissaient lentement les fresques de la chapelle et l'on n'apercevait plus que quelques grands traits du pinceau de Michel-Ange. Les cierges, tour à tour éteints, laissaient échapper de leur lumière étouffée une légère fumée blanche, image assez naturelle de la vie que l'Écriture compare à une petite vapeur. Les cardinaux étaient à genoux, le nouveau pape prosterné au même autel où quelques jours avant j'avais vu son prédécesseur; l'admirable prière de pénitence et de miséricorde, qui avait succédé aux lamentations du prophète, s'élevait par intervalles dans le silence et la nuit. On se sentait accablé sous le grand mystère d'un Dieu mourant pour effacer les crimes des hommes. La catholique héritière sur ses sept collines était là avec tous ses souvenirs; mais, au lieu de ces pontifes puissants, de ces cardinaux qui disputaient la préséance aux monarques, un pauvre vieux pape paralytique, sans famille et sans appui, des princes de l'Église sans éclat, annonçaient la fin d'une puissance qui civilisa le monde moderne. Les chefs-d'œuvre des arts disparaissaient avec elle, s'effaçaient sur les murs et sur les voûtes du Vatican, palais à demi abandonné. Des étrangers curieux, séparés de l'unité de l'Église,

1. Office religieux chrétien.

assistaient en passant à la cérémonie et remplaçaient la communauté des fidèles. Une double tristesse s'emparait du cœur. Rome chrétienne en commémorant l'agonie de Jésus-Christ avait l'air de célébrer la sienne, de redire pour la nouvelle Jérusalem les paroles que Jérémie adressait à l'ancienne. C'est une belle chose que Rome pour tout oublier, mépriser tout et mourir.

François-René de CHATEAUBRIAND,
***Mémoires d'outre-tombe*, 1849**

ENTRAÎNEZ-VOUS !

1. *Étude du texte support : Quels sont les éléments qui peuvent servir à la rédaction du texte attendu ?*

- *Genre littéraire : ....*
- *Type de texte : ....*
- *Éléments importants de l'action : ....*
- *Présentation des personnages : ....*
- *Lexique dominant : ....*
- *Registre : ....*

2. *Analyse du sujet :*

- *Quels sont les mots clés ? Quelles pistes techniques, thématiques et lexicales révèlent-ils ? ....*
- *Quel est l'objectif du travail d'écriture ? ....*
- *Quel en est le point de départ ? ....*
- *Dans quel objet d'étude s'inscrit-il ? Quels savoirs mobilise-t-il ? ....*
  ...
- *Quelles indications le sujet donne-t-il sur la façon de réaliser le travail attendu ?*
  ...
  ...
- *Quelles qualités ce sujet fait-il espérer dans le travail final ? ....*
  ...

3. *Recherches d'idées, organisation du texte :*

- *Foire aux idées spontanées : répondez aux questions suivantes :*

– *Le compte rendu d'un concert ou d'un spectacle : De quel événement voulez-vous rendre compte ? Lui donnez-vous une dimension divertissante, psychologique, culturelle, didactique ? Comment souhaitez-vous organiser ce récit : de manière chronologique ? En commençant par la fin puis en ayant recours à une analepse ? Ménagez-vous des adresses aux lecteurs du journal local ? Dans quels buts écrivez-vous ?*

- *L'effet produit : Est-ce un effet positif ou négatif ? Cet effet est-il éphémère ou durable ? En ressentez-vous encore les conséquences au moment de l'écriture ? Cet effet a-t-il une dimension purement affective et psychologique ou prend-il aussi une dimension intellectuelle, par exemple en vous faisant changer d'avis sur un fait ? A-t-il une conséquence physiologique sur vous ? Comment l'émotion est-elle vécue ? Par quels procédés pouvez-vous faire ressentir cet effet ?*

▪ *Recherche réfléchie d'idées :*

- *Quels comptes rendus avez-vous déjà lus ? À quel propos ? Comment étaient-ils organisés ?*
- *Quels textes évoquant des événements culturels connaissez-vous ? Comment en parlent-ils ?*
- *Quels textes évoquant l'effet produit par un événement pouvez-vous convoquer ? Quel lexique emploient-ils ? Comment font-ils partager cet effet ?*
- *Quelles notions théoriques pensez-vous devoir utiliser ?*

▪ *Organisation des idées :*

- *Le plan d'ensemble de votre devoir :*

  Introduction : ....

  Déroulement de l'événement : ....

  Effet produit : ....

  Conclusion : ....
- *Le lien entre les idées : ....*

4. *Rédigez votre texte :*

....

....

....

....

Aide pour écrire : L'article de presse

Définition

L'article de presse prend place dans le cadre d'une **publication journalistique** officielle. Il sert à **informer**, à **délivrer une opinion**, à **prendre position** dans un débat. Cela peut être :

- **Le récit d'un événement, un compte rendu** : l'article met en œuvre de la narration, souvent chronologique ; il faut rendre la scène racontée vivante et créer des effets d'attente chez le lecteur ; le récit peut être fait selon un regard objectif ou subjectif, mais l'engagement ne prend pas le dessus.
- **Un article critique** : le texte combine la présentation de l'œuvre critiquée et la justification de l'avis du locuteur ; il peut aussi contenir un résumé de l'histoire, dans le cadre de la critique d'un livre ou d'un film. Cet article se rapproche des genres de l'éloge (il vante les mérites, est prononcé ou écrit en faveur de) et du blâme (il émet un jugement défavorable, il désapprouve ou accuse).
- **Un article polémique** : le texte soulève une controverse, de façon violente ou passionnée, et s'engage dans un débat en prenant fermement position dans une dispute d'idées d'ordres notamment littéraire, politique, social. Le pamphlet est un article polémique qui attaque et discrédite un adversaire de façon satirique ou ironique.
- **Un droit de réponse** : le texte réagit à un article précédent, son locuteur se défend contre des mises en cause ou corrige des erreurs.
- **Un éditorial** : le texte, figurant en première page du journal, est un article de fond sur un sujet d'actualité ; l'éditorialiste y exprime le point de vue de la rédaction, ce qui reflète l'orientation intellectuelle ou politique du journal. C'est un article de réflexion sur un thème d'actualité.

En fonction du type d'article qu'il faut écrire, l'**implication** du locuteur est donc plus ou moins importante : l'article peut être assez réservé et factuel, mais il peut aussi être fortement engagé, voire virulent. L'article relève donc de l'**argumentation directe** et/ou de la **narration** (qui est elle-même rarement sans but argumentatif). Le locuteur prend souvent soin de s'adresser à ses lecteurs, en combinant le plus souvent une part d'**information** et une part d'**opinion**.

Outils

La rédaction d'un article suppose d'utiliser les outils suivants :

La structure

- Le **premier paragraphe** constitue l'introduction de l'article : il le contextualise, annonce son thème, son objectif, éventuellement l'élément qui a déclenché sa rédaction.
- Le **corps de l'article** développe l'idée clé de façon ordonnée : **chronologiquement** s'il s'agit d'un récit ou d'un compte rendu, **logiquement** s'il s'agit de l'expression et de la justification d'une opinion. Des paragraphes soulignent la structure de l'article. Des titres intermédiaires sont éventuellement utilisés pour annoncer les paragraphes.
- Le **dernier paragraphe** de l'article est un bilan, une ouverture ou le rappel du fait traité ou de l'opinion énoncée.

Le choix d'un titre

Le titre de l'article est à soigner ; il doit **annoncer** le fait traité, **résumer** l'opinion émise ou **susciter** l'envie du lecteur de se plonger dans la lecture de l'article. On peut utiliser des formules choc, des jeux de mots, des proverbes, des allusions culturelles : tout est permis si cela est efficace et cohérent.

Les adresses au lecteur, les procédés pour retenir son attention

- **Apostrophes, interpellations.**
- **Questions rhétoriques.**
- **Registre pathétique** : pour susciter la pitié, notamment lors du récit d'un fait dramatique.
- **Registre lyrique** : pour partager une vive émotion.
- **Registre polémique** : pour renforcer l'attaque.
- **Appels explicites à la complicité** : **Clin d'œil culturel implicite** : allusion à une phrase, à un personnage ou à une œuvre connue, registre ironique.

L'expression de la subjectivité

- Un **lexique évaluatif** : mélioratif pour faire l'éloge, péjoratif pour blâmer.
- Des **modalisateurs** qui montrent son degré d'adhésion à son propos, pour souligner ses certitudes, ses doutes, ses prises de position.
- Des **connotations** qui véhiculent la vision symbolique ou culturelle d'un fait ou d'un élément.
- Des **figures de style** pour insister sur le jugement et enrichir l'expression.

- Des **registres** : registre **polémique** (combat et controverse), registre **satirique** (critique moqueuse), registre **lyrique** (envolée poétique et esthétique), registre **pathétique** (pitié et indignation), registre **ironique** (provocation critique sous-entendue), registre **didactique** (transmission d'informations à visée pédagogique).

Corrigés du chapitre 13

Fiche 98. Bonus : s'entraîner encore en commentaire

- **Problématique** : étude de la folie de Caligula (manifestation et signification).
- **Une scène d'opposition** : détermination et assurance de Caligula, reflet de son pouvoir dans sa façon de prendre et de monopoliser la parole, tentatives avortées des interlocuteurs.
- **La folie de Caligula** : des décisions arbitraires, un pouvoir tyrannique et démesuré, un enfermement conscient et tragique.
- **Un regard plus large sur l'homme** : une résonance avec le contexte historique de la création de la pièce (démarrée en 1938, publiée en 1944), une démonstration par l'exemple de l'absurdité inhérente à l'homme (la fidélité à la loi et à la logique devient paradoxalement un piège), une réflexion morale sur la nature humaine prise entre la réalité et des rêves impossibles (quelle part de liberté pour l'homme ?).

Fiche 99. Bonus : s'entraîner encore en commentaire

- **Problématique** : étude du discours funèbre élogieux. On peut se demander comment l'éloge rendu à l'œuvre et à l'homme construit une figure idéale de l'écrivain.
- **Un discours funèbre** : Anatole France prononce un discours solennel et digne, tout en retenue : refus du pathos et du registre élégiaque, conduit par le souci du devoir de mémoire ; choix de la louange « sincère » et menée par la raison. Il s'adresse à une assemblée qu'il interpelle pour en retenir l'attention (procédé de la), en toute humilité, se plaçant sous l'autorité de personnages éminents et éloquents (« président de la Société des gens de lettres », « ministre de l'Instruction publique »), mais n'hésitant pas à s'inclure personnellement dans ce discours fait pour un homme qu'il a connu et accompagné (« je », « je le sais par moi-même »).
- **La valorisation d'une œuvre riche et contrastée** : l'auteur souligne le caractère polémique de l'œuvre de Zola, qui suscite des réactions multiples et diverses (emploi récurrent du pluriel, rythmes binaires pour évoquer les réactions au paragraphe 3), pour les dépasser (plaidoyer visant à dépasser ces réactions contrastées pour faire reconnaître la valeur intrinsèque de l'œuvre). Cette œuvre est saisie dans sa

globalité, combinant forme et fond : l'hommage doit en rendre la complexité et la richesse d'une façon généralisante (pronom « on », présent à valeur générale) pour en faire un monument littéraire et historique.

– **L'éloge d'un écrivain de qualité** : Anatole France souligne les qualités intellectuelles et morales de Zola (lexique laudatif et hyperbolique) : bonté, optimisme, humanisme. Il met en avant la force positive et constructive de l'engagement social de Zola, dévoué au progrès social et construisant une œuvre édifiante (dimension solennelle de la fin du texte, notamment grâce à la répétition appuyée du pronom personnel « il » en tête de phrase, et au rythme ternaire « à toutes les oppressions, à toutes les misères, à toutes les hontes »).

Bilan

Cet éloge personnel de Zola est donc l'occasion pour Anatole France de dresser le portrait idéal de l'écrivain et de rappeler la mission de la littérature, au service de l'homme et de la société.

Fiche 100. Bonus : s'entraîner encore sur un écrit d'appropriation

1. Étude du texte support : Quels sont les éléments qui peuvent servir à la rédaction du texte attendu ?

– **Genre littéraire** : mémoires (récit autobiographique)
– **Type de texte** : l'extrait est un compte rendu, qui mêle le récit d'une expérience (le narrateur a assisté à une cérémonie religieuse) à des réflexions teintées de regrets sur le déclin de la religion.
– **Éléments importants de l'action** : le compte rendu se fait a posteriori, au sortir de l'événement de la cérémonie religieuse. Il y a peu d'éléments d'action, l'essentiel du texte étant composé de réflexions personnelles.
– **Présentation des personnages** : le personnage dévoile ses émotions, notamment par le biais du registre pathétique. Le « Je », présent au début du texte, s'efface ensuite devant la généralisation du propos.
– **Lexique dominant** : lexique du contexte religieux ; lexique de la mort et des images du déclin.
– **Registres** : pathétique ; lyrique.

2. Analyse du sujet

■ **Quels sont les mots-clés ?**

– **Vous avez assisté à un concert ou à un spectacle** : le thème du compte rendu est fixé. Il fait appel à une expérience personnelle déclenchant une émotion esthétique.

- **Qui vous a profondément marqué :** l'expérience à évoquer est marquante, c'est-à-dire importante et touchante. Elle laisse une trace (par exemple dans la construction de votre personnalité, dans vos choix, dans votre regard sur le monde) et elle suscite des émotions fortes qu'il faudra partager avec votre lecteur.
- **Le compte rendu pour un journal local :** Le contexte est indiqué : l'expression « journal local » indique que cet article de presse s'adresse à un public de proximité.
- **En insistant sur les circonstances de l'événement, sur son déroulement et sur l'effet qu'il a produit sur vous :** le libellé du sujet vous donne des pistes de rédaction essentielles : le compte rendu mêlera une approche narrative chronologique et une approche analytique ; vous devez pouvoir faire partager les émotions ressenties et expliquer l'effet que l'événement a eu sur vous.

- **Quel est l'objectif du travail d'écriture ?** Raconter une **scène vécue personnellement** en mettant en valeur l'**effet** qu'elle a produit sur vous. L'événement marquant est un spectacle ou un concert : il faut en choisir un suffisamment riche pour que vous puissiez développer la scène et ses effets.
- **Quel en est le point de départ ?** Un **extrait** des de Chateaubriand, qui présente un **compte rendu d'expérience** ; mais il faut remarquer que cet extrait ne prend pas place dans un journal.
- **Dans quel objet d'étude s'inscrit-il ? Quels savoirs mobilise-t-il ?** L'objet d'étude est l'**argumentation**. Le compte rendu doit combiner **récit** et **réflexion** ; la dominante argumentative se développe dans l'explication et la justification de l'effet produit par le concert ou le spectacle évoqué. Le sujet mobilise des **savoirs théoriques** (qu'est-ce qu'un compte rendu ? qu'est-ce qu'un article de presse ?), des **compétences pratiques** (comment raconter un événement ? comment en faire le compte rendu ? comment combiner récit et témoignage ? comment combiner faits et ressentis ?) et des **compétences lexicales** liées à l'expression de « l'effet produit », donc relevant du lexique des émotions, des sensations, des conséquences physiologiques, intellectuelles ou spirituelles d'un événement.
- **Quelles indications le sujet donne-t-il sur la façon de réaliser le travail attendu ?** Le sujet donne des indications quant à l'**organisation** de votre compte rendu, attendu en **trois étapes** : circonstances, déroulement, effet produit. Mais vous pouvez aussi choisir d'évoquer l'**effet produit** au fur et à mesure du récit de l'événement. Cet effet produit peut être positif ou négatif. Il faut savoir en tirer un **enseignement**.
- **Quelles qualités ce sujet fait-il espérer dans le travail final ?** Vous devez veiller à la **cohérence** entre le fait raconté et l'effet qu'il produit sur vous. On attend de la **précision** dans l'évocation du fait et des émotions suscitées, avec le **souci du détail** parlant. Il s'agit de **faire surgir** sous les yeux du lecteur l'événement raconté, de **faire vivre l'effet produit** pour éviter tout risque de platitude de la scène.

3. Organisation du texte :

- **Le plan d'ensemble de votre devoir :**

– **Exposez** le sujet de l'article, insérez la notion de compte rendu. Vous pouvez vous adresser aux lecteurs. Présentez les **circonstances** de l'événement (cadre spatio-temporel).

– Racontez le **déroulement** de l'événement : l'attente, l'entrée en scène, le cœur de l'événement, la fin.

– Expliquez et analysez **l'effet produit** sur vous, en détaillant les divers sous-effets produits. Vous pouvez également associer chaque moment de l'événement à un effet produit, et associer directement récit et analyse, au fur et à mesure du devoir.

– Tirez un **enseignement** de cette expérience : qu'avez-vous appris ? conseillez-vous ce spectacle ou ce concert ? Le devoir s'organise donc en trois ou quatre étapes : vous pouvez séparer le récit de l'effet produit, ou vous pouvez combiner récit et effet produit.

- **Le lien entre les idées** : à l'aide de **liens chronologiques**, vous devez situer les divers moments de l'événement, de façon à bien guider votre lecteur. Vous devez aussi employer des **liens logiques** pour relier l'événement et l'effet produit.

4. Corrigé rédigé

Le Barbier de Séville à Prague : un spectacle inoubliable !

Le titre annonce le thème du compte rendu et le point de vue du journaliste.

§ 1 ; Introduction.

Voici un compte rendu de spectacle qui, je l'espère, vous incitera à réserver immédiatement vos places pour la prochaine représentation ! , célèbre opéra de Gioachino Rossini, est en effet remis au goût du jour par la troupe de l'Opéra de Prague qui va démarrer sa tournée européenne et qui a offert ses premières représentations au public tchèque la semaine dernière, au début du mois de mars 2014. Et quel spectacle, mes amis ! Ce n'a rien à envier aux représentations parisiennes ou viennoises !

Ton convivial ; complicité avec le lecteur.

Le spectacle s'est déroulé dans le somptueux opéra néo-rococo de Prague, opéra réputé pour accueillir un public varié, toujours à l'affût d'une représentation divertissante. Le cadre y est solennel, mais l'atmosphère détendue. L'opéra de Rossini démarre par un intermède musical qui rappelle à chacun des notes enfouies dans sa mémoire : qui n'a jamais entendu le début de cet opéra ? Puis, le fameux barbier entre sur scène et commence d'emblée par un tour de force comprenant le fameux « Fi...garo, Fi...garo, Figaro ! ». S'ensuit une mise en scène fraîche et divertissante, toujours propre à déclencher le sourire du spectateur, en mêlant des éléments de décor

Complicité avec le lecteur ; question rhétorique (persuasion).

ridicules, à la limite du kitsch ! Pensez à des parasols de plage, à un maître de maison absolument sérieux mais... en tongs et en short de bain à fleurs, à des lunettes de soleil en plastique rose sur le nez de la belle Rosina, et le tour est joué ! L'intrigue est simple et efficacement menée : le valet Figaro doit aider le comte Almaviva à épouser Rosina, la jeune et jolie pupille du vieux docteur Bartolo qui ne veut pas la laisser échapper ! De rebondissements en déguisements, de faux noms en vrais sentiments, l'opéra se déroule dans une ambiance de fantaisie et de rythme vertigineux qui emporte le public du début à la fin ! Le tour de force de cette troupe est de sortir des limites de la scène en arpentant les allées de la salle. Et quel plaisir de voir les acteurs jouer avec les membres du public : clins d'œil, tapes sur l'épaule, arrosages intempestifs : nous ne sommes pas loin du cirque, et pourtant quelle noblesse de jeu ! Et quelles voix, mes amis ! La voix de baryton de Figaro est étonnante de puissance et de justesse et s'allie à des jeux de scène calculés pour faire rire le spectateur ! Évidemment, je ne vous dévoilerai pas le dénouement, mais sachez qu'il est, bien sûr, heureux. Les applaudissements ont fusé et les résonnent encore dans la salle.

On fait surgir dans l'esprit du lecteur quelques détails mordants de la mise en scène ; vivacité, couleur du compte rendu.

Rythme enlevé, texte vivant, pour séduire le lecteur.

Lexique mélioratif ; point de vue du journaliste.

Le développement a suivi l'ordre chronologique du spectacle, en y associant régulièrement l'effet produit.

Qu'ajouter, chers lecteurs, pour que vous soyez conquis comme je l'ai moi-même été ? Derrière cette apparence de gaieté frivole se cachent des interrogations fondamentales pour tout un chacun. Le rire n'est absolument pas gratuit. Cet opéra suscite la réflexion sur le mariage forcé et la liberté du cœur : on retrouve bien là la plume de notre Beaumarchais national, dont l'opéra est tiré. Et les valeurs de solidarité et de liberté sont exaltées. Le rire est alors le vecteur de la réflexion, et l'effet produit par ce spectacle n'est absolument pas terne ni monotone ; au contraire ! Surprise, rire, enchantement, moquerie, compassion se mêlent dans une joyeuse farandole d'émotions qui laissent un souvenir magique et majestueux au spectateur... qui se promet d'y retourner !

Référence culturelle à Beaumarchais.

Remarques sur la condition humaine (cf. objet d'étude « La question de l'homme dans les genres de l'argumentation »).

Allitération pour souligner les mots et créer un effet poétique qui enrichit le style.

La conclusion synthétise les effets produits et incite le lecteur à assister au spectacle.

Index

Table des matières

CHAPITRE 4

Les exercices d'écriture en littérature

CHAPITRE 5

La grammaire

CHAPITRE 6

Objet d'étude **Le roman et le récit** du Moyen Âge au XXIe siècle

CHAPITRE 7

Objet d'étude **La littérature d'idées** du XVIe siècle au XVIIIe siècle

CHAPITRE 8

Objet d'étude **Le théâtre** du XVIIe siècle au XXIe siècle

CHAPITRE 9

Objet d'étude **La poésie** du XIXe siècle au XXIe siècle

Achevé d'imprimer en juillet 2019 par Normandie Roto Impression s.a.s., 61250 Lonrai
N° d'impression : 1902607 - Dépôt légal : juillet 2019 - Imprimé en France